2025년 부동산 세금
부동산 절세 주택임대
상가임대 재산 세무

이진규 지음

어지러운 부동산 세금 간편 정리

■ 저자 이진규 (약력)
(현)삼일인포마인 세무상담위원
(현)비즈폼, 이지분개 세무상담위원
   20여년간 세무상담
(현)경영정보사 도서 집필 및 발간
(전)국세청 세무조사관

■ 저자 저서
법인관리 및 법인세무 컨설팅
법인기업의 세무회계실무
세법의 가산세 및 세무회계실무
부가가치세 및 원천세 실무
세금개요 및 절세

2025년 부동산 세금 부동산 절세 주택임대 상가임대 재산 세무

2025 01. 13. 초판 발행
저   자 : 이 진 규
발 행 인 : 강 현 자
발 행 처 : 경영정보사
신고번호 : 제2021 - 00026호

주   소 : 대구시 동구 동촌로 255
            태왕 아너스 101동 401호
전   화 : 080 - 250 - 5771
홈페이지 : www.ruddud.co.kr
E-Mail   lee24171@naver.com

머리말

부동산과 관련한 세금인 부동산 양도소득에 대한 양도소득세의 경우 부동산 가격 안정을 위한 정부의 빈번한 세법 개정으로 법령체계가 매우 복잡하여져서 세법에 관한 전문가들조차 관련 규정을 정확히 판단하는 것이 쉽지 않습니다.

이로 인하여 주택을 양도하면서 1세대 1주택으로 판단하여 양도소득세 신고를 하지 아니하였으나 과세당국의 추적 조회 결과 1세대 1주택에 해당되지 아니하므로 인하여 무거운 세금이 부과되는 사례 또는 일시적 2주택 비과세 적용대상인 줄 알고 양도소득세 신고를 하지 아니하였으나 추후 세금이 부과되는 사례, 상가 양도시 포괄 양도양수 적용을 잘못 적용하여 부동산 양도 이후 세금이 추징되는 경우 등이 빈번히 발생하고 있습니다.

한편, 부동산과 관련한 세법에 대한 기본 지식만 있었더라도 양도소득세를 충분히 줄일 수 있음에도 세금을 부담하는 기막힌 일들이 일어나기도 합니다. 따라서 본서는 부동산 양도와 관련한 세금 폭탄을 사전에 예방하고, 세법이 허용하는 범위내에서 최대한 줄일 수 있는 사례 등을 분석하여 수록하였습니다.

저자는 이러한 세무상 문제에 대하여 다양한 사례를 분석하여 세금 폭탄을 예방하기 위한 핵심적인 내용을 본서에 수록하여 실질적인 도움이 될 수 있도록 각고의 노력 끝에 이 책을 저술하였으므로 독자분들에게 도움이 되었으면 합니다.

2025년 1월 저자 이진규

양도소득세 세금 절세 및 세무리스크 해결 방안

빈번한 세법 개정과 부동산 세법 관련 내용이 여기저기 얽혀 있어 부동산 양도와 관련한 양도차익이 발생한 경우로서 해당 사안이 복잡한 경우 비과세 대상등을 판단하기가 정말 쉽지가 않습니다.

이로 인하여 조세전문가들조차 양도소득세 관련 상담을 기피하고 있으며, 국세청 홈택스 상담 또한 애매한 사안의 경우 나중에 발생할 수 있는 문제를 회피하기 위하여 과세가 되는 쪽으로 편의적인 답변을 할 수도 있습니다.

따라서 부동산을 양도하면서 고액의 양도차익이 발생될 것으로 예상되는 경우 세금을 절세하거나 세무리스크를 방지할 수 있는 최선의 방법은 국세청에 사전질의 또는 서면질의를 하여 공식적인 답변을 받는 것입니다.

[사전질의/서면질의] 국세청 홈페이지 → 국세정책제도 → 세법해석질의안내

다만, 사전질의 또는 서면질의의 경우 회신 기간이 너무 오래 걸릴 수 있고, 법리 판단을 요하는 사안의 경우 회신 자체를 받지 못할 수도 있으며, 질의자가 사실 관계를 정확히 제시하지 못한 경우 문제가 발생할 수도 있습니다.

이러한 여러 가지로 문제로 양도소득세를 비과세받거나 절세하기가 쉽지 않습니다만, 차선책으로 다음 내용을 참고하시기 바랍니다.

[1] 홈택스 인터넷 질의

홈택스에 전화(☎126)로 문의하는 경우 통화 자체가 매우 어렵고, 질의의 불완전성 및 국세청 상담관의 판단 착오 등이 발생할 수 있으므로 가능한 홈택스에서 인터넷 질의를 하시기 바랍니다.

[홈택스] → 상담/제보 → 인터넷 상담사례 → 세법 관련 상담하기 → 양도소득세, 상속세 및 증여세

[2] 양도소득세 분야 전문 세무사님에게 상담을 하시기 바랍니다.

양도소득세 분야의 경우 세무사분들의 일상적인 업무가 아니므로 복잡한 양도소득세의 경우 여러 루트를 통하여 전문가를 수소문하여 상담을 하시는 것이 최선의 방법입니다.

[3] 상담료 몇 푼 아낄려고 하지 마시기 바랍니다.

양도소득세 신고납부를 잘못하여 추징되는 세금이 많은 경우 감당하기 어려운 경제적 고통을 받게 될 것입니다. 따라서 양도차익이 많은 경우 부동산을 양도하기 전에 최소한 2군데 이상의 양도소득세 분야 세무전문가에게 문의를 하시기 바랍니다.

[4] 이 책을 포함한 양도소득세 관련 도서의 활용 및 재확인

너무나 복잡한 세법 내용으로 저를 포함하여 양도소득세 관련 도서의 저자분들은 아마 혼신의 힘을 다하여 도서를 저술하였을 것입니다. 그럼에도 불구하고, 만의 하나 도서에 오류가 있을 수도 있으므로 도서는 참고용으로 활용하시고, 최종 판단은 양도소득세 분야 전문가분에게 의뢰를 하여야 합니다. 단, 양도소득세 상담을 하시는 전문가분들도 확정적인 상담을 드릴 수는 없을 것이므로 납세자 본인이 양도소득세 신고 및 납부 오류로 인한 리스크가 발생하지 않도록 확인하고 또 확인하여 낭패를 겪는 일이 발생하지 않기를 간절히 바랍니다.

■ 부동산 관련 세무 상담시 주의사항

부동산 관련 세무 상담의 경우 납세자들이 본인의 정보를 잘못 제공(세대 구성원 보유 주택, 실제 거주 여부, 농어촌주택 또는 지분주택 보유사실 누락등)하거나 보유 또는 양도하는 주택이 재개발, 재건축된 주택임을 알리지 아니하여 내지 않아도 될 세금을 내거나 양도소득세가 추징될 수 있기 때문입니다.

또한 상담을 하시는 분이 사실 관계를 오인하거나, 판단 착오, 과세당국의 해석(예규) 변경이 있었음에도 종전 예규를 적용함으로서 잘못된 상담이 될 수 있으므로 비과세 등을 적용받는 경우 각별히 주의를 하시기 바랍니다.

◆ 양도, 조심2013중4196, 2013.12.23, 기각, 완료
비과세대상이라는 세무공무원의 안내에 따라 납세자가 납부세액이 없는 것으로 양도세 신고를 하였어도 감면대상에 해당하지 아니함

◆ 양도, 조심2010서3968, 2011.03.25, 기각, 완료
담당공무원이 제공한 요약표는 납세자의 신고 및 납세편의를 위하여 제공한 것에 불과하고 납세자로서는 그 신고안내 내용을 참고하여 적법한지를 검토한 후 신고·납부하여야 할 것인 바 주의의무를 다함이 없이 양도소득세를 신고·납부한 것은 가산세를 면제할 정당한 사유가 있다고 보기 어려운 것임

◆ 양도, 조심2010중0430, 2010.04.29, 기각, 완료
납세자가 세무공무원의 잘못된 안내를 믿고 그에 따라 신고의무를 이행하지 않았다 하더라도 그것이 관련법령에 어긋나는 것임이 명백한 때에는 정당한 사유에 해당하지 않으므로 가산세 부과는 정당함.

목 차

2025년 부동산 세금, 부동산 절세
주택임대, 상가임대 재산 관련 세무

CONTENTS •••••

양도소득세 등

SECTION 1 부동산 세금 조견표

양도소득세 세율	3
소득세 기본세율	4
증여세 또는 상속세 세율	5
취득세 세율 요약표	6

SECTION 2 2022. 5. 10. 이후 세법 개정 사항

양도소득세 중과세 한시 배제 기간 연장　　　　　　　　10
1세대 1주택 양도소득세 비과세 2년 보유기간 개정　　10
일시적 2주택 양도소득세 비과세 요건 완화　　　　　　11

SECTION 3 1세대 1주택 양도소득세 비과세

1세대 및 1세대에 포함하여야 하는 경우　　　　　　　18
1세대에 포함하지 않는 경우　　　　　　　　　　　　　20
주택의 범위 및 1세대 1주택　　　　　　　　　　　　　21
비과세대상 1세대 1주택 및 보유기간　　　　　　　　　25
상생임대주택 비과세 특례　　　　　　　　　　　　　　27

SECTION 4 1세대 1주택 특례 (일시적 2주택 등)

이사를 위해 일시적으로 2주택이 된 경우　　　　　　　30
조정대상지역 일시적 2주택 비과세 종전주택 처분기한　31
기타 2주택임에도 비과세 특례가 적용되는 경우　　　　32
상속주택과 일반주택을 보유한 경우 과세특례 등　　　38

SECTION 5 조정대상지역 지정, 해제, 중과세 한시 배제

조정대상지역 소재 주택 양도소득세 중과 한시 배제　　41
조정대상지역 1세대 1주택 비과세 요약　　　　　　　　44
조정대상지역 지정 및 해제　　　　　　　　　　　　　　46
조정대상지역 해제시 바뀌는 것들　　　　　　　　　　　54
  - 1세대 1주택 비과세 2년 거주요건 적용 제외　　　　54
  - 취득세 중과세　　　　　　　　　　　　　　　　　　56
  - 대출규제 완화(해제일 이후 계약한 경우)　　　　　58

- 다주택자 규제지역내 주택담보대출 허용 등　　　61
- 전매행위 제한기간 규제완화　　　63

SECTION 6　분양권 양도소득세

분양권 양도소득세　　　64
분양권 취득과 기존주택 양도 비과세 특례　　　65
분양권 취득과 취득세 중과세 여부　　　67

SECTION 7　입주권 양도소득세

1주택과 조합원입주권 1세대 1주택 비과세 특례　　　70
조합원입주권 양도소득세　　　72

SECTION 8　겸용 주택 취득세, 양도소득세 등

상가주택의 취득과 관련한 세금　　　75
상가주택 양도와 관련한 세금　　　76
상가주택의 주택 연면적이 큰 경우 1세대 1주택 적용　　　77
상가주택 매매시 주택가액과 상가가액 구분　　　78
겸용주택 양도소득세 절세 및 세무리스크　　　79

SECTION 9　비사업용 토지 양도소득세 중과

비사업용토지 양도소득세 10% 중과세　　　80
비사업용 토지 종류　　　81
비사업용에서 제외되는 토지　　　83
비사업용 토지의 장기보유특별공제 및 세율　　　86
비사업용토지 기본세율　　　86
비사업용토지와 사업용토지를 양도한 경우 양도소득세 세율　　　87

SECTION 10 양도소득세 신고 및 납부

양도가액	88
양도소득 필요경비	89
양도소득 기본공제	92
장기보유특별공제	93
양도소득세 과세표준 및 세율	95
양도소득세 신고 및 납부	98

SECTION 11 양도소득세 비과세, 감면 등

자경 농지 겸면	99
공익사업용 토지 등에 대한 양도소득세 감면	102
양도소득세 감면 종합한도	103

SECTION 12 양도소득세 계산시 주의 사항, 세금 절세

하나의 계약으로 2건 이상 물건을 양도하는 경우	104
증여받은 자산을 10년 이내 양도하는 경우	106
사업자가 사업용 부동산을 양도하는 경우	106
양도소득 부당행위계산부인(저가 또는 고가양도)	107
직계존비속, 배우자간 양도시 주의사항	107
양도소득세 등 세금절세 전략	108
특정 기간 중 미분양주택, 신축주택 취득 감면	111

SECTION 13 취득세 및 개정 내용

취득세 세율 및 신고·납부	117
취득세 관련 주택수 및 중과세 여부	120
취득세 관련 개정 세법	124
주택 취득 관련 제비용	128

SECTION 14 종합부동산세, 재산세

종합부동산세 납세의무자 및 과세대상	132
종합부동산세 과세표준 및 세율	133
1세대 1주택자 종합부동산세	138
1세대 1주택자 세액공제	141
2주택이나 1주택자 공제를 받을 수 있는 경우	142
종합부동산세 합산대상에서 제외되는 주택	147
종합부동산세 고지 및 납부	148
재산세 세율 및 납부기한	150

증여세, 상속세

SECTION 1 증여세 및 증여재산공제

증여재산공제 및 증여세 과세표준	160
혼인에 따른 증여재산 공제 신설	160
창업자금에 대한 증여세 과세특례	162
가업승계 증여세 과세특례 혜택 확대	163
증여세 신고 및 납부	164
증여에 대한 자금출처조사	165
부담부 증여 및 양도소득세	167

SECTION 2 상속세 및 상속재산공제

상속재산	169
상속재산에서 공제되는 금액	171
상속재산 기초공제액 및 일괄공제	172
상속포기 및 한정승인	173

상가 및 오피스텔 세무

SECTION 1 부동산임대 사업자등록

사업자 및 사업자등록 신청	179
사업자 구분 및 사업자등록 정정	184
부동산임대업 일반사업자와 간이사업자 구분	185
상가 임대시 알아 두어야 할 법령	186

SECTION 2 개인사업자 세금

종합소득세라 함은?	188
종합소득에 합산하여야 하는 소득은?	189
공적연금 및 사적연금 종합소득세 합산	189
주택외 부동산 임대사업자 부가가치세	190
근로소득세 (직원 급여에 대한 세금)	191
퇴직소득세 (직원 퇴직금에 대한 세금)	192
세금 신고 및 납부일정표	193

SECTION 3 부동산 임대업 부가가치세 신고·납부

부동산임대업 임대수익 부가가치세	196
임대(전세)보증금에 대한 부가가치세	198
부동산임대업 세금계산서 발급	200
부동산임대업 부가가치세 신고 및 납부	205
부동산임대업의 부가가치세 신고시 제출할 서류	208
부가가치세 기한 후 신고 및 수정신고	209
부동산임대업의 세금폭탄 사례	212
부동산임대업(간이과세자) 부가가치세 세무	213
간이과세자인 부동산임대업 부가가치세 세액 계산	214

간이과세자 부가가치세 신고 및 납부	215
일반과세자(부동산임대)의 간이과세자 전환	217
부동산임대업의 간이과세 포기 신고	219
특수관계자에게 무상 또는 저가임대시 부가가치세	221
특수관계자에게 무상 또는 저가임대시 증여세	222
특수관계자 간 부동산 무상사용 시 절세 대책	223

SECTION 4 오피스텔 세금

오피스텔 임대와 관련한 세금 개요	225
오피스텔 용도와 부가가치세	225
오피스텔을 주택으로 임대 또는 사용하는 경우	227
오피스텔 매입과 부가가치세	229
오피스텔 취득세	231
오피스텔 재산세	231
오피스텔 종합부동산세	233
오피스텔 양도와 양도소득세	234
업무용 오피스텔 양도시 부가가치세	235
오피스텔 장기임대주택 등록 세금 절세 등	236
오피스텔의 용도변경과 세무문제	238
오피스텔 임대수익 세금	240
주거용 오피스텔 임대 세금	241

SECTION 5 상가 건물 양도, 부동산임대업 폐업

부가가치세 징수 및 납부	242
일반과세사업자가 상가 건물을 양도하는 경우	243
간이사업자가 상가 건물을 양도하는 경우	245
건물 양도없이 부동산임대업을 폐업하는 경우	247
건물 감가상각비는 양도소득 취득가액에서 차감	248
포괄양도양수 및 세무상 유의할 사항	250
포괄양도양수에 해당하지 않는 경우	252
포괄양도양수와 대리납부	254

상가 임대 종합소득세

SECTION 1 부동산 임대 종합소득세 신고·납부

종합소득세 개요	257
부동산임대업의 사업소득금액 및 소득공제	261
총수입금액, 필요경비	261
이월결손금(소득금액에서 공제)	262
사업소득금액	263
종합소득금액	263
연금소득의 종합소득 합산 등	264
소득공제(인적공제)	266
종합소득세 과세표준 및 세율과 산출세액	269
연금계좌세액공제	271
상가임대료를 인하한 임대사업자에 대한 세액공제	274
종합소득세 신고 유형	277
복식부기 및 복식부기 기장의무사업자	277
간편장부대상자	277
성실신고확인제도 및 성실신고확인대상사업자	279
종합소득세 신고 및 납부 기한	281

SECTION 2 간편장부에 의한 종합소득세 신고

간편장부 작성	282
총수입금액(부동산임대업)	284
임대보증금에 대한 간주임대료의 총수입금액 산입	284
추계신고를 하는 경우 수입금액에 산입하는 간주임대료	286
필요경비	287
간편장부대상자 종합소득세 신고서 작성	288
총수입금액 및 필요경비명세서 등 작성	289
필요경비에 대한 지출증빙 및 정규영수증	290

SECTION 3 부동산임대업 종합소득세 추계 신고

간편장부대상자 추계신고	292
추계신고시 경비율 적용	293
단순경비율에 의한 추계소득금액 계산	295
간편장부대상자의 기준경비율에 의한 추계소득금액	296
추계신고자 종합소득세 신고서 작성절차	297
복식부기기장의무자의 추계신고	298
부동산임대업 신규사업자 추계신고	300
공동사업자 종합소득세 신고 관련 유의사항	301

주택 임대 종합소득세

SECTION 1 주택임대소득 종합소득세

주택임대소득 과세 개요	307
주택의 정의 및 주택 수 계산	307
주택수의 부부합산 및 종합소득세 신고·납부	309
부부합산 1채의 주택만 보유한 경우	309
부부합산 2채의 주택을 보유한 경우	309
부부합산 3채 이상의 주택을 보유한 경우	309
부부의 주택수 합산 및 종합소득세 각자 신고	310
다가구주택, 다세대주택, 오피스텔 임대소득	311
주택임대 사업자등록 신청	312
주택임대업 사업장현황신고서 제출의무	315
주택임대소득 종합소득세 신고 등	316
주택 보증금 간주임대료	318
주택의 간주임대료 계산방법	319
주택 임대소득 분리과세	321
분리과세 주택임대소득 소득금액 및 과세표준	323
주택임대소득 종합과세, 분리과세 및 세액 계산구조	325

주택 임대업 규모별 종합소득세 신고 방법	326
주택임대소득이 2천만원 이하로서 공적연금만 있는 경우	329
주택임대소득 추계신고	330
주택임대업의 장부기장에 의한 신고·납부 등	334
소형주택 임대사업자에 대한 소득세 감면	335

SECTION 2 장기일반민간임대주택 세제 혜택

장기일반민간임대주택 세금 혜택	339
장기임대주택 개정 세법	343
임대주택 세제 혜택 및 개정 내용 요약	344
장기임대주택 종합부동산세 합산 배제	345

주택 임대 관련 법령 등

SECTION 1 주택 임대차보호법

[주택임대차보호법] 일부 개정 법률	349
지방자치단체(시·군·구) 임대등록	351
(일반임대) 주택임대차보호법 요약	352
[부동산 거래신고 등에 관한 법률] 일부 개정	356

SECTION 2 등록임대주택 및 의무사항

시·군·구 등록 임대주택 관련 의무사항	358
임대차계약 신고 등 및 설명의무	358
시·군·구 등록 임대주택 양도시 의무사항	363
임대사업자 건강보험료 피부양자 자격 요건 등	366

★ 경영정보사에서 발간한 도서를 구입하신 분은 경영정보사 홈페이지 자료를 무료로 사용할 수 있습니다.

▣ 경영정보사 홈페이지 이용방법
경영정보사 홈페이지(www.rudud,co,kr)에 접속하시어
지정 아이디(aa11) 및 지정 비밀번호(aa1111)를 입력하시면 특별한 절차 없이 사용할 수 있습니다.

양도소득세 등

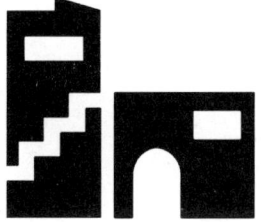

SECTION 01

부동산 세금 조견표

양도소득세, 증여세, 상속세, 취득세 세율

■ 양도소득세 세율

구분		종전				개정	
		주택·입주권	분양권		주택 외	주택·입주권	분양권
			조정	일반			
보유기간	1년미만	40%	50%	50%	50%	70%	70%
	2년미만	기본세율		40%	40%	60%	60%
	2년이상	기본세율		기본세율	기본세율	기본세율	

<적용시기> 2021.6.1. 이후 양도하는 분부터 적용

▶ 양도소득세 계산 구조 → 과세표준 × 세율

과세표준 = 양도가액 - 필요경비(취득가액 및 취득세 등) - 장기보유특별공제(3년 이상 보유) - 기본공제(250만원)

■ 장기보유특별공제
○ 2주택 이상자 및 토지, 건물 등 → [표1]
○ 1주택자(양도가액 12억원 초과 고가주택) → [표2]

[표1] 장기보유특별공제 공제율 (2주택 이상, 토지, 건물) [소득세법 제95조]

보유기간	공제율	보유기간	공제율
3년 이상 4년 미만	100분의 6	10년 이상 11년 미만	100분의 20
4년 이상 5년 미만	100분의 8	11년 이상 12년 미만	100분의 22
5년 이상 6년 미만	100분의 10	12년 이상 13년 미만	100분의 24
6년 이상 7년 미만	100분의 12	13년 이상 14년 미만	100분의 26
7년 이상 8년 미만	100분의 14	14년 이상 15년 미만	100분의 28
8년 이상 9년 미만	100분의 16	15년 이상	100분의 30
9년 이상 10년 미만	100분의 18		

[표2] 장기보유특별공제율 (1주택 + 3년 이상 보유 + 2년 이상 거주)

보유기간	공제율	거주기간	공제율
3년 이상 4년 미만	12	2년 이상 3년 미만 (보유기간 3년 이상에 한정)	8
		3 ~ 4년	12
4 ~ 5년	16	4 ~ 5년	16
5 ~ 6년	20	5 ~ 6년	20
6 ~ 7년	24	6 ~ 7년	24
7 ~ 8년	28	7 ~ 8년	28
8 ~ 9년	32	8 ~ 9년	32
9 ~ 10년	36	9 ~ 10년	36
10년 이상	40	10년 이상	40

<적용시기> 2021.1.1. 이후 양도하는 분부터 적용

■ 2023년 이후 소득세 기본세율 (소득세법 §55①)

과세표준 구간	세율	누진공제액
1,400만원 이하	6%	
1,400만원 5,000만원 이하	15%	126만원
5,000만원 8,800만원 이하	24%	576만원
8,800만원 1.5억원 이하	35%	1,544만원
1.5억원 3억원 이하	38%	1,994만원
3억원 5억원 이하	40%	2,594만원
5억원 10억원 이하	42%	3,594만원
10억원 초과	45%	6,594만원

■ 증여재산공제

증여자와의 관계	공제금액	비고
배우자	6억원	
직계존속(부모)	5천만원	증여자의 부모, 조부모 등
직계비속(성년자녀)	5천만원	증여자의 자녀, 손자녀 등
직계비속(미성년자)	2천만원	증여자의 자녀, 손자녀 등
기타친족	1천만원	6촌이내 혈족, 4촌 이내 인척

■ 증여세 또는 상속세 세율

과세표준	세율	누진공제액
1억원 이하	10%	
1억원 초과 5억원 이하	20%	1천만원
5억원 초과 10억원 이하	30%	6천만원
10억원 초과 30억원 이하	40%	1억 6천만원
30억원 초과	50%	4억 6천만원

▶ 상속세 일괄공제

1) 상속인의 배우자가 없는 경우로서 지녀 2명인 경우 → 5억원
2) 상속인의 배우자와 자녀 2명이 있는 경우 일괄공제 → 10억원

■ 2025년 상속세 및 증여세법 개정안 부결

여야는 2024년 12월 10일 본회의를 열어 상속세·증여세법 개정안을 재석 281명 중 찬성 98명, 반대 180명, 기권 3명으로 부결됐다.

■ 정부가 제출한 개정안

가. 자녀에 대한 상속세 인적공제 금액 상향 조정

자녀에 대한 상속세 인적공제 금액을 1인당 5천만원에서 5억원으로 상향 조정함.

나. 상속세 및 증여세의 과세표준 구간 및 세율 조정
상속세 및 증여세의 과세표준 구간 중 '1억원 이하' 구간을 '2억원 이하'로 조정하고, '10억원 초과 30억원 이하' 구간 및 '30억원 초과' 구간을 '10억원 초과' 구간으로 통합하며, '10억원 초과' 구간의 세율을 40퍼센트로 하향 조정함.

다. 가업상속 공제대상 및 공제한도 확대
중소기업 또는 중견기업 중에서 당기순이익 대비 주주환원비율 또는 매출액 대비 연구·인력개발 등 투자비율이 높은 기업 또는 「수도권정비계획법」에 따른 과밀억제권역에서 「조세특례제한법」에 따른 기회발전특구로 이전하거나 기회발전특구에서 창업하는 기업은 그 기업의 매출액 평균금액과 관계없이 가업상속 재산가액의 전부 또는 일부를 공제받도록 함.

■ 취득세 세율 요약표 [1주택 기준]

취득구분	종류		구분	취득세	지 방 교육세	농어촌 특별세	합계
상 속	농지			2.3%	0.06%	0.2%	2.56%
	농지외			2.8%	0.16%	0.2%	3.16%
무상취득				3.5%	0.30%	0.2%	4.00%
원시취득				2.8%	0.16%	0.2%	3.16%
유상취득	농지			3.0%	0.20%	0.2%	3.40%
	농지외			4.0%	0.40%	0.2%	4.60%
	주택	6억원 이하	국민주택	1.0%	0.10%	-	1.10%
			기 타	1.0%	0.10%	0.2%	1.30%
		6억원 9억원	국민주택	2~3%	0.20%	-	
			기 타	2~3%	0.20%	0.2%	
		9억원 초 과	국민주택	3.0%	0.30%	-	3.3%
			기 타	3.0%	0.30%	0.2%	3.5%

▶ 조정대상지역에 소재한 주택 증여 취득에 대한 취득세율
○ 조정대상지역 3억원 미만 주택 증여 취득 : 취득세율 3.5%
○ 조정대상지역 3억원 이상 주택 증여 취득 : 취득세율 12%
○ 조정대상지역에 소재한 주택이더라도 증여자가 1세대 1주택인 주택을 증여하는 경우 : 취득세율 3.5%

▣ ['23.1.5.] 규제지역(조정대상지역, 투기과열지구, 주택 투기지역)

	조정대상지역	투기과열지구	주택 투기지역
서울	서초구·강남구 송파구·용산구	서초구·강남구 송파구·용산구	서초구·강남구 송파구·용산구

▶ '25년 1월 현재 추가 변동사항 없음

▣ 취득세율 → 주택수는 세대 단위로 판단함

구 분	1주택	2주택	3주택	법인, 4주택
조정대상지역	1~3%	8%	12%	12%
非조정대상지역	1~3%	1~3%	8%	12%

(적용례)
① 1주택 소유자가 非조정대상지역 주택 취득시 세율 : 1~3%
② 1주택 소유자가 조정대상지역 주택 취득시 세율 : 8%
③ 2주택 소유자가 非조정대상지역 주택 취득시 세율 : 8%

■ 지방교육세 중과세 세율
○ 일반과세 : 주택규모 및 가액에 따라 0.1% ~ 0.3%
○ 중과세대상 주택 : 0.4%

■ 농어촌특별세 중과세 세율
○ 국민주택 → 없음
○ 국민주택 규모 초과 주택 0.2%

○ 조정대상지역내 2주택, 일반지역 3주택 0.6%
○ 조정대상지역내 3주택, 일반지역 4주택 1.0%

■ 2024년 시행 주요 지방세법 개정

□ 향후 2년간 준공된 소형 신축 주택(60㎡ 이하, 수도권 6억·지방 3억원 이하, 아파트는 제외)은 취득세·양도세·종부세 산정시 주택수 제외

대상 주택	■ `24.1월~`25.12월 준공된 전용 60㎡ 이하, 수도권 6억원·지방3억원* 이하 다가구 주택, 공동주택(아파트 제외), 도시형 생활주택, 주거용 오피스텔을 `25.12월까지 최초 구입시 * (취득세) 취득가격 (양도세·종부세) 공시가격
주택수 제외 효과	■ 신규 취득하는 해당 주택부터 세제 산정시 주택 수에서 제외하여, 기존 보유 주택수에 해당하는 세율 적용(단, 취득세는 3년('24.1~'26.12) 동안 제외하고, 추후 연장 검토) * 다만, 1세대1주택자가 추가 구입시, 1세대1주택 특례(양도세, 종부세) 미적용

□ (등록임대) 소형 기축 주택*은 향후 2년간 구입·임대등록(매입임대)하는 경우 세제 산정시 주택 수 제외
* `24.1월~`25.12월간 구입 및 임대 등록한 전용 60㎡ 이하, 수도권 6억원·(지방3억원) 이하 다가구주택, 공동주택(아파트 제외), 도시형생활주택, 주거용 오피스텔
소형 신축주택, 기 준공 신축주택 + 임대등록, 지방 준공 후 미분양주택 취득시 주택수 제외

★ 양도소득세 1세대 1주택 비과세 판단시에는 제외되지 않음

■ 2025년 시행 주요 지방세법 개정

□ 인구감소지역 내 주택 취득에 대한 감면 신설

(지방세특례제한법 §75의5③·④ 신설)

구 분	개정 [신설]
□ 인구감소지역 內 주택 취득 ■ 감면 요건 ① 무주택 또는 1주택자 + 취득가액 3억원이하 ② 수도권(접경지역 제외)·광역시(군지역 제외) 外 인구감소지역 ③ 3년 이상 보유 의무	<신 설> 취득세 50%* * 법 25% + 조례 25%

□ 소형주택 생애최초 구입자 취득세 감면한도 상향 등 지원 강화

(지방세특례제한법 §36의3)

구 분	개 정
□ 생애최초 주택 구입자 ■ 감면 요건 ① (대상) 다가구, 다세대·연립, 도시형생활주택 ② (기간) '25.1.1.~'25.12.31. 기간 중 취득 ③ (기타) 전용면적 60㎡이하 + 6억원(지방 3억원) 이하	[현행] 취득세 100% (200만원 한도) [개정] 취득세 100% (300만원 한도) 다가구, 다세대·연립 도시형생활주택

SECTION 02
2022.02.10. 이후 양도소득세 취득세 등 개정 세법

양도소득세 분야

다주택자의 조정대상지역 소재 주택 양도시 양도소득세 중과세 한시 배제 기간 연장
(소득세법 시행령 제167조의3제1항제12의2호, 제167조의4제3항제6의2호, 제167조의10제1항제12의2호 및 제167조의11제1항제12호 신설)

[개정] 보유기간 2년 이상인 조정대상지역 內 주택을 '23.5.10일부터 2026년 5월 9일까지 양도 시 양도소득세는 소득세 기본세율(6~45%)만을 적용하고, 장기보유특별공제를 받을 수 있음

[개정] 다주택자에 대한 양도세 중과배제(~'24.5.월) 한시 연장

■ (2022. 5. 9. 이전) 조정대상지역 소재 주택 양도시 중과세
1세대가 주택의 양도 당시 2주택(중과세 판정시 주택수에 포함하는 주택) 이상을 보유하고 있으면서 조정대상지역내 주택을 양도하는 경우 2주택자는 양도소득세의 20%가 중과세되고, 3주택 이상을 보유한 경우 양도

소득세의 30%가 중과세된다. 한편, 중과세되는 주택은 소득세법 제95조 제2항의 장기보유특별공제를 받을 수 없다.

1세대 1주택 양도소득세 비과세 2년 보유기간 개정

2022. 5. 10. 이후 1세대 1주택 양도소득세 비과세를 적용받기 위한 2년 보유기간을 계산할 때 다주택자가 1주택을 제외한 모든 주택을 처분하여 최종 1주택이 된 경우 최종1주택을 보유한 날부터 보유기간을 계산한다.

▶ 종전 규정에 의한 보유기간 계산
[2020.12.31. 이전] 해당 주택의 취득일부터 기산
[2021.1.1 ~ 2022.5.9.] 다주택자의 경우 1주택을 제외한 모든 주택을 양도하여 최종적으로 1주택자가 된 날부터 보유·거주기간 재기산

[개정] 1세대 1주택 양도소득세 비과세 보유 및 거주기간 재기산 제도 폐지(소득세법 시행령 제154 ⑤)
(대상) 1세대가 양도일 현재 국내에 보유하고 있는 1주택
(요건) 2년 이상 보유, 조정대상지역 내 주택('17.8.3일 이후 취득)의 경우 보유기간 중 2년 이상 거주
(보유·거주기간 계산) 해당 주택의 취득·전입일부터 기산
<적용시기> '22.5.10. 이후 양도하는 분부터 적용

[사례] 2주택 이상인 1세대가 나중에 취득한 신규주택을 양도(과세)하고 1주택에 된 경우 최종 주택의 보유 및 거주기간은 취득일부터 기산함

[해설] A주택 양도시 취득일 → A주택 취득일('14.5.)부터 보유기간 기산

일시적 2주택 양도소득세 비과세 요건 완화

(소득세법 시행령 제155조제1항)

종전주택과 신규주택이 모두 조정대상지역에 소재한 일시적 1세대 2주택자에 대해 종전주택 양도 시 비과세를 적용받기 위한 양도기한을 신규주택 취득일부터 1년 이내에서 2년(2023.1.12. 이후 3년) 이내로 완화하고, 신규주택으로 세대전원이 이사 및 전입신고해야 하는 요건을 삭제함

종전주택	신규주택	중복기간	시행시기
조정, 비조정	조정, 비조정	3년	
조정대상지역	조정대상지역	2년	('18.09.14. 이후)
조정대상지역	조정대상지역	1년	('19.12.17. 이후)
조정대상지역	조정대상지역	2년	('22.05.10. 이후)
조정대상지역	조정대상지역	3년	('23.01.12. 이후)

[개정 세법] 배우자 또는 직계존비속에게 증여받은 부동산 등의 취득가액 계산 특례 기간 연장 (소득법 §97의2)

[종전] (적용기간) 증여일부터 5년 이내 양도
[개정] (적용기간) 증여일부터 10년 이내 양도
<적용시기> '23.1.1. 이후 증여받는 분부터 적용

▶ 증여받은 자산을 10년 이내 양도하는 경우 취득가액 계산 특례

거주자가 양도일부터 소급하여 10년 이내에 그 배우자 또는 직계존비속으로부터 증여받은 양도소득세 과세대상 자산의 양도차익을 계산할 때 취득가액은 그 배우자 또는 직계존비속의 취득 당시가액으로 한다. 이 경우 거주자가 증여받은 자산에 대하여 납부한 증여세 상당액이 있는 경우에는 필요경비에 산입한다. (소득세법 제97조의2)

[세법 개정] 부담부증여 시 기준시가 산정방법 합리화
(소득세법 시행령 제159조)
<양도가액> 시가(또는 기준시가) × 채무액/증여가액
[현행] 취득가액
(양도가액이 평가가액 또는 임대료등의 환산가액인 경우) : 기준시가
(양도가액이 임대보증금인 경우) : 실지거래가액
[개정] 양도가액이 임대보증금인 경우에도 기준시가 적용
<적용시기> '23. 2. 28. 이후 양도하는 분부터 적용

■ 부담부증여에 대한 양도소득세
부담부 증여란 증여를 받는 자(수증자)가 부동산 등을 증여받으면서 증여를 하는 자(증여자)의 채무를 인수하는 것을 말하며, 채무를 제외한 금액은 수증자가 증여세를 부담하여야 하나 채무액은 증여자가 해당 자산을 수증자에게 양도한 것으로 보아 양도소득세를 신고 및 납부하여야 한다.

[개정 세법] 양도소득세 이월과세 필요경비 합리화(소득법 §97의2)

종 전	개 정
□ 양도소득세 이월과세 시 취득가액·필요경비 계산 ㅇ (취득가액) 증여자(배우자 또는 직계존비속)의 취득 당시 취득가액 ㅇ (필요경비) 수증자의 자본적 지출액, 양도비, 증여세 <추 가>	□ 필요경비 합리화 ㅇ (좌 동) - 증여자가 지출한 자본적 지출액 포함

<적용시기> '24.1.1. 이후 양도 분부터 적용

2024. 11. 12. 이후 개정 세법

[세법 개정] 혼인에 대한 1세대 1주택 특례 적용기간 확대
(소득령 §155⑤·§156의2⑨, 종부령 §1의2④)

현 행	개 정
☐ 혼인·동거봉양 등으로 1세대 2주택이 된 경우 다음의 기간 동안 1세대 1주택자로 간주하여 양도소득세 및 종합부동산세 특례* 적용 * (양도소득세) 12억원까지 비과세, 장기보유특별공제 최대 80% 적용 (종합부동산세) 기본공제 12억원, 고령·장기보유자 세액공제 최대 80% 적용 ❶ 60세 이상 직계존속과의 동거봉양: 10년 ❷ 1주택을 각각 보유한 남녀의 혼인: 5년	☐ 혼인에 따른 1세대 1주택자 간주기간 확대 ❶ (좌 동) ❷ 5년 → 10년

<적용시기> (양도소득세) 2024. 11. 12 이후 양도하는 분부터 적용
(종합부동산세) 2024. 11. 12 이후 납세의무가 성립하는 분부터 적용

[세법 개정] 인구감소지역 주택 취득자에 대한 양도소득세 및 종합부동산세 과세특례 신설(조특법 §71의2, 조특령 §68의2 신설)

현 행	개 정
<신 설>	□ 기존 1주택자*가 다음 요건을 충족하는 주택 1채를 신규 취득 시 1주택자로 간주, 1세대 1주택 특례 적용 * 주택이 아닌 분양권 또는 조합원입주권을 1개 보유한 경우도 포함 ■ (주택요건) 아래 요건을 모두 충족 ❶ (소재지) 인구감소지역(다만, 수도권·광역시는 제외하되 수도권 내 접경지역 및 광역시 내 군지역은 포함) - 기존 1주택과 동일한 시·군·구 소재 신규 주택 취득은 제외 ❷ (가액상한) 공시가격 4억원* * (양도소득세) 취득시 공시가격 기준 (종합부동산세) 과세기준일 공시가격 기준 ❸ (취득기한) '24.1.4.부터 '26.12.31. ○ (특례내용) 양도소득세, 종합부동산세에 대해 1세대 1주택 특례* 적용 * (양도소득세) 12억원 비과세 및 장기보유특별공제 최대 80% * (종합부동산세) 기본공제 12억원(다주택자 9억원) 및 고령자·장기보유 세액공제 최대 80%

<적용시기> '25.1.1. 이후 결정 또는 경정하는 분부터 적용

[세법 개정] 비수도권 소재 준공 후 미분양주택에 대한 양도소득세 및 종합부동산세 과세특례 신설
(조특법 §98의9, 조특령 §98의8 신설)

현 행	개 정
<신 설>	□ 기존 1주택자가 준공 후 미분양주택을 취득하는 경우 1세대 1주택 특례 적용 ■ (주택요건) 아래 요건을 모두 충족 ❶ '24.1.10. ~ '25.12.31 기간 중 취득 ❷ 수도권 밖의 지역 소재 ❸ 전용면적 85㎡, 취득가액 6억원 이하 ㅇ (특례내용) 양도소득세 및 종합부동산세에 대해 1세대 1주택 특례* 적용 * (양도소득세) 12억원 비과세 및 장기보유특별공제 최대 80% * (종합부동산세) 기본공제 12억원(다주택자 9억원) 및 고령자·장기보유 세액공제 최대 80%

<적용시기> '25.1.1. 이후 결정 또는 경정하는 분부터 적용

2025년 경제정책방향 [2025. 1. 2.]

■ 다주택자에 대한 양도세 중과배제 1년 한시 연장(~'26.5)

■ 종합부동산세의 1세대 1주택자 특례가 적용되는 지방 저가 주택 대상 확대(공시가격 3억원 이하 → 4억원 이하)

■ 취득세 중과가 제외되는 저가주택 기준을 지방 주택에 한해 완화(공시가격 1억원 이하 → 2억원 이하)

▶ 향후 법령 개정시 경영정보사 홈페이지에 게재

SECTION 03

1세대 1주택 양도소득세 비과세

1세대 1주택 비과세

1세대가 **양도일 현재** 국내에 1주택을 보유하고 있는 경우로서 해당 주택의 보유기간이 2년 이상인 주택[취득 당시 조정대상지역에 있는 주택의 경우 해당 주택의 보유기간이 2년 이상이고 그 보유기간 중 거주기간이 2년 이상인 것]을 양도하는 경우 양도소득세가 과세되지 않는다. 다만, 양도 당시 실지거래가액이 12억원을 초과하는 고가주택의 12억원 초과분은 과세된다. [소령 제154조 ①, 소령 제156조 ①]

◎ 1세대 및 1세대에 포함하여야 하는 경우

1세대

1세대란 거주자(비거주자 제외) 및 그 배우자가 그들과 **동일한 주소 또는 거소에서 생계를 같이 하는 가족(직계존속, 형제·자매)**과 함께 구성하는 1세대를 말하며, 주민등록을 달리 하더라도 실질적으로 생계를 같이 하는 경우라면, 1세대로 보아야 한다. 즉, 배우자 및 직계비속의 경우 세대를 달리하더라도 생계를 같이하는 것으로 보아 1세대에 포함하여야 한다. 예를 들어 배우자가 근무 또는 사업상 형편으로 별도의 주민등록이 되어 있거나 자녀가 취학 등의 사유로 따로 거주하는 경우 1세대의 구성원으로 본다.

▶ 가족

가족이라 함은 거주자와 그 배우자의 직계존비속(그 배우자 포함) 및 형제자매를 말하며, 취학, 질병의 요양, 근무상 또는 사업상의 형편으로 본래의 주소 또는 거소를 일시퇴거한 자를 포함한다.

생계를 같이하는 것으로 보는 경우 (소득세법 제88조 6)

1) 취학·질병의 요양, 근무상 또는 사업상의 형편으로 본래의 주소 또는 거소를 일시퇴거한 자
2) 군 복무중에 있는 자녀(양도, 조심2011서1570 , 2011.10.04.)
3) 주민등록이 따로 되어 있으나 부모와 사실상 생계를 같이 하는 30세 미만 자녀
4) 직계존속이 주민등록상 세대를 분리하여 별도세대를 구성하였다 하더라도 실제로는 거주자와 동일주소에서 함께 거주하는 경우

[사례] 본인은 단독으로 세대가 되어 있고, 배우자 및 자녀의 주민등록이 따로 되어 있는 경우 전 가족을 세대구성원에 포함하여 1세대로 보아야 하는지
<해설> [자녀 기준] 자녀가 30세 이상이거나 19세 이상 30세 미만이더라도 독립적으로 생계가 가능한 경우 자녀는 별도의 세대로 본다. 단, 이 경우에도 배우자는 본인과 동일 세대원으로 본다.

🔲 1세대에 포함하지 않는 경우

1세대란 통상 부부 및 그들과 생계를 같이하는 직계존비속, 형제·자매를 말한다. 다만, 다음의 하나에 해당하는 경우 1세대에 포함하지 아니하며, 독립된 세대로서 1세대 1주택 비과세 여부를 판정한다.
(소득세법 시행령 제152조의3)

직계비속의 연령이 30세 이상인 자로서 세대를 달리하는 경우 세대에 포함하지 않음

자녀의 연령이 30세 이상인 자로서 세대를 달리하는 경우 자녀에게 배우자가 없더라도 별도 세대로 봄으로 자녀가 주택을 가지고 있어도 주택수에 포함하지 않는다. 예를 들어 30세 이상인 아들이 주민등록이 따로 되어 있는 경우로서 실질적으로 별도의 생계를 유지하는 경우 세대구성원에 포함하지 않는다.

19세 이상 30세 미만인 직계비속이 세대를 달리하면서 독립적으로 생계를 유지하는 경우 세대에 포함하지 않음

직계비속이 성년자로 세대를 따로 하면서 독립적으로 생계를 유지하는 경우 별도의 세대로 보아 1세대에 포함하지 아니한다. 다만, 이 경우 직계비속의 소득이 보건복지부에서 고시하는 기준 중위소득을 12개월로 환산한 금액의 100분의 40 수준 이상으로 소유하고 있는 주택 또는 토지를 관리·유지하면서 독립된 생계를 유지할 수 있는 경우에 한한다.

▶ 보건복지부 고시 기준 중위소득 [2024년 기준]

구 분	1인가구	2인가구	3인가구	4인가구
중위소득	2,228,445	3,682,609	4,714,657	5,729,913
중위소득의 40%	891,378	1,473,044	1,885,863	2,291,965

▶ 보건복지부 고시 기준 중위소득 [2025년 기준]

구 분	1인가구	2인가구	3인가구	4인가구
중위소득	2,392,013	3,932,658	5,025,353	6,097,773
중위소득의 40%	956,805	1,573,063	2,010,141	2,439,109

주택의 범위 및 1세대 1주택

1세대가 보유한 주택수가 1주택인 경우 비과세 적용

1세대 1주택에서 '주택'이라 함은 사실상 주거용으로 사용하는 건물을 말하며, 건축허가서상의 내용 또는 등기 내용에 관계없이 거주의 목적을 위하여 사용되는 건축물은 주택으로 본다. 거주용으로 사용하는지 여부는 공부(등기부등본, 건축물관리대장등)상의 용도에 관계없이 **사실상의 용도**에 따라 판단하되, 사실상의 용도구분이 불분명한 경우에는 공부상의 용도에 따라 판단한다.

> 1세대가 1주택만을 보유한 경우로서 2년 이상 보유한 주택(조정대상지역 지정 이후 취득한 경우 2년 거주하여야 함)을 양도하는 경우 비과세가 적용되는 것으로서 주택에 해당하는 주택수가 양도 당시 2주택 이상인 경우 양도소득세를 신고 및 납부하여야 한다.

▶ 주택에 해당하는 주택 등
- 주택, 아파트, 도시형 생활주택
- 주거용 오피스텔
- 장기임대주택
- 조합원입주권, 분양권(2021.1.1.이후 취득분에 한함)
- 다가구주택, 상가겸용주택, 부동산매매사업자의 재고주택
- 지분 소유 주택, 소수지분이 아닌 상속주택

□ 1주택을 공동으로 상속받은 소수지분자의 1세대 1주택의 비과세를 판단하는 경우 당해 공동상속주택은 거주자의 주택으로 보지 아니함
(양도, 서면인터넷방문상담4팀-1928 , 2004.11.29.)

□ 1세대 1주택 비과세 적용시 1주택을 여러 사람이 공유하는 경우 공유자 각인이 1주택을 소유한 것으로 보는 것임
소득세법 시행량 제154조의2(공동소유주택의 주택 수 계산) 1주택을 여러 사람이 공동으로 소유한 경우 이 영에 특별한 규정이 있는 것 외에는 주택 수를 계산할 때 공동 소유자 각자가 그 주택을 소유한 것으로 본다.

■ 쟁점오피스텔을 주거용으로 보아 일시적 1세대 2주택 특례적용을 배제하여 양도소득세를 부과한 처분의 당부 기각
(조심-2022-전-7832, 2022.12.21.)
1. 처분개요
가. 청구인은 2019.2.19. OOO(이하 "종전주택"이라 한다)를 취득·보유하던 중에 2020.11.3. OOO(이하 "신규주택"이라 한다)를 취득하였고, 그 배우자 AAA은 2020.3.25. OOO(이하 "쟁점오피스텔"이라 한다)를 취득하였다.
나. 청구인은 2021.8.12. 종전주택을 양도한 후, 일시적 1세대 2주택 특례를 적용하여 2021년 귀속 양도소득세를 비과세로 신고하였다.
다. 처분청은 2022.3.23.부터 2022.4.11.까지 청구인에 대한 양도소득세 조사를 실시한 결과, 청구인은 종전주택 양도 당시 그 배우자(AAA)가 소유한 쟁점오피스텔(상시 주거용)을 포함하여 1세대 3주택자로서 종전주택의 양도가「소득세법」제89조 제1항 제3호 나목의 일시적 1세대 2주택 특례에 해당하지 아니한 것으로 보아 양도소득세 비과세를 배제하여 2022.7.6. 청구인에게 2021년 귀속 양도소득세 OOO원을 경정·고지하였다.
라. 청구인은 이에 불복하여 2022.7.28. 심판청구를 제기하였다.

다가구주택

다가구주택은 한 가구가 독립하여 거주할 수 있도록 구획된 부분을 각각 하나의 주택으로 본다. 다만, 해당 다가구주택을 구획된 부분별로 양도하지 아니하고 하나의 매매단위로 하여 양도하는 경우에는 그 전체를 하나의 주택으로 본다.

다가구주택의 1세대 1주택 비과세 처리시 여러 가지 세무상 문제가 발생할 수 있으므로 각별한 주의를 하여야 한다.

다가구주택 : 다음의 요건을 모두 갖춘 주택으로서 공동주택에 해당하지 아니하는 것을 말한다.
1) 주택으로 쓰는 층수(지하층은 제외한다)가 3개 층 이하일 것. 다만, 1층의 전부 또는 일부를 필로티 구조로 하여 주차장으로 사용하고 나머지 부분을 주택 외의 용도로 쓰는 경우에는 해당 층을 주택의 층수에서 제외한다.
2) 1개 동의 주택으로 쓰이는 바닥면적의 합계가 660제곱미터 이하일 것
3) 19세대(대지 내 동별 세대수를 합한 세대를 말한다) 이하가 거주할 수 있을 것

☐ 양도, 조심-2018-서-0896,2018.05.14, 기각 , 완료
공부상 기재사항(단독주택)과 달리 4층 이상을 주택으로 사용(공동주택)한 겸용주택에 대해 1세대 1주택 비과세 대상인 단독주택에 해당하지 않는 것으로 보아 양도소득세를 과세한 처분 당부

★ <주의> 옥상에 옥탑방을 설치한 경우 다가구주택 요건을 충족하지 못하게 되어 임대에 사용한 면적에 대하여 양도소득세를 과세하게 됨

조합원입주권

조합원입주권은 주택수에 포함한다. 따라서 1주택과 1조합원입주권을 보유한 상태에서 주택 또는 조합원입주권을 양도하는 경우 양도소득세가 과세된다. 단, 일시적 2주택 요건을 충족하는 주택을 양도하는 경우에는 비과세된다.

분양권

분양권의 경우 주택수에 포함하지 아니하였으나 2021.1.1. 이후 취득한 분양권은 주택수에 포함된다.

오피스텔의 주택 여부 및 양도소득세

오피스텔이 주택용도인 경우로서 1세대 1주택 요건을 충족하는 경우 비과세를 적용받을 수 있지만, 1주택을 보유한 자가 주택용도인 오피스텔을 보유한 경우 1세대 2주택에 해당되어 1세대 1주택 비과세가 적용되지 않는다.

▶ 공부상 업무시설인 오피스텔을 주거용으로 사용하는 경우

공부상 업무시설인 오피스텔을 상시 주거용 건물로 사용하는 경우에는 주택으로 보아 1세대 1주택 비과세적용이 가능하다.

폐가(농어촌주택 등)의 주택 해당 여부 및 양도소득세

소득세법상 주택을 판정하는 때에 주택부분은 양도당시 사실상 사용하는 용도에 따라 판정하는 것이며, 그 사실상 사용하는 용도가 불분명한 경우에는 공부상의 등재내용에 따라 판정한다. 따라서 주택으로 사용하던 건물을 장기간 공가상태로 방치한 경우에도 공부상의 용도가 주거용으로 등재되어 있으면 주택으로 본다.

> **〈세금 폭탄〉 폐가가 아닌 경우 주택에 해당함**
> 폐가는 주택으로 보지 아니하나, 폐가가 아닌 경우 주택으로 보아 폐가외의 다른 주택이 있는 경우 다른 주택 양도시 1세대 1주택에 해당하지 아니함에도 1세대 1주택으로 보아 양도소득세를 납부하지 않은 사실에 대하여 양도소득세를 추징함

> **〈세금 폭탄〉 폐가는 1세대 1주택 비과세를 적용받을 수 없음**
> 폐가는 주택이 아니며, 주택이 아닌 폐가를 양도한 경우 양도차익에 대하여 양도소득세를 신고 및 납부하여야 함에도 1세대 1주택 비과세로 신고한 내용에 대하여 양도소득세를 추징함
> (양도, 조심-2015-서-1868 , 2015.09.21 , 기각 , 완료)

★ <주의> 1세대가 1주택과 폐가(주로 농어촌 지역)를 보유한 경우로서 1주택 비과세를 적용받기 위해서는 폐가를 허물고 양도하여야 한다.

★ <주의> 일반적인 경우 주택의 양도일은 잔금청산일이나 주택을 멸실한 경우 주택 또는 토지 거래인지 여부는 <u>매매계약일</u> 현재를 기준으로 판단한다.

📷 1세대 1주택 보유기간

비과세대상 1세대 1주택 및 보유기간(소득세법 제98조)
1세대가 양도일 현재 국내에 1주택을 보유하고 있는 경우로서 해당 주택의 보유기간이 2년 이상인 것으로 하며, 자산의 보유기간은 그 자산의 취득일부터 양도일까지로 하되, **양도 또는 취득 시기는 해당 자산의 대금을 청산한 날로 한다.**

다주택자가 주택을 처분하고 최종 1주택이 된 경우 1세대 1주택 보유기간

2022년 5일 10일 이후 1세대 1주택 양도소득세 비과세를 적용받기 위한 2년 보유기간을 계산할 때 다주택자가 1주택을 제외한 모든 주택을 처분하여 최종 1주택이 된 경우 최종1주택을 보유한 날부터 보유기간을 계산한다.

▶ 종전 규정에 의한 보유기간 계산
ㅇ 2020.12.31. 이전 : 해당 주택의 취득일부터 기산
ㅇ 2021.1.1 ~ 2022.5.9. : 다주택자의 경우 1주택을 제외한 모든 주택을 양도하여 최종적으로 1주택자가 된 날부터 보유·거주기간 재기산

[개정] 1세대 1주택 양도소득세 비과세 보유 및 거주기간 재기산 제도 폐지(소득세법 시행령 제154 ⑤)

(대상) 1세대가 양도일 현재 국내에 보유하고 있는 1주택
(요건) 2년 이상 보유 → 조정대상지역 내 주택('17.8.3일 이후 취득)의 경우 보유기간 중 2년 이상 거주
(보유·거주기간 계산) 해당 주택의 취득·전입일부터 기산
<적용시기> '22.5.10. 이후 양도하는 분부터 적용

조정대상지역 1세대 1주택 비과세

2022.5.10. 이후 양도분부터 1세대가 2주택 이상을 보유한 상황에서 다른 주택들을 모두 양도하고 조정대상지역에 소재한 최종 1주택이 된 경우 보유기간 2년 이상 및 거주기간 2년 이상은 **해당 주택의 취득일부터 기산한다.**

상생임대주택 비과세 특례

상생임대주택이란?

1세대가 조정대상지역내 1주택을 2021년 12월 20일부터 2026년 12월 31일까지의 기간 중에 임대차계약을 한 후(일정한 요건 충족 → 2년 이상 임대등) 다른 주택을 보유하지 아니하거나(임대주택외 다른 주택을 보유하고 있는 경우 다른 주택을 모두 처분한 이후)

상생임대주택과 보유주택이 일시적 2주택 요건을 충족하는 경우로서 임대주택을 처분하는 경우 조정대상지역 소재 주택이더라도 2년 이상 보유만 하더라도 1세대 1주택 비과세 적용을 받을 수 있다.

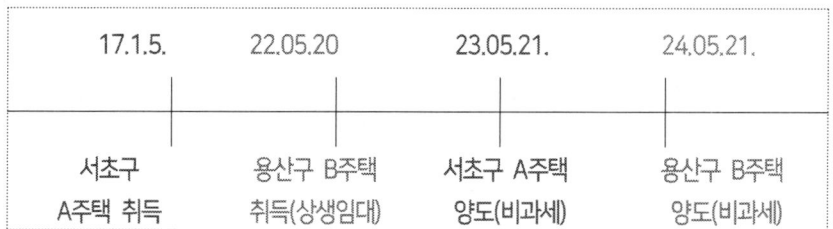

1) A주택 양도 비과세 → 1년 이상 보유한 후 B주택 취득
   B주택 취득일로부터 2년 이내 양도
2) B주택 양도 비과세 → 상생임대주택으로서 2년 이상 보유한 후 해당 주택외 주택이 없는 상황(1주택)에서 양도

상생임대주택 요건

국내에 1주택을 소유한 1세대가 다음 각 호의 요건을 모두 갖춘 주택(상생임대주택)을 양도하는 경우에는 1세대1주택 비과세, 1세대1주택의 특례를 적용할 때 거주기간의 제한을 받지 않는다.
(소득세법 시행령 제155조의3)

1. 1세대가 주택을 취득한 후 해당 주택에 대하여 임차인과 체결한 직전 임대차계약(해당 주택의 취득으로 임대인의 지위가 승계된 경우의 임대차계약은 제외한다) 대비 임대보증금 또는 임대료의 증가율이 100분의 5를 초과하지 않는 임대차계약을 **2021년 12월 20일** 부터 2026년 12월 31일까지의 기간 중에 체결(계약금을 지급받은 사실이 확인되는 경우로 한정)하고 상생임대차계약에 따라 임대한 기간이 2년 이상일 것

2. 제1호에 따른 직전 임대차계약에 따라 임대한 기간이 1년 6개월 이상일 것

상생임대주택에 대한 특례적용신고서 제출

상생임대주택에 대한 비과세 특례 적용을 받으려는 자는 양도소득세 과세표준 신고기한까지 '상생임대주택에 대한 특례적용신고서'에 해당 주택에 관한 직전 임대차계약서 및 상생임대차계약서를 첨부하여 납세지 관할 세무서장에게 제출해야 한다.

□ 상생임대차 계약서 서식
별도의 서식은 없으며, 상생임대주택 요건을 충족하는 계약서로 하면 된다.

상생임대주택 핵심 요약

1. 조정대상지역의 주택으로 주택가격 불문
- 비조정지역 → 거주요건이 없으므로 상생임대주택 의미 없음
2. 임대계약일 → 2021년 12월 20일부터 2026년 12월 31일까지
3. 직전 임대차계약(계약기간 1년 6개월 이상 유지)이 있는 경우
- 신축아파트 → 최초 임대차계약 이후 재계약시 가능

4. 임차인이 있는 아파트를 구입한 경우 임대차계약을 새로 하여야 한다.
- 승계한 경우 불가
5. 직전 임대차계약 대비 임대료 인상 5%이내
6. 갱신청구권에 의한 갱신계약의 경우에도 인정
7. 다주택자의 경우 최종 1주택이 상생임대주택인 경우 비과세

☐ 시·군·구에 임대주택 등록 및 세무서에 사업자등록을 하지 않아도 됨

상생임대주택이 고가주택인 경우 장기보유특별공제

1세대 1주택이더라도 양도가액이 12억원을 초과하는 경우 12억원 초과분의 양도차익에 대하여는 양도소득세를 계산하여 납부하여야 하나 이 경우 1주택이므로 1주택자 장기보유특별공제를 받을 수 있다. 다만, 실제 거주한 기간이 없으므로 보유기간에 따른 장기보유특별공제만 받을 수 있다. (2년이상 8% ~ 10년 이상 40% 공제)

SECTION 04

1세대 1주택 특례
(일시적 2주택 등)

이사를 위해 일시적으로 2주택이 된 경우

일시적 2주택 비과세 요건 → 취득 후 1년 경과

한 채의 주택(종전 주택)을 가지고 있던 1세대가 그 집을 취득한 날로부터 **1년 이상**이 지난 후 새로운 주택 1채를 추가 구입하여 일시적으로 2주택이 된 경우, 새로운 주택을 구입한 날부터 **3년내에 종전의 주택**을 팔게 되면 비과세가 적용된다. 단, 종전주택 **보유기간은 2년 이상**이어야 한다.

계약 당시 비조정지역이었으나 잔금청산일 전에 조정대상지역으로 지정된 경우 2년 이상 거주를 하여야 하나?

조정대상지역 지정일 ~ 해제일 기간 취득분은 조정대상지역에서 해제되더라도 세대원 전원(예외 참조)이 2년 이상 거주하여야 한다. 단, **무주택세대**가 조정대상지역 지정 전에 주택을 계약하였으나 잔금청산일 전 조정대상지역으로 지정된 경우에는 해당 주택 양도시 1세대 1주택 2년 거주 요건은 적용하지 않는다. [소령 제154조 ① 5]

🅝 조정대상지역 일시적 2주택 비과세 특례대상 종전주택 처분기한

조정대상지역 일시적 2주택 요건(전부 충족)

1) 종전의 주택을 취득한 날부터 **1년 이상**이 지난 후 신규 주택을 취득하고, 양도일 현재 종전주택과 신규주택 각각 1채만 보유하여야 함
2) 종전주택의 보유기간이 2년 이상일 것 단, 취득 당시 조정지역에 있는 종전주택은 보유기간 중 거주기간이 2년 이상일 것
3) 종전 주택이 **조정대상지역에 있는 상태에서 조정대상지역에 있는 신규 주택을 취득**하는 경우에는 신규주택의 취득일부터 3년 이내 (**2023.1.12. 이후**)에 종전의 주택을 양도하여야 함

▶ 일시적 2주택 중복 보유기간(소득세법 시행령 제155조 ① 2)

종전주택	신규주택	중복기간	시행시기
비조정, 조정	비조정, 조정	3년	
조정대상지역	조정대상지역	2년	('18.09.14. 이후)
조정대상지역	조정대상지역	1년	('19.12.17. 이후)
조정대상지역	조정대상지역	2년	('22.05.10. 이후)
조정대상지역	조정대상지역	3년	('23.01.12. 이후)

'22.5.10. 이후 조정대상지역내 일시적 2주택 신규주택 전입신고 및 주민등록의무 삭제

(종전) 신규 주택의 취득일로부터 **1년 이내**에 그 주택으로 세대전원이 이사하고, 주민등록법에 의한 전입신고와 함께 **30일 이상 거주**하여야 일시적 1세대 1주택 비과세 특례가 적용된다.
[소령 제155조 ① 2]

기타 2주택임에도 비과세 특례가 적용되는 경우

취학, 전근 등 사유로 수도권 밖 소재 주택을 취득하여 두 채의 집을 갖게 된 경우

취학, 근무상의 형편, 질병의 요양, 그 밖에 부득이한 사유로 취득한 **수도권 밖에 소재하는 주택**과 그 밖의 주택(일반주택)을 국내에 각각 1개씩 소유하고 있는 1세대가 부득이한 사유가 해소된 날부터 3년 이내에 **일반주택**을 양도하는 경우에는 국내에 1개의 주택을 소유하고 있는 것으로 보아 1세대 1주택 비과세를 적용한다.
(소득세법 시행령 제155조 제8항)

▶ 부득이한 사유가 해소된 날부터 3년 이내
부득이한 사유가 해소된 날이라 함은 전근 이후 퇴사, 전직, 복귀 정년퇴직 또는 취학 후 졸업 등의 사유가 발생한 날을 말한다.

◆ 부득이한 사유가 해소되지 않은 상태에서 일반주택을 양도하는 경우 해당 일반주택에 대하여 소득령 제155조 제8항이 적용됨
(양도 사전-2020-법령해석재산-0834 2020.10.26.) [예규 원문 확인]

■ 헷갈리는 근무상 형편, 취학등 사유 관련 비과세
1) [1세대 1주택 비과세] 근무상 형편, 취학 등으로 1년 이상 거주한 주택을 양도하는 경우 (대체주택을 취득하지 않는 경우) → 비과세
(소득세법 시행령 제154조 ① 3)
2) [1세대 1주택 특례] 비과세, 단, 종전주택은 일시적 2주택 요건 충족
(소득세법 시행령 제155조 ①)
3) [중과세 제외] 1세대의 구성원 중 일부가 근무상 형편, 취학 등 사유로 조정대상지역 소재 주택(3억원 이하)을 취득한 후 해당 주택을 양도하는 경우 [소령 제167조의 10 ① 3] → 조정대상지역 2주택 참조

(선)이농주택 + (후)일반주택 → 일반주택 양도

이농인(농업, 어업에서 떠난 자)이 취득일후 5년이상 거주한 사실이 있는 **농어촌주택**[수도권 밖의 지역 중 읍지역(도시지역안의 지역 제외) 또는 면지역에 소재하는 주택]과 **일반주택**을 국내에 각각 1개씩 소유하고 있는 1세대가 비과세 요건을 충족하는 일반주택을 양도하는 경우 1세대 1주택 비과세를 적용한다. [소득령 제155조 ⑦, ⑨]

(선)일반주택 + (후)귀농주택 → 일반주택 양도

1주택(일반주택)을 소유한 1세대가 귀농주택을 취득하여 1세대 2주택이 된 이후에 귀농주택을 취득한 날로부터 **5년 이내**에 비과세 요건을 갖춘 일반주택을 양도하는 경우 양도소득세가 과세되지 않는다. [소득령 제155조 ⑦, ⑩]

(선)일반주택 + (후)농어촌주택 → 일반주택 양도

1세대가 2003년 8월 1일(고향주택은 2009년 1월 1일)부터 2025년 12월 31일까지 기간 중에 농어촌주택 등을 취득하여 **3년 이상** 보유하고 그 농어촌주택 등을 **취득하기 전**에 보유하던 다른 주택(일반주택)을 양도하는 경우 그 농어촌주택등을 해당 1세대의 소유주택이 아닌 것으로 보아 소득세법 제89조제1항제3호(비과세 양도소득)를 적용한다. [조세특례제한법 제99조의4]

(1) 농어촌주택

① 지역기준
수도권을 제외한 읍면지역(경기도 연천군, 인천광역시 옹진군 포함)
[수도권] 서울특별시, 인천광역시, 경기도

◆ 농어촌주택의 범위에서 제외되는 지역
- 수도권

- 국토해양부 장관이 지정하는 도시지역(주거, 상업, 공업지역)
- 기획재정부장관이 지정한 지정지역(투기지역)
- 문화관광부장관이 지정한 관광단지

② 가액기준
- 2007.12.31. 이전 취득 : 취득당시 기준시가 7천만원이하
- 2008.1.1이후 취득 : 취득당시 기준시가 1.5억원 이하인 경우
- 2009.1.1.이후 취득 : 취득당시 기준시가 2억원 이하인 경우
- 2023.1.1.이후 취득 : 취득당시 기준시가 3억원 이하인 경우

③ 일반주택은 행정구역상 같은 읍·면, 또는 연접한 읍·면에 소재하지 않아야 한다.

[주의] 농어촌주택 취득 이후 일반주택을 취득하는 경우
농어촌주택을 취득한 후에 일반주택을 취득하는 경우 농어촌주택 비과세 특례 규정이 적용되지 아니한다.

(2) 고향주택(인구 20만명 이하 소도시지역)
고향주택이란 고향에 소재하는 인구 20만명 이하 시지역(별표 12)을 말한다. 이 경우 등록기준지 등 또는 거주한 사실이 있는 지역의 시·군이 행정구역의 개편 등으로 이에 해당하지 아니한 경우에도 같은 시·군으로 본다.

① 지역기준 ~ 가족관계등록부에 **10년 이상 등재된 등록기준지로서 10년 이상 거주한 사실이 있는 지역**으로서 취득 당시 인구 20만 이하의 시 지역에 소재할 것. 단, 수도권지역, 소득세법에 따른 지정지역, 관광진흥법에 따른 관광단지에 소재한 주택은 제외한다.

[별표 12] 고향주택 소재 지역 범위(조특령 제99조의4제2항)
<개정 2016.2.5.>

구분	시 (26개)
충청북도	제천시
충청남도	계룡시, 공주시, 논산시, 보령시, 당진시, 서산시
강원도	동해시, 삼척시, 속초시, 태백시
전라북도	김제시, 남원시, 정읍시
전라남도	광양시, 나주시
경상북도	김천시, 문경시, 상주시, 안동시, 영주시, 영천시
경상남도	밀양시, 사천시, 통영시
제주도	서귀포시

② 가격기준 ~ 주택 및 이에 딸린 토지의 가액(소득세법에 따른 기준시가)의 합계액이 해당 주택의 취득 당시 2억원(해당 지방자치단체의 장에게 등록된 한옥은 4억원)을 초과하지 아니할 것

[세법 개정] 농어촌주택 및 고향주택에 대한 양도소득세 주택 수 제외 특례 요건 완화 및 적용기한 연장(조특법 §99의4)

종 전	개 정
□ 농어촌주택·고향주택에 대한 양도소득세 과세특례 ○ (요건) ❶ & ❷ & ❸ ❶ (보유기간) 3년 이상 ❷ (소재지) 수도권, 조정대상지역 등 제외 ❸ (기준시가) 2억원(한옥 4억원) 이하 ○ (적용기한) '22.12.31.까지 취득분	□ 주택가격 요건 완화 및 적용기한 연장 ○ (좌 동) ❸ 3억원(한옥 4억원) 이하 ○ '25.12.31.까지 취득분

<적용시기> '23.1.1. 이후 양도하는 분부터 적용

[개정 세법] 농어촌주택 양도세 특례 도시지역·수도권 예외 신설
(조특령 §99의4④)

종 전	개 정
<신 설>	□ 농어촌주택의 소재지가 될 수 없는 도시지역에서 제외되는 지역 ㅇ 인구감소지역 및 기업도시 개발구역에 모두 해당하는 도시지역으로서 기획재정부령으로 정하는 지역* 　* 태안군, 영암·해남군
□ 농어촌주택의 소재지가 될 수 없는 수도권에서 제외되는 지역 ㅇ 연천군, 옹진군 및 그 밖에 지역특성이 유사한 기획재정부령으로 정하는 지역	□ 농어촌주택 소재지가 될 수 없는 수도권에서 제외되는 지역 확대 ㅇ 인구감소지역 및 접경지역에 모두 해당하는 수도권으로서 기획재정부령으로 정하는 지역* 　* 강화군, 연천군, 옹진군

<적용시기> (도시지역 제외) '23.1.1. 이후 양도하는 분부터 적용
(수도권 제외) 2023.2.28. 이후 양도하는 분부터 적용

[개정 세법] 농어촌주택 양도소득세 특례 확대(조특법 §99조의4)

현 행	개 정
□ 일반주택, 농어촌주택을 각 1채 보유한 1세대가 일반주택 양도 시 비과세	□ 적용대상 농어촌주택 확대

(대상 농어촌주택) ❶&❷&❸	■ 농어촌주택 소재지 확대
❶ '읍·면 또는 인구 20만 이하 시의 동'*에 소재 　* 수도권, 도시지역, 조정대상지역, 부동산거래 허가구역, 관광단지 등 제외	❶ '기회발전특구' 포함 (읍·면·동 소재 여부, 도시지역, 조정대상지역, 부동산거래 허가구역, 관광단지 여부와 무관히 허용)
❷ 주택 취득 당시 기준시가 3억원 이하(한옥 4억원 이하)	(좌 동)
❸ '03.8월~'25.12월간 취득	
○ (요건) 농어촌주택 3년 이상 보유 & 농어촌주택 취득 전 보유한 일반주택 양도	

< 시행시기 > '24.1.1. 이후 양도하는 분부터 적용

기타 두 채의 주택을 갖게 된 경우 비과세 특례

1) 60세 이상 직계존속을 모시기 위하여 세대를 합쳐 두 채의 집을 갖게 된 후 10년 이내 먼저 양도하는 주택 [소득령 제155조 ④]

2) 결혼으로 두 채의 집을 갖게 된 후 10년 이내 먼저 양도하는 주택 [소득령 제155조 ⑤]]

3) 조세특례제한법의 양도소득세 감면주택은 거주자의 소유주택으로 보지 아니하므로 감면주택을 제외한 1주택이 비과세요건을 충족하는 경우 비과세 적용을 받을 수 있다. [조특법 제98조의2 ~ 99조의2]

상속주택과 일반주택을 보유한 경우 과세특례 등

일반주택 양도 → 1세대 1주택 요건 충족시 비과세
상속개시 당시 별도세대인 피상속인으로부터 상속받은 주택과 **일반주택(상속개시 당시 보유한 주택만 해당함)**을 국내에 각각 1개씩 소유하고 있는 1세대가 **일반주택을 양도하는 경우** 국내에 1개의 주택을 소유하고 있는 것으로 보아 보유기간이 2년 이상(조정대상지역의 경우 2년 거주)이면 비과세 적용을 받을 수 있다. [소득령 제155조 ②]

▶ 피상속인의 주택이 2채 이상인 경우 특례 대상 상속주택
피상속인이 상속개시 당시 2 이상의 주택을 소유한 경우에는 피상속인이 소유한 기간이 가장 긴 주택만 상속주택 특례가 적용된다.

[개정 세법] 사전 증여주택에 대한 비과세 특례 적용 배제
(소득세법 시행령 제155조 제2항, 제156조의2 제6항·제7항)
상속개시일부터 소급하여 2년 이내에 피상속인으로부터 증여받은 주택은 '일반주택'으로 보지 않고 비과세 배제

상속받은 주택이 공동명의인 경우
공동상속주택과 일반주택을 보유한 자의 경우 1세대 1주택 특례 규정을 적용함에 있어서 공동상속주택외의 다른 주택을 양도하는 때에는 상속지분이 가장 큰 자를 제외한 **소수지분자는 당해 공동상속주택을 당해 거주자의 주택으로 보지 아니한다.** 단, 상속지분이 가장 큰 자가 2인 이상인 경우에는 그 2인 이상의 자 중 다음 각 호의 순서에 따라 당해 각 호에 해당하는 자가 당해 공동상속주택을 소유한 것으로 본다. [소득령 제155조 ② ③]
1. 당해 주택에 거주하는 자
2. 최연장자

피상속인이 5년이상 거주한 수도권 밖의 읍면지역에 소재한 농어촌주택을 상속받은 이후 취득한 일반주택을 양도하는 경우 1세대 1주택 비과세 특례

상속받은 주택이 수도권 밖의 지역 중 읍지역(도시지역안의 지역은 제외) 또는 면지역에 소재하는 농어촌주택으로서 피상속인이 취득 후 **5년 이상 거주한 농어촌주택을 상속받은 이후에 일반주택을 취득하고** 양도하는 경우 1세대 1주택 비과세 특례를 적용받을 수 있다.
(소득세법 시행령 제155조 ⑦)

상속주택과 일시적 2주택 비과세 특례

상속받은 주택과 상속개시 당시 그 밖의 주택(일반주택)을 보유하고 있는 1세대가 일반주택을 취득한 날부터 1년 이상이 지난 후 다른 주택을 취득하고 취득한 날부터 3년 이내에 비과세요건을 충족하는 일반주택을 양도하는 때에는 1세대 1주택 특례 규정을 적용한다.

동일세대원으로부터 상속받은 주택 → 상속주택 또는 일반주택 양도시 2주택자로서 과세됨

동일세대원으로부터 상속받은 주택은 상속받은 주택으로 볼 수 없어 비과세특례 규정이 적용되지 않는다. 단, 동거봉양하기 위하여 세대를 합침에 따라 2주택을 보유하게 된 경우 일반주택은 1세대 1주택의 특례로 비과세된다. (양도, 서면-2015-부동산-0803 , 2015.6.22.)

상속주택과 일반주택 중 상속받은 주택을 먼저 양도하는 경우 → 양도소득세가 과세됨

일반주택을 보유한 상태에서 상속받은 주택을 먼저 양도하는 경우에는 1세대 2주택자에 해당되어 양도소득세가 과세된다.

SECTION 05

조정대상지역 지정 및 해제 양도소득세 중과세 한시 배제

2017. 8.3. 이후 주택시장 안정화 정책 방안으로 양도소득세 분야에 중요한 세법 개정이 있었으며, 그 주요 내용은 국내에 2채 이상의 주택을 보유하고 있는 1세대가 조정대상지역내의 주택을 양도하는 경우 양도소득세가 중과되고, 장기보유특별공제가 배제되며, 조정대상지역내 주택의 1세대 1주택 비과세 적용시 2년 거주요건을 추가하였다.

한편, 다주택자가 조정대상지역에 소재하는 주택을 2022년 5월 10일부터 2026년 5월 9일까지 양도하는 경우 양도소득세가 중과세되지 아니하며, 양도소득세가 중과세되지 않는 경우 해당 주택의 보유기간(양도하는 주택의 취득일부터 양도일까지의 기간)이 2년 이상이면 장기보유특별공제를 받을 수 있다.

따라서 본서 내용 중 양도소득세 중과세에 관한 내용은 전부 없는 것으로 한다.

[개정] 다주택자의 조정대상지역 소재 주택 양도시 양도소득세 중과 한시 배제

보유기간 2년 이상인 조정대상지역 內 주택을 '22.05.10일부터 '25.05.09일까지 양도 시 기본세율 및 장기보유특별공제 적용

다주택자가 보유기간이 2년 이상이고 조정대상지역에 소재하는 주택을 2022년 5월 10일부터 2026년 5월 9일까지 양도하는 경우 양도소득세 중과를 배제하여 과도한 세부담을 합리화하고 부동산 시장 안정을 도모함. [소득세법 시행령 제167조의3제1항제12의2호, 제167조의4제3항제6의2호, 제167조의10제1항제12의2호 및 제167조의11제1항제12호 개정]

○ 세율: 기본세율(6~45%)
○ 장기보유특별공제 적용
보유기간 3년 이상인 경우 적용, 15년 이상 보유 시 최대 30% 공제

<참고> 조정대상지역 소재 주택 양도시 양도소득세 중과

1세대가 주택의 양도 당시 2주택(중과세 판정시 주택수에 포함하는 주택) 이상을 보유하고 있으면서 조정대상지역내 주택을 양도하는 경우 2주택자는 양도소득세의 20%가 중과세되고, 3주택 이상을 보유한 경우 양도소득세의 30%가 중과세된다. 한편, 중과세되는 주택은 소득세법 제95조 제2항의 장기보유특별공제를 받을 수 없다.

■ 중과세 요건 (1 + 2 + 3)
1. 양도 당시 조정대상지역에 소재한 주택으로 중과세대상 주택일 것
2. 양도 당시 중과세판정 주택수에 포함하는 주택이 2주택 이상일 것
3. (2주택자) 양도 당시 양도주택의 기준시가가 1억원을 초과할 것

조정대상지역 지정 및 해제

2017. 8.3. 이후 주택시장 안정화 정책 방안으로 양도소득세 분야에 중요한 세법 개정이 있었으며, 그 주요 내용은 국내에 2채 이상의 주택을 보유하고 있는 1세대가 조정대상지역내의 주택을 양도하는 경우 양도소득세가 중과되고, 장기보유특별공제가 배제되며, 조정대상지역내 주택의 1세대 1주택 비과세 적용시 2년 거주요건을 추가하였다.

조정대상지역 지정

조정대상지역 지정

「주택법」 제63조의2 규정에 의하여 조정대상지역을 지정하여 해당 지역내에서 주택 양도시 양도소득세 세율 인상, 장기보유특별공제 배제, 1세대 1주택 비과세 요건을 강화하는 등의 조치를 하였다.

구 분	조정대상지역	투기과열지구	투기지역
법 령	주택법 제63조의2	주택법 제63조	소득세법 제104조의2

조정대상지역 주택의 1세대 1주택 양도소득세 비과세

2017년 8월 3일 이후에 취득한 주택으로 취득 당시 조정대상지역이면, 양도 당시 조정대상지역에서 해제되었더라도 2년 이상 거주하여야 1세대 1주택을 적용 받을 수 있다.

□ 소득세법 시행령 제154조(1세대1주택의 범위)
② 조정지역은 다음 표에 해당하는 지역으로 한다. 다만, 법률 제14866호 주택법 일부개정법률 제63조의2에 따라 국토교통부장관이 같은 조 제1항제1호의 조정대상지역을 지정·공고한 경우에는 그 지역을 말한다. <신설 2017.9.19.>
1. 서울특별시
전 지역
2. 부산광역시
해운대구·연제구·동래구·남구·부산진구 및 수영구, 기장군
3. 경기도
과천시·광명시·성남시·고양시·남양주시·하남시 및 화성시(반송동·석우동, 동탄면 금곡리·목리·방교리·산척리·송리·신리·영천리·오산리·장지리·중리·청계리 일원에 지정된 택지개발지구로 한정한다)
4. 기타
「신행정수도 후속대책을 위한 연기·공주지역 행정중심복합도시 건설을 위한 특별법」 제2조 제2호에 따른 예정지역

부   칙 <대통령령 제28293호, 2017. 9. 19.>
제1조(시행일) 이 영은 공포한 날부터 시행한다.
제2조(1세대 1주택 비과세 요건에 관한 적용례 등)
① 제154조제1항·제2항 및 같은 조 제8항제3호의 개정규정은 이 영 시행 이후 양도하는 분부터 적용한다.
② 다음 각 호의 어느 하나에 해당하는 주택에 대해서는 제154조제1항·제2항 및 같은 조 제8항제3호의 개정규정 및 이 조 제1항에도 불구하고 종전의 규정에 따른다.
1. 2017년 8월 2일 이전에 취득한 주택
2. 2017년 8월 2일 이전에 매매계약을 체결하고 계약금을 지급한 사실이 증빙서류에 의하여 확인되는 주택

조정대상지역 1세대 1주택 비과세 요약

조정대상지역 지정 전부터 보유하고 있는 주택의 1세대 1주택 비과세 → 2년 보유, 2년 거주(×)

1) 1세대가 양도일 현재 국내에 1주택을 보유하고 있을 것
2) 해당 주택의 보유기간이 2년 이상인 주택
3) 양도가액이 12억원을 초과하는 주택 → 12억원 초과분만 과세

2017.8.3. 이후 조정대상지역 주택 취득시 1세대 1주택 비과세는 보유기간 중 2년 이상 거주하여야 함

2017. 8. 3. 이후 조정대상지역에 소재한 주택을 취득하는 경우 또는 일반지역에서 새로 조정대상지역으로 지정이 된 지역의 주택을 취득하는 경우 보유기간이 2년 이상이고 그 보유기간 중 거주기간(주민등록표 등본에 따른 전입일부터 전출일까지의 기간)이 2년 이상은 되어야 1세대 1주택 비과세를 적용받을 수 있다.

▶ **2017. 8. 2. 이전에 조정대상지역 소재 주택을 취득한 경우**
2년 이상 보유하면 되는 것으로 2년 거주요건은 적용하지 않는다.

▶ **무주택자가 조정대상지역 지정 전에 주택을 계약하였으나 잔금청산일 전 조정대상지역으로 지정된 경우 → 일반지역 주택 요건**
조정대상지역의 공고가 있은 날 이전에 매매계약을 체결하고, 계약금을 지급한 사실이 증빙서류에 의하여 확인되는 경우로서 해당 거주자가 속한 1세대가 **계약금 지급일 현재 주택을 보유하지 아니한 경우(무주택세대)**에 향후 해당 주택 양도시 1세대 1주택 판정시에는 2년 거주 요건은 적용하지 않는다. [소득령 제155조 ① 5]

조정대상지역 1세대 1주택 비과세 요건

1) 1세대가 양도일 현재 국내에 1주택을 보유하고 있을 것
2) **취득 당시** 조정대상지역에 있는 주택
3) 해당 주택의 보유기간이 2년 이상이고, **보유기간 중 거주기간이 2년 이상이어야 함**

▶ 거주기간 → 주민등록표의 전입일부터 전출일까지의 기간
<주의> 1세대 구성원의 보유주택수 계산시에는 사실상 거주 여부에 의함

▶ 2년 이상 거주 → (원칙) 세대전원 거주
(예외) 취학, 근무상의 형편, 질병의 요양 그 밖의 부득이한 사유로 세대의 구성원 중 일부가 이사하지 못하는 경우 거주한 것으로 봄

조정대상지역 주택을 취득한 이후 해제된 경우

2017.8.3. 이후 조정대상지역의 주택을 취득한 이후 조정대상지역 지정이 해제된 경우에도 2년 거주요건을 충족하여야 비과세를 적용받을 수 있으므로 특히 유의하여야 한다.

▣ 조정대상지역 지정 및 해제, 재지정 과정

[2017.09.06.] 조정대상지역 지정

서울특별시	전 역 (25개구)
경기도	과천시, 광명시, 성남시, 고양시, 남양주시, 하남시, 화성시(반송동·석우동, 동탄면 금곡리·목리·방교리·산척리·송리·신리·영천리·오산리·장지리·중리·청계리 일원에 지정된 택지개발지구에 한함)
부산광역시	해운대구·연제구·동래구·남구·부산진구·수영구·기장군
세종특별자치시	「신행정수도 후속대책을 위한 연기·공주지역 행정중심복합도시 건설을 위한 특별법」제2조제2호에 따른 예정지역

[2018.08.28.] 조정대상지역 지정
[경기도] 구리시, 안양시 동안구, 광교택지개발지구(수원시 영통구 이의동·원천동·하동·매탄동, 팔달구 우만동, 장안구 연무동, 용인시 수지구 상현동, 기흥구 영덕동 일원)

[2018.08.28.] <조정대상지역 지정 해제>
[부산광역시] 기장군(일광면 제외)

[2018.12.31.] 조정대상지역 지정
[경기도] 수원시 팔달구, 용인시 수지구·기흥구

[2018.12.31.] <조정대상지역 지정 해제>
부산광역시 부산진구, 남구, 연제구, 기장군(일광면)

[2019.11.08.] <조정대상지역 지정 해제>
[경기도] 고양시(삼송택지개발지구, 원흥·지축·향동 공공주택지구, 덕은·킨텍스(고양국제전시장)1단계·고양관광문화단지(한류월드) 도시개발구역 제외), 남양주시(다산동·별내동 제외),
[부산광역시] 해운대구, 수영구, 동래구

[2020.02. 21. 이후] 조정대상지역 추가 지정
[경기도] 수원영통·권선·장안, 안양만안, 의왕

[2020.06. 19. 이후] 조정대상지역 추가 지정
[경기도] 고양시, 남양주시(화도읍, 수동면 및 조안면 제외), 화성시, 군포시, 안성시(일죽면, 죽산면 죽산리·용설리·장계리·매산리·장릉리·장원리·두현리 및 삼죽면 용월리·덕산리·율곡리·내장리·배태리 제외), 부천시, 안산시, 시흥시, 용인시 처인구(포곡읍, 모현면, 백암면, 양지면 및 원삼면 가재월리·사암리·미평리·좌항리·맹리·두창리 제외), 오산시, 평택시, 광주시(초월읍, 곤지암읍, 도척면, 퇴촌면, 남종면 및 남한산성면 제외), 양주시, 의정부시,
[인천광역시] 중구, 동구, 미추홀구, 연수구, 남동구, 부평구, 계양구, 서구
[대전광역시] 동구, 중구, 서구, 유성구, 대덕구,
[충청북도] 청주시(낭성면, 미원면, 가덕면, 남일면, 문의면, 남이면, 현도면, 강내면, 옥산면, 내수읍 및 북이면 제외)

[2020.11. 20.] 조정대상지역 추가 지정
[경기도] 김포시(통진읍, 대곶면, 월곶면, 하성면 제외)
[부산광역시] 해운대구, 동래구, 수영구, 연제구, 남구,
[대구광역시] 수성구

[2020.12 18.] 조정대상지역 추가 지정

구분	조정대상지역	제외지역	비고
부산	서·동·영도·부산진·금정·북·강서·사상·사하구	-	기장군, 중구 제외 전 지역 지정
대구	중·동·서·남·북·달서구, 달성군 다사·화원읍	달성군 가창면·구지면·하빈면·논공읍·옥포읍·유가읍·현풍읍	달성군 일부 지역 제외 전 지역 지정
광주	동·서·남·북·광산구	-	전 지역 지정
울산	중, 남구	-	동구, 북구, 울주군 제외 전 지역 지정
경기	주 동지역	읍면지역	
충남	천안동남 동지역	읍면지역	
충남	천안서북 동지역	읍면지역	
전북	전주완산, 전주덕진	-	
경남	창원 성산	-	
경북	포항남 동지역	읍면지역	
경북	경산 동지역	읍면지역	
충남	논산 동지역	읍면지역	
충남	공주 동지역	읍면지역	
전남	여수 동지역 + 소라면	잔여 읍면지역	
전남	순천 동지역 + 해룡·서면	잔여 읍면지역	
전남	광양 동지역 +광양읍	잔여 읍면지역	

[2021.08.30.] 조정대상지역 추가 지정
경기도 동두천시(광암동, 걸산동, 안흥동, 상봉암동, 하봉암동, 탑동동 제외)

[2020.12 18.] 투기과열지구 지정
창원의창 동지역, 북면, 동읍 (잔여 읍면지역 제외)

[2021.08.30.] <투기과열지구 지정 해제>
의창구 동읍, 북면 제외(다만, 북면 감계리 일원 감계지구, 무동리 일원 무동지구는 투기과열지구 지정을 유지)

[2022.07.05.] 일부 지역 조정대상지역 해제

○ 대구 동구·서구·남구·북구·중구·달서구·달성군 ('20.12.18. 지정)
○ 경북 경산시, 전남 여수시·순천시·광양시
○ 안산 단원구 대부동동·대부남동·대부북동·선감동·풍도동, 화성 서신면

▶ 조정대상지역, 투기과열지구 지정 현황('22.07.05 기준)

	투기과열지구(43곳)	조정대상지역(101곳)
서울	전 지역('17.8.3)	전 지역('16.11.3)
경기	과천('17.8.3), 성남분당('17.9.6), 광명, 하남('18.8.28), 수원, 성남수정, 안양, 안산단원1), 구리, 군포, 의왕, 용인수지·기흥, 동탄2주2)('20.6.19)	과천, 성남, 하남, 동탄2주2)('16.11.3), 광명('17.6.19), 구리, 안양동안, 광교지구주3)('18.8.28), 수원팔달, 용인수지·기흥('18.12.31), 수원영통·권선·장안, 안양만안, 의왕('20.2.21) 고양, 남양주주4), 화성주5), 군포, 부천, 안산주6), 시흥, 용인처인주7), 오산, 안성주8), 평택, 광주주9), 양주주10), 의정부('20.6.19), 김포주11)('20.11.20) 파주주12)('20.12.18) 동두천시('21.8.30)주13)
인천	연수, 남동, 서('20.6.19)	중주14), 동, 미추홀, 연수, 남동, 부평, 계양, 서('20.6.19)
부산	-	해운대, 수영, 동래, 남, 연제('20.11.20) 서구, 동구, 영도구, 부산진구, 금정구, 북구, 강서구, 사상구, 사하구('20.12.18)
대구	-	수성('20.11.20)
광주	-	동구, 서구, 남구, 북구, 광산구('20.12.18)
대전	-	동, 중, 서, 유성, 대덕('20.6.19)
울산	-	중구, 남구('20.12.18)
세종	세종주15)('17.8.3)	세종주15)('16.11.3)
충북	-	청주주16)('20.6.19)

충남	-	천안동남주17)·서북주18), 논산주19), 공주주20)('20.12.18)
전북	-	전주완산·덕진('20.12.18)
경북	-	포항남주21)('20.12.18)
경남	-	창원성산('20.12.18)

주1) 대부동동, 대부남동, 대부북동, 선감동, 풍도동 제외
주2) 화성시 반송동 · 석우동, 동탄면 금곡리 · 목리 · 방교리 · 산척리 · 송리 · 신리 · 영천리 · 오산리 · 장지리 · 중리 · 청계리 일원에 지정된 동탄2택지개발지구에 한함
주3) 수원시 영통구 이의동·원천동·하동·매탄동, 팔달구 우만동, 장안구 연무동, 용인시 수지구상현동, 기흥구 영덕동 일원에 지정된 광교택지개발지구에 한함
주4) 화도읍, 수동면, 조안면 제외
주5) 서신면 제외
주6) 안산시 단원구 대부동동, 대부남동, 대부북동, 선감동, 풍도동 제외
주7) 포곡읍, 모현읍, 백암면, 양지면 및 원삼면 가재월리 · 사암리 · 미평리 · 좌항리 · 맹리 · 두창리 제외
주8) 일죽면, 죽산면, 삼죽면, 미양면, 대덕면, 양성면, 고삼면, 보개면, 서운면 , 금광면 제외
주9) 초월읍, 곤지암읍, 도척면, 퇴촌면, 남종면, 남한산성면 제외
주10) 백석읍, 남면, 광적면, 은현면 제외
주11) 통진읍, 대곶면, 월곶면, 하성면 제외
주12) 문산읍, 파주읍, 법원읍, 조리읍, 월롱면, 탄현면, 광탄면, 파평면, 적성면, 군내면, 장단면, 진동면, 진서면 제외
주13) 광암동, 걸산동, 안흥동, 상봉암동, 하봉암동, 탑동동 제외
주14) 을왕동, 남북동, 덕교동, 무의동 제외
주15) 건설교통부고시 제2006-418호(2006.10.13.)에 따라 지정된 행정중심복합도시 건설 예정지역으로, 「신행정수도 후속대책을 위한 연기 · 공주지역 행정중심복합도시 건설을 위한 특별법」 제15조제1호에 따라 해제된 지역을 포함
주16) 낭성면, 미원면, 가덕면, 남일면, 문의면, 남이면, 현도면, 강내면, 옥산면, 내수읍, 북이면 제외
주17) 목천읍, 풍세면, 광덕면, 북면, 성남면, 수신면, 병천면, 동면 제외
주18) 성환읍, 성거읍, 직산읍, 입장면 제외
주19) 강경읍, 연무읍, 성동면, 광석면, 노성면, 상월면, 부적면, 연산면, 벌곡면, 양촌면, 가야곡면, 은진면, 채운면 제외
주20) 유구읍, 이인면, 탄천면, 계룡면, 반포면, 의당면, 정안면, 우성면, 사곡면, 신풍면 제외
주21) 구룡포읍, 연일읍, 오천읍, 대송면, 동해면, 장기면, 호미곶면 제외

[2022.09.26.] 지방 광역시·도 및 경기 외곽 5곳 조정대상지역 전면 해제

[지방광역시 및 도] 조정대상지역 해제 지역
(부산) 해운대·수영·동래·남·연제·서·동·영도·부산진·금정·북·강서·사상·사하구
(대구) 수성구
(광주) 동·서·남·북·광산구
(대전) 동·중·서·유성·대덕구 (울산) 중·남구
(청주) (천안) 동남·서북 (논산) (공주)
(전주) 완산·덕진 (포항) 남 (창원) 성산
<해제일> 2022. 9.26.

▶ 규제지역 현황 ('22.9.26일 기준)

	투기과열지구(43→39곳)	조정대상지역(101→60곳)
서울	전 지역('17.8.3)	전 지역('16.11.3)
경기	과천('17.8.3), 성남분당('17.9.6), 광명·하남('18.8.28), 수원·성남수정·안양· 안산단원[주1]·구리·군포·의왕· 용인수지·기흥·동탄2[주2]('20.6.19)	과천·성남·하남·동탄2[주2]('16.11.3), 광명('17.6.19), 구리·안양동안·광교지구[주3]('18.8.28), 수원팔달·용인수지·기흥('18.12.31), 수원영통·권선·장안·안양만안· 의왕('20.2.21) 고양·남양주[주4]·화성[주5]·군포· 부천·안산[주6]·시흥·용인처인[주7]· 오산··광주[주9]· 의정부('20.6.19) 김포[주11]('20.11.20)
인천		중[주14]·동·미추홀·연수· 남동·부평·계양·서('20.6.19)
세종		세종[주15]('16.11.3)

주1) 대부동동, 대부남동, 대부북동, 선감동, 풍도동 제외
주2) 화성시 반송동 · 석우동, 동탄면 금곡리 · 목리 · 방교리 · 산척리 · 송리 · 신

리·영천리·오산리·장지리·중리·청계리 일원에 지정된 동탄2택지개발지구에 한함
주3) 수원시 영통구 이의동·원천동·하동·매탄동, 팔달구 우만동, 장안구 연무동, 용인시 수지구상현동, 기흥구 영덕동 일원에 지정된 광교택지개발지구에 한함
주4) 화도읍, 수동면, 조안면 제외
주5) 서신면 제외
주6) 안산시 단원구 대부동동, 대부남동, 대부북동, 선감동, 풍도동 제외
주7) 포곡읍, 모현읍, 백암면, 양지면 및 원삼면 가재월리·사암리·미평리·좌항리·맹리·두창리 제외
주9) 초월읍, 곤지암읍, 도척면, 퇴촌면, 남종면, 남한산성면 제외
주11) 통진읍, 대곶면, 월곶면, 하성면 제외
주14) 을왕동, 남북동, 덕교동, 무의동 제외
주15) 건설교통부고시 제2006-418호(2006.10.13.)에 따라 지정된 행정중심복합도시 건설 예정지역으로, 「신행정수도 후속대책을 위한 연기·공주지역 행정중심복합도시 건설을 위한 특별법」 제15조제1호에 따라 해제된 지역을 포함

[22.11.14.] 서울 및 연접 4곳 외 조정대상지역 모두 해제

[조정대상지역 해제(경기)] 수원팔달·영통·권선·장안, 안양만안·동안, 안산, 구리, 군포, 의왕, 용인수지·기흥·처인, 고양, 남양주, 화성, 부천, 시흥, 오산, 광주, 의정부, 김포, 동탄2, 광교지구, 성남(중원)
[조정대상지역 해제(인천)] 인천 중·동·미추홀·연수·남동·부평·계양·서구
<해제일> 2022.11.14일(월) 0시부터

▶ 규제지역 현황 ('22. 11. 14일 기준)

	투기과열지구	조정대상지역
서울	전 지역('17.8.3)	전 지역('16.11.3)
경기	과천('17.8.3), 성남분당('17.9.6) 광명·하남('18.8.28) 성남수정('20.6.19)	과천('16.11.3) 성남분당·수정('16.11.3) 하남('16.11.3) 광명('17.6.19)

[23.01.05.] 서울 일부 및 경기지역 조정대상지역 모두 해제

[지정해제 지역] 서울시 종로구 · 중구 · 성동구 · 광진구 · 동대문구 · 중랑구 · 성북구 · 강북구 · 도봉구 · 노원구 · 은평구 · 서대문구 · 마포구 · 양천구 · 강서구 · 구로구 · 금천구 · 영등포구 · 동작구 · 관악구 · 강동구, 과천시, 성남시 수정구 · 분당구, 하남시, 광명시
〈해제일〉 2023년 1월 5일

▶ 조정대상지역 현황 ('23. 01. 05. 기준) 2024.11.25. 현재 변동 없음

시·도	종 전	현 행
서울	전 지역('16.11.3)	서초구·강남구·송파구·용산구
경기	과천('16.11.3) 성남분당·수정('16.11.3) 하남('16.11.3) 광명('17.6.19)	

■ 조정대상지역 지정 및 해제 [국토해양부 홈페이지]
정책자료 → 법령정보 → 행정규칙(훈령·예규·고시) → 공고
(검색어) 조정대상지역

조정대상지역 해제시 바뀌는 것들

◪ 1세대 1주택 비과세 2년 거주요건 적용 제외

1세대 1주택 비과세 2년 이상 거주요건 없어짐
주택이 없는 1세대가 조정대상지역 해제일 이후 주택을 취득하는 경우 2년 보유만 하면 1세대 1주택 비과세를 적용받을 수 있음

단, 조정대상지역 지정일 ~ 해제일 기간 취득분은 조정대상지역에서 해제되더라도 2년 이상 거주하여야 한다.

▶ **조정대상지역 1세대 1주택 비과세 요건**
1) 1세대가 양도일 현재 국내에 1주택을 보유하고 있을 것
2) 취득 당시 조정대상지역에 있는 주택
3) 해당 주택의 보유기간이 2년 이상이고, 보유기간 중 거주기간이 2년 이상이어야 함

▶ 거주기간 → 주민등록표의 전입일부터 전출일까지의 기간
<주의> 1세대 구성원의 보유주택수 계산시에는 사실상 거주 여부에 의함

▶ 2년 이상 거주 → (원칙) 세대전원 거주
(예외) 취학, 근무상의 형편, 질병의 요양 그 밖의 부득이한 사유로 세대의 구성원 중 일부가 이사하지 못하는 경우 거주한 것으로 봄

▶ **2017. 8. 2. 이전에 조정대상지역 소재 주택을 취득한 경우**
2년 이상 보유하면 되는 것으로 2년 거주요건은 적용하지 않는다.

조정대상지역 지정 및 해제시 1세대 1주택 거주요건

▶ 2017.8.3. 이후 조정대상지역 주택 취득시 1세대 1주택 비과세는 보유기간 중 2년 이상 거주하여야 함

2017. 8. 3. 이후 조정대상지역에 소재한 주택을 취득하는 경우 또는 일반지역에서 새로 조정대상지역으로 지정이 된 지역의 주택을 취득하는 경우 보유기간이 2년 이상이고 그 보유기간 중 거주기간(주민등록표 등본에 따른 전입일부터 전출일까지의 기간)이 2년 이상은 되어야 1세대 1주택 비과세를 적용받을 수 있다.

▶ 무주택자가 조정대상지역 지정 전에 주택을 계약하였으나 잔금청산일 전 조정대상지역으로 지정된 경우 → 일반지역 주택 요건

조정대상지역의 공고가 있는 날 이전에 매매계약을 체결하고, 계약금을 지급한 사실이 증빙서류에 의하여 확인되는 경우로서 해당 거주자가 속한 1세대가 계약금 지급일 현재 주택을 보유하지 아니한 경우(무주택세대)에 향후 해당 주택 양도시 1세대 1주택 판정시에는 2년 거주 요건은 적용하지 않는다. [소득세법 시행령 제155조 ① 5]

★ 유주택자(일시적 2주택자 포함)가 조정대상지역 지정 전에 주택을 계약하였으나 이후 조정대상지역으로 지정된 경우 → 조정대상지역 주택 요건

조정대상지역의 공고가 있는 날 이전에 매매계약을 체결하였으나 이후 조정대상지역으로 지정이 된 경우 다른 주택을 처분하고 최종 1주택이 되더라도 해당 주택에 2년 이상 거주를 하여야 1세대 1주택 비과세를 적용받을 수 있다.

🇶 취득세 중과세

조정지역 또는 비조정지역 주택 취득 및 취득세

조정대상지역에서 2주택 취득(일반지역 3주택 취득)의 경우에는 8%의 세율이 적용되며, 조정대상지역 3주택 취득(일반주택 4주택 이상 취득)의 경우에는 12%의 세율을 적용하고 있다.

그러나 조정대상지역에서 해제되는 경우 추가로 주택을 취득하는 경우 주택수 기준으로 다음의 세율이 적용된다.

- 조정지역 1주택 + (신규)비조정주택 → 일반과세(1% ~ 3%)
- 조정지역 1주택 + (신규)조정주택 → 중과세(8%)
- 비조정지역 1주택 + (신규)조정주택 → 중과세(8%)
- 비조정지역 2주택 + (신규)비조정지역 → 중과세(8%)
- 비조정지역 2주택 + (신규)조정지역 → 중과세(12%)
- 조정지역 2주택 + (신규)조정주택 → 중과세(12%)

■ 지방교육세 중과세 (중과세 대상 주택 → 0.4%)
  ○ 일반과세 : 주택규모 및 가액에 따라 0.1% ~ 0.3%
  ○ 중과세대상 주택 : 0.4%

■ 농어촌특별세 중과세 (중과세대상 주택 → 0.6%, 1.0%)
  ○ 일반과세 : 국민주택 → 없음, 국민주택 규모 초과 주택 0.2%
  ○ 조정대상지역내 2주택, 일반지역 3주택 0.6%
  ○ 조정대상지역내 3주택, 일반지역 4주택 1.0%

▶ **조정대상지역의 분양권 취득 이후 해제된 경우 취득세**

분양권의 경우에도 2020.8.12. 이후 주택수에 포함한다. 다만, 조정대상지역에 주택을 보유한 자가 새로 조정대상지역의 분양권을 취득하였으나 이후 조정대상지역에서 해제된 경우 분양권으로 취득하는 주택의 취득시기는 잔금청산일이므로 취득세가 중과세되지 않는다.

조정대상지역 해제 후 주택 증여시 취득세 중과세 제외

조정대상지역에서 해제된 이후 주택을 증여로 취득하는 경우 시가표준액에 관계없이 3.5%의 취득세율이 적용된다.

■ 다주택자 소유 조정대상지역 시가표준액이 3억원 이상인 주택 증여 취득세율 → 12%

[개정 세법] 무상취득의 경우 취득세 과세표준(지방세법 제10조의2)
2023.1.1. 이후 부동산등을 무상취득하는 경우 취득 당시의 가액은 취득시기 현재 매매사례가액, 감정가액, 공매가액 등 시가로 인정되는 가액으로 한다.

◘ 대출규제 완화[해제일 이후 계약한 경우]

비조정지역의 경우 2주택자도 대출가능
조정지역 2주택 이상 취득 대출 불가 → LTV 60%, DTI 50%

대체주택 잔금 대출시 종전주택 처분 조건이 없어짐
조정대상지역이더라도 대체주택을 취득하는 경우 주택담보대출을 받을 수 있으나 종전주택을 2년 이내에 처분하여야 하는데 조정대상지역에서 해제되면, 2년내 처분 조건이 없어진다.

실제 거래가액 6억원 이하 주택 취득시 자금조달계획서 제출의무가 없어짐
조정대상지역에서 해제되는 경우 해제일 이후 실제거래가액이 6억원 이하의 주택 취득시 자금조달계획서 제출의무가 없어지게 된다.
☐ 부동산 거래신고 등에 관한 법률 시행령 [별표 1]

▶ ['23.1.5.] 규제지역(조정대상지역, 투기과열지구, 주택 투기지역)

	조정대상지역	투기과열지구	주택 투기지역
서울	서초구·강남구 송파구·용산구	서초구·강남구 송파구·용산구	서초구·강남구 송파구·용산구

▶ '25.1. 현재 추가 변동사항 없음

☐ [조정대상지역 지정 및 해제] [투기과열지구 지정 및 해제]
국토교통부 → 정책자료 → 법령정보 → 행정규칙
☐ [주택투기지역 지정 및 해제] 기획재정부 → 법령 → 행정규칙
　공고 → (검색어) 지정지역

◨ 주택 투기지역 현황('23.01.05.)

구분	2023. 1.5일 이후(4곳)
주택 투기지역	('17.8.3. 지정) 용산·서초·강남·송파구

▶ 투기과열지구, 주택투기지역
투기과열지구 및 주택투기지역은 다른 개념으로 주택투기지역에서 해제되는 경우 금융규제만 해당이 된다.

☐ 주택법 제63조(투기과열지구의 지정 및 해제)
☐ 소득세법 제104조의2(지정지역의 운영)

▣ 주택담보대출 주요 개정 내용 [22.12.1. 시행]

[1] 규제지역 내 지역별·주택가격별 LTV 완화
(종전) LTV 규제는 보유주택·규제지역·주택가격별 차등적용
- 무주택자 및 1주택자(처분조건부)
  (非규제지역) 70% (규제지역) 20 ~ 50%
- 다주택자 : (非규제지역) 60% (규제지역) 0%
(개선) 규제지역 내 무주택자·1주택자(기존주택 처분조건부)에 대해 LTV를 50%로 단일화(다주택자는 현행유지)

[2] 투기·투기과열지구 내 시가 15억원 초과 아파트 주담대 허용
(종전) 투기·투기과열지구 내 시가 15억원 초과 APT의 주택구입목적 주담대 금지
(개선) 투기·투기과열지구 내 무주택자·1주택자(기존 주택 처분조건부) 대상 → 시가 15억원 초과 APT 주담대 허용(LTV 50% 적용)

[3] 규제지역 내 서민·실수요자 우대혜택 확대

(종전) 서민 실수요자의 경우 규제지역 내 주택구입목적 주담대시 4억 한도 內에서 LTV 우대폭을 10 ~ 20%p 적용

(개선) 서민·실수요자의 대출한도를 확대(4억 → 6억)하며,
<u>규제지역內</u> 주택구입목적 LTV 최대 70% 허용
- 서민·실수요자의 요건은 현행과 동일

■ 서민·실수요자에 대한 주택담보대출 우대요건 및 우대혜택 개선

구 분	투기과열지구	조정대상지역
우대요건	무주택 세대주(유지)	
① 소득기준	부부합산 연소득 0.9억(생애최초구입자 1억미만)이하	
② 주택기준	9억원 이하	8억원 이하
우대수준	최대 6억원 한도(공통)	
① LTV	(~6억) 60%(6~9억) 50%	(~5억) 70% (5~8억) 60%
② DTI	60%	60%
③ DSR	은행권 40% / 비은행권 50%	

■ LTV = 대출 가능한 금액 / 주택 담보물의 가치 × 100
예를 들어 매입금액이 6억원인 아파트의 LTV가 70%면 최대대출가능 금액은 4.2억원이다.

■ DTI = [(모든 주택담보대출 연간 총상환액(원금+이자) + 기타 대출 이자)] / 연소득 × 100

■ DSR = [모든 주택담보대출 연간 총상환액(원금+이자) + 기타 부채 연간 총상환액(원금+이자)] / 연소득 × 100
예를 들어 연간 소득이 5천만원이고, DSR비율이 40%인 경우 연간 총 부채원리금 상환예정금액이 2천만원을 넘게 되면, 대출을 받을 수 없다.

★ 주택담보대출은 소득(부부합산 가능) 대비 DSR비율이 40%(보험회사 50%)이내인 경우 가능하다.

▶ 조정대상지역, 투기과열지구, 일반지역 LTV · DTI 비율

주택가격	구 분		투기과열지구 투기지역		조정대상 지역		조정대상 지역 外 수도권		기타	
			LTV	DTI	LTV	DTI	LTV	DTI	LTV	DTI
일반주택	서민실수요자		70%	60%	70%	60%	70%	60%	70%	60%
	무주택 세대		50%	40%	70%	50%	70%	60%	70%	60%
	1주택 세대	원칙	30%	40%	30%	50%	60%	50%	60%	50%
		예외	50%	40%	50%	50%	60%	50%	60%	50%
	2주택 이상		30%	40%	30%	50%	60%	50%	60%	50%
고가주택	무주택·1주택		50%	40%	50%	50%	60%	50%	60%	50%

■ [LTV] 한국주택금융공사의 특례 보금자리론의 경우 1주택을 보유한 세대가 기존주택 처분조건부(3년 이내 등)로 대출을 신청하는 LTV비율은 70%임

▣ 다주택자 규제지역내 주택담보대출 허용 등

('23.2.10.보도) → '23.3.2. 시행

[1] 다주택자 규제지역내 주택담보대출 허용
(종전) 다주택자의 규제지역 내 주택구입목적 주택담보대출 취급 금지
(개선) 다주택자의 규제지역 내 주택구입목적 주택담보대출 취급 허용
   (규제지역 LTV : 0 → 30%, 비규제지역 LTV 60%)

[2] 서민·실수요자의 주택담보대출 한도 폐지
서민·실수요자의 규제지역 내 주택구입목적 주택담보대출
대출한도(現 6억원) 폐지(LTV·DSR 범위 한도내 대출취급 가능)
<서민·실수요자> ① + ② + ③
① 부부합산 연소득 9천만원 이하
② 무주택세대주

③ (주택가격) 투기·투과지역 9억원 이하, 조정대상지역 8억원 이하

[3] 생활안정자금 목적 주택담보대출 한도 폐지
(종전) 생활안정자금 목적(주택구입목적 外) 주택담보대출은
　　　 연 최대 2억원까지 취급 가능
(개선) 생활안정자금 목적 주택담보대출의 대출한도 폐지
　　　 (LTV·DSR 범위 한도내 대출취급 가능)

[4] 주택담보대출 대환시 기존 대출시점의 DSR 적용(1년 한시)
(종전) 원칙적으로 주택담보대출 대환은 신규대출로 취급하여
　　　 대환시점의 DSR 적용
(개선) 대환시 기존 대출시점의 DSR을 적용하여, 금리상승·
　　　 DSR 규제강화 등으로 인한 기존 대출한도의 감액을 방지
　　　 (1년 한시, 증액불허)

[5] 임대·매매사업자에 대한 주택담보대출 허용
(종전) 주택 임대·매매사업자의 경우 全지역 주택담보대출 취급 금지
(개선) 주택 임대·매매사업자에 대한 주택담보대출 취급 허용
　　　 (규제지역 LTV : 0 → 30%, 비규제지역 LTV : 0 → 60%)

[6] 임차보증금 반환목적 주택담보대출 관련 각종 제한 완화
(종전) 임차보증금 반환목적 주택담보대출 취급시 각종 제한* 존재
1. 투기·투과지역 15억 초과 아파트 주택담보대출 대출한도(2억원)
2. 규제지역 내 9억 초과 주택에 대한 전입의무
3. 2주택 보유세대의 규제지역 소재 담보대출시 다른 주택 처분의무
4. 3주택이상 보유세대의 규제지역내 주택담보대출 금지
(개선) 임차보증금 반환목적 주택담보대출 취급시 각종 제한 일괄폐지
　　　 (LTV·DSR 범위 한도내 대출취급 가능)

전매행위 제한기간 규제완화

2023년 4월 7일 이후 수도권은 공공택지·규제지역은 3년, 과밀억제권역은 1년, 그 외 지역은 6개월로 완화하고, 비수도권은 공공택지·규제지역은 1년, 광역시 도시지역은 6개월로 완화하고, 그 외 지역은 전면 폐지한다.

【 전매제한 제한기간 개선 】

□ 종전

	투기과열지구	조정대상지역	분양가상한제 적용지역						민간택지		
			투기과열지구(공공+민간택지)			그 외 지역(공공택지)			자연보전권역	성장관리권역	과밀억제권역
수도권			분양가시세 100% 이상	80~100%	80% 미만	분양가시세 100% 이상	80~100%	80% 미만			
	5년	3년	5년	8년	10년	3년	6년	8년	6개월	3년	

	투기과열지구	조정대상지역	분양가상한제 적용지역			민간택지		
			투기과열지구		그 외 지역 (공공택지)	그 외 지역	광역시	
비수도권			민간택지	공공택지			도시지역 외 지역	도시지역
	5년	3년	3년	4년	3년	없음	6개월	3년

□ 개선

수도권	공공택지 또는 규제지역*	과밀억제권역	기타
	3년**	1년	6개월
비수도권	공공택지 또는 규제지역	광역시(도시지역)	기타
	1년	6개월	없음

* 투기과열지구, 조정대상지역(과열지역), 분양가상한제 적용지역
** 3년 이전 소유권이전등기가 완료되는 경우 3년 경과한 것으로 간주
ㅇ 이번 전매제한 기간 완화는 개정안 공포·시행 이전에 공급된 주택에 대해서도 소급 적용된다.

SECTION 06

분양권 양도소득세

분양권 취득과 기존주택 양도 비과세 특례

분양권 양도소득세

분양권 양도차익에 대한 양도소득세 신고 및 납부

분양권의 양도로 양도차익이 발생하는 경우 그 이익에 대하여 양도소득세를 신고.납부하여야 한다. 한편, 투기가 과열된 지역의 경우 과세당국은 세무조사를 실시하여 탈세한 세금을 추징하기도 한다.

분양권의 양도소득세 계산 방법

양도가액 - 취득가액 - 기타필요경비 = 양도차익
양도차익 - 기본공제(250만원) = 과세표준
과세표준 × 양도소득세 세율

▶ **취득가액**

분양권 양도시까지 주택건설업자에게 납부한 계약금, 중도금 등

▶ 기본공제 [소득세법 제103조(양도소득 기본공제)]

해당 과세기간의 양도소득금액에서 연 1회 250만원을 공제한다.

분양권 양도소득세 [지방소득세(양도소득세의 10%) 별도]

2021년 6월 1일 이후 양도하는 주택분양권의 양도소득세율은 양도일 현재 조정대상지역 소재 여부와 관계없이 보유기간이 1년 미만은 과세표준에 70%의 세율을 1년 이상인 경우 60% 세율이 적용된다.

[개정 세법] 양도소득세 세율 인상

구분		종전				개정	
		주택·입주권	분양권		주택 외	주택·입주권	분양권
			조정	일반			
보유기간	1년미만	40%	50%	50%	50%	70%	70%
	2년미만	기본세율		40%	40%	60%	60%
	2년이상	기본세율		기본세율	기본세율	기본세율	

<적용시기> 2021.6.1. 이후 양도하는 분부터 적용

분양권 취득과 기존주택 양도 비과세 특례

1주택을 1년 이상 보유한 후 2021.1.1. 이후 분양권을 취득하고, 분양권 당첨일로부터 3년 이내에 기존주택을 양도하는 경우

1주택을 소유한 1세대가 종전주택을 양도하기 전에 분양권을 취득함으로써 일시적으로 1주택과 1분양권을 소유하게 된 경우 종전주택을 취득한 날부터 **1년 이상이 지난 후에 분양권을 취득하고** 그 분양권을 취득한 날부터 3년 이내 종전주택을 양도하는 경우 1세대 1주택의 비과세특례를 적용한다. [소득령 제156조의3 ②]

▶ 일시적 2주택(1주택 및 1분양권) 비과세 특례 취득시기
1. 주택수 포함 → 2021.1.1. 이후
2. (선)1주택 + (후)분양권 → 아파트 당첨일
3. (선)1주택 + (후)전매 취득 분양권 → 잔금청산일
4. (선)1주택 + (후)미분양 아파트 분양권 → 잔금청산일

★ <주의> 종전주택 처분기한 → 아파트 당첨일 및 초일불산입
[사례] '21. 06.15 당첨자 발표, '21.06.28 ~ 07.01 정당계약
'21.06.16.부터 3년인 '24. 6.15 기간 중 종전주택 양도 → 비과세

□ 소득세법 기본통칙 98-162…2 【부동산에 관한 권리의 취득시기】
부동산의 분양계약을 체결한 자가 해당 계약에 관한 모든 권리를 양도한 경우에는 그 권리에 대한 취득시기는 해당 부동산을 분양받을 수 있는 권리가 확정되는 날(아파트당첨권은 당첨일)이고
타인으로부터 그 권리를 인수받은 때에는 **잔금청산일**이 취득시기가 된다. 〈개정 2011.3.21〉

▶ 1주택과 1분양권을 보유한 경우 1주택 비과세 요약
① 주택을 1년 이상 보유(기존 주택)한 이후
② 분양권 취득
③ 기존 주택(보유기간 2년 이상) 양도 (1 또는 2)
1. 신규주택 완공 전 양도 + 신규주택 완공일부터 3년 이내 세대원 전원 전입하여 1년 이상 거주
2. 신규주택 완공일부터 3년 이내 양도 + 세대원 전원 전입하여 1년 이상 거주

[세법 개정] 1주택 + 1분양권 처분기한 연장 (소령 제156조의3)

종 전	개 정
■ 일시적 1세대1주택 + 1분양권 특례 종전주택 처분기한 ○ (원칙) 입주권·분양권 취득일부터 3년 이내 양도 ○ (특례) 입주권·분양권 취득일부터 3년 도과 시 : ❶ 또는 ❷ ❶ 신규주택 완공 전 양도 + 신규주택 완공일부터 2년 이내 세대원 전원 전입하여 1년 이상 거주 ❷ 신규주택 완공일부터 2년 이내 양도 + 세대원 전원 전입하여 1년 이상 거주	■ 신규주택 완공 후 실거주하는 경우 처분기한 연장 (좌동) ❶ 신규주택 완공 전 양도 + 신규주택 완공일부터 3년 이내 세대원 전원 전입하여 1년 이상 거주 ❷ 신규주택 완공일부터 3년 이내 양도 + 세대원 전원 전입하여 1년 이상 거주

<적용시기> 2023.1.12. 이후 양도하는 분부터 적용

분양권 취득과 취득세 중과세 여부

1주택을 보유한 세대가 조정대상지역에 소재한 분양권을 취득한 후 분양권이 주택으로 완성된 이후 3년이내에 종전 주택을 양도하는 경우 취득세가 중과세(1주택 소유자가 조정대상지역 주택 추가 취득시 취득세 세율 : 8%)되지 않는다.

[개정] 조정대상지역 취득세 중과세 제외 일시적 2주택 종전주택 처분기한
2022. 6. 30. 이후 1년 →2년
2023. 1.12. 이후 2년 → 3년(지방세법 시행령 제28조의5)

▶ 취득세 중과 여부 및 중과세율

취득세 중과 여부 및 중과세율은 주택 수, 취득하는 주택이 조정대상지역에 위치하고 있는지에 달라진다.

1. 분양권으로 취득하는 주택의 취득세 중과 여부를 판단할 때 주택수는 잔금일 당시의 주택수가 아닌 **분양권 취득일 현재의 주택수(분양권포함)**를 기준으로 계산한다.

예를 들어 분양권 취득일 당시에는 분양권 포함 3주택을 보유한 자가 아파트 준공 전 다른 주택을 처분해서 분양권으로 취득하는 주택의 취득일 현재에는 비조정대상지역 2주택자가 되었더라도 분양권 취득일 당시에는 3채의 주택을 보유하고 있었으므로 비조정대상지역 3주택자로 보아 8%의 취득세율이 적용된다.

2. 분양권을 배우자에게 증여하면 증여 당시 보유중인 주택수를 기준으로 취득세 중과 여부를 판단한다.

예들 들어 남편이 부인에게 분양권을 증여하는 경우 남편과 시행사의 계약은 해지되고 부인과 새로운 분양계약이 성립된 것으로 보며, 이 경우 부인이 분양권을 증여받은 날(증여계약일) 현재 분양권 포함 주택수를 기준으로 취득세 중과 여부를 판단한다.

◆ 부동산세제과-972, 2024.3.7.
2주택자인 A가 분양사업자로부터 최초 주택분양권을 취득하고 기존 1주택을 처분 후, 배우자인 B에게 그 분양권을 분양권 전매와 동일한 형식으로 증여하여 B가 해당 분양 주택을 취득한 경우에는 분양권 증여(무상취득)에 대한 증여계약서상 계약일이 취득일로 보는 것임

▶ 취득세율 → 주택수는 세대 단위로 판단함

구 분	1주택	2주택	3주택	법인, 4주택
조정대상지역	1~3%	8%	12%	12%
非조정대상지역	1~3%	1~3%	8%	12%

(적용례)
① 1주택 소유자가 非조정대상지역 주택 취득시 세율 : 1~3%
② 1주택 소유자가 조정대상지역 주택 취득시 세율 : 8%
③ 2주택 소유자가 非조정대상지역 주택 취득시 세율 : 8%

■ 지방교육세 중과세 세율
○ 일반과세 : 주택규모 및 가액에 따라 0.1% ~ 0.3%
○ 중과세대상 주택 : 0.4%

■ 농어촌특별세 중과세 세율
○ 국민주택 → 없음
○ 국민주택 규모 초과 주택 0.2%
○ 조정대상지역내 2주택, 일반지역 3주택 0.6%
○ 조정대상지역내 3주택, 일반지역 4주택 1.0%

SECTION 07

조합원입주권 양도소득세

조합원입주권 비과세 특례 등

📌 1주택과 조합원입주권 1세대 1주택 비과세 특례

조합원입주권을 취득한 날부터 3년 이내 종전 주택 양도시 1세대 1주택 비과세 (소득세법 시행령 제156조의2 ③)

국내에 1주택을 소유한 1세대가 그 주택(종전의 주택)을 양도하기 전에 조합원입주권을 취득함으로써 일시적으로 1주택과 1조합원입주권을 소유하게 된 경우 종전의 주택을 취득한 날부터 **1년 이상**이 지난 후에 **조합원입주권을 취득**하고 그 조합원입주권을 취득한 날부터 3년 이내(**조정대상지역인 경우에도 3년**)에 종전 주택을 양도하는 경우에는 1세대 1주택으로 보아 비과세한다.

주택재개발사업 등의 시행기간 동안 거주하기 위하여 취득한 대체주택의 비과세 (소득세법 시행령 제156조의2 ⑤)

국내에 1주택을 소유한 1세대가 그 주택에 대한 주택재개발사업 또는 주택재건축사업의 시행기간 동안 거주하기 위하여 다른 주택(대체주택)을 취득한 경우로서 다음 각 호의 요건을 **모두 갖추어** 대체주택을 양도하는 때에는 이를 1세대 1주택으로 비과세를 적용하며, 이 경우에는 보유기간 및 거주기간의 제한을 받지 않는다.

1. 주택재개발사업 또는 주택재건축사업의 사업시행인가일 이후 대체주택을 취득하여 1년 이상 거주할 것
2. 주택재개발사업 또는 주택재건축사업의 관리처분계획에 따라 취득하는 주택이 완성된 후 3년 이내에 그 주택으로 세대전원이 이사하여 1년 이상 계속하여 거주할 것.
3. 주택재개발사업 또는 주택재건축사업의 관리처분계획에 따라 취득하는 주택이 완성되기 전 또는 완성된 후 3년 이내에 대체주택을 양도할 것 (소득세법 시행령 제156조의2 ⑤)

주택이 조합원입주권으로 전환된 이후 주택을 새로 취득하고, 신규 주택 취득일부터 3년 이내 조합원입주권을 양도한 경우 1세대 1주택 비과세 (소득세법 제89조 ① 4)

1주택을 보유한 1세대가 해당 주택(1세대 1주택 비과세요건을 충족하는 주택)이 재개발 또는 재건축사업시행으로 조합원입주권(관리처분계획인가일 이후)으로 전환된 이후 새로운 주택을 취득하고, 신규주택 취득일로부터 3년 이내(조정대상지역의 경우에도 3년)에 해당 조합원입주권을 양도하는 경우 조합원입주권은 비과세된다. 다만, 해당 조합원입주권의 가액이 12억원을 초과하는 경우 초과하는 금액에 대하여는 양도소득세가 과세된다.

조합원입주권을 취득한 날부터 3년이 지난 이후에도 종전 주택 양도에 대한 1세대 1주택 비과세가 적용되는 경우

국내에 1주택을 소유한 1세대가 그 주택을 양도하기 전에 조합원입

주권을 취득함으로써 일시적으로 1주택과 1조합원입주권을 소유하게 된 경우 조합원입주권을 취득한 날부터 3년이 지나 종전의 주택을 양도하는 경우로서 다음 각 호의 요건을 모두 갖춘 때에는 이를 1세대 1주택으로 본다. (소득세법 시행령 제156조의2 ④)

1. 주택재개발사업 또는 주택재건축사업의 관리처분계획에 따라 취득하는 주택이 완성된 후 2년 이내에 그 주택으로 세대전원이 이사(취학, 근무상의 형편, 질병의 요양 그 밖의 부득이한 사유로 세대의 구성원 중 일부가 이사하지 못하는 경우를 포함한다)하여 **1년 이상 계속하여 거주할 것**
2. 주택재개발사업 또는 주택재건축사업의 관리처분계획에 따라 취득하는 주택이 완성되기 전 또는 완성된 후 **3년 이내에 종전의 주택을 양도할 것**
3. 종전주택은 1세대 1주택 비과세 요건(2년 이상 보유, 조정대상지역은 2년 거주 요건 추가)을 충족할 것

[개정 세법] (소득령 제156조의2 ④)
2022.2.15. 이후 취득하는 조합원입주권으로서 조합원입주권 취득일로부터 <u>3년이 지나</u> 종전주택을 양도하는 경우에도 종전주택 취득 후 1년 이상이 지난 후에 조합원입주권을 취득한 경우에 한하여 양도소득세 비과세 특례를 적용받을 수 있음

조합원입주권 양도소득세

조합원입주권 양도소득세 개요
조합원입주권을 양도하면서 주택과 조합원입주권을 소유한 경우 1

세대 1주택의 특례 요건을 충족하지 못하는 양도소득세를 신고 및 납부하여야 한다.

조합원입주권에 대한 장기보유특별공제
2016년 이후 세법 개정으로 조합원입주권에 대하여도 장기보유특별공제를 받을 수 있으며, **원조합원**은 장기보유특별공제[표 1(3년 이상 6% 매 년 2% 추가, 최대(15년) 30%)]를 받을 수 있으나
승계취득한 조합원입주권의 경우에는 장기보유특별공제를 받을 수 없다. (소득세법 제95조 ②)

◆ 원조합원입주권이 조합원입주권을 양도하는 경우 장기보유특별공제 보유기간 → 기존 건물 취득일부터 관리처분인가일까지의 기간으로 함
(양도, 서면-2015-부동산-0008 , 2015.04.30.)
조합원입주권의 양도차익에서 장기보유특별공제액을 계산할 때 보유기간별 공제율은 기존 건물과 그 부수토지의 취득일부터 관리처분인가일까지의 기간에 대하여 적용하는 것임

◆ 승계취득한 조합원입주권의 주택 변환 이후 장기보유특별공제 기산일 → 재건축아파트의 사용검사필증 교부일
(양도, 서면인터넷방문상담4팀-3936 , 2006.12.05.)
조합원입주권을 승계취득한 경우 장기보유특별공제를 적용함에 있어 재건축된 주택(그 부수토지를 포함)의 보유기간 기산일은 재건축아파트의 사용검사필증 교부일이 되는 것임

청산금 양도소득세
조합원이 소유하던 건물 및 부수 토지의 대가로 조합으로부터 조합원입주권과 청산금(기존 주택의 평가액과 조합원 분양가액의 차액)을

지급받는 경우 양도소득세를 신고납부하여야 한다. 반대로 납부한 추가 분담금은 조합원입주권이나 신축주택을 양도하는 시점에 필요경비에 포함할 수 있다.

조합원입주건 양도소득세
① 조합원입주권 양도가액
② 양도한 주택의 취득비용 및 기타 필요경비(취득세 등), 자본적 지출액, 재개발·재건축 관련 정산금, 양도시 중개수수료 등 양도비용
③ 기본공제(250만원)
④ 장기보유특별공제
⑤ 과세표준[①- ② - ③ - ④)] × 양도소득세

▶ 양도소득세 세율 인상

구분		종전				개정	
		주택·입주권	분양권		주택 외	주택·입주권	분양권
			조정	일반			
보유기간	1년미만	40%	50%	50%	50%	70%	70%
	2년미만	기본세율		40%	40%	60%	60%
	2년이상	기본세율		기본세율	기본세율	기본세율	

<적용시기> 2021.6.1. 이후 양도하는 분부터 적용

조합원입주권 종합부동산세
종합부동산세는 주택 및 종합합산대상, 별도합산대상 토지에 부과되므로 주택 **멸실** 이후에는 토지에 해당하므로 종합부동산세 과세대상에 해당하지 않는다. (조합원입주권의 토지는 분리과세대상 토지에 해당하므로 종합부동산세 과세대상 아님)

SECTION 08
상가·주택 겸용 건물 취득세, 양도소득세

상가주택의 취득과 관련한 세금

상가주택 취득세

상가 주택의 취득세는 주택부분과 상가로 구분하여 납부하여야 하며, 상가주택의 주택부분을 임대주택으로 등록하더라도 취득세는 감면되지 않는다. 한편, 조정대상지역 2주택 이상등 취득에 해당하는 경우 취득세가 중과세(취득세 편 참조)된다.

▶ 상가주택의 주택분 및 상가분 세금 비교

구 분		주택분	상가분
취득	취득세 등	취득금액의 1.1% ~ 3.5%	취득금액의 4.6%
	부가가치세	건물가액의 10%	일반과세자 환급
보유	재산세	0.1% ~ 0.4%	토지 : 0.2 ~ 0.4% 건물 : 0.25%
	종합부동산세	합산(장기임대주택 제외)	합산 제외
	종합소득세	2주택 이상 임대소득 신고	임대소득 신고
	부가가치세	없음	월세 및 보증금 이자의 10%
양도	양도소득세	과세(단, 1세대1주택 비과세)	과세

상가분에 대한 세무서 사업자등록 및 매입세액공제

업무용 건물과 주거용 건물을 동시에 임대하는 경우 부동산임대업으로 등록을 하여야 하며, 상가의 경우 사업자등록을 하여 임대료에 대해서는 부가가치세를 신고 및 납부하여야 한다.

상가주택 양도와 관련한 세금

상가주택의 양도소득세는 복잡한 세법 구조로 인하여 다양한 쟁점이 발생할 수 있으므로 각별한 주의를 하여야 한다.

주택 및 상가 복합주택

건물이 주택과 주택외의 부분으로 복합되어 있는 경우와 주택에 딸린 토지에 주택외의 건물이 있는 경우에는 그 전부를 주택으로 본다. 다만, 주택의 연면적이 주택 외의 부분의 연면적보다 적거나 같을 때에는 주택외의 부분은 주택으로 보지 아니한다.

▶ **겸용주택의 주택판정 요약**

1. 주택면적 > 주택이외의 면적 : 전부를 주택으로 본다.
2. 주택면적 < (=) 주택이외의 면적 : 주택부분만 주택으로 본다.

구 분	비과세 여부
주택 > 점포	점포를 주택으로 보아 전체를 비과세
주택 <(=) 점포	주택부분은 비과세, 점포부분만 과세

▶ 점포가 딸린 건물에서 주택부분이 점포보다 클 경우

1세대 1주택자가 점포가 딸린 주택(비과세 요건을 갖춘 경우에 한함)을 팔았을 때에는 주택면적이 점포면적보다 큰 경우 점포를 주택으로 보아 양도소득세를 과세하지 않는다.

상가주택의 주택 연면적이 큰 경우 1세대 1주택 적용

양도소득세 신고 및 납부시 주택의 연면적이 상가의 연면적보다 큰 경우 전체를 주택으로 보며, 상가의 연면적이 주택의 연면적보다 큰 경우 주택부분은 주택으로 상가부분은 상가로 본다. 연면적이란 각 층의 면적을 합한 면적을 말한다.

- 주택의 연면적 > 상가의 연면적 : 모두 주택
- 주택의 연면적 <(=) 상가의 연면적 : 주택부분은 주택, 상가부분은 상가

[개정 세법] 고가 겸용주택의 주택과 주택외 부분 과세 합리화
(소득세법 시행령 제160조 제1항)
실거래가 12억원 초과 겸용주택은 주택과 주택외 부분을 분리하여 주택이 상가 면적보다 큰 경우에도 주택 부분만 주택으로 봄
<적용시기> 2022.1.1. 이후 양도하는 분부터 적용

상가주택 매매시 주택가액과 상가가액 구분

주택부분의 가액 및 상가가액은 실제 거래가액으로 구분하여 매매계약서를 작성하여야 한다. 그러나 계약서에 구분하여 기재된 건물가액의 경제적 합리성이 결여되어 있거나, 임의 구분 기재한 것으로 확인되는 경우 매매계약서에 건물가액이 구분 기재되었다 하더라도 토지와 건물 등의 가액 구분이 불분명한 것으로 보아 이를 인정하지 않는다.

이에 따라 2016년부터 기준시가로 안분한 금액과 임의로 기재된 금액의 차이가 30% 이상 나는 경우 기준시가에 따라 계산한 금액을 기준으로 부가가치세가 과세된다. [소득세법 제100조 ③]

□ 소득세법 제100조(양도차익의 산정) -요약-
① 양도차익을 계산할 때 양도가액을 실지거래가액에 따를 때에는 취득가액도 실지거래가액에 따르고, 양도가액을 기준시가에 따를 때에는 취득가액도 기준시가에 따른다. <개정 2019. 12. 31.>
② 제1항을 적용할 때 양도가액 또는 취득가액을 실지거래가액에 따라 산정하는 경우로서 토지와 건물 등을 함께 취득하거나 양도한 경우에는 이를 각각 구분하여 기장하되 토지와 건물 등의 가액 구분이 불분명할 때에는 취득 또는 양도 당시의 기준시가 등을 고려하여 대통령령으로 정하는 바에 따라 안분계산한다.
③ 제2항을 적용할 때 토지와 건물 등을 함께 취득하거나 양도한 경우로서 그 토지와 건물 등을 구분 기장한 가액이 같은 항에 따라 안분계산한 가액과 100분의 30 이상 차이가 있는 경우에는 토지와 건물 등의 가액 구분이 불분명한 때로 본다. <신설 2015. 12. 15., 2024. 12. 31.>

일반과세자 건물 양도 및 부가가치세

상가분에 대하여 일반과세사업자로 등록되어 있는 경우 상가분에 대하여 부가가치세를 징수하여 신고 및 납부하여야 한다.

간이과세자 건물 양도 및 부가가치세

부동산임대업이 간이과세자로 등록되어 있는 상태에서 양도하는 경우 다음의 금액을 부가가치세로 신고·납부하여야 하며, 이 경우 계약서에 부가가치세에 대한 별도의 내용이 없는 경우 양도인이 부담하여야 하며, 간이과세자가 건물을 양도하고 납부한 부가가치세는 양도차익 계산시 양도소득 필요경비로 산입할 수 없다.

■ 건물(상가분) 매매금액 × 10% × 30%(부가가치율)

겸용주택 양도소득세 절세 및 세무리스크

▶ 납세자 신고 1세대 1주택 비과세 (주택면적 > 상가면적) → 세무서의 현장 확인 (상가면적 > 주택면적) 양도소득세 추징

주택의 면적이 상가보다 큰 것으로 하여 1세대 1주택 비과세 적용을 받았으나 세무서의 현장 확인에 의하여 상가면적이 주택면적보다 큰 것으로 판단하여 상가부분에 대하여 양도소득세를 결정함

[양도, 조심-2014-중-4094, 2015.04.22, 기각]
부속사 중 일부가 방 형태로 되어 있다고 하더라도 화장실이나 세면장 등 주거에 필수적인 시설이 함께 설치되어 있지 않고, 음식점 주방으로 사용되는 공간을 같이 점유하고 있어 부속사를 상시주거에 공하는 건물로 보기 어려운 점 등에 비추어 청구주장을 받아들이기 어려움

▶ 상가 주택 증·개축과 장기보유특별공제 착오 계상

[양도, 조심-2014-서-2708, 2015.12.30, 기각]
겸용주택의 증·개축으로 상가의 면적이 넓어진 경우로서 양도 당시 상가의 면적이 넓은 경우 장기보유특별공제는 상가 및 주택을 구분하여 장기보유특별공제를 받아야 함에도 주택 보유기간에 대한 장기보유특별공제를 적용받아 신고·납부한 내용에 대하여 양도소득세를 추징함

SECTION 09

비사업용 토지 양도소득세 중과

비사업용 토지란 사업에 사용하지 않은 토지로 나대지, 직접 경작하지 않는 농지 등이 해당하며, 비사업용토지 양도시에는 양도소득세 세율이 중과(세율 10% 추가)되는 불이익이 있다. 따라서 비사업용토지의 경우 주차장 등 사업용으로 전환하여 절세할 수 있는 방법 등을 검토하여야 한다.

비사업용토지 양도소득세 10% 중과세

비사업용 토지란 사업용 토지에 해당하지 않는 토지로서 비사업용 토지에 해당하는 토지를 양도하는 경우 사업용 토지의 양도시 적용되는 세율에 10%를 가산하여 양도소득세를 납부하여야 한다.

비사업용 토지라도 보유기간이 3년 이상인 경우 장기보유특별공제를 받을 수 있으며, 세법 개정과정을 거쳐 2017년 1월 1일 이후 장기보유특별공제 보유기간 기산일은 취득일부터로 한다.

비사업용 토지 종류

재산세 종합합산 과세대상 토지

나대지, 잡종지 등 재산세 종합합산 과세대상 토지는 비사업용 토지에 해당한다. 단, 재산세가 비과세되거나 면제되는 토지, 재산세 별도합산과세대상 또는 분리과세대상이 되는 토지는 사업용 토지에 해당한다.(소득세법 제104조의3)

한편, 재산세 종합합산과세대상 토지 중 주차장, 하치장, 야적장 등 특정한 용도로 사용하거나 하치장, 야적장 등으로 임대하는 경우 사업용에 해당한다. [소득세법 시행령 제168조의11]

다만, 이러한 용도로 사용하였는지 여부는 사실 판단할 문제가 있고, 납세자와 과세당국의 입장 차이로 인하여 납세자가 사업용으로 보아 추가 세율을 적용하지 아니하고 양도소득세를 신고 및 납부한 경우로서 그 근거가 불충분한 경우 세금을 추징당하는 사례가 빈번히 발생하므로 양도소득세 신고 전 세무공무원이 납득할 만한 근거를 구비하여 문제가 발생하지 않도록 주의를 하여야 할 것이다.

☐ 재산세가 별도합산 또는 분리과세대상인 기간 동안은 비사업용 토지에서 제외되는 것임 (법규재산2012-321, 2012.10.05.)
농지, 임야, 목장용지 외의 토지가 「지방세법」제182조제1항제2호 및 제3호의 규정에 의하여 재산세가 별도합산 또는 분리과세대상이 되는 토지인 경우 「소득세법」제104조의3제1항제4호나목 규정에 따라 재산세가 별도합산 또는 분리과세대상인 기간 동안은 비사업용 토지에서 제외되는 것임

재촌하지 아니하는 자가 소유하는 농지
농지 소재지에 거주하지 아니하거나 자기가 경작하지 아니하는 농지 또는 시 이상 주거·상업·공업지역에 소재하는 재촌·자경 농지

재촌하지 아니하는 자가 소유하는 임야
재촌하지 않는 거주자가 소유하는 임야는 비사업용에 해당한다.

주택부속토지 중 일정한 기준을 초과하는 토지
주택부속토지 중 주택이 정착된 면적에 지역별로 정하는 배율[도시지역 내의 토지: 5배(수도권 주거·상업·공업지역 3배), 그 밖의 토지: 10배]을 곱하여 산정한 면적을 초과하는 토지는 비사업용토지에 해당한다.

▶ 비사업용 토지의 판정
해당 토지를 소유하는 기간 중 아래 (1)의 기간 기준 동안 (2)의 대상토지 기준에 해당하는 토지를 말한다.
(1) 기간 기준 → 소유기간 중 일정기간 비사업용으로 사용되는 토지
◎ 다음의 요건 중 하나를 충족하는 경우에는 비사업용 토지가 아닌 것으로 본다. (소득세법 제168조의6)
(소유기간이 5년 이상인 경우 기준, 소득세법 시행령 제168조의 6)
① 양도일 직전 3년 중 2년 이상을 사업용으로 사용한 토지
② 양도일 직전 5년 중 3년 이상을 사업용으로 사용한 토지
③ 소유기간 중 60% 이상을 사업용으로 사용한 토지
▶ 소유기간이 3년 이상 5년 미만인 경우 ②의 '5년'을 '소유기간'으로, 소유기간이 3년 미만인 경우에 ①의 '3년'을 '소유기간'으로 하고, 소유기간이 2년 미만인 경우에는 ③만 적용
(2) 대상토지 기준 → 다음 중 하나에 해당되는 토지
• 재촌·자경하지 아니하는 농지

- 녹지지역과 개발제한구역을 제외한 도시지역 (광역시의 군, 시의 읍·면지역 제외)에 있는 농지
- 다만 농지법이나 그 밖의 법률에 의해 소유 가능한 농지는 제외
- 임야 : 아래에 열거한 것을 제외한 모든 임야
㉠ 공익을 위하여 필요하거나 산림의 보호·육성을 위하여 필요한 임야
㉡ 임야 소재지에 주민등록이 되어 있고 거주하는 자가 소유한 임야
㉢ 거주 또는 사업과 직접 관련이 있다고 인정할 만한 상당한 이유가 있는 것으로 법령에서 열거한 임야
- 목장용지
㉠ 축산업을 경영하는 자의 소유로서 기준면적을 초과하거나 도시지역 (녹지지역, 개발제한 구역 제외)에 있는 토지
㉡ 축산업을 경영하지 아니하는 자가 소유하는 토지
- 그 밖의 토지 : 재산세 종합합산과세대상 토지로 건축물이 없는 나대지, 잡종지 등의 토지
- 다만, 토지의 이용 상황, 수입금액 등을 고려하여 사업과 직접 관련이 있다고 인정할 만한 이유가 있는 것으로 법령에서 열거한 토지는 제외
- 주택 부속토지 : 주택 정착 면적의 5배[(수도권 주거·상업·공업지역 3배) 또는 도시지역 밖은 10배를 초과하는 토지

비사업용에서 제외되는 토지

비사업용 토지를 양도하는 경우 10%의 가산세율을 추가로 납부하여야 하므로 비사업용토지 양도전 사업용 토지로 전환할 수 있는 지 여부를 검토하여 사업용으로 전환이 가능한 경우 전환하여 세금을 절세할 수 있도록 한다. 단, 사업용으로 사용한 기간이 기준 기간 이상이여야 하는 점을 유의하여야 한다.

주차장법에 따른 부설주차장 및 주차장운영업용 토지

1) 「주차장법」에 따른 부설주차장(주택의 부설주차장은 제외)으로서 부설주차장 설치기준면적 이내의 토지
2) 주차장운영업을 영위하는 자가 소유하고, 「주차장법」에 따른 노외주차장으로 사용하는 토지로서 토지의 가액(기준시가)에 대한 1년간의 수입금액의 비율이 **100분의 3** 이상인 토지

하치장용 등의 토지

물품의 보관·관리를 위하여 별도로 설치·사용되는 하치장·야적장·적치장 등으로서 매년 물품의 보관·관리에 사용된 최대면적의 100분의 120 이내의 토지

무주택자가 소유하고 있는 주택 신축용 토지

주택을 소유하지 아니하는 1세대가 소유하는 1필지의 나대지로서 법령의 규정에 따라 주택의 신축이 금지 또는 제한되는 지역에 소재하지 아니하고, 그 지목이 대지이거나 실질적으로 주택을 신축할 수 있는 토지로서 660제곱미터 이내에 한한다.

토지 중 비사업용에 해당하지 아니하는 경우

1) 토지를 취득한 후 법령에 따라 사용이 금지 또는 제한된 토지
2) 직계존속 또는 배우자가 8년 이상 토지소재지에 거주하면서 직접 경작한 농지·임야 및 목장용지로서 직계존속 또는 배우자로부터 상속·증여받은 토지 다만, 양도 당시 도시지역(녹지지역 및 개발제한구역은 제외) 안의 토지는 제외한다.
3) 상속에 의하여 취득한 농지로서 그 상속개시일부터 5년 이내에 양도하는 토지
4) 1세대당 1,000㎡ 미만의 주말·체험 영농농지

「농지법」 제6조 제2항 제3호의 주말·체험 영농농지를 소유한 경우에는 재촌자경하지 않았더라도 그 기간동안은 사업용기간으로 본다. 다만, 시 이상지역의 주거,상업,공업지역에 소재하는 농지는 비사업용토지에 해당한다. [소득세법 제104조의3, 시행령 제168조의14]

▶ 상속받은 농지
양도 당시 도시지역(녹지지역 및 개발제한구역은 제외함) 안의 토지에 해당하지 않는 경우로서, 직계존속이 8년 이상 농지의 소재지와 같은 시·군·구(자치구를 말함), 연접한 시·군·구 또는 농지로부터 직선거리 30km 이내에 있는 지역에 사실상 거주하면서 직접 경작을 한 농지로서 해당 직계존속으로부터 상속받은 농지를 양도하는 경우, 해당 농지는 비사업용토지로 보지 않는다.

☐ 소득세법 시행령 제168조의14제3항제1의2호
1의2. 직계존속 또는 배우자가 8년 이상 기획재정부령으로 정하는 토지소재지에 거주하면서 직접 경작한 농지·임야 및 목장용지로서 이를 해당 직계존속 또는 해당 배우자로부터 상속·증여받은 토지. 다만, 양도 당시 도시지역(녹지지역 및 개발제한구역은 제외) 안의 토지는 제외한다.

◆ 사전-2016-법령해석재산-0187(2016.05.26.)

▶ 증여받은 농지
양도 당시 도시지역(녹지지역 및 개발제한구역은 제외함) 안의 토지에 해당하지 않는 경우로서, 직계존속이 8년 이상 농지의 소재지와 같은 시·군·구(자치구를 말함), 연접한 시·군·구 또는 농지로부터 직선거리 30km 이내에 있는 지역에 사실상 거주하면서 직접 경작을 한 농지로서 해당 직계존속으로부터 증여받은 농지를 양도하는 경우, 해당 농지는 비사업용토지로 보지 않는다.

☐ 소득세법 시행령 제168조의14제3항제1의2호

비사업용 토지의 장기보유특별공제 및 세율

비사업용토지 장기보유특별공제

2017.1.1.이후 양도하는 분부터 비사업용 토지에 해당하는 경우에도 장기보유특별공제 기간 계산시 취득일부터 계산한다.

비사업용토지 세율(다음 세율 중 가장 큰 세율)

1) 1년 미만 : 50%

2) 1년 이상 : 2년 미만 40%

3) 2년 이상 : 기본세율(6% ~ 45%) + 10%(지정지역 20%)

- 지정지역(기획재정부 홈페이지 → 정책 → 정책게시판)

▶ 2009. 3. 16.부터 2012. 12. 31. 까지 취득한 자산

2009. 3. 16. 부터 2012. 12. 31. 까지 취득한 자산은 10% 추가세율이 적용되지 않는다.

◪ 비사업용토지 기본세율 [제104조(양도소득세의 세율) ① 8]

과세표준	세율
1,200만원 이하	16퍼센트
1,200만원 초과 4,600만원 이하	192만원 + (1,200만원 초과액 × 25퍼센트)
4,600만원 초과 8,800만원 이하	1,042만원 + (4,600만원 초과액 × 34퍼센트)
8천800만원 초과 1억5천만원 이하	2,470만원 + (8,800만원 초과액 × 45퍼센트)
1억5천만원 초과 3억원 이하	5,260만원 + (1억5천만원 초과액 × 48퍼센트)
3억원 초과 5억원 이하	1억2,460만원 + (3억원 초과액 × 50퍼센트)
5억원 초과 10억원 이하	2억2,460만원 + (5억원 초과액 × 52퍼센트)
10억원 초과	4억8,460만원 + (10억원 초과액 × 55퍼센트)

■ 2021.3.29. 부동산 투기 방지 대책 → 세법 개정하지 않음

부동산 투기로 여러 가지 사회적인 문제가 발생함에 따라 2021.3.29. 대책에서 2022. 1. 1. 이후 사업용 토지(양도세 중과세율 배제) 범위를 축소하는 한편, 비사업용 토지 양도시 중과세율 인상(+10 → +20%p) 및 장기보유특별공제 적용을 배제하고, 주말농장용 농지를 사업용 토지에서 제외하려고 하였으나 입법과정에서 보류되었다.

동일한 과세기간에 비사업용토지 및 사업용토지를 양도한 경우 양도소득세 세율

동일한 과세기간에 둘 이상의 자산을 양도하는 경우에는 해당 과세기간의 양도소득과세표준의 합계액에 대하여 기본세율(6% ~ 45%)을 적용한 양도소득산출세액과 자산별 양도소득 산출세액(소득세법 제104조 제1항부터 제4항까지의 규정을 적용) 합계액 중 큰 금액을 양도소득 산출세액으로 하여야 한다. [소득세법 제104조 ⑤]

한편, 한 필지의 토지가 비사업용 토지와 그 외의 토지로 구분되는 경우에는 각각을 별개의 자산으로 보아 양도소득세액을 계산한다.

▶ [비교 과세] MAX(①, ②)
① 세율이 동일한 자산별로 양도소득금액을 합산하여 계산한 세액
② (모든 자산의 양도소득금액 합계액 - 기본공제) × 기본세율

SECTION 10
양도소득세 신고·납부

양도소득세 신고

부동산 양도와 관련하여 양도차익(양도가액 - 취득가액 등)이 발생하는 경우로서 1세대 1주택자등 비과세대상이 아닌 경우 다음의 공제를 적용한 후의 과세표준에 세율을 곱한 금액을 양도소득세로 하여 **양도일이 속하는 달의 말일부터 2개월 이내**에 **주소지** 관할세무서장에게 신고서를 제출하고 납부하여야 하며, 양도소득세에 대한 지방소득세(양도소득세의 10%)를 별도로 신고 및 납부하여야 한다.

양도가액

양도소득세는 부동산 등의 취득일부터 양도일까지 보유기간 동안 발생된 이익(소득)에 대하여 양도시점에 일시 과세하게 되며, 양도차익은 양도가액에서 필요경비(양도 자산의 취득가액 등)를 차감한 금액으로 한다.

양도가액이란 양도소득세 과세대상 부동산을 타인에게 매각하고 받는 금액으로 실제 거래금액으로 하며, 양수인이 양도소득세등을 부담하기로 한 경우 양도가액은 양도소득세등을 포함한 가액으로 한다.

필요경비

취득가액 등 (실제 거래가액 양도)

취득가액
부동산을 취득하기 위하여 실지 지급한 거래가액으로 한다.

▶ 증여받은 자산을 10년 이내 양도하는 경우 취득가액 계산 특례
거주자가 양도일부터 소급하여 10년 이내에 그 배우자 또는 직계존비속으로부터 증여받은 양도소득세 과세대상 자산의 양도차익을 계산할 때 취득가액은 그 배우자 또는 직계존비속의 취득 당시가액으로 한다. 이 경우 거주자가 증여받은 자산에 대하여 납부한 증여세 상당액이 있는 경우에는 필요경비에 산입한다. (소득세법 제97조의2)

취득세 등
부동산을 취득하면서 납부한 취득세 등(취득세, 지방교육세, 농어촌특별세)은 양도가액에서 공제를 받을 수 있다.

기타 비용
중개수수료, 법무사비용, 양도소득세 세무대행 비용

🔲 필요경비로 공제받을 수 있는 지출액 등

부동산을 취득한 후 용도변경, 개량, 이용편의를 위한 지출로 인하여 해당 부동산의 가치가 증가한 지출비용은 부동산의 양도가액에서 필요경비로 공제를 받을 수 있으며, 2018년 4월 1일 이후 세금계산서 등 정규영수증이 없는 경우라도 **실제 지출사실이 금융거래 증명서류에 의하여 확인되는 경우** 필요경비로 공제를 받을 수 있다.

◆ 정규영수증
- 세금계산서
- 계산서
- 현금영수증
- 신용카드매출전표

필요경비로 공제받을 수 있는 지출 사례
- 부동산 취득 후 용도변경·개량·이용편의를 위하여 지출한 비용
- 자본적지출(개량등으로 가치증가)에 해당하는 인테리어 비용 등
- 방확장 등의 내부시설개량 공사비
- 발코니 개조비용, 창틀 설치비용
- 시스템에어컨 설치비용
- 홈오토 설치비
- 자바라 및 방범창 설치비용
- 냉난방장치 설치비용 및 난방시설 교체비용
- 보일러 교체비용 등
- 매매계약에 따른 인도의무를 이행하기 위해 양도자가 지출하는 명도비용

필요경비에 해당하지 아니하는 지출

부동산의 정상적인 유지를 위한 수선 또는 경미한 개량으로 자산의 가치를 상승시킨다기보다는 본래의 기능을 유지하기 위한 비용은 수익적 지출이라고 하며, 수익적 지출은 필요경비에 해당하지 아니하므로 양도차익에서 공제를 받을 수 없다.

양도가액에서 공제를 받을 수 없는 지출 사례
- 싱크대, 주방기구 교체비용
- 벽지
- 장판 교체비용
- 이사비용
- 문짝이나 조명 교체비용
- 화장실공사비
- 마루공사비
- 방수공사비
- 외벽 도색작업
- 보일러 수리비용
- 하수도관 교체비
- 오수정화조설비 교체비

취득시 매매가액을 알 수 없는 경우 취득가액

취득가액 적용 방법

매매계약서의 분실 등의 사유로 취득당시 실지거래가액이 확인되지 않는 경우 매매사례가액, 감정가액, 환산가액을 순차적으로 적용하여 산정한 금액을 취득가액으로 하되 매매사례가액, 감정가액이 없는 경우 **환산취득가액**을 적용한다. 한편, 2018.1. 1. 이후 신축한 건물의 취득일부터 5년 이내에 건물을 양도하면서 취득가액을 환산가액으로 하는 경우 환산가액의 100분의 5에 해당하는 금액을 양도소득 결정세액에 더하며, 양도소득 산출세액이 없는 경우에도 적용된다.

취득시 개별공시지가 및 국세청 기준시가가 있는 경우
양도 당시 실지거래가액 × (취득당시 기준시가/양도당시 기준시가)

취득시 기준시가가 없었으나 이후 고시된 경우(공동주택)
취득당시 국세청 고시 기준시가가 없었으나 이후 고시된 경우(공동주택) 취득가액을 환산한다.

▷ 환산취득가액
양도당시 실지거래가액 × 취득당시 기준시가 / 양도당시 기준시가

◆ 취득당시 기준시가
최초고시가액 × [(취득시 토지기준시가+일반건물기준시가) ÷ (최초 고시당시 토지기준시가 + 최초 고시당시 일반건물기준시가)]

▶ 환산가액에 의한 취득가액 계산시 필요경비
- 토지 : 취득당시 개별공시지가× 3/100
- 건물 및 주택 : 취득당시 건물기준시가 × 3/100

양도소득 기본공제

양도소득이 있는 경우 연간 250만원을 공제하며, 동일한 소득별 자산을 1년에 2회 이상 양도하는 경우 먼저 양도하는 양도소득금액에서 순차로 공제한다.

장기보유특별공제

3년 이상 보유 부동산 장기보유특별공제

장기보유 특별공제액이란 토지 또는 건물(미등기양도자산 제외)의 **보유기간이 3년 이상**인 것 및 조합원입주권(조합원으로부터 취득한 것은 제외)에 대하여 그 자산의 양도차익(조합원입주권을 양도하는 경우에는 관리처분계획 인가 전 토지분 또는 건물분의 양도차익으로 한정)에 다음 [표 1]에 따른 보유기간별 공제율을 곱하여 계산한 금액을 말한다.

[표 1] 장기보유특별공제율 (1세대 1주택이 아닌 경우, 원조합원입주권)

보유기간	공제율	보유기간	공제율
3년 이상 4년 미만	100분의 6	10년 이상 11년 미만	100분의 20
4년 이상 5년 미만	100분의 8	11년 이상 12년 미만	100분의 22
5년 이상 6년 미만	100분의 10	12년 이상 13년 미만	100분의 24
6년 이상 7년 미만	100분의 12	13년 이상 14년 미만	100분의 26
7년 이상 8년 미만	100분의 14	14년 이상 15년 미만	100분의 28
8년 이상 9년 미만	100분의 16	15년 이상	100분의 30
9년 이상 10년 미만	100분의 18		

양도 또는 취득의 시기

자산의 양도차익을 계산할 때 그 취득시기 및 양도시기는 해당 자산의 **대금을 청산한 날**로 한다. 다만, 대금을 청산하기 전에 소유권이전등기(등록 및 명의 개서 포함)를 한 경우에는 등기부·등록부 또는 명부등에 기재된 등기접수일로 한다.

▶ 자기가 건설한 건축물, 승계취득한 조합원입주권의 주택 취득시기
사용승인서 교부일. 다만, 사용승인서 교부일 전에 사실상 사용하거나 임

시사용승인을 받은 경우에는 그 사실상의 사용일 또는 임시사용승인을 받은 날 중 빠른 날로 한다. (소득세법 시행령 제162조)

▶ 증여 또는 상속받은 자산의 장기보유특별공제 보유기간 계산
1. 증여받은 자산 → 증여등기일부터 양도일까지의 보유기간
2. 상속받은 자산 → 상속개시일부터 양도일까지의 보유기간

▶ 증여받은 자산을 10년 이내 양도하는 경우 장기보유특별세액 보유기간 및 취득가액 계산 특례
1) 장기보유특별공제시 보유기간은 증여한 배우자 또는 직계존비속이 해당 자산을 취득한 날부터 기산한다.(소득세법 제95조 ④)
2) 거주자가 양도일부터 소급하여 10년 이내에 그 배우자 또는 직계존비속으로부터 증여받은 양도소득세 과세대상 자산의 양도차익을 계산할 때 취득가액은 그 배우자 또는 직계존비속의 취득 당시가액으로 한다. 이 경우 거주자가 증여받은 자산에 대하여 납부한 증여세 상당액이 있는 경우에는 필요경비에 산입한다. (소득세법 제97조의2)

□ 경락에 의하여 자산을 취득하는 경우의 취득시기
[소득세법 기본통칙 98-162…3]
경매에 의하여 자산을 취득하는 경우에는 경락인이 매각조건에 의하여 경매대금을 완납한 날이 취득의 시기가 된다. <개정 2011.3.21.>

□ 잔금청산일이 매매계약서에 기재된 잔금지급약정일과 다른 경우 양도 또는 취득의 시기 [소득세법 기본통칙 98-162…1]
① 매매계약서 등에 기재된 잔금지급약정일보다 앞당겨 잔금을 받거나 늦게 받는 경우에는 실지로 받은 날이 잔금청산일이 된다.
<개정 2011.3.21>
② 제1항을 적용함에 있어서 잔금을 소비대차로 변경한 경우는 소비대차로의 변경일을 잔금청산일로 한다. <개정 2011.3.21.>

1세대 1주택이나 양도가액이 12억원 초과분에 대하여 양도소득세를 납부하는 경우 장기보유특별공제

1세대 1주택이나 양도가액이 12억원 초과분에 대하여 양도소득세를 납부하여야 하는 경우 장기보유특별공제율은 다음과 같다.

[표 2] 장기보유특별공제율 (1주택 + 3년 이상 보유 + 2년 이상 거주)

보유기간	공제율	거주기간	공제율
3년 이상 4년 미만	12	2년 이상 3년 미만 (보유기간 3년 이상에 한정)	8
		3 ~ 4년	12
4 ~ 5년	16	4 ~ 5년	16
5 ~ 6년	20	5 ~ 6년	20
6 ~ 7년	24	6 ~ 7년	24
7 ~ 8년	28	7 ~ 8년	28
8 ~ 9년	32	8 ~ 9년	32
9 ~ 10년	36	9 ~ 10년	36
10년 이상	40	10년 이상	40

<적용시기> 2021.1.1. 이후 양도하는 분부터 적용

양도소득세 과세표준

양도금액 - 필요경비 - 장기보유특별공제 - 기본공제금액(250만원)

양도소득세 세율

▶ 1년 미만

1. 주택 및 조합원입주권 : 2021.6.1. 이후 70%
2. 분양권 : 2021.6.1. 이후 70%
3. 기타 : 50%

▶ **1년 이상 2년 미만**

1. 주택 및 조합원입주권 : 2021.6.1. 이후 60%
2. 분양권 : 2021.6.1. 이후 70%
3. 기타 : 40%

[개정 세법] 양도소득세 세율 [소득세법 제104조(양도소득세의 세율 ①)

구분		종전				개정	
		주택·입주권	분양권		주택 외	주택·입주권	분양권
			조정	일반			
보유기간	1년미만	40%	50%	50%	50%	70%	70%
	2년미만	기본세율		40%	40%	60%	60%
	2년이상	기본세율		기본세율	기본세율	기본세율	60%

<적용시기> 2021.6.1. 이후 양도하는 분부터 적용

▶ **2년 이상**

보유기간이 2년 이상인 경우 과세표준에 기본세율(6 ~ 45%)을 곱한 금액을 산출세액으로 한다. 단, 분양권의 경우 60%로 한다.

[세법 개정] 2023년 이후 소득세 과세표준 구간 조정(소득법 §55 ①)

과세표준 구간	세율	누진공제액
1,400만원 이하	6%	
1,400만원 5,000만원 이하	15%	126만원
5,000만원 8,800만원 이하	24%	576만원
8,800만원 1.5억원 이하	35%	1,544만원
1.5억원 3억원 이하	38%	1,994만원
3억원 5억원 이하	40%	2,594만원
5억원 10억원 이하	42%	3,594만원
10억원 초과	45%	6,594만원

<적용시기> '23.1.1. 이후 발생하는 소득 분부터 적용

◼ 1세대 1주택 고가주택의 양도소득금액 계산

1세대1주택으로서 고가주택(그 부수토지 포함)에 해당하는 경우에는 전체 양도차익 중 12억원을 초과하는 부분에 상당한 양도차익에 대하여만 과세하고 12억원 이하에 해당하는 양도차익은 과세하지 않는다.

○ 고가주택이란 주택 및 이에 부수되는 토지의 양도 당시 실지거래 가액이 12억원을 초과하는 것을 말한다.

◼ 1세대 1주택 고가주택의 양도소득금액 계산
- 고가주택 해당자산의 양도차익 = 양도자산 전체의 양도차익 × (양도가액 - 12억원) / 양도가액

- 고가주택 해당자산의 장기보유특별공제액 = 양도자산 전체의 장기보유특별공제액 × (양도가액 - 12억원) / 양도가액

[계산 사례]
- 양도일 : 2024.1.3. • 취득일 : 2008.5.7.
- 양도실가 : 15억원 • 취득실가 : 8억원
- 기타 필요경비 : 3천만원
- 보유기간 중 10년 이상 거주

<풀이>
(1) 전체 양도차익계산 : 15억원 - 8억원 - 3천만원 = 6억 7천만원
(2) 과세대상 양도차익 계산 : 6억 7천만원 × (15억원 - 12억원) / 15억원 = 1억 3천4백만원
(3) 공제할 장기보유특별공제액 계산 : (6억 7천만원 × 80%) × (15억원 - 12억원) / 15억원 = 1억 7백2십만원
(4) 과세대상 양도소득금액 : 1억 3천4백만원 - 1억 7백2십원 = 2천6백8십만원

양도소득세 신고 및 납부

양도소득세 예정신고 및 납부

양도소득세 과세대상 부동산 등(토지 또는 건물, 부동산에 관한 권리, 기타 자산)을 양도한 거주자는 당해 부동산에 대한 양도소득세 신고서를 그 **양도일이 속하는 달의 말일부터 2개월 이내**에 **주소지** 관할 세무서장에게 제출하고 납부하여야 한다. (소득세법 제105조 ①)

양도소득세 확정신고

1과세기간(1. 1.~12. 31.) 동안 **2건 이상**의 부동산을 양도하는 경우 양도일이 속하는 연도의 다음해 5월 1일부터 5월 31일 기간 동안 주소지 관할세무서에 1과세기간 동안의 양도소득을 합산하여 양도소득세 확정신고를 하여야 한다.

양도소득세 납부 및 분할납부

양도소득세는 신고기한까지 납부를 하여야 한다. 다만, 납부할 세액이 1천만원을 초과하는 경우 납부할 세액의 일부를 납부기한 경과 후 2개월 이내에 나누어 낼 수 있다.

양도소득세에 대한 지방소득세 신고 및 납부

거주자가 양도소득과세표준 예정신고를 하는 경우에는 해당 신고기한에 2개월을 더한 날(양도일이 속하는 달의 말일부터 4개월)까지 양도소득에 대한 개인지방소득세 과세표준과 세액을 납세지(양도일이 속하는 달의 말일 현재 주소지) 관할 지방자치단체의 장에게 신고 및 납부하여야 한다.

SECTION 11

양도소득세 비과세 · 감면등

자경농지 감면

> 농지소재지에서 8년 이상 직접 경작한 양도일 현재 농지를 양도하는 경우 양도소득세를 감면(연간 한도액 1억원)받을 수 있으며, 그 내용을 살펴보면 다음과 같다.

감면대상 농지 요건

8년 이상 자경
농지를 8년 이상 자경한 경우 농지 양도에 대한 양도소득세를 감면받을 수 있다. (조세특례제한법 제69조)

자경기간 계산
1) 농지를 취득한 때부터 양도할 때까지의 실제보유기간 중의 경작기간으로 계산하며, 취득할 때부터 양도할 때까지의 사이에 8년 이상 경작한 사실이 있어야 함

2) 양도일 현재에 자경하고 있어야 하는 것은 아니나 양도일 현재 농지에는 해당되어야 함

▶ 상속받은 농지
피상속인이 취득하여 농지소재지에 거주하면서 경작한 기간도 상속인이 농지소재지에 거주하면서 경작한 기간으로 본다. 다만, 상속인이 상속받은 농지를 1년 이상 계속 경작하지 아니한 경우 상속받은 날부터 3년이 되는 날까지 양도하는 경우에 한하여 피상속인이 취득하여 경작한 기간을 상속인이 경작한 기간으로 본다. [조특령 제66조 ⑪]

▶ 증여받은 농지
증여받은 날 이후 수증자가 경작한 기간만을 계산한다.

농지 소재지에 거주하여야 함
소유자가 취득일부터 양도일 사이에 8년간 농지가 소재하는 시·군·구(자치구인 구를 말함)와 그와 연접한 시·군·구, 또는 해당 농지로부터 직선거리 **30킬로미터** 이내의 지역에 거주하면서 농지를 경작하여야 한다.

해당 농지에서 농작물 등을 경작하여야 함
소유농지에서 농작물의 경작 또는 다년성 식물의 재배에 상시 종사하거나 농작업의 2분의 1 이상을 자기의 노동력에 의하여 경작 또는 재배한 사실이 있어야 한다.

양도일 현재 농지일 것
전·답으로서 지적공부상의 지목에 관계없이 실제로 경작에 사용되는 토지를 말하며, 양도일 현재 농지여야 한다.

▶ 양도일 현재 특별시·광역시 또는 시에 있는 농지

주거지역·상업지역 및 공업지역내의 농지로 이 지역에 편입된 후 3년이 경과되지 않은 경우여야 한다. 단, 광역시에 있는 군지역 및 도·농복합형태의 시의 읍·면지역은 기한의 제한을 받지 아니한다.

농업소득외 근로소득 또는 사업소득의 합계액이 3,700만원 미만이어야 함

자경기간 산정시 근로소득(총급여)이 3,700만원 이상이거나 다른 사업소득이 있는 경우(복식부기기장의무자에 한함) 해당 연도는 자경하지 않은 것으로 간주한다. 단, 농업·축산업·임업 및 비과세 농가부업소득, 부동산임대소득은 제외한다.

감면한도액 및 감면대상이 아닌 농지

감면세액 한도액

농지의 양도로 인한 감면세액 한도액은 연간 1억원이며, 5년간 감면세액 한도는 2억원으로 한다.

감면대상이 아닌 농지

1) 양도일 현재 특별시·광역시(광역시에 있는 군 제외) 또는 시(도농 복합형태의 시의 읍·면 지역 제외)에 있는 농지중 주거지역·상업지역 및 공업지역안에 있는 농지로서 이들 지역(대규모 개발사업지역 제외)에 편입된 날부터 3년이 지난 농지 [조특령 제66조 ④ 1]
2) 농지 외의 토지로 환지예정지의 지정이 있는 경우 그 환지예정지 지정일로부터 3년이 지난 농지 [조특령 제66조 ④ 2]
3) 상속인이 상속받은 농지(피상속인이 8년 자경요건을 갖춘 농지)를 경작하지 않는 경우 상속받은 후 3년이 지난 농지

공익사업용 토지 등에 대한 양도소득세 감면

다음 각 호의 어느 하나에 해당하는 소득으로서 해당 토지등이 속한 사업지역에 대한 사업인정고시일(사업인정고시일 전에 양도하는 경우에는 양도일)부터 소급하여 2년 이전에 취득한 토지등을 2026년 12월 31일 이전에 양도함으로써 발생하는 소득에 대해서는 양도소득세의 100분의 10[토지등의 양도대금을 채권으로 받는 부분에 대해서는 100분의 15로 하되, 협의매수 또는 수용됨으로써 발생하는 소득으로서 해당 채권을 3년 이상의 만기까지 보유하기로 특약을 체결하는 경우에는 100분의 30(만기가 5년 이상인 경우 100분의 40)]에 상당하는 세액을 감면한다.
1. 공익사업에 필요한 토지등을 그 공익사업의 시행자에게 양도함으로써 발생하는 소득
2. 정비구역의 토지등을 사업시행자에게 양도함으로써 발생하는 소득
3. 그 밖의 법률에 따른 토지등의 수용으로 인하여 발생하는 소득

[개정 세법] 공익사업용 토지등 양도소득세 감면 기한 연장(조특법 §77)

현 행	개 정
□ 공익사업용 토지 등 양도소득세 감면 ㅇ (요건) ❶ + ❷ 　❶ 사업인정고시일 현재 토지 등을 2년 이상 보유 　❷ 토지등을 사업시행자에게 양도 또는 수용 ㅇ (감면율) 현금 : 10%, 일반채권 : 15% 　(3년 만기 채권 : 30%, 5년 만기 채권 : 40%) ㅇ (적용기한) '23.12.31.	□ 적용기한 연장 ㅇ (좌 동) ㅇ '26.12.31.

[개정 세법] 양도소득세 감면 종합한도 합리화(조특법 §133)

종 전	개 정
□ 조세특례제한법에 따른 양도소득세 감면의 종합한도 (감면세액 총계에 적용) ○ 1개 과세기간 1억원, 5개 과세기간* 2억원 * 해당 과세기간 및 직전 4개 과세기간 <단서 신설>	□ 감면 종합한도 적용대상 변경 ○ (좌 동) ■ 요건 구체화 및 적용기간 축소 ① 분필한 토지(해당 토지의 일부를 양도한 날부터 소급하여 1년 내 토지를 분할한 경우) 또는 토지 지분의 일부를 양도 ② 토지(또는 지분) 일부 양도일부터 2년 내 나머지 토지 (또는 지분)를 동일인 또는 그 배우자에게 양도

<적용시기> '24.1.1. 이후 양도 분부터 적용

▶ 양도소득세 감면 한도 → 상세 내용 : 조특법 제133조 참조

제69조【자경농지에 대한 양도소득세의 감면】

제69조의 2【축사용지에 대한 양도소득세의 감면】

제69조의 3【어업용 토지등에 대한 양도소득세의 감면】

제69조의 4【자경산지에 대한 양도소득세의 감면】

제70조【농지대토에 대한 양도소득세 감면】

제77조【공익사업용 토지 등에 대한 양도소득세의 감면】

SECTION 12
양도소득세 계산시 주의할 사항
양도소득세 세금 절세

양도소득 계산시 주의할 사항

🅰 하나의 계약으로 2건 이상 물건을 양도하는 경우

양도가액 안분

하나의 계약으로 양도가액을 확정하고, 양도계약서를 작성하는 경우로서 2개 이상의 부동산(2필지 이상의 토지를 양도하면서 필지별 개별공시지가가 다른 경우 포함)을 동시에 양도하는 경우 각각의 부동산 또는 필지별로 양도가액을 구분하여 계산하여야 하며, 이 경우 실지 거래가액이 **불분명한 경우** 양도 당시 양도가액에 양도 물건별 개별공시지가(토지), 개별주택가격 및 공동주택가격(주택), 국세청 기준시가에 의한 가액으로 안분하여 계산하여야 한다.

가. 토지 : 개별공시지가 (국토해양부 → 부동산공시가격알리미)

나. 건물 : 홈택스 → 기존 홈택스 메뉴 보기 → 조회발급 → 기타조회 → 기준시가조회

건물의 신축가격, 구조, 용도, 위치, 신축연도 등을 고려하여 매년 1회 이상 국세청장이 산정·고시하는 가액

다. 오피스텔 및 상업용 건물 : 홈택스 → 기존 홈택스 메뉴 보기 → 조회발급 → 기타조회 → 기준시가조회
국세청장이 토지와 건물에 대하여 일괄하여 산정·고시하는 가액

라. 주택
개별주택가격 및 공동주택가격 (국토해양부 → 부동산공시가격알리미)

매매계약서에 토지 및 건물가액이 구분기재 되었다하더라도 불분명한 것으로 보는 경우

토지와 건물 등을 함께 취득하거나 양도한 경우로서 그 토지와 건물 등을 구분 기장한 가액이 기준시가 등에 의하여 안분계산한 가액과 100분의 30 이상 차이가 있는 경우에는 토지와 건물 등의 가액 구분이 불분명한 때로 보아 공시지가 및 기준시가 등으로 안분하여야 한다. [소득세법 제100조 ②, ③]

감정평가액으로 안분계산하여야 하는 경우

토지·건물 및 부동산을 취득할 수 있는 권리의 양도로 실지거래가액에 의한 양도차익을 계산함에 있어 취득당시의 실지거래가액을 인정 또는 확인할 수 없는 경우에는 **매매사례가액, 감정가액, 환산가액을 순차적으로 적용한 금액**으로 하는 것으로서 공급시기가 속하는 과세기간의 직전 과세기간 개시일부터 공급시기가 속하는 과세기간의 종료일까지 감정평가업자가 평가한 감정평가액이 있는 경우에는 그 가액에 비례하여 안분 계산한 금액으로 하여야 한다. [소득세법 시행령 제166조 ⑥, 부가가치세법 시행령 제64조]

취득가액 안분

2개 이상의 부동산을 동시에 양도하는 경우 각각의 부동산 또는 필지별로 취득가액을 구분하여 계산하여야 한다.

증여받은 자산을 10년 이내 양도하는 경우

거주자가 양도일부터 소급하여 10년(종전 5년) 이내에 그 배우자 또는 직계존비속으로부터 증여받은 양도소득세 과세대상 자산의 양도차익을 계산할 때 취득가액은 그 배우자 또는 직계존비속의 취득 당시가액으로 한다. 이 경우 거주자가 증여받은 자산에 대하여 납부한 증여세 상당액이 있는 경우 필요경비에 산입한다. (소득세법 제97조의2)

사업자가 사업용 부동산을 양도하는 경우

개인이 사업용 또는 부동산임대업 등에 사용하던 토지, 건물 등 양도소득세 과세대상 사업용고정자산을 양도하는 경우 그 처분손익은 개인사업자의 사업소득에 포함하지 아니하고, 별도로 양도소득세를 신고 및 납부하여야 한다.

감가상각비를 사업소득 필요경비에 산입한 경우

개인사업자의 경우 사업에 사용한 건물에 대하여 매 년 건물의 가치 감소분을 감가상각비로 계상하여 사업소득의 필요경비에 산입할 수 있다. 이 경우 감가상각비로 사업소득의 필요경비에 산입한 금액은 양도소득세 신고시 취득가액에서 차감하여야 함에도 취득가액에서 차감하지 않은 경우 관할 세무서는 사업소득의 감가상각비로 계상한 금액을 양도소득 필요경비에서 부인하여 과소납부한 양도소득세를 추징하게 되므로 주의를 하여야 한다.

🔟 양도소득 부당행위계산부인, 취득가액 계산 특례

조세 부담을 부당하게 감소시킨 것으로 인정되는 경우

조세 부담을 부당하게 감소시킨 것으로 인정되는 경우란 특수관계인으로부터 시가보다 높은 가격으로 자산을 매입하거나 **특수관계인**에게 시가보다 낮은 가격으로 자산을 양도한 경우로 하되, 시가와 거래가액의 차액이 **3억원 이상**이거나 **시가의 100분의 5**에 상당하는 금액 이상인 경우만 해당한다. [소득세법 시행령 제98조 ②]

[개정 세법] 세법상 특수관계인으로서 친족범위 합리화(국기령 §1의2①)
ㅇ 배우자(사실상의 혼인관계에 있는 자 포함)
ㅇ (개정) 6촌 → 4촌 이내의 혈족
ㅇ (개정) 4촌 → 3촌 이내의 인척
ㅇ (개정) 혼외 출생자의 생부·생모
<적용시기> '23.3.1. 이후 시행

직계존비속, 배우자간 양도시 주의사항

상속세및증여세법 제44조(배우자 등에게 양도한 재산의 증여 추정)의 규정에 의하여 배우자 또는 직계존비속에게 양도한 재산은 증여추정 규정에 의하여 증여한 것으로 추정될 수 있으므로 각별히 유의하여야 한다. 다만, 자녀가 부모에게 대가를 지급하고 취득한 사실이 명백히 인정되는 경우로서 당해 재산의 취득을 위하여 이미 과세받았거나 신고한 소득금액 또는 상속 및 수증재산의 가액으로 그 대가를 지급 또는 당해 재산의 취득을 위하여 소유재산을 처분한 금액으로 그 대가를 지급한 사실이 입증되는 경우에는 증여로 추정하지 아니하고 양도거래로 보는 것이나 이는 관할세무서장이 사실관계를 확인하여 판단할 사항이다.

양도소득세 등 세금절세 전략

합법적인 절세

절세란 세법을 정확히 이해하여 비과세를 받거나 양도시기를 조정하여 장기보유특별공제를 더 받을 수 있도록 조정하고, 감면내용을 잘 파악하여 감면을 받는 것과 세법을 잘 몰라 세금을 추징당하지 않는 것으로 그 주요 내용은 다음과 같으며, 자세한 내용은 해당 장을 참고한다.

▶ **함께 거주하지 않는 부모님은 양도전 세대분리**
1주택을 보유한 거주자의 부모님이 소유한 주택이 있음에도 거주자와 주민등록이 같이 되어 있는 경우 1세대에 포함하게 되어 1세대 1주택 비과세를 적용받을 수 없다. 따라서 이 경우 주택 양도전 부모님을 세대분리하면, 1세대 1주택 비과세를 적용받을 수 있다.

▶ **1세대 1주택자는 2년 이상 보유**
1세대 1주택은 2년 이상 보유하여야 비과세를 적용받을 수 있다. 단, 2017년 8월 3일 이후 조정대상지역에 소재한 주택을 취득하거나 새로 조정대상지역으로 지정이 된 경우 2년 이상 거주하여야 비과세를 적용받을 수 있다. <1세대 1주택 양도소득세 비과세 편 참조>

▶ **주거기능을 상실한 주택은 멸실처리**
1세대 1주택 판정은 양도 당시 주택수를 기준으로 하므로 1주택외에 농어촌주택 등 노후주택을 보유한 경우 노후주택을 멸실한 후 1주택을 양도하는 경우 1세대 1주택 비과세를 적용받을 수 있다.
<1세대 1주택 → 주택의 범위 참조>

▶ 1주택자의 보유기간이 2년 미만일 때

1주택자가 보유기간이 2년 미만인 주택을 양도하는 경우 1세대 1주택 비과세를 적용할 수 없으므로 잔금청산일을 조정하여 2년 이상이 되도록 하면, 1세대 1주택 비과세를 적용받을 수 있다.

▶ 부동산을 배우자에게 증여하고 10년 후 양도

주택을 배우자로부터 증여(6억원 이하 증여세 면제)받은 후 10년 이내 양도하는 경우 양도차익은 양도가액에서 증여한 자의 해당 자산 취득가액으로 계산하게 되며, 10년 이후 양도하는 경우에는 증여 당시 시가를 취득가액으로 하게 되므로 10년 이후 양도하는 것이 세금을 절세할 수 있다. 예를 들어 본인이 2억원에 취득한 주택 가격이 대폭상승하여 6억원이 된 이후 양도하게 되면, 양도차익이 4억원이 될 것이나 배우자에게 증여를 하고, 증여일로부터 10년이 지난 후 양도하게 되면, 양도가액에서 증여 당시의 시가인 6억원이 취득가액이 되므로 양도소득세를 대폭 줄일 수 있다.

▶ 장기보유특별공제 최대한 적용받기

3년 이상 보유한 주택을 양도하는 경우 보유기간에 따라 양도차익의 6% ~ 30%(1세대 1주택자의 경우 12% ~ 80%)를 공제받을 수 있으므로 몇 일 차이로 연도가 모자라는 경우 잔금청산일을 조정하여 최대한 공제를 받을 수 있도록 한다.

▶ 다주택자는 임대사업자등록을 통해 절세

거주주택외의 주택(다세대주택, 다가구주택, 상가겸용주택)을 장기임대주택사업자로 등록하는 경우 거주주택에서 2년 이상 거주하는 경우 거주주택은 1세대 1주택 비과세를 적용받을 수 있다. 단, 아파트는 2020.7.11. 이후 장기임대주택이 폐지되어 세제혜택을 받을 수 없다.

▶ 비사업용 토지의 사업용 전환
비사업용 토지를 양도하는 경우 10%가 추가 과세되므로 해당 장을 참고하여 사업용 전환 여부를 검토하여야 한다.

▶ 다수의 부동산을 양도하는 경우 양도시기 분산하기
한 해 동안 2건 이상의 부동산을 양도하는 경우 모든 부동산소득을 합산하여 확정신고를 하여야 하며, 이 경우 양도소득세 부담이 증가할 수 있으므로 잔금청산일 등을 조정하여 가능한 한 해 동안 2건 이상의 부동산을 양도하지 않는 것이 세금 측면에서 유리하다.

▶ 상가겸용주택은 주택부분을 크게 하여 신축
상가겸용주택의 경우 주택부분의 면적이 상가보다 큰 경우 전체를 주택으로 보므로 겸용주택외 다른 주택이 없는 경우 1세대 1주택 비과세를 적용받을 수 있다. 따라서 상가 신축시 이를 고려하여 주택의 면적이 넓도록 하여야 세금을 절세할 수 있다.

▶ 상가로 사용하는 공부상 주택의 양도
주택을 2년 이상 주택으로 사용하다 상가로 용도변경하여 사용하였으나 해당 상가 양도전 다시 주택으로 용도변경하고, 양도 당시 다른 주택이 없는 경우 1세대 1주택 비과세를 적용받을 수 있다.

▶ 주택으로 보는 겸용주택의 공용면적
주택과 상가의 면적이 동일한 경우로서 다른 주택이 없는 경우 주택부분만 1세대 1주택을 적용받을 수 있으므로 이 경우 공용부분의 일부를 주택용도로 전환하면, 1세대 1주택 비과세 적용을 받을 수 있다. 다만, 용도 변경 후 2년이 경과되어야 전체 건물에 대하여 1세대 1주택 적용을 받을 수 있으므로 유의하여야 한다.

특정 기간 중 미분양주택, 신축주택 취득 감면

미분양아파트의 과도한 발생 및 주택 경기 침체시 대책
정부는 주택 가격이 급격하게 상승할 때는 주택가격을 안정시키기 위하여 양도소득세 세율을 높이거나 주택담보대출을 제한하고, 비과세 요건 등을 축소하는 등 각종 대책을 수립하게 된다. 최근의 각종 부동산대책은 대부분 주택시장의 안정화를 위한 내용이다.

반대로 주택 가격이 하락하고 미분양이 늘면서 건설 경기가 침체될 때에는 대출 규제를 완화하고 세금을 감면하는 등 각종 혜택을 주는 대책이 수립되기도 한다. 과거 미분양 아파트가 과다하게 발생하거나 부동산경기가 침체된 시점에 미분양아파트 또는 신축주택을 취득한 경우 조세특례제한법에서 양도소득세를 감면하여 준 내용은 다음과 같으며, 부동산 양도시 해당 주택이 감면대상 주택인지 여부를 확인하여 감면혜택을 놓치지 않도록 주의하여야 한다.

감면대상주택이나 감면혜택을 받지 못한 경우
감면대상주택임에도 착오 또는 법을 잘 몰라서 감면을 받지 못한 경우에는 법정신고기한이 지난 후 5년 이내에 관할 세무서장에게 청구할 수 있으므로 이 경우 경정청구를 하여 잘못 납부한 세금을 돌려받으면 된다. (국세기본법 제제45조의2)

감면시 유의사항
1) 다음 요약표는 주택 양도시 감면대상 여부를 판단하는데 도움이 되도록 관련 법령의 일부만을 발췌한 내용이므로 실제 감면 적용시에는 반드시 해당 법령(조세특례제한법 및 조세특례제한법 시행령)을 꼼꼼히 살펴보고, 세무적문제가 발생하지 않도록 하여야 한다.

2) 조세특례제한법에 의하여 양도소득세를 감면받은 경우 농어촌특별세법에 의하여 감면세액의 20%를 농어촌특별세로 납부하여야 한다

■ **미분양주택등을 취득한 경우 양도소득세 감면 등**

구 분	미분양주택에 대한 과세특례	지방 미분양주택에 대한 양도세 과세특례
해당 법령	조특법 98조	조특법 98조의 2
적용대상 기간 (계약금 납부 포함)	95.11.01~97.12.31. 98.03.01~98.12.31.	08.11.03.~10.12.31.
대상미분양주택	■ 95.10.31.현재 미분양주택 ■ 98.02.28.현재 미분양주택	■ 08.11.02. 현재 미분양주택 ■ 08.11.03. 신규분양주택
지역 제한	서울특별시 외 소재	수도권 밖
규모 제한	국민주택규모 이하	제한 없음
가액 제한	제한 없음	제한 없음
보유/임대 요건	5년 이상 보유/임대	제한 없음
세율 특례	양도세율 20%와 소득세율 비교과세	보유기간에 상관없이 누진세율
장기보유특별공제	특례 없음	주택수 상관없이 1세대 1주택 표2, (최대 80%) 공제율 적용
1세대 1주택 주택수	제외	제외
중과세	배제	배제
미분양 증명서류	시장군수 등이 발행한 미분양주택확인서	분양계약서에 미분양주택 확인 날인

[중과세] 조세특례제한법에 의한 과세특례가 적용되어 감면을 받은 주택의 경우 조정대상지역의 주택이라도 중과세되지 않으며, 중과세되지 않는 경우 장기보유특별공제를 받을 수 있다. 다만, 중과세대상판단기준이 되는 주택수에는 포함하여야 한다.

[1세대 1주택 주택수] 1세대 1주택 판정시 일부 감면주택은 주택수에 포함하지 아니한다. 예를 들어 감면 주택을 취득해서 보유하던 중 다른 주택을 한 채 더 매입해 2주택자가 된 이후. 다른 주택을 먼저 파는 경우 감면주택은 주택 수에 포함되지 아니하므로 1세대 1주택 비과세를 적용을 받을 수 있다.

구 분	미분양취득자에 대한 양도세 과세특례	수도권 밖의 지역의 미분양주택 과세특례
해당 법령	조특법 98조의 3	조특법 98조의 5
적용대상 기간	09.2.12.~10.2.11 (계약금 납부 포함)	10.5.14.~11.4.30 (계약금 납부 포함)
대상미분양주택	■ 09.2.11. 현재 미분양주택 ■ 09.2.12. 이후 신규분양주택 ■ 20호 미만 주택건설사업자 공급 주택	■ 10.2.11. 현재 미분양주택
지역 제한	서울특별시 외 소재 (투기지역 제외)	수도권 밖
규모 제한	수도권 과밀억제권역 안은 대지면적 660㎡, 주택149㎡ 이하	제한 없음
세율 적용	보유기간에 상관없이 누진세율	보유기간에 상관없이 누진세율
감면 / 취득일로부터 5년 이내 양도	100% 감면 (과밀억제권 60%)	분양가역 인하율에 따라 60%~100% 감면
감면 / 취득일로부터 5년 이후 양도	5년간 발생한 양도소득금액(과밀억제권 60%) 차감	취득 후 5년간 발생한 양도소득금액의 60%~100% 차감
1세대 1주택 주택수	제외	제외
중과세	배제	배제
미분양 증명서류	분양계약서에 미분양주택 확인 날인	분양계약서에 미분양주택 확인 날인

구 분		미분양주택 양도소득세의 과세특례	준공후미분양주택 양도소득세 과세특례
해당 법령		제98조의7	제98조의8
적용대상 기간		12.9.24.~12.12.31 (매매계약 체결)	15.1.1.~15.12.31 (매매계약 체결)
대상미분양주택		12.9.24. 현재 미분양주택	14.12.31. 현재 미분양주택으로서 15.1.1. 이후 선착순 분양
규모 제한		없음	주택135㎡ 이하
가액 제한		9억원 이하	6억원 이하
보유/임대 요건		없음	5년 임대
감면	취득일로부터 5년 이내 양도	100% 감면	
	취득일로부터 5년 이후 양도	5년간 발생한 양도스득금액 차감	5년간 발생한 양도스득금액의 50%차감
1세대 1주택 주택수		제외	제외
중과세		배제	배제
미분양 증명서류		분양계약서에 미분양주택 확인 날인	분양계약서에 미분양주택 확인 날인

▶ 감면대상 소득 (조특법 시행령 제40조)

$$\text{감면대상소득} = \frac{\text{양도차익(취득 후 5년 시점 기준시가 - 취득 당기 기준시가)}}{\text{(양도시점 기준시가 - 취득당시 기준시가)}}$$

▶ 미분양주택

주택을 공급하는 사업주체가 공급하는 주택으로서 해당 사업주체가 입주자모집공고에 따른 입주자의 계약일이 지난 주택단지에서 2012년 9월 23일까지 분양계약이 체결되지 아니하여 선착순의 방법으로 공급하는 주택을 말한다.

■ 신축주택등을 취득한 경우 양도소득세 감면 등

구 분		신축주택 양도소득세의 감면	신축주택등 양도소득세의 과세특례
해당 법령		제99조	제99조의2
대상 주택		신축주택	신축 및 미분양주택
적용대상 기간		98.5.22.~ 99.06.30 (국민주택) 98.5.22.~ 99.12.31 - 계약금 납부 포함	13.04.01.~ 13.12.31. 기간 중 매매계약 체결
지역 제한		없음	없음
감면 대상			6억원 이하이거나 85㎡ 이하인 경우
감면	취득일로부터 5년 이내 양도	취득한 날부터 양도일까지 발생한 양도소득금액을 양도소득세 과세대상소득금액에서 차감	취득한 날부터 양도일까지 발생한 양도소득금액을 양도소득세 과세대상소득금액에서 차감
	취득일로부터 5년 이후 양도	신축주택을 취득한 날부터 5년간 발생한 양도소득금액을 양도소득세 과세대상소득금액에서 차감	신축주택을 취득한 날부터 5년간 발생한 양도소득금액을 양도소득세 과세대상소득금액에서 차감
1세대 1주택 주택수		07.12.31.까지 제외	제외
중과세		배제	배제
감면주택 확인(시군구)		-	확인을 받아야 함

◆ 양도 사전-2017-법령해석재산-0564, 2017.12.14
거주자가 「조세특례제한법」제99조의2 및 같은 법 시행령 제99조의2제12항에 따라 감면대상주택임을 확인받지 못한 경우에는 같은 법 제99조의2에 따른 감면을 적용받을 수 없는 것임

[세법 개정] 비수도권 소재 준공 후 미분양주택에 대한 양도소득세 및 종합부동산세 과세특례 신설
(조특법 §98의9, 조특령 §98의8 신설)

현 행	개 정
<신 설>	□ 기존 1주택자가 준공 후 미분양주택을 취득하는 경우 1세대 1주택 특례 적용 ■ (주택요건) 아래 요건을 모두 충족 ❶ '24.1.10. ~ '25.12.31 기간 중 취득 ❷ 수도권 밖의 지역 소재 ❸ 전용면적 85m2, 취득가액 6억원 이하 ㅇ (특례내용) 양도소득세 및 종합부동산세에 대해 1세대 1주택 특례* 적용 * (양도소득세) 12억원 비과세 및 장기보유특별공제 최대 80% * (종합부동산세) 기본공제 12억원(다주택자 9억원) 및 고령자·장기보유 세액공제 최대 80%

<적용시기> '25.1.1. 이후 결정 또는 경정하는 분부터 적용

SECTION 13

취득세 및 개정 내용

취득세 세율 및 신고·납부

취득세 세율 요약표

부동산을 취득한 날로부터 **60일 이내**에 취득세를 신고 및 납부하여야 하며, 취득세 납부시 지방교육세 및 농어촌특별세를 같이 납부하여야 한다. 단 국민주택의 경우 농어촌특별세는 과세되지 않는다.

▶ 부동산 취득과 관련한 세율 요약표 [1주택 기준] (지방세법 제11조)

취득구분	종류		구분	취득세	지방교육세	농어촌특별세	합계
상 속	농지			2.3%	0.06%	0.2%	2.56%
	농지외			2.8%	0.16%	0.2%	3.16%
무상취득				3.5%	0.30%	0.2%	4.00%
원시취득				2.8%	0.16%	0.2%	3.16%
유상취득	농지			3.0%	0.20%	0.2%	3.40%
	농지외			4.0%	0.40%	0.2%	4.60%
	주택	6억원 이하	국민주택	1.0%	0.10%	-	1.10%
			기 타	1.0%	0.10%	0.2%	1.30%
		6억원 9억원	국민주택	2~3%	0.20%	-	
			기 타	2~3%	0.20%	0.2%	
		9억원 초과	국민주택	3.0%	0.30%	-	3.3%
			기 타	3.0%	0.30%	0.2%	3.5%

취득세 중과세 및 중과세대상 주택수

1세대가 조정대상지역내 1주택을 보유한 상태에서 조정대상지역내 주택을 새로 취득하거나 1세대가 2주택을 보유한 상태에서 새로 일반지역이나 조정대상지역의 주택을 취득하는 경우 취득세가 중과세된다.

단, 1주택을 보유한 1세대가 일반지역의 1주택을 취득하는 경우에는 중과세되지 않는다.

취득세 중과세 대상 및 중과세 세율

▣ 취득세율 → 주택수는 세대 단위로 판단함

구 분	1주택	2주택	3주택	법인, 4주택
조정대상지역	1~3%	8%	12%	12%
非조정대상지역	1~3%	1~3%	8%	12%

▣ 조정대상지역 또는 비조정대상지역의 주택 취득 및 중과세
- 조정지역 1주택 + (신규)비조정주택 → 일반과세(1% ~ 3%)
- 조정지역 1주택 + (신규)조정주택 → 중과세(8%)
- 비조정지역 1주택 + (신규)조정주택 → 중과세(8%)
- 비조정지역 2주택 + (신규)비조정지역 → 중과세(8%)
- 비조정지역 2주택 + (신규)조정지역 → 중과세(12%)
- 조정지역 2주택 + (신규)조정주택 → 중과세(12%)

▣ 취득세 중과세 관련 1세대의 범위
1) 세대별 주민등록표에 함께 기재된 가족
2) 배우자와 미혼인 30세 미만의 자녀는 세대를 분리하여 거주하더라

도 1세대로 간주함. 단, 해당 자녀의 소득(근로소득, 사업소득 등)이 기준 중위소득을 12개월로 환산한 금액의 100분의 40 이상으로서 분가하는 경우 부모와 구분하여 별도의 세대로 판단함

▶ 보건복지부 고시 기준 중위소득 [2025년 기준]

구 분	1인가구	2인가구	3인가구	4인가구
중위소득	2,392,013	3,932,658	5,025,353	6,097,773
중위소득의 40%	956,805	1,573,063	2,010,141	2,439,109

★ <주의> 취득세과 관련한 1세대의 범위에는 실제 거주 여부에 관계없이 주민등록표상에 기재된 가족으로 한다. 단, 양도소득세 등 국세의 경우에는 실제 동거 여부에 의하여 판단한다.

▶ **분양권 취득 및 중과세**

분양권으로 취득하는 주택의 취득세 중과 여부를 판단할 때 주택수는 잔금일 당시의 주택수가 아닌 분양권 취득일 현재의 주택수(분양권포함)를 기준으로 계산한다.

지방교육세, 농어촌특별세 중과세 세율

■ 지방교육세 중과세 (중과세 대상 주택 → 0.4%)
  ○ 일반과세 : 주택규모 및 가액에 따라 0.1% ~ 0.3%
  ○ 중과세대상 주택 : 0.4%

■ 농어촌특별세 중과세 (중과세대상 주택 → 0.3%, 1.4%)
  ○ 일반과세 : 국민주택 → 없음, 국민주택 규모 초과 주택 0.2%
  ○ 조정대상지역내 2주택, 일반지역 3주택 0.3%
  ○ 조정대상지역내 3주택, 일반지역 4주택 1.0%

취득세 관련 주택수 및 중과세 여부

취득세 중과세 관련 주택수에 포함하는 주택

1주택을 보유한 1세대가 조정대상지역의 주택을 새로 취득하거나 2주택 이상을 보유한 1세대가 일반지역의 주택을 새로 취득하는 경우 취득세가 중과세되며, 주택수에 포함하여야 하는 주택은 다음과 같다. (지방세법 시행령 제28조의4)

■ 주택

■ 공동소유주택

1. 동일세대인 경우 1주택으로 봄 → 세대내에서 공동소유하는 경우는 개별 세대원이 아니라 '세대'가 1개 주택을 소유하는 것으로 산정함
2. 별도세대인 경우 각각 주택을 보유한 것으로 봄

■ 상속받은 주택

1. 2020.8.11. 이전 상속받은 주택 : 2025.8.12. 이후 주택수 포함
2. 2020.8.12. 이후 상속주택 : 상속개시일부터 5년 이후 주택수 포함
3. 공동상속주택 : 주된 상속인(상속지분이 가장 큰 자)의 주택에 포함

▶ 지분이 가장 큰 상속인이 두 명 이상인 경우 주택소유자(1 →2)
1. 그 주택 또는 오피스텔에 거주하는 사람
2. 나이가 가장 많은 사람

■ 주택의 부수토지만을 보유한 경우

1세대가 주택의 부수토지만을 소유하고 있는 경우에도 주택수에 포함하므로 주택수 계산시 주의를 하여야 한다.

★ [주의] 양도소득세에서는 주택의 부수토지만을 보유한 경우 주택을 소유한 것으로 보지 않지만 취득세는 주택수에 포함되므로 주의해야 한다.

■ 임대주택 → 장기임대주택으로 등록된 경우에도 주택 수 포함

장기임대주택은 종합부동산세(합산배제) 및 양도소득세 1세대 1주택 비과세(거주주택 비과세) 적용시 주택수에서 제외되나 취득세 주택수 판정, 양도소득세 중과대상 주택수 판정시에는 모두 포함된다.

■ 오피스텔 (주택분 재산세 과세대상) [국세청 100문100답 56P]

2020.8.12. 이후 신규취득하는 오피스텔로서 주택분 재산세가 과세되고 있는 오피스텔. 단, 오피스텔 분양권은 주택수에 포함하지 않는다.
다만, 2020.8.11. 이전 매매(분양)계약을 체결한 경우 주택수에서 제외

■ 분양권 및 조합원입주권 → 주택수에 포함

2020.8.12. 이후 신규취득하는 분양권 및 조합원입주권은 주택수에 포함

◆ 증여받은 분양권 주택을 취득한 경우 주택수 산정기준일

부동산세제과-972, 2024.3.7

2주택자인 A가 분양사업자로부터 최초 주택분양권을 취득하고 기존 1주택을 처분 후, 배우자인 B에게 그 분양권을 분양권 전매와 동일한 형식으로 증여하여 B가 해당 분양 주택을 취득한 경우에는 **분양권 증여(무상취득)에 대한 증여계약서상 계약일이 취득일로 보는 것임**

취득세 관련 중과 주택수에 포함하지 않는 주택

1세대의 주택 수를 산정할 때 다음의 어느 하나에 해당하는 주택, 조합원입주권, 분양권 또는 오피스텔은 소유주택 수에서 제외한다.
(지방세법 시행령 제28조의4 ⑤)

■ 주택수 산정일 현재 시가표준액이 1억원 이하인 주택

주택수 산정일 현재 시가표준액(지분이나 부속토지만을 취득한 경우에는 전체 주택의 시가표준액)이 1억원 이하인 주택. 다만, 정비구역으로 지정고시된 지역 또는 사업시행구역에 소재하는 주택은 제외한다.

▶ 공시지가, 기준시가, 시가표준액

구분	표준공시지가	개별공시지가	기준시가	시가표준액
고시기관	국토해양부	시·군·구청	국세청	시·군·구청
용 도	개별공시지가 산정자료	토지에 대한 국세, 지방세 부과기준	국세 부과기준	지방세 부과 기준

▶ 국세청 기준시가와 지방세 시가표준액 가액은 차이가 있을 수 있다.

■ 상속받은 주택

1. 2020.8.11. 이전 상속주택 : 2020.8.12. 이후 5년간 주택수에서 제외함
2. 2020.8.12. 이후 상속주택 : 상속개시일로부터 5년간 주택수에서 제외함

■ 다음 요건을 모두 충족하는 읍·면지역에 있는 농어촌주택
(지방세법 시행령 제28조 ②)

1. 대지면적이 660제곱미터 이내 + 건축물의 연면적이 150제곱미터 이내이고, 건축물 가액이 6천500만원 이내일 것
3. 다음 각 목의 어느 하나에 해당하는 지역에 있지 아니할 것
　가. 광역시에 소속된 군지역 또는 수도권지역. 다만, 접경지역과 자연보전권역 중 행정안전부령으로 정하는 지역은 제외한다.
　나. 도시지역 및 허가구역, 지정지역, 그 밖에 관광단지 등

■ 기타
가정어린이집, 노인복지주택복지, 저당권 실행으로 취득한 주택

취득세 중과세 적용 제외 주택

다음의 어느 하나에 해당하는 주택은 중과세 대상으로 보지 않는다. (지방세법 시행령 제28조의2)

■ 시가표준액이 1억원 이하인 주택

주택수 산정일 현재 시가표준액(지분이나 부속토지만을 취득한 경우에는 전체 주택의 시가표준액)이 1억원 이하인 주택. 다만, 정비구역으로 지정고시된 지역 또는 사업시행구역에 소재하는 주택은 제외한다.

▶ 오피스텔 취득시 취득세 → 중과세대상 아님

오피스텔 취득 시점에는 해당 오피스텔이 주거용인지 상업용인지 확정되지 않으므로 건축물 대장상 용도대로 건축물 취득세율(4%)이 적용되므로 중과세대상이 아니다.

■ 다음 요건을 충족하는 읍·면에 있는 농어촌주택

(지방세법 시행령 제28조 ②)
1. 대지면적이 660제곱미터 이내이고 건축물의 연면적이 150제곱미터 이내일 것
2. 건축물의 가액이 6천500만원 이내일 것
3. 다음 각 목의 어느 하나에 해당하는 지역에 있지 아니할 것
  가. 광역시에 소속된 군지역 또는 수도권지역. 다만, 접경지역과 자연보전권역 중 행정안전부령으로 정하는 지역은 제외한다.
  나. 도시지역 및 허가구역, 지정지, 그 밖에 관광단지 등

■ 기타

- 가정어린이집, 노인복지주택복지
- 사원에 대한 임대주택으로 전용면적이 60제곱미터 이하인 공동주택

취득세 관련 개정 세법

일시적 2주택 중과배제시 종전 주택 처분기한

조정대상지역에 소재한 주택을 보유한 1세대가 조정대상지역에 새로운 주택을 취득하는 경우 취득세가 중과세(8%)된다. 다만, 국내에 주택, 조합원입주권, 주택분양권 또는 오피스텔을 1개 소유한 1세대가 종전 주택등을 소유한 상태에서 이사·학업·취업·직장이전 및 이와 유사한 사유로 다른 1주택(신규 주택)을 추가로 취득한 후 3년 이내에 종전 주택등을 처분하는 경우 해당 신규 주택을 말한다.

[세법 개정] 일시적 2주택 종전주택 처분기간

2022. 6. 30. 이후 1년 →2년

2023. 1. 12. 이후 2년 → 3년(지방세법 시행령 제28조의5)

◪ 일시적 2주택자의 종전주택 처분기한[지방세법 시행령 제28조의5]

종전주택 소재지	신규주택	처분기한	시행시기
비조정지역	비조정지역	3년	
비조정지역	조정대상지역	3년	
조정대상지역	조정대상지역	2년	'22.5.10. 이후
조정대상지역	조정대상지역	3년	'23.1.12. 이후

2023년 이후 부동산 무상 취득 취득세 과세표준

부동산 등을 무상취득하는 경우 취득세 과세표준은 불특정 다수인 사이에 자유롭게 거래가 이루어지는 경우 통상적으로 성립된다고 인정되는 가액으로서 **매매사례가액** 등으로 한다. 다만, 증여가액이 1억원 이하인 경우 시가표준액으로 할 수 있다.

1. 취득세 계산구조
취득세 산출세액 = 취득가액(과세표준) × 취득세 세율
총 납부세액 = 취득세 산출세액 + 지방교육세 + 농어촌특별세

2. 과세표준 산정
무상취득(증여)의 경우 시가표준액으로 한다. 단, 2023년 1월 1일 이후 증여분부터는 시가인정액(매매사례가액 등)으로 한다.
○ 시가표준액 : 취득세, 재산세, 등록세 등 지방세를 책정하기 위해서 정부에서 기준으로 설정한 금액
○ 시가인정액 : 매매가액, 감정평가가액, 공매가액, 유사매매사례가액을 의미한다.

[개정 세법] 조정대상지역의 증여 취득에 대한 취득세율 인상
2020.8.12. 이후 조정대상지역에 소재한 주택으로서 취득 당시 시가표준액이 3억원 이상인 주택을 무상취득하는 경우 취득세율은 12% (일반 무상 취득의 취득세율 3.5%)로 상향 조정

○ 조정대상지역 3억원 미만 주택 증여 취득 : 취득세율 3.5%
○ 조정대상지역 3억원 이상 주택 증여 취득 : 취득세율 12%
- 조정대상지역에 소재한 주택이더라도 증여자가 1세대 1주택인 주택을 증여하는 경우 : 취득세율 3.5%

[개정 세법] 무상취득시 취득세 과세표준 개선 [지방세법 제10조의2]
○ (유상취득, 원시취득) 신고가액에서 개인·법인 차별없이 "사실상 취득가격"(실제거래가액)으로 규정
○ (무상취득) 시가표준액에서 시장가치를 반영한 "시가인정액"으로 규정
- 시가인정액 : 취득일 전 6개월부터 취득일 후 3개월 이내의 기간(평가기간) 유사매매사례가액 및 감정가액, 공매가액 중 가장 최근 거래가액

종 전		개 정	
취득 원인 구분 없이 규정	▪ (개인) MAX(신고가액, 시가표준액) ▪ (법인) 사실상 취득가격 ▪ (개인·법인) 시가표준액	유상 원시취득	▪ (개인·법인) 사실상의 취득가격
		무상취득	▪ (개인·법인) 시가인정액

<시행시기> 2023.1.1. 이후 무상취득분부터

[개정 세법] 무상취득시 취득일이 속하는 달의 말일부터 3개월 이내 취득세를 신고납부토록 기한 연장 [지방세법 제20조 ①]

생애최초 주택구입시 취득세 감면 확대

2022년 6월 21일 이후 소득에 관계없이 생애최초로 취득가액 12억원 이하 주택을 구입하는 경우 취득세가 200만원 이하인 경우에는 전액 면제되며, 200만원을 초과하는 경우에는 200만원을 공제한다. 단, 주택 취득일부터 3개월 이내 전입신고를 아니한 자와 주택 취득일부터 3개월 이내 추가로 주택을 취득한 자, 거주기간 3년 미만에서 매각·증여·임대한 자는 감면 대상에서 제외된다.

□ 22025년 이후 소형주택 생애최초 구입자 취득세 감면한도 상향 등 지원 강화 (지방세특례제한법 §36의3)

구 분	개 정
□ 생애최초 주택 구입자 　　　< 감면 요건 > ① (대상) 다가구, 다세대·연립, 도시형생활주택 ② (기간) '25.1.1.~'25.12.31. 기간 중 취득 ③ (기타) 전용면적 60㎡이하 6억원(지방 3억원) 이하	[현행] 취득세 100% (200만원 한도) [개정] 취득세 100% (300만원 한도) 다가구, 다세대·연립 도시형생활주택

□ 2025년 이후 지방 미분양 문제 해소 등을 위해 수도권 외 지역에서 준공 후 미분양된 아파트(전용면적 85제곱미터 이하, 취득가액 3억원이하)를 임대주택 활용 시(2025. 12. 31.까지 임대차계약체결, 2년 이상 임대활용의무) 신축 취득세 감면 신설
(지방세특례제한법 §33③ 신설)

구 분	개 정[신설]

지방 준공 후 미분양 아파트 신축자의 신축 건축물
    < 감면 요건 >
① '24.1.10.~'25.12.31. 준공된 아파트
② 전용면적 85㎡이하
   취득가액 3억원이하
③ '25.12.31.까지 임대계약 체결,
   2년 이상 임대 활용 의무
	<신 설>
	취득세 50%*
	* 법 25% + 조례 25%

□ 2025년 이후 인구감소지역의 생활인구 증가 및 지역 경제 활성화 등을 위해 인구감소지역 내 주택 취득에 대한 감면 신설
(지방세특례제한법 §75의5③·④ 신설)
[감면요건 및 감면율] 인구감소지역 內 주택 취득 취득세 50% 감면
(법 25% + 조례 25%)
① 무주택 또는 1주택자 + 취득가액 3억원이하
② 수도권(접경지역 제외)·광역시(군지역 제외) 外 인구감소지역
③ 3년 이상 보유 의무

□ 2025년 이후 서민 주거안정을 지원하기 위해 신축 소형주택(60제곱미터 이하의 다가구, 다세대, 연립, 도시형생활주택) 원시 취득자 취득세 감면 신설 (지방세특례제한법 §33의2 신설)

주택 취득 관련 제비용

개요
주택을 취득하는 경우 취득세외에 중개수수료 및 법무사수수료, 공채 매입과 관련한 수수료 등이 발생하며, 그 내용은 다음과 같다.

부동산[주택] 중개수수료

■ 공인중개사법 시행규칙 [별표 1] <신설 2021. 10. 19.>

주택 중개보수 상한요율(제20조제1항 관련)

거래내용	거래금액	상한요율	한도액
매매·교환	5천만원 미만	1천분의 6	25만원
	5천만원 이상 2억원 미만	1천분의 5	80만원
	2억원 이상 9억원 미만	1천분의 4	
	9억원 이상 12억원 미만	1천분의 5	
	12억원 이상 15억원 미만	1천분의 6	
	15억원 이상	1천분의 7	
2. 임대차 등	5천만원 미만	1천분의 5	20만원
	5천만원 이상 1억원 미만	1천분의 4	30만원
	1억원 이상 6억원 미만	1천분의 3	
	6억원 이상 12억원 미만	1천분의 4	
	12억원 이상 15억원 미만	1천분의 5	
	15억원 이상	1천분의 6	

[거래금액 산정]
- 매매 : 매매가격
- 임대차 등
① 월세가 없는 경우 : 보증금
② 월세가 있는 경우
- 5천만원 이상 :(월세×100)+보증금
- 5천만원 미만 :(월세× 70)+보증금

법무사수수료 등

부동산을 취득하는 경우 매도인으로부터 소유권을 이전받아야 하며, 소유권 이전시 등기등의 업무는 통상 법무사사무소에 대행하게 된다. 이 경우 법무사수수료 및 증지대, 인지대, 국민주택채권 매입과 관련한 비용을 소요되며, 그 내용은 다음과 같다.

▶ 법무사수수료 기본보수표

과세표준액		산정방법		
	1천만원까지	100,000원		
1천만원초과	5천만원까지	100,000원	+	1천만원초과액의 11/10,000
5천만원초과	1억원까지	144,000원	+	5천만원초과액의 10/10,000
1억원초과	3억원까지	194,000원	+	1억원초과액의 9/10,000
3억원초과	5억원까지	374,000원	+	3억원초과액의 8/10,000
5억원초과	10억원까지	534,000원	+	5억원초과액의 7/10,000
10억원초과	20억원까지	884,000원	+	10억원초과액의 5/10,000
20억원초과	200억원까지	1,384,000원	+	20억원초과액의 4/10,000
200억원초과		8,584,000원	+	200억원초과액의 1/10,000

국민주택채권

국민주택채권이란 국민주택사업에 필요한 자금을 조달하기 위하여 정부가 발행하는 국채로서 주택 취득시 일정금액의 국민주택채권을 의무적으로 매입하여야 하며, 국민주택채권은 금리가 매우 낮고(2023년 4월 현재 연리 1.3%), 상환기간이 5년으로 통상 법무사사무소에서 금융기관에 할인하게 되므로 할인료 상당액만을 부담하면 된다.

■ 네이버, 구글 등에서 '주택취득비용' 검색

■ 채권매입금액 = 시가표준액 × 법정매입율
시가표준액 : (아파트) 국토교통부 공동주택 공시가격

□ 주택도시기금법 시행령 [부표] <개정 2022. 12. 27.>
제1종 국민주택채권 매입대상 및 금액표 (일부)

매입대상	지역	금액
가) 시가표준액 2천만원 이상 5천만원 미만		시가표준액의 13/1,000
나) 시가표준액 5천만원 이상 1억원 미만	(1) 특별시 및 광역시	" 19/1,000
	(2) 그 밖의 지역	" 14/1,000
다) 시가표준액 1억원 이상 1억6천만원 미만	(1) 특별시 및 광역시	" 21/1,000
	(2) 그 밖의 지역	" 16/1,000
라) 시가표준액 1억6천만원 이상 2억6천만원 미만	(1) 특별시 및 광역시	" 23/1,000
	(2) 그 밖의 지역	" 18/1,000
마) 시가표준액 2억6천만원 이상 6억원 미만	(1) 특별시 및 광역시	" 26/1,000
	(2) 그 밖의 지역	" 21/1,000
바) 시가표준액 6억원 이상	(1) 특별시 및 광역시	" 31/1,000
	(2) 그 밖의 지역	" 26/1,000

[사례] 대구시 주택 시가표준액 3억원인 경우 채권 매입 및 할인
국민주택채권 매입금액 7,800,000원(3억원 × 26/1,000)
주택도시기금 공시할인율 10.67438%(2023.04.12) 적용
할인금액(실부담액) 84만원

SECTION 14

종합부동산세, 재산세

종합부동산세 개요

종합부동산세는 국세청에서 부과·징수 및 관리하는 국세로서 **과세기준일(매년 6월1일)** 현재 국내에 소재한 재산세 과세대상인 **주택** 및 토지를 유형별로 구분하여 **인별로** 합산하여 그 공시가격 합계액이 각 유형별 공제액을 초과하는 경우 그 초과분에 대하여 과세되는 세금이다.

▶ 주택
독립된 주거생활을 할 수 있는 구조로 된 건축물의 전부 또는 일부 및 그 부속토지를 말하며, 단독주택과 공동주택으로 구분한다.

▶ 분양권, 조합원입주권
분양권, 조합원입주권은 종합부동산세 과세대상이 아니므로 주택에 포함하지 않는다.

▶ 오피스텔
업무용오피스텔은 주택분 종합부동산세가 과세대상이 아니나 상시 주거용으로 사용하는 오피스텔은 주택에 해당하여 종합부동산세가 과세된다.

종합부동산세 납세의무자 및 과세대상

종합부동산 납세의무자는?
과세기준일(매년 6월 1일) 현재 **인별**로 보유한 과세유형별 **공시가격**의 전국 합산액이 공제금액을 초과하는 재산세 납세의무자로 한다.

▶ 개인별 과세
종합부동산세는 개인별로 과세되므로 부부가 각각 부동산을 소유한 경우 부부 개인별 주택공시가격이 9억원을 초과하는 경우 납부의무가 있다. 단, 2022년 이후 부부가 1주택만을 공동소유하는 경우 1세대 1주택으로 본다.

◘ 유형별 종합부동산세 과세대상 및 공제액

과세대상	공제액
주택	전국합산 주택 공시가격 합계액이 9억원을 초과하는 자 - 1세대 1주택자 12억원을 초과하는 자 * '21년 귀속분부터 법인은 기본공제 6억원 적용 배제
종합합산토지	전국합산 토지 공시가격 합계액이 5억원을 초과하는 자
별도합산토지	전국합산 토지 공시가격 합계액이 80억원을 초과하는 자

▶ 분리과세, 별도합산, 종합합산
1) 분리과세란 해당 부동산에 대하여만 공시가액에 세율을 적용하여 부과하는 세금을 말한다.
2) 별도합산이란 별도로 합산을 할 항목 등을 정해둔 것으로서 동일 시·군·구 내 별도합산대상 토지를 합산하여 과세하는 것을 말한다.
3) 종합합산이란 분리과세 또는 별도합산대상이 아닌 토지 등은 모두 합산하여 과세하는 것을 말한다.

◘ 종합부동산세 과세대상 구분(건축물)

구 분		재 산 의 종 류	재산세	종부세
건축물	주거용	·주택(아파트,연립,다세대,단독·다가구),오피스텔(주거용) ·별장(주거용 건물로서 휴양·피서용으로 사용되는 것) ·일정한 임대주택·미분양주택·사원주택·기숙사·가정어린이집용 주택	과세 과세 과세	과세 × ×
	기타	·일반건축물(상가, 사무실, 빌딩, 공장, 사업용 건물)	과세	×
토지	종합 합산	·나대지, 잡종지, 분리과세가 아닌 농지·임야·목장용지 등 ·재산세 분리과세대상 토지 중 기준초과 토지 ·재산세 별도합산과세대상 토지 중 기준초과 토지 ·재산세 분리과세·별도합산과세대상이 아닌 모든 토지 ·주택건설사업자의 일정한 주택신축용 토지	과세 과세 과세 과세 과세	과세 과세 과세 과세 ×
	별도 합산	·일반건축물의 부속토지(기준면적 범위내의 것) ·법령상 인허가 받은 사업용 토지	과세 과세	과세 과세
	분리 과세	·일부 농지·임야·목장용지 등(재산세만 0.07% 과세) ·공장용지 일부, 공급목적 보유 토지(재산세만 0.2% 과세) ·골프장, 고급오락장용 토지(재산세만 4% 과세)	과세 과세 과세	× × ×

종합부동산세 과세표준 및 세율

종합부동산세 과세표준은?

과세표준이란 종합부동산세를 부과하기 위한 기준이 되는 금액으로 다음과 같이 계산한다.

[과세유형별 전국합산 공시가격 - 공제금액(과세기준금액)] × 공정시장가액비율
- 주택분 : [전국합산 공시가격 - 9억원(1주택자 12억원)] × 60%
- 종합합산토지분 : [전국합산 공시가격 - 5억원] × 100%
- 별도합산토지분 : [전국합산 공시가격 - 80억] × 100%

[개정 세법] 주택분 공정시장가액 비율 하향 조정 (종부령 제2조의4)
2022년 이후 주택분 종합부동산세 과세표준 계산 시 적용하는 공정시장가액비율을 종전 100%에서 60%로 하향 조정함

[개정 세법] 주택분 종합부동산세 기본공제금액 상향(종부세법 §8①)

종 전	개 정

□ 주택분 종부세 기본공제금액
  * 주택분 종부세 과세표준
  = 공시가격 합산액 - 기본공제금액
 	
○ (일반) 6억원
○ (1세대 1주택자) 11억원
○ (법인) 기본공제 없음
	□ 기본공제금액 조정
	
	○ 6억원 → 9억원
	○ 11억원 → 12억원
	○ (좌 동)

<적용시기> '23.1.1. 이후 납세의무가 성립하는 분부터 적용

종합부동산세 산출세액 계산

종합부동산세 산출세액은 과세표준에 세율을 곱한 금액에서 재산세 상당액을 공제한 금액으로 계산한다.

◆ 공제할 재산세액

(종부세 과세표준 × 재산세 공정시장가액비율) × 재산세율/주택 또는 토지(종합, 별도구분)를 각각 합산하여 표준세율로 계산한 재산세상당액
- 재산세 공정시장가액비율 주택 60%('22년 1세대1주택 45%), 토지70%

주택수 계산 및 종합부동산세 세율

1) 1주택을 여러 사람이 공동으로 소유한 경우 공동 소유자 각자가 그 주택을 소유한 것으로 본다.
2) 다가구주택은 1주택으로 본다.

[세법 개정] 주택분 종합부동산세 세율 조정(종부세법 §9①·②)

종 전			개 정	
□ 주택분 종합부동산세 세율			□ 다주택자 중과제도 폐지 및 세율 인하	
과세표준	2주택 이하	3주택 이상*	과세표준	세율
3억원 이하	0.6%	1.2%	3억원 이하	0.5%
3억원 초과 6억원 이하	0.8%	1.6%	3억원 초과 6억원 이하	0.7%
6억원 초과 12억원 이하	1.2%	2.2%	6억원 초과 12억원 이하	1.0%
12억원 초과 50억원 이하	1.6%	3.6%	12억원 초과 25억원 이하	1.3%
50억원 초과 94억원 이하	2.2%	5.0%	25억원 초과 50억원 이하	1.5%
94억원 초과	3.0%	6.0%	50억원 초과 94억원 이하	2.0%
법 인	3.0%	6.0%	94억원 초과	2.7%
			법 인	2.7%

* 조정대상지역 2주택 포함

<적용시기> '23.1.1. 이후 납세의무가 성립하는 분부터 적용

1. 납세의무자가 2주택 이하를 소유한 경우

과세표준	세율
3억원 이하	1천분의 5
3억원 초과 6억원 이하	150만원+(3억원을 초과하는 금액의 1천분의 7)
6억원 초과 12억원 이하	360만원+(6억원을 초과하는 금액의 1천분의 10)
12억원 초과 25억원 이하	960만원+(12억원을 초과하는 금액의 1천분의 13)
25억원 초과 50억원 이하	2천650만원+(25억원을 초과하는 금액의 1천분의 15)

과세표준	세율
50억원 초과 94억원 이하	6천400만원+(50억원을 초과하는 금액의 1천분의 20)
94억원 초과	1억5천200만원+(94억원을 초과하는 금액의 1천분의 27)

2. 납세의무자가 3주택 이상을 소유한 경우

주택분 종합부동산세 과세표준 12억원 초과 구간에서는 중과세율을 유지하되, 과세표준 구간에 따라 1천분의 20에서 1천분의 50으로 조정함

과세표준	세율
3억원 이하	1천분의 5
3억원 초과 6억원 이하	150만원+(3억원을 초과하는 금액의 1천분의 7)
6억원 초과 12억원 이하	360만원+(6억원을 초과하는 금액의 1천분의 10)
12억원 초과 25억원 이하	960만원+(12억원을 초과하는 금액의 1천분의 20)
25억원 초과 50억원 이하	3천560만원+(25억원을 초과하는 금액의 1천분의 30)
50억원 초과 94억원 이하	1억1천60만원+(50억원을 초과하는 금액의 1천분의 40)
94억원 초과	2억8천660만원+(94억원을 초과하는 금액의 1천분의 50)

주택분 종합부동산세 계산구조

주택공시가격	[개인별 과세] 공동주택 + 개별주택
−	주택공시가격 → 부동산공시가격 알리미
공제금액	주택 9억원, 1세대 1주택자 12억원
=	
과세기준금액	
×	
공정시장가액비율	2022년 : 60%
=	
과세표준	
×	
세율(누진세율)	2주택 이하 : 0.5 ~ 2.7%
=	3주택 이상 : 0.5 ~ 5%
종합부동산세	
−	
재산세	종합부동산세 과세표준에 부과된 재산세 상당액
=	
산출세액	
−	
세액공제	[1세대 1주택자] 고령자, 장기보유세액공제
−	
한도초과액	직전년도 대비 1.5배 초과금액
=	
납부세액	종합부동산세 + 농어촌특별세(종부세의 20%)

▶ 종합부동산세 모의 계산

홈택스(우측 하단) → 세금종류별 서비스 → 종합부동산세 간이세액 계산

◆ 주택분 종합부동산세 산출세액에서 상한 초과세액은 차감함

[재산세 + 세부담상한전 종부세액(1)] − 직전년도(재산세 + 종부세) × 150%

(1) (과세표준 × 세율 − 누진공제) − (공제할 재산세액 + 세액공제액)

− 법인은 세부담 상한규정이 적용되지 아니함

1세대 1주택자 종합부동산세

1세대 1주택자 종합부동산세
1세대가 1주택만을 보유한 경우로서 해당 주택의 공시가액이 12억원을 초과하는 경우에도 종합부동산세가 과세되나 5년 이상 보유한 경우 기간별로 세액공제를 하여 주며, **과세기준일 현재 만60세 이상인 1세대 1주택자에 대하여 연령별 공제를 하여 준다.**

세대
1) 주택 또는 토지의 소유자 및 그 배우자와 그들과 생계를 같이하는 가족으로서 주택 또는 토지의 소유자 및 그 배우자가 그들과 동일한 주소 또는 거소에서 생계를 같이하는 가족과 함께 구성하는 1세대를 말한다
2) 혼인함으로써 1세대를 구성하는 경우 혼인한 날부터 5년(2024. 11. 12 이후 납세의무가 성립하는 분부터 **10년**) 동안은 주택을 소유하는 자와 그 혼인한 자별로 각각 1세대로 본다.
3) 동거봉양하기 위하여 합가함으로써 과세기준일 현재 60세 이상의 직계존속과 1세대를 구성하는 경우에는 합가한 날부터 10년 동안 주택을 소유하는 자와 그 합가한 자별로 각각 1세대로 본다.

가족
주택 또는 토지의 소유자와 그 배우자의 직계존비속(그 배우자 포함) 및 형제자매를 말하며, 취학, 질병의 요양, 근무상 또는 사업상의 형편으로 본래의 주소 또는 거소를 일시퇴거한 자를 포함한다.

1세대 1주택자
세대원 중 1명만이 주택분 재산세 과세대상인 1주택만을 소유한 경

우로서 그 주택을 소유한 거주자(비거주자가 국내에 1주택을 소유한 경우에는 1주택에 해당하지 않음)를 말한다.

◆ 다가구주택
다가구주택은 전체를 1주택으로 본다. 다만, 합산배제 임대주택의 공시가액(수도권 6억원, 비수도권 3억원)은 각 호별로 계산한다.

◆ 공동 소유한 주택
1주택을 여러 사람이 공동으로 소유한 경우 공동 소유자 각자가 그 주택을 소유한 것으로 본다.

[개정 세법] 2021.1.1. 이후 부부공동명의 1주택자는 1주택자로 봄
(종합부동산세법 제10조의2)
1) 기본공제 12억원 및 고령자 및 장기보유공제 적용
2) (납세의무자) 부부 중 지분율이 큰 자(지분율이 같은 경우 선택)
3) (세액공제 적용 기준) 납세의무자의 주택 보유기간 및 연령을 기준으로 적용
4) 부부 공동명의주택을 1명의 납세의무자로 하고자 하는 경우 당해연도 9월 16일부터 9월 30일까지 관할세무서장에게 신청하여야 한다.

◆ 다른 주택의 부속토지를 보유하고 있는 경우
1주택과 다른 주택의 부속토지(주택의 건물과 부속토지의 소유자가 다른 경우의 그 부속토지)를 함께 소유하고 있는 경우 1주택자로 본다.

◆ 2주택인 경우에도 1세대 1주택자에 해당하는 경우
일시적 2주택·상속주택·지방저가주택을 소유한 경우에는 신청에 의해 1세대 1주택자로 봄

◆ 합산배제되는 임대주택과 1주택을 보유한 세대의 종합부동산세 1세대 1주택자 거주주택 요건 (종합부동세법 시행령 제2조의 ①)
임대주택이 있는 경우에는 임대주택 외의 주택을 소유하는 세대가 과세기준일 현재 그 주택에 주민등록이 되어 있고 실제로 거주하고 있는 경우에 한정하여 1세대1주택을 적용받을 수 있다.

배우자가 없는 때에도 1세대에 해당하는 경우

1. 30세 이상인 경우
2. 배우자가 사망하거나 이혼한 경우
3. 기준 중위소득의 100분의 40 이상으로서 독립된 생계를 유지할 수 있는 경우. 다만, 미성년자의 경우는 제외한다.

1세대 1주택자 기본공제

주택에 대한 종합부동산세의 과세표준은 납세의무자별로 주택의 공시가격을 합산한 금액에서 9억원을 공제한 금액으로 하되, 1세대 1주택자의 경우에는 3억원을 추가로 공제한 금액으로 한다.

[개정 세법] 1세대 1주택자 기본공제 상향조정 [종부세법 제8조]
[종전] (일반) 6억원 (1세대 1주택자) 11억원
[개정] (일반) 9억원 (1세대 1주택자) 12억원(기본공제 9억원 + 3억원)
<적용시기> '23.1.1. 이후 납세의무가 성립하는 분부터 적용

1세대 1주택자의 종합부동산세 납세의무자는?

1세대 1주택자는 주택 공시가격에서 기본공제 12억원을 차감한 금액에 60%를 곱한 금액을 과세표준으로 한다. 따라서 1세대 1주택자의 경우 해당 주택의 주택공시가격이 20억을 초과하는 경우 종합부동산세 납세의무자가 된다.

1세대 1주택자 세액공제

1세대 1주택 연령별, 보유기간별 세액공제

주택분 종합부동산세 납세의무자가 1세대 1주택자에 해당하는 경우의 주택분 종합부동산세액은 산출세액에서 **연령별** 또는 **보유기간별** 공제율에 따른 공제액을 공제한 금액으로 하며, 중복하여 적용한다.

[개정 세법] 1세대 1주택자 고령자 공제율 및 보유기간별 공제(종부세법 §9)

종 전	개 정
□ 1세대 1주택자의 세액공제	
○ 고령자 공제	○ 고령자 공제율 +10%p 인상
연령 | 공제율(%) 60 ~ 65세 미만 | 10 65 ~ 70세 미만 | 20 만 70세 이상 | 30	연령 | 공제율(%) 60 ~ 65세 미만 | 20 65 ~ 70세 미만 | 30 만 70세 이상 | 40
○ 장기보유 공제	○ (좌 동)
보유기간 | 공제율(%) 5 ~ 10년 미만 | 20 10 ~ 15년 미만 | 40 15년 이상 | 50	보유기간 | 공제율(%) 5 ~ 10년 미만 | 20 10 ~ 15년 미만 | 40 15년 이상 | 50
□ 합산 공제한도 (고령자 공제 + 장기보유 공제) ○ 최대 70%	□ 합산 공제한도 +10%p 인상 ○ 최대 70% → 80%

<적용시기> 2021.1.1. 이후 납세의무가 성립하는 분부터 적용

🗨 2주택이나 1주택자 공제를 받을 수 있는 경우

2022년 이후 2주택인 경우라도 다음에 해당하는 일시적 2주택, 상속주택, 지방 저가주택 1채는 주택수에서 제외하여 주며, 이 경우 해당 과세연도의 9월 16일부터 9월 30일가지 관할 세무서에 '**1세대 1주택자 판단 시 주택 수 산정 제외 신청서**'를 제출하여야 한다.

◆ 합산배제 임대주택의 경우 세율 산정 시 주택수에 포함되지 않음
합산배제되는 임대주택을 1세대가 소유한 주택수에서 제외하여 종합부동산세 1세대 1주택자 판단함 (종부, 종합부동산세과-32 , 2011.12.01)

[개정 세법] 일시적 2주택, 상속주택, 지방저가주택 등 1세대 1주택자 주택 수 종합부동산세 특례 신설(종부세법 §8·9·17)
<적용시기> '22.1.1. 이후 납세의무가 성립하는 분부터 적용

다음에 해당하는 주택은 종합부동산세 세율 적용시 주택수에서 제외하여 적용하고, 1세대 1주택자의 경우 3억원 추가공제를 받을 수 있으나 합산배제하는 것은 아니므로 과세표준에서 제외하지 않는다.

일시적 2주택(종부세법 §8④2호)
1세대 1주택자가 주택을 양도하기 전에 다른 주택을 대체취득하여 일시적 2주택이 되었으나 일시적 2주택 요건을 충족하는 경우 주택 수 제외

☐ 일시적 2주택 요건
1세대 1주택자가 보유하고 있는 주택을 양도하기 전에 다른 1주택(신규주택)을 취득하여 2주택이 된 경우로서 과세기준일 현재 신규주택을 취득한 날부터 2년이 경과하지 않은 경우

[세법 개정] 종부세 주택 수 특례 적용대상 일시적 2주택 기간 요건 완화 (종부세령 §4의2①)
□ 종부세 주택 수 특례* 적용되는 일시적 2주택 요건
 * 1세대 1주택자 판정 시 주택 수 제외
(현행) 과세기준일 현재 신규주택취득일부터 2년이 경과하지 않을 것
□ 일시적 2주택 기간 확대
(개정) 2년 → 3년
<적용시기> 23.2. 28. 이후 납세의무가 성립하는 분부터 적용
<특례규정> 영 시행일(23.2. 28) 전 일시적 2주택 신청한 경우에도 적용

상속주택(종부세법 §8 ④ 3호)
상속받은 주택으로서 다음에 정하는 주택은 1세대 1주택자 판정 시 주택 수 제외

□ 상속주택 적용요건
1주택과 다음의 어느 하나에 해당하는 상속주택을 함께 소유하고 있는 경우
1. 과세기준일 현재 상속개시일부터 5년이 경과하지 않은 주택
2. 지분율이 100분의 40 이하인 주택
3. 지분율에 상당하는 공시가격이 6억원(수도권 밖의 지역에 소재하는 주택의 경우에는 3억원) 이하인 주택

지방 저가주택(종부세법 §8④4호)
1주택과 지방 저가주택을 함께 소유하고 있는 경우 지방 저가주택 1채는 1세대 1주택자 판정 시 주택 수 제외

□ 지방 저가주택 적용요건
1. 공시가격이 3억원 이하일 것

2. 수도권 밖의 지역으로서 다음 각 목의 어느 하나에 해당하는 지역에 소재하는 주택일 것
   가. 광역시 및 특별자치시가 아닌 지역
   나. 광역시에 소속된 군
   다. 세종특별자치시의 읍·면지역

■ '1세대 1주택자 판단 시 주택 수 산정 제외 신청서' 제출
위 규정을 적용받으려는 납세의무자는 해당 연도 9월 16일부터 9월 30일까지 '1세대 1주택자 판단 시 주택 수 산정 제외 신청서'를 관할세무서장에게 제출하여야 한다. [종합부동산세법 제8조 ⑤]

2주택이나 1세대 1주택 특례적용을 받은 경우 고령자, 5년이상 보유한 주택 세액공제 [종부세법 제9조 ⑦ ⑨]

1) 과세기준일 현재 만 60세 이상인 1세대 1주택자가 이사를 위한 대체주택, 상속주택, 지방저가주택을 보유하고 있는 경우 해당 1세대 1주택자의 공제액은 종합부동산세 산출세액에서 다음 각 호에 해당하는 산출세액(공시가격합계액으로 안분하여 계산한 금액)을 제외한 금액에 연령별 공제율을 곱한 금액으로 한다.
1. 1주택을 양도하기 전 대체취득한 주택분에 해당하는 산출세액
2. 상속주택분에 해당하는 산출세액
3. 저가주택분에 해당하는 산출세액

2) 1세대 1주택자로서 해당 주택을 과세기준일 현재 5년 이상 보유한 자가 이사를 위한 대체주택, 상속주택, 지방저가주택을 보유하고 있는 경우 해당 1세대 1주택자의 공제액은 종합부동산세로 산출된 세액에서 이사를 위한 대체주택, 상속주택, 지방저가주택의 산출세액(공시가격합계액으로 안분하여 계산한 금액)을 제외한 금액에 보유기간별 공제율을 곱한 금액으로 한다.

[개정 세법] 다주택자 중과배제 주택 추가
(종합부동산세법 시행령 제4조의3 제3항)

종 전	개 정
□ 주택 수에서 제외되는 주택의 범위 ○ 일시적 2주택, 지방 저가주택 등 <추 가>	□ 주택 유형 추가 ○ (좌 동) ○ '24.1.10.~'25.12.31. 중 취득한 주택으로 다음 어느 하나에 해당하는 주택 ❶ 소형 신축주택 1) 면적 : 전용면적 60㎡ 이하 2) 취득가액 : 수도권 6억원, 비수도권 3억원 이하 3) 준공시점 : '24.1.10.~'25.12.31. 4) 주택유형 : 아파트 제외 ❷ 준공 후 미분양 주택 1) 면적 : 전용면적 85㎡ 이하 2) 취득가액 : 6억원 이하 3) 주택 소재지 : 비수도권

<적용시기> 2024.2.29. 이후 납세의무가 성립하는 분부터 적용

[개정] 소형 신축주택 기한 연장
(현행) 취득시점 : 2024.1.10. ~ 2025.12.31.
(개정) 취득시점 : 2024.1.10.~ 2027.12.31.

[세법 개정] 인구감소지역 주택 취득자에 대한 양도소득세 및 종합부동산세 과세특례 신설(조특법 §71의2, 조특령 §68의2 신설)

현 행	개 정
<신 설>	□ 기존 1주택자*가 다음 요건을 충족하는 주택 1채를 신규 취득 시 1주택자로 간주, 1세대 1주택 특례 적용 　* 주택이 아닌 분양권 또는 조합원입주권을 1개 보유한 경우도 포함 ■ (주택요건) 아래 요건을 모두 충족 ❶ (소재지) 인구감소지역(다만, 수도권·광역시는 제외하되 수도권 내 접경지역 및 광역시 내 군지역은 포함) 　- 기존 1주택과 동일한 시·군·구 소재 신규 주택 취득은 제외 ❷ (가액상한) 공시가격 4억원* 　* (양도소득세) 취득시 공시가격 기준 　　(종합부동산세) 과세기준일 공시가격 기준 ❸ (취득기한) '24.1.4.부터 '26.12.31. ○ (특례내용) 양도소득세, 종합부동산세에 대해 **1세대 1주택 특례*** 적용 　* (양도소득세) 12억원 비과세 및 장기보유특별공제 최대 80% 　* (종합부동산세) 기본공제 12억원(다주택자 9억원) 및 고령자·장기보유 세액공제 최대 80%

<적용시기> '25.1.1. 이후 결정 또는 경정하는 분부터 적용

종합부동산세 합산대상에서 제외되는 주택

합산배제 임대주택(종부세법 제8조 ② 1, 시행령 제3조)

아래 요건을 모두 충족하는 임대주택은 종합부동산세에 합산하여야 하는 부동산에 포함하지 않는다. **단, 1주택 이상자가 2018.9.14. 이후 조정대상지역에 새로 등록한 장기임대주택 및 2020.7.11. 이후 등록하는 비조정지역의 아파트도 합산배제되지 않는다.**

① 지방자치단체 임대사업자등록 및 관할 세무서 사업자등록
② 10년 이상[8년 → 10년 (2020.8.18. 이후 등록분)] 계속 임대
③ 임대주택 요건 → 해당 주택 임대개시일 또는 최초로 합산배제신고를 한 연도의 과세기준일 공시가격 6억원(수도권 밖 지역 3억원) 이하
④ (2019.2.12. 이후 계약 체결 또는 갱신분부터) 임대료등의 증가율이 100분의 5를 초과하지 않을 것

> **Q & A 임대등록한 다가구주택을 종합부동산세 합산배제신고를 하는 경우 주택공시가격 6억원(비수도권 3억원)을 어떻게 적용하는가?**

다가구주택의 전체 공시가격이 6억원(비수도권 3억원)을 초과하더라도 종합부동산세의 경우 1호 기준으로 하므로 대부분의 다가구주택은 임대주택으로 등록한 경우 합산배제가 가능하다.
[종부세법 시행령 제3조 ⑥] 다가구주택은 「지방세법 시행령」 제112조에 따른 1구를 1호의 주택으로 본다.

1. 종합부동산세 세율 적용시 주택수는 다가구주택은 전체를 하나의 주택으로 본다,
2. 양도소득세와 관련한 주택수는 다가구주택을 구획된 부분별로 양도하지 아니하고 하나의 매매단위로 하여 양도하는 경우에는 그 전체를 하나의 주택으로 본다.

합산배제 주택의 종합부동산세 합산배제 신고

일정한 요건을 갖춘 임대주택, 미분양주택 등과 주택건설사업자의 주택신축용토지에 대하여는 9월 16일부터 9월 30일까지 합산배제 신고를 하는 경우 종합부동산세가 과세에서 제외된다.

◆ [재정경제부 부동산실무기획단-217호, 2007.04.04]
임대사업자가 합산배제 임대주택을 종합부동산세 신고기한이 경과한 이후에 합산배제를 신청한 경우에도 「종합부동산세법」제8조 및 동법 시행령 제3조의 합산배제 임대주택 규정이 적용된다.

종합부동산세 고지 및 납부

종합부동산세는 고지에 의한 납부를 원칙으로 하되, 신고 및 납부를 할 수 있으며, 이 경우 납세의무자는 종합부동산세의 과세표준과 세액을 당해 연도 12월 1일부터 12월 15일까지 관할세무서장에게 신고 및 납부하여야 한다.

고지 및 납부
1) 과세기준일 : 매년 6월 1일

2) 납부기간 : 매년 12월 1일 ~ 12월 15일

3) 분납 : 납부할 세액이 250만원 초과(농특세 제외)시 납부기한 경과일로부터 6개월 이내
○ 250만원 초과 500만원 미만 : 250만원 초과금액
○ 500만원 초과 : 해당 세액의 50% 이하금액

[개정 세법] 종합부동산세 세부담상한 인하 (종부세법 제10조)
(종전) 2주택 이하 150%, 조정지역 2주택 300%, 3주택 이상 300%
(개정) 주택수 등에 관계없이 150% 단, 법인의 경우 상한도 없음
<적용시기> '23.1.1. 이후 납세의무가 성립하는 분부터 적용

농어촌특별세

종합부동산세의 20%를 농어촌특별세로 같이 고지하게 되며, 고지된 금액을 하여야 한다.

고지세액을 기한내에 납부하지 아니한 때

납부기한 다음날에 3%의 가산금이 부과되고, 체납된 종합부동산세가 150만원 이상인 경우 매일 0.022%(연리 8.03%)의 납부지연가산세가 60개월 동안 부과된다.

종합부동산세 납부유예 도입

1세대 1주택자로서 다음의 납부유예대상자[1) + 2)]에 해당하는 경우로서 종합부동산세액이 100만원 초과하는 경우 납세담보 제공시 상속·증여·양도시점까지납부유예를 할 수 있으며, 납부유예를 받고자 하는 경우 해당 과세연도 9월 16일부터 9월 30일까지 관할 세무서장에 납세유예 신청서를 제출하여야 한다.

1) 만60세 이상 또는 5년 이상 보유,
2) 총급여 7천만원 이하(또는 종합소득금액 6천만원 이하)

[세법 개정] 종합부동산세 경정청구 대상 확대(국기법 §45의2 ⑥)
(종전) 종합부동산세의 경우 신고·납부한 경우에만 경정청구 가능
(개정) 종합부동산세를 부과·고지받아 납부한 납세자
<적용시기> '23.1.1. 이후 경정청구하는 분부터 적용

재산세(지방세)

⏰ 재산세 부과기준일 및 과세표준

재산세 부과기준일 및 납세의무자

재산세란 토지, 건물 등의 재산을 보유한 자에 대하여 지방자치단체가 매 년 부과하는 세금으로서 재산세는 매년 **6월 1일** 현재 토지, 건축물, 주택, 선박, 항공기를 소유하고 있는 자에 대하여 지방자치단체가 부과하는 지방세로서 재산세는 과세기준일 현재(매년 6월 1일) 재산을 소유하고 있는 자를 납세의무자로 하여 매년 부과하는 보유세이다. 따라서 아파트, 토지 등을 6월을 전후하여 사고파는 경우에는 누가 재산세를 부담할 것인가를 명확히 하여야 한다.

재산세 과세표준

재산세의 과세표준은 부동산 등의 시가표준액(지방자치단체가 각종 지방세를 부과하기 위하여 책정한 가액)에 공정시장가액비율(주택 60%, 토지 70%)을 곱하여 산정한 가액으로 한다.

▶ 주택

주택가격(주택의 부수토지 포함)에 **60%를 곱한 금액**을 과세표준으로 하며, 주택가격이란 「부동산가격 공시 및 감정평가에 관한 법률」에 의한 공시된 단독 또는 공동주택가격을 말한다.

▶ 건물

행정안전부 기준에 의거 지방자치단체장이 고시한 건물시가표준액에 공정시장가액비율 70%를 곱하여 산정한다.

▶ 서울시 소재 건물 시가표준액 조회
서울시 지방세 인터넷 납부시스템 (서울시 ETAX) 홈페이지
ETAX 이용안내 → 조회/발급 → 주택외 건물시가표준액 조회

▶ 기타 지역 건물 시가표준액 조회
위택스 홈페이지 → 우측 상단 메뉴[≡] 클릭 → 지방세 정보 → 시가표준액 조회

▶ 토지

토지 과세표준은 공시지가에 면적을 곱하여 산출한 가액에 공정시장가액비율 70%를 곱하여 산정하되, 종합합산과세표준·별도합산과세표준·분리과세과세표준으로 구분하며, 그 내용은 다음과 같다.

♣ 공시지가 조회 → 부동산공시가격알리미(국토해양부)

▶ 별도합산 대상 토지
주거용을 제외한 사무실, 점포 등 일반영업용 건축물 부속토지로서 건축물 바닥면적에 용도지역별 적용배율을 곱하여 산정한 면적을 초과하지 아니하는 기준면적 내의 토지가액으로 한다.

◆ 용도지역별 적용배율
- 주거전용지역 : 5배
- 상업·준주거지역 : 3배
- 녹지지역 및 도시계획지역 외 지역 : 7배
- 주거·공업·준공업지역 및 전용공업지역 : 4배

▶ 분리과세 대상 토지 및 세율
- 전, 답, 과수원, 목장용지 및 임야 : 과세표준액의 1,000분의 0.7
- 이 이외의 토지 : 과세표준액의 1,000분의 2

▶ 종합합산 대상 토지

종합합산 대상 토지는 과세기준일 현재 납세의무자가 소유하고 있는 토지 중 별도합산 또는 분리과세 대상 토지를 제외한 토지를 말한다.

재산세 세율 및 납부기한

재산세 세율

주택

일반			[1세대1주, (9억원이하)]		
과세표준	세 율	누진공제	과세표준	세 율	누진공제
6천만 이하	0.10%	-	6천만 이하	0.50%	-
1.5억원 이하	0.15%	3만원	1.5억원 이하	0.10%	3만원
3억원 이하	0.25%	18만원	3억원 이하	0.20%	18만원
3억원 초과	0.40%	63만원	3억원 초과	0.35%	63만원

건축물

그 밖의 건축물 : 과세표준의 1천분의 2.5

[토지] 종합합산

과세표준	세 율	누진공제
5천만 이하	0.2%	-
1억원 이하	0.3%	5만원
1억원 초과	0.5%	25만원

[토지] 별도합산

과세표준	세 율	누진공제
2억원 이하	0.2%	-
10억원 이하	0.3%	20만원
10억원 초과	0.4%	120만원

▣ [토지] 분리과세대상
1) 전·답·과수원·목장용지 및 임야 : 과세표준의 1천분의 0.7
2) 그 밖의 토지 : 과세표준의 1천분의 2

▣ 재산세 고지금액
재산세 본세 + 재산세 도시지역분 + 지방교육세 + 지역자원시설세

▶ 재산세 도시지역분
재산세 도시지역분은 지방자치단체장이 고시한 도시지역 안에 있는 토지·건축물·주택을 과세대상으로 하고 있으며,(지방세법 112①). 과세표준에 1천분의 1.4를 적용하여 산출한 세액으로 고지가 된다.

▶ 재산분 지방교육세 : 재산세의 100분의 20

▶ 지역자원시설세

과세표준	세 율
600만원 이하	10,000분의 4
600만원 초과 1,300만원 이하	2,400원 + 600만원 초과금액의 10,000분의 5
1,300만원 초과 2,600만원 이하	5,900원 + 1,300만원 초과금액의 10,000분의 6
2,600만원 초과 3,900만원 이하	13,700원 + 2,600만원 초과금액의 10,000분의 8
3,900만원 초과 6,400만원 이하	24,100원 + 3,900만원 초과금액의 10,000분의 10
6,400만원 초과	49,100원 + 6,400만원 초과금액의 10,000분의 12

재산세 납부기한

구 분		납기
토 지		9월 16일부터 9월 30일까지
건축물		7월 16일부터 7월 31일까지
주택	1/2	7월 16일부터 7월 31일까지
	1/2	9월 16일부터 9월 30일까지

증여세·상속세

SECTION 01

증여세, 증여재산공제

증여세

증여세 개요

증여세란 타인으로부터 재산을 무상으로 받은 경우에 당해 증여재산에 대하여 부과되는 세금을 말한다. 증여세는 완전포괄주의 과세제도로서 민법상 증여뿐만 아니라 거래의 명칭, 형식, 목적 등에 불구하고 경제적 실질이 무상이전인 경우에도 모두 증여세 과세대상에 해당한다. 이는 「상속세 및 증여세법」에서 열거한 경우에만 증여세를 과세하는 경우 납세자는 법령에 열거되지 아니한 여러 가지 방법을 이용하여 증여세를 부담하지 않을 수 있기 때문이다.

증여재산의 평가

증여받은 재산의 가액은 증여 당시의 시가로 평가한다. 시가란 불특정다수인 사이에 자유로이 거래가 이루어지는 경우에 통상 성립된다고 인정되는 가액을 말하며, 수용가격, 공매가격 및 감정가격 등으로 시가로 인정되는 것을 포함하되, 당해 재산의 매매 등 가액을 우선하여 적용한다.

■ 증여재산의 시가란?

증여재산의 시가란 불특정 다수인 사이에 자유로이 거래가 이루어지는 경우에 통상 성립된다고 인정되는 가액을 말하는 것으로서, 증여일 전 6개월 후 3개월 이내의 기간(평가기간) 중 매매·감정·수용·경매 또는 공매가 있는 경우에는 그 확인되는 가액을 포함한다.

다만, 평가기간에 해당하지 아니하는 기간으로서 증여일 전 2년 이내의 기간과 평가기간이 경과한 후부터 증여세 신고기한 후 6개월까지의 기간 중에 증여재산과 면적·위치·용도·종목 및 기준시가가 동일하거나 유사한 다른 재산의 매매 등 가액이 있는 경우로 증여일과 매매 계약일 등 시가적용 판단기준일 까지 기간 중 시간의 경과 및 주위환경의 변화 등을 고려하여 가격변동의 특별한 사정이 없다고 보아 납세자, 세무서장 등이 재산평가심의위원회에 해당 매매 등의 가액에 대한 시가 심의를 신청하는 때에는 위원회의 심의를 거쳐 인정된 해당 매매 등의 가액을 시가로 포함할 수 있다.

■ 시가의 인정범위
1) 당해 재산에 대해 매매사실이 있는 경우 그 거래가액

2) 당해 재산(주식 및 출자지분은 제외함)에 대하여 2 이상의 공신력 있는 감정기관이 평가한 감정가액이 있는 경우 그 감정가액의 평균액
단, 해당재산이 기준시가 10억 이하인 경우에는 1이상의 감정기관의 감정가액도 가능함

3) 당해 재산에 대하여 수용·경매 또는 공매 사실이 있는 경우 그 보상가액·경매가액 또는 공매가액

4) 증여일 전 6개월부터 평가기간 내 증여세 신고일까지의 기간 중에

상속재산과 면적·위치·용도·종목 및 기준시가가 동일하거나 유사한 다른 재산에 대한 매매가액·감정가액의 평균액 등이 있는 경우 당해 가액

5) 평가기간에 해당하지 아니하는 기간으로서 증여일 전 2년 이내의 기간과 평가기간이 경과한 후부터 증여세 신고기한 후 6개월까지의 기간 중에 증여재산과 면적·위치·용도·종목 및 기준시가가 동일하거나 유사한 다른 재산에 대한 매매가액 ·감정가액 등이 있는 경우로서 납세자, 세무서장 등이 재산평가심의위원회에 해당 매매 등의 가액에 대한 시가 심의를 신청하고 위원회에서 시가로 인정한 경우 : 당해 가액

■ 시가 적용 시 판단기준일은?
증여일 전 6개월 후 3개월 이내에 해당하는지 여부는 다음에 해당하는 날을 기준으로 하여 판단

○ 거래가액 : 매매계약일
○ 감정가액 : 감정가액평가서의 작성일(가격산정기준일과 감정가액평가서 작성일이 모두 평가기간 이내이어야 함)
○ 수용·보상·경매가액 : 가액 결정일

■ 재산평가심의위원회를 통한 시가 인정
재산평가심의위원회를 통해 매매 등의 가액을 시가를 인정받기 위해서는 증여세 신고기한 만료 70일 전까지 수증자의 납세지 관할 재산평가심의위원회에 다음의 서류를 첨부하여 서면 및 인터넷(홈택스)를 통해 신청하여야 한다.
1. 재산의 매매 등 가액의 시가인정 심의 신청서
2. 재산의 매매 등 가액의 시가인정 관련 검토서
3. 제1호부터 제2호까지의 규정에 따른 서식의 기재내용을 증명할 수 있는 증거서류

증여재산공제

증여재산공제란 친족 등으로부터 재산을 증여받는 경우 일정금액을 공제하여 주는 것을 말한다. 단, 동일인(직계존속의 경우 그 배우자를 포함함)으로부터 수차에 걸쳐 증여를 받은 경우 증여재산공제는 해당 증여일로부터 10년 이내에 증여를 받은 금액을 모두 합산한 금액에서 해당 금액만을 공제받을 수 있다.

증여자와의 관계	공제금액	비고
배우자	6억원	
직계존속(부모)	5천만원	증여자의 부모, 조부모 등
직계비속(성년자녀)	5천만원	증여자의 자녀, 손자녀 등
직계비속(미성년자)	2천만원	증여자의 자녀, 손자녀 등
기타친족	1천만원	6촌이내 혈족, 4촌 이내 인척

[개정 세법] 혼인에 따른 증여재산 공제 신설(상증법 §53의2)

종 전	개 정
□ 증여재산 공제* 　* 증여자별 아래 금액을 증여세 과세가액에서 공제하고, 수증자 기준 10년간 공제금액과 합산하여 초과분은 공제제외 　ㅇ 배우자: 6억원 　ㅇ 직계존속: 5천만원 　(단, 수증자가 미성년자: 2천만원) 　ㅇ 직계비속: 5천만원 　ㅇ 직계존비속 외 6촌 이내 혈족, 4촌 이내 인척: 1천만원	ㅇ (좌 동)

<신 설>	□ 혼인 증여재산 공제 ㅇ 아래 요건 모두 충족 시 증여세 과세가액에서 공제 ❶ (증여자) 직계존속 ❷ (공제한도) 1억원 ❸ (증여일) 혼인신고일 이전 2년 + 혼인신고일 이후 2년 이내(총 4년) ❹ (증여재산) 증여추정·의제 등에 해당하는 경우 제외 □ 출산 증여재산 공제 ㅇ 아래 요건 모두 충족 시 증여세 과세가액에서 공제 ❶ (증여자) 직계존속 ❷ (공제한도) 1억원 ❸ (증여일) 자녀의 출생일*부터 2년 이내 * 입양의 경우 입양신고일 □ 통합 공제한도 ㅇ 혼인 증여재산 공제 + 출산 증여재산 공제: 1억원

<적용시기> '24.1.1. 이후 증여받는 분부터 적용

■ 현재 직계존속으로부터 증여를 받는 경우 증여세 과세가액에서 5천만원을 공제하고 있는바, 이와 별개로 **혼인일 전후 2년 이내 또는 자녀의 출생일(입양신고일 포함)부터 2년 이내**에 직계존속으로부터 증여를 받는 경우 **총 1억원**을 공제할 수 있도록 함.

▶ 창업자금에 대한 증여세 과세특례(조세특례제한법 제30조의5)

거주자가 제조업, 건설업, 음식점업, 통신판매업, 정보통신업 등 증여세 과세특례대상 업종(조세특례제한법 제6조 ③ 참조)을 영위하는 중소기업을 창업할 목적으로 60세 이상의 부모로부터 토지·건물 등을 제외한 재산을 증여받는 경우 5억원을 공제받을 수 있으며, 5억원 초과 50억원까지의 금액에 대하여는 증여세 세율은 100분의 10으로 한다.

[개정 세법] 창업자금 증여세 과세특례 한도 및 창업 인정범위 확대(조특법 §30의5)

종 전	개 정
□ 창업자금 증여세 과세특례	□ 적용한도 및 대상 확대
○ (대상) 자녀가 부모로부터 증여받은 창업자금	○ (좌 동)
○ (특례) 증여세 과세가액 30억원* 한도로 5억원 공제 후 10% 증여세율 적용 * 10명 이상 신규 고용 시 50억원	○ 30억원 → 50억원* * 50억원 → 100억원
○ 창업 제외 대상 - 종전의 사업에 사용되던 자산을 인수·매입하여 동종사업 영위	○ 제외 대상 축소 - 종전의 사업에 사용되던 자산을 인수·매입하여 동종사업 영위하는 경우로서 자산가액에서 인수·매입한 사업용자산이 50%를 초과하는 경우

<적용시기> '23.1.1. 이후 증여받는 분부터 적용

[개정 세법] 가업승계 증여세 과세특례 혜택 확대
(조특법 §30의6, 상증법 §71, 조특령 §27의6)

종 전	개 정
□ 가업승계 증여세 과세특례	□ 저율과세 구간 확대 및 연부연납 기간 조정
○ (대상) 18세 이상 거주자가 60세 이상 부모로부터 가업승계목적 주식등 증여	○ (좌 동)
○ (특례한도) - 업력 10년 이상: 300억원 - 업력 20년 이상: 400억원 - 업력 30년 이상: 600억원	
○ (기본공제) 10억원	
○ (세율) 10% - 단, 60억원 초과분은 20%	- 단, 120억원 초과분은 20%
○ (연부연납 기간) 5년	○ 15년

< 시행시기 > (저율과세 구간 확대) '24.1.1. 이후 증여받는 분부터 적용

증여세 과세표준

증여세 과세표준이란 증여세를 부과하는 기준이 되는 금액으로 증여재산에서 해당 증여재산에 대한 채무, 증여재산공제금액을 차감한 금액으로 한다.

일반적인 경우의 증여세 계산구조

- 증여세 과세가액 = 증여재산가액 - 채무부담액
- 증여세 과세표준 = 증여세 과세가액
  + 10년내 재차증여재산 가산액 - 증여재산공제
- 증여세 산출세액 = 증여세 과세표준 × 세율(10~50%)
- 증여세 자진납부세액 = 증여세 산출세액 - 증여세 신고세액공제 등

▣ 증여세 또는 상속세 세율

과세표준	세 율	누진공제액
1억원 이하	10%	
1억원 초과 5억원 이하	20%	1천만원
5억원 초과 10억원 이하	30%	6천만원
10억원 초과 30억원 이하	40%	1억 6천만원
30억원 초과	50%	4억 6천만원

■ 2025년 상속세 및 증여세법 개정안 부결
▶ 상속세 및 증여세의 과세표준 구간 및 세율 조정

상속세 및 증여세의 과세표준 구간 중 '1억원 이하' 구간을 '2억원 이하'로 조정하고, '10억원 초과 30억원 이하' 구간 및 '30억원 초과' 구간을 '10억원 초과' 구간으로 통합하며, '10억원 초과' 구간의 세율을 40퍼센트로 하향 조정함.

증여세 신고 및 납부

증여세는 증여를 받은 사람이 신고 및 납부하여야 하며, 증여일이 속하는 달의 말일로부터 3개월 내에 주소지 관할세무서에 증여세를 신고·납부하여야 한다. (증여세의 경우 지방소득세 신고·납부의무는 없음)

부동산을 증여받은 경우 취득세 신고·납부

건물, 토지 등 취득세 과세대상 증여재산을 취득한 자는 부동산 소재지 관할 시·군·구청에 그 취득한 날로부터 60일 이내에 취득세를 신고 및 납부하여야 한다.

▶ 증여 취득시 납부하여야 하는 취득세 등 [지방세법 제11조]
- 취득세 : 취득가액의 3.5%
- 농어촌특별세 : 0.2%, 지방교육세 : 0.3%

[개정 세법] 조정대상지역의 증여 취득에 대한 취득세율 인상
2020.8.12. 이후 조정대상지역에 있는 주택으로서 취득 당시 지방세법 제4조에 따른 시가표준액이 3억원 이상인 주택을 무상취득하는 경우 취득세율은 12% (일반 무상 취득 취득세율 3.5%)로 상향 조정하였다. 단, 1세대 1주택자가 소유한 주택을 배우자 또는 직계존비속이 무상취득하는 경우는 중과세되지 아니한다.

증여에 대한 자금출처조사

자금출처조사는 부동산을 취득하였다하여 무조건 조사를 하는 것은 아니며, 재산의 취득일로부터 10년 이내 재산취득가액 또는 채무상환금액의 합계액이 다음의 기준금액 미만인 경우에는 자금출처조사를 하지 않는다. 다만, 기준금액이내라 하더라도 객관적으로 증여 사실이 확인되면 증여세가 과세될 수 있다.

취득자금 중 소명하지 않아도 증여로 보지 않는 금액

소명하지 못한 금액이 ①과 ② 중 적은 금액에 미달할 때에는 취득자금 전체가 소명된 것으로 본다. [상증법 시행령 제34조]

① 취득재산금액 × 20%
② 2억원

재산 취득가액이 10억원 미만인 경우

자금의 출처가 80% 이상 확인되면 나머지 부분은 소명하지 않아도 된다.

재산 취득가액이 10억원 이상인 경우

자금의 출처를 제시하지 못한 금액이 2억원이 넘는 경우에만 증여로 추정하므로 재산 취득가액이 10억원 이상인 경우로서 자금출처를 제시하지 못한 금액이 2억원 미만인 경우 증여세를 추징하지 않는다.

재산취득자금 등의 증여추정 배제

재산취득일 전 또는 채무상환일 전 10년 이내에 주택과 기타재산의 취득가액 및 채무상환금액이 각각 증여추정배제 기준에 미달하고, 주택취득자금, 기타재산 취득자금 및 채무상환자금의 합계액이 총액한도 기준에 미달하는 경우에는 증여추정을 하지 않는다.

▶ 증여추정배제기준 [상속세 및 증여세 사무처리규정 제31조]

구 분	취득재산		채무상환	총액한도
	주택	기타재산		
1. 세대주인 경우				
가. 30세 이상인 자	2억원	5천만원	5천만원	2억5천만원
나. 40세 이상인 자	4억원	1억원		5억원
2. 세대주가 아닌 경우				
가. 30세 이상인 자	1억원	5천만원	5천만원	1억5천만원
나. 40세 이상인 자	2억원	1억원		3억원
3. 30세 미만인 자	5천만원	5천만원	5천만원	1억원

부담부증여 및 양도소득세

부담부 증여

부담부 증여란 수증자가 증여를 받으면서 증여를 하는 자(증여자)의 채무를 인수하는 것을 말한다. 직계존비속간 부담부 증여에 대하여는 수증자가 증여자의 채무를 인수한 경우에도 당해 채무액은 수증자에게 채무가 인수되지 아니한 것으로 **추정하나**, 당해 채무액을 수증자가 인수한 사실이 객관적으로 입증되는 경우(금융기관 담보채무, 전세계약서 등)에 한하여 수증자가 인수한 채무액을 증여재산의 가액에서 공제할 수 있다. (상속세 및 증여세법 제47조 제3항) 다만, 직계존비속간의 임대차계약은 세금을 회피할 목적으로 실제 금전거래없이 얼마든지 계약서를 작성할 수 있으므로 증여세 신고시 부담부 증여가 있는 경우 과세당국은 실제 거래 여부를 확인하여 수증자가 임대차계약을 명백히 증명하지 못하는 경우 채무를 부당하게 공제한 것으로 보아 증여세를 추징하게 된다.

부담부 증여에 대한 양도소득세

부담부 증여계약으로 증여자의 채무를 수증자가 인수하는 경우에는 증여가액 중 그 채무에 상당하는 부분이 유상으로 사실상 이전되는 것으로 보며, 증여자는 채무에 상당하는 자산부분에 대하여 양도일이 속하는 달의 말일부터 3개월(부담부 증여가 아닌 경우 2개월) 이내에 양도소득세를 신고 및 납부하여야 하며, 수증자는 증여를 받은 날의 말일부터 3개월 이내로 증여세를 신고납부하여야 한다.

▶ 부담부증여 양도가액 및 취득가액
- 양도가액 : 시가(또는 기준시가) × 채무액/증여가액

[개정] 양도가액이 임대보증금인 경우에도 기준시가 적용
- 취득가액 : 실지거래가액 × 채무액/증여가액

SECTION 02

상속세, 상속재산공제

상속세

상속세 개요

상속세는 사람의 사망으로 인하여 그의 배우자 및 자녀 등이 사망자의 재산을 무상으로 취득하는 경우 배우자 및 자녀 등이 취득하는 재산가액에 대하여 「상속세 및 증여세법」에 의하여 상속인에게 과세하는 세금을 말한다.

법정상속 및 유언상속

법정상속이란 피상속인이 별도의 유언을 하지 않은 경우 「민법」의 규정에 의하여 정하여진 지분을 말하며, 유언상속이란 피상속인(사망자)이 생전에 유언에 의하여 본인의 재산을 가족 등에게 재산의 분배를 지정하는 것을 말한다.

▶ 피상속인 및 상속인

피상속인이란 상속인에게 자기의 권리, 의무를 물려주는 사람 즉, 사망한 자를 말하며, 상속인이란 피상속인으로부터 상속을 받는 자를 말한다.

◘ **법정상속분**

배우자 : 1.5

자녀 : 1.0 (장남, 미성년자, 출가한 자녀 모두 구분없음)

▶ **피상속인의 자녀가 없고 배우자 및 부모가 있는 경우**

배우자 : 1.5, 부 : 1.0, 모 : 1.0

상속재산

상속재산이란 피상속인에게 귀속되는 모든 재산을 말하며, 상속개시일 현재 피상속인이 소유하고 있던 재산으로서 금전으로 환가할 수 있는 경제적 가치가 있는 물건 및 권리로서 상속재산에는 다음의 재산을 포함한다.

본래의 상속재산

상속개시 당시 피상속인이 현실적으로 소유하고 있는 경제적 가치가 있는 물건과 재산적 가치가 있는 법률상·사실상의 권리를 말한다.

간주상속재산

상속·유증 및 사인증여라는 법률상 원인에 의하여 취득한 재산은 아니지만, 상속 등에 의한 재산 취득과 동일한 결과가 발생하여 상속재산으로 간주되는 재산을 말한다.

1) 보험금 : 피상속인의 사망으로 인하여 지급받는 생명보험 또는 손해보험의 보험금으로서 피상속인이 보험계약자가 되거나 보험료를 지불한 경우

2) 신탁재산 : 피상속인이 신탁한 재산
3) 퇴직금 등 : 퇴직금, 퇴직수당, 공로금, 연금 또는 이와 유사한 것으로서 피상속인에게 지급될 것이 피상속인의 사망으로 인하여 지급되는 금액

사전 증여재산

1) 상속개시일 전 10년 이내에 피상속인이 상속인에게 증여한 재산가액
2) 상속개시일 전 5년 이내에 피상속인이 상속인이 아닌 자에게 증여한 재산가액

추정상속재산

상속개시일 전에 피상속인이 처분한 재산 또는 부담한 채무로서 일정 금액을 초과하는 경우 그 용도가 객관적으로 명백하지 아니한 경우 상속인이 상속받은 것으로 추정하여 상속세 과세가액에 산입한다.

▶ 상속개시일 전 처분재산 및 인출금액
- 1년 이내 : 재산종류별로 2억원 이상인 경우
- 2년 이내 : 재산종류별로 5억원 이상인 경우

▶ 상속개시일 전에 국가·지방자치단체·금융기관에 부담한 채무
- 1년 이내 : 부담채무 합계액이 2억원 이상인 경우
- 2년 이내 : 부담채무 합계액이 5억원 이상인 경우

유증

유증(遺贈)이란 유언에 의하여 재산의 전부 또는 일부를 주는 행위로서 상대방이 없는 단독행위로서 유증에 의하여 취득한 재산은 상속재산에 해당한다.

상속재산에서 공제되는 금액 및 신고·납부

상속재산에서 공제되는 금액

▶ 기초공제액
상속재산에서 특별한 조건없이 **2억원**을 공제받을 수 있으며, 이를 기초공제라 한다.

▶ 배우자 상속공제
피상속인(사망자)의 배우자가 있는 경우 상속재산에서 특별한 조건없이 **5억원**을 배우자 상속공제받을 수 있다. 다만, 배우자가 실제 상속받은 상속재산이 있는 경우로서 상속재산가액에 배우자 법정상속지분[1.5/3.5(자녀가 2명인 경우)]을 곱한 금액이 5억원 이상인 경우 그 금액을 공제하되, 공제한도액은 30억원이다.

거주자의 사망으로 상속이 개시되는 경우에 아래의 ①, ②, ③중 가장 적은 금액을 배우자상속공제로 적용받을 수 있는 것이며, 배우자가 실제 상속받은 금액이 없거나 아래와 같이 계산한 금액이 5억원 미만인 경우에도 5억원을 상속세과세가액에서 공제가 가능하다.

① 배우자가 실제 상속받은 금액
② 배우자의 법정상속분 - 가산한 증여재산중 배우자 수증분의 증여세 과세표준
③ 30억원

▶ 일괄공제 (상속세 및 증여세법 제21조)
상속인은 기초공제액 2억원과 그 밖의 인적공제액을 합친 금액과 5억원 중 큰 금액으로 공제받을 수 있다.

▶ 피상속인(사망자)의 배우자와 자녀가 있는 경우 일괄공제

민법상 법정상속인으로 배우자가 있는 경우에는 배우자공제 5억원을 추가로 받을 수 있으므로, 피상속인이 자녀와 배우자가 있는 경우로서 사망일 전 10년 및 5년 내 상속인과 상속인이 아닌 자에게 증여한 사실이 없는 경우라면, 일괄공제 5억원과 배우자 공제 5억원을 합하여 총 10억원을 공제받을 수 있다

▶ 상속세 일괄공제
1) 상속인의 배우자가 없는 경우로서 지녀 2명인 경우 → 5억원
2) 상속인의 배우자와 자녀 2명이 있는 경우 일괄공제 → 10억원

■ 2025년 상속세 및 증여세법 개정안 부결

여야는 2024년 12월 10일 본회의를 열어 상속세·증여세법 개정안을 재석 281명 중 찬성 98명, 반대 180명, 기권 3명으로 부결됐다.

■ 정부가 제출한 개정안
가. 자녀에 대한 상속세 인적공제 금액 상향 조정
자녀에 대한 상속세 인적공제 금액을 1인당 5천만원에서 5억원으로 상향 조정함.

나. 상속세 및 증여세의 과세표준 구간 및 세율 조정
상속세 및 증여세의 과세표준 구간 중 '1억원 이하' 구간을 '2억원 이하'로 조정하고, '10억원 초과 30억원 이하' 구간 및 '30억원 초과' 구간을 '10억원 초과' 구간으로 통합하며, '10억원 초과' 구간의 세율을 40퍼센트로 하향 조정함.

상속세 신고 및 납부 등

상속인(재산을 상속받은 사람)은 상속개시일(사망일)이 속하는 달의 말일로부터 6개월안에 사망자의 주소지 관할세무서에 상속세신고를 하고 자진납부하여야 한다.

▶ 상속세에 대한 지방소득세 신고·납부의무는 없음

상속세 신고는 조세 전문가에게 의뢰하는 것이 적절함

상속세의 경우 상속재산은 시가로 평가하여 신고하여야 하고, 상속추정 및 간주재산, 사전 증여재산에 대한 복합적인 세무문제로 상속인이 직접 신고하기는 현실적으로 매우 어렵다. 따라서 상속재산이 5억원(배우자와 자녀가 있는 경우 10억원)을 넘는 경우로서 상속세로 납부할 금액이 있는 것으로 예상되는 경우 상속인은 상속세 분야에 대한 전문 세무사 등에게 신고를 의뢰하여야 할 것이다.

상속포기 및 한정승인

개요

상속이 개시되면 피상속인(사망한 자)의 재산상의 모든 권리와 의무는 상속인의 의사와는 관계없이 법률상 모두 상속인이 물려받게 된다.

다만, 피상속인의 부채가 상속재산 보다 많은 경우에도 상속인의 의사와 관계없이 피상속인의 자산과 부채가 모두 상속되며, 이 경우 상속인이 본인의 재산으로 피상속인의 부채를 갚아야 한다. 따라서 민법에서는 상속포기제도를 두어 상속인을 보호하고 있다.

상속포기

상속을 포기하고자 하는 경우에는 상속개시가 있음을 안 날(피상속인의 사망일)부터 **3개월 내**에 가정법원에 상속포기 신고를 해야 하며, 상속포기를 한 경우 피상속인의 재산상의 모든 권리와 의무는 상속을 포기한 자에게는 승계되지 아니한다.

한편, 상속인 중 1인이 상속을 포기하는 경우 포기한 상속분은 다른 상속인에게 상속분의 비율로 그 법정상속인에게 귀속되므로 피상속인의 부채를 상속받지 않기 위해서는 **모든 법정상속인 상속을 포기하여야 한다.**

따라서 상속포기를 하려면 피상속인의 4촌 이내의 친척들도 모두 상속포기를 해야 한다.

▶ 상속포기시 후순위 상속자
□ 민법 제1000조(상속의 순위) ①상속에 있어서는 다음 순위로 상속인이 된다. <개정 1990. 1. 13.>
1. 피상속인의 직계비속
2. 피상속인의 직계존속
3. 피상속인의 형제자매
4. 피상속인의 4촌 이내의 방계혈족

한정승인

상속재산으로 재산이 많은지 부채가 많은지 불분명한 때에는 상속으로 인하여 취득할 재산의 한도 내에서 피상속인의 채무를 변제할 것을 조건으로 상속을 승인할 수 있는데 이를 '한정승인'이라 한다.

한정승인을 하게 되면 상속재산보다 부채가 많다 하더라도 피상속인의 채무를 변제하지 않아도 되며, 후순위자에게는 빚이 상속되지 않는다. 따라서 선순위 상속인만 한정승인을 하면 된다.

상속포기와 한정승인 차이
상속포기는 피상속인의 재산과 부채를 포기하는 것이지만, 한정승인은 재산과 부채를 모두 물려받되, 물려받은 재산의 범위에서만 빚을 갚으면 된다.

상속포기, 한정승인은 변호사 또는 법무사에게 의뢰
피상속인의 부채가 자산보다 많거나 부채만 있는 경우 상속인이 피상속인의 부채를 상속받지 않기 위해서는 상속포기 또는 한정승인을 받아야 하는데 그 절차가 다소 복잡하므로 변호사 또는 법무사에게 의뢰하여 처리하여야 한다.

> **Q&A 고인이 사망한지 3개월이 지났으면 어떻게 하나요?**
>
> 상속포기, 한정승인은 고인이 사망한 때로부터 3개월 내에 신청해야 하며, 3개월이 지나면 상속포기, 한정승인을 할 수 없습니다. 다만, 3개월 지난 후 상속재산보다 상속부채가 더 많다는 사실을 알게 된 경우 특별한정승인제도를 이용할 수 있으며, 이 경우 해당 사실을 안 날로부터 3개월 이내에 법원에 신고하여 한정승인을 받을 수 있습니다. 한편, 특별한정승인은 해당 사실을 몰랐던 사실을 상속인이 입증하여야 하는 복잡한 문제가 있으므로 사망일로부터 3개월 이내에 상속포기 또는 한정승인을 받아아 합니다.

상가, 오피스텔 임대 세무실무

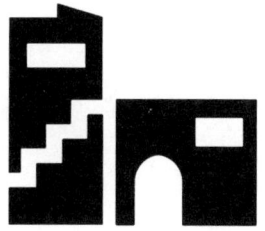

SECTION 01

부동산임대 사업자등록

> 사업상 독립적으로 재화 또는 용역을 계속, 반복적으로 공급하는 자를 사업자라고 한다. 사업자는 법인사업자와 개인사업자로 구분한다.
> 법인사업자는 법인설립등기라는 별도의 절차를 거쳐 사업자등록을 하여야 하나 개인사업자는 별도의 등기 절차없이 세무서에 사업자등록을 한 후 사업을 할 수 있다.

사업자 및 사업자등록 신청

사업자 및 사업자등록

사업자란 사업상 독립적으로 재화(물품 등) 또는 용역(서비스)을 계속, 반복적으로 공급하는 자를 의미한다.

예를 들어 토지나 건물을 계속, 반복적으로 매입하여 판매하는 경우에는 사업자(부동산매매업)에 해당하는 것이나 주거 목적으로 사용하던 주택을 양도하거나 투자 목적으로 보유한 토지를 양도하는 경우로서 부동산매매업에 해당하지 않는 경우에는 사업자에 해당하지 않는 것이다.

> **보 충** 부동산매매업
>
> 부동산의 매매(건물을 신축하여 판매하는 경우 포함) 또는 그 중개를 사업목적으로 나타내어 부동산을 매매하거나 사업상의 목적으로 부가가치세법의 1과세기간(1월 1일 ~6월 30일 또는 7월 1일 ~ 12월 31일)내에 1회 이상 부동산을 취득하고 2회 이상 판매하는 경우 부동산매매업에 해당한다.

사업자는 사업장 소재지별로 사업개시 20일 전 이내에 사업자등록을 하여야 하며, 부가가치세가 과세되는 사업자는 과세사업자로 부가가치세가 면제되는 사업자는 면세사업자로 등록을 하여야 한다.

사업장

사업장이란 사업자나 그 사용인이 상시 주재하여 거래의 전부 또는 일부를 행하는 장소를 말하며, 부동산임대업의 경우 건물 또는 토지 소재지로 한다.

> **Q&A** 임대사업장이 두 군데 이상인 경우 사업자등록을 어떻게 하여야 하나?

사업장이 두 군데 이상인 경우 사업장마다 해당 사업장의 관할세무서에 사업자등록을 하여야 한다.

사업자등록은 어디에서 하나?

사업자등록은 사업장 소재지를 관할하는 세무서를 방문하여 사업자등록을 하여야 한다.

관할 세무서란 사업장이 소재한 지역을 관할하는 세무서로 예를 들어 임대에 사용할 건물이 대구광역시 동구에 있는 경우 동대구세무서가 관할 세무서가 되며, 국세청 홈페이지에서 확인할 수 있다.

[국세청 홈페이지] → [국세청 소개] → [전국 세무관서] → [주소로 관할 세무서 찾기] 동명 입력

보 충 사업장 관할세무서와 주소지 관할세무서

사업장 소재지 관할 세무서란 사업장에서 발생하는 세금 업무(부가가치세, 원천세(원천세 편 참고)를 관할하는 세무서를 말한다.
단, 개인 사업자의 경우 종합소득세는 주소지 관할세무서에 신고 및 납부하여야 하며, 종합소득세 관할 세무서를 주소지 관할세무서라 한다. 사업장 소재지 관할 세무서에 사업자등록을 한 경우 주소지 관할 세무서에는 별도의 사업자등록 신고는 하지 않으며, 사업자는 종합소득세 신고 및 납부만 주소지 관할 세무서에 하면 된다.

사업자등록 신청

① 사업자등록은 사업장마다 하여야 한다. 예를 들어 사업장이 2개 이상인 경우 각각의 사업장마다 별도로 사업자등록을 하여야 한다. 사업자등록은 사업을 시작한 날로부터 **20일 이내**에 사업자등록신청과 관련한 서류를 갖추어 사업장 소재지 관할세무서 민원봉사실에 신청하여야 한다.

② 사업자등록신청서는 사업자 본인이 자필로 서명하여야 한다. 다만, 대리인이 신청할 경우 대리인과 위임자의 신분증을 필히 지참하여야 하며, 사업자등록신청서에 사업자 본인 및 대리인의 인적사항을 기재하고 자필 서명하여야 한다.

◈ 부동산임대 개시전 사업자등록

부동산임대업의 경우 임대 목적의 건물을 신축하거나 매입하여 임대를 하게 되며, 임대 개시전 건물에 대하여 세금계산서를 발급받아야 하므로 미리 사업자등록을 하여야 한다.

◈ 부동산임대업의 사업자등록 신청서류
1. 사업자등록신청서 1부 (세무서 민원실 비치)
2. 건물 등기전인 경우에는 임대사업을 영위할 것임을 입증할 수 있는 서류(분양계약서, 공사계약서 등)를 제출하여야 하며, 이 경우 담당자의 확인절차를 거쳐 사업자등록증이 발급되므로 수일이 소요될 수 있다.
3. 건물 등기가 된 경우에는 세무서에서 확인이 가능하므로 등기부등본을 별도로 제출할 필요는 없을 것이나 관할 세무서 민원실에 전화하여 확인을 하여야 한다.
4. 2인 이상 공동으로 사업하는 공동사업자인 경우 동업계약서

| 보 충 | 공동사업자 사업자등록 신청 및 소득분배 |

2인 이상의 사업자가 공동으로 사업을 하는 경우 사업자등록신청은 공동사업자 중 1인을 대표자로 하여 대표자 명의로 신청하여야 하며, 공동사업을 하는 경우 '공동사업자명세'를 제출하여야 한다. 공동사업자는 공동사업에서 1년간 발생한 소득에 대하여 지분비율에 따라 '공동사업자별분배명세서'를 작성하여 공동사업자 각각의 소득에 대하여 종합소득세 신고를 하여야 한다.

사업자등록증 교부

특별한 사유가 없는 한 개인사업자는 사업자등록 신청 즉시 발급하나 건물 등기전인 경우 담당자의 확인을 거쳐 발급하므로 신청일로부터 3일 정도의 기간이 소요될 수 있다.

보 충 | **사업자등록번호 구성**

○○○ - ○○ - ○○○○○
　①　　　②　　　③

① 세무서코드 (예: 반포세무서 114)
　사업자가 최초 사업자등록을 한 세무서의 고유번호 코드이다.

② 사업자의 종류
 - 법인본점 81, 86, 87
 - 지점법인 85
 - 국가 83
 - 비영리법인 82
 - 개인사업자 01 ~ 79
 - 면세사업자 9○

③ 일련번호 ○○○ - ○○ - ○○○○●
　일련번호의 마지막 숫자는 검증번호로 사업자등록번호가 정확한지 여부를 검증하는 기능이다. 예를 들어 전산 프로그램을 사용하는 경우 사업자등록번호를 잘못 입력하면 오류가 발생한다.

사업자 구분 및 사업자등록 정정

ⓐ 면세사업자(주택임대)와 과세사업자(주택외 임대)

사업자는 과세사업자와 면세사업자로 구분하며, 과세사업자는 일반과세자와 간이과세자로 구분한다. 과세사업자란 **부가가치세**가 과세되는 재화 또는 용역을 공급하는 사업자를 말하며, 다음의 면세사업에 해당하지 않는 사업자는 과세사업자에 해당한다.

1. 주택과 그 부수토지의 임대용역
2. 토지의 공급
3. 국민주택(전용면적 85㎡) 이하의 공급 및 당해 주택의 건설용역
4. 가공되지 아니한 식료품(쌀, 미가공 농.축.수산물 등)
5. 병원, 의원(단, 성형목적의 의료시술은 과세됨)
6. 허가 또는 인가를 받은 학원, 강습소, 기타 비영리단체 등
7. 도서, 신문

▶ 주택과 이에 부수되는 토지 임대 용역은 면세되나 토지 임대는 과세됨
주택과 이에 부수되는 토지(토지 정착면적의 5배, 도시지역이 아닌 경우 10배)의 임대 용역은 면세되나 토지의 임대(부수되는 토지를 초과하는 면적 포함)는 부가가치세가 과세된다.

▶ 주택임대사업자 미등록 가산세 [소득세법 제81조의12]
주택임대소득이 있는 사업자가 사업 개시일부터 20일 이내에 사업장 관할 세무서장에게 사업자등록을 신청하지 아니한 경우 사업 개시일부터 등록을 신청한 날의 직전일까지의 주택임대수입금액의 1천분의 2를 가산세로 해당 과세기간의 종합소득 결정세액에 더하여 납부하여야 한다.

■ 부동산임대업 일반사업자와 간이사업자 구분

① 간이과세자란 연간 공급대가가 1억 400만원 미만(**부동산임대업의 경우 4천800만원**)인 개인사업자를 말하며, 간이과세자에 해당하지 않는 경우 일반과세자가 된다.

② 부동산임대업의 경우 연간 수입금액이 4,800만원에 미달할 것으로 예상되는 경우에도 일반과세사업자로 등록을 하면, 건물분에 대하여 발급받은 세금계산서에 의하여 매입세액을 환급받을 수 있다. 단, 임대를 개시한 과세연도의 수입금액이 4,800만원에 미달하는 경우 다음해 7월 1일부로 간이과세자로 전환되어 환급받은 매입세액을 다시 납부하여야 하는 세무적 문제가 있으므로 이 경우 간이과세 포기신청을 하여야 한다.

◆ 일반과세자의 간이과세자로의 유형 전환
신규사업자의 경우 공급대가 합계액을 12개월로 환산한 금액을 기준으로 한다. (1개월 미만 끝수가 있는 경우는 1개월로 함)

■ 사업자등록 정정

부동산임대 사업자가 다음의 사업자등록 정정사유가 발생한 경우 지체없이 '사업자등록정정신고서'에 사업자등록증과 이를 증명하는 서류를 첨부하여 사업장 관할세무서장에게 제출하여야 한다.

1. 상속으로 사업자의 명의가 변경되는 경우
2. 공동사업자의 구성원 또는 출자지분이 변경되는 경우
3. 임대인, 임대차 목적물 및 그 면적, 보증금, 임차료 또는 임대차 기간이 변경되거나 새로 상가건물을 임차한 경우

상가 임대시 알아 두어야 할 법령

☐ 상가건물 임대차보호법
[법령자료 법제처 홈페이지] → '상가' 검색
제11조(차임 등의 증감청구권) ① 차임 또는 보증금이 임차건물에 관한 조세, 공과금, 그 밖의 부담의 증감이나 「감염병의 예방 및 관리에 관한 법률」 제2조제2호에 따른 제1급감염병 등에 의한 경제사정의 변동으로 인하여 상당하지 아니하게 된 경우에는 당사자는 장래의 차임 또는 보증금에 대하여 증감을 청구할 수 있다. 그러나 증액의 경우에는 대통령령으로 정하는 기준에 따른 비율을 초과하지 못한다.
<개정 2020. 9. 29.>
② 제1항에 따른 증액 청구는 임대차계약 또는 약정한 차임 등의 증액이 있은 후 1년 이내에는 하지 못한다.
③ 「감염병의 예방 및 관리에 관한 법률」 제2조제2호에 따른 제1급감염병에 의한 경제사정의 변동으로 차임 등이 감액된 후 임대인이 제1항에 따라 증액을 청구하는 경우에는 증액된 차임 등이 감액 전 차임 등의 금액에 달할 때까지는 같은 항 단서를 적용하지 아니한다.
<신설 2020. 9. 29.>

☐ 상가건물 임대차보호법 시행령
제4조(차임 등 증액청구의 기준) 법 제11조제1항의 규정에 의한 차임 또는 보증금의 증액청구는 청구당시의 차임 또는 보증금의 100분의 5의 금액을 초과하지 못한다. <개정 2018.1.26.>

부칙 <제28611호, 2018.1.26.>
제3조(차임 등 증액청구 기준에 대한 적용례) 제4조의 개정규정은 이 영 시행 당시 존속 중인 상가건물 임대차계약에 대해서도 적용한다.

SECTION 02

개인사업자 세금

개인사업자는 1월 1일(신규사업자의 경우 개업일)부터 12월 31일 기간(과세기간) 동안의 사업과 관련한 소득에 대하여 다음해 5월 31일까지 종합소득세를 신고 및 납부하여야 한다.

부가가치세 과세사업자는 1기(1.1~6.30)와 2기(7.1~12.31) 종료일로부터 25일 이내에 부가가치세를 신고 및 납부를 하여야 한다.

면세 사업자(주택 임대사업자)는 다음해 2월 10일까지 사업장 현황신고를 하여야 한다.

근로자를 고용하는 사업자는 매 월 급여 지급시 종업원의 근로소득세 및 지방소득세를 징수하여 신고·납부하여야 한다.

또한 4대보험에 가입을 하여야 하고, 급여 지급시 근로자 본인 부담분을 징수하여 급여 해당 월의 다음달 10일까지 사업주 부담금을 포함하여 납부하여야 한다.

개인사업자 세금 개요

◎ 종합소득세라 함은?

① 사업자의 사업과 관련한 소득을 사업소득이라고 한다. 사업자는 사업과 관련한 수익 및 비용을 장부기장에 의하여 사업소득금액(수입금액 - 필요경비)을 계산하여 다음해 5월 1일부터 5월 31일까지 사업자의 **주소지 관할세무서**에 신고 및 납부하여야 한다.

② 종합소득세는 개인(거주자)이 1년간의 경제활동으로 얻은 소득에 대하여 납부하는 세금으로서 원칙적으로 모든 과세대상 소득을 합산하여 계산한다. 다만, 납세의무자의 편의를 위하여 근로소득만 있는 경우에는 근로소득을 지급하는자가 연말정산을 하여 신고.납부하도록 하고 있으며,

이자소득 및 배당소득의 연간 합계액이 **2천만원 이하**인 경우 그 소득을 지급하는 자가 이자소득세 및 배당소득세를 징수하여 납부하게 함으로서 종합소득세 신고의무를 면제하고 있다.

③ 개인의 소득세를 종합소득세라 함은 사업과 관련한 소득외의 다른 소득 예를 들어 근로소득 또는 이자소득 및 배당소득의 연간 합계액이 2천만원을 초과하는 경우 이를 합산하여 신고하여야 하기 때문에 종합소득세라고 하는 것이다.

④ 종합소득세는 연령, 성별 등에 불문하고 한 개인(거주자)의 소득을 기준으로 신고하여야 한다. 예를 들어 사업자의 배우자가 별도의 사업을 하는 경우 사업자 및 그의 배우자가 각각 별도로 종합소득세를 계산하여 신고 및 납부를 하여야 한다.

종합소득에 합산하여야 하는 소득은?

[1] 근로소득이 있는 경우
근로소득은 연말정산으로 납세의무가 종결되므로 별도의 종합소득세 신고는 하지 않는다. 다만, 근로자가 사업소득 등 다른 종합과세 대상소득에 있는 경우 종합소득과 합산하여 종합소득세 신고를 하여야 한다.

[2] 이자·배당소득 연간 합계액이 2천만원을 초과하는 경우
이자 및 배당소득의 연간 합계액이 2천만원을 초과하는 경우에는 종합소득에 합산하여 신고하여야 한다.

[3] 공적연금
공적연금만(국민연금, 공무원연금, 군인연금, 사립학교 연금등) 이 있는 경우 근로소득과 같은 방법으로 연말정산에 의하여 납세의무가 종결되나 다른 종합소득 신고대상소득이 있는 경우 과세대상 공적연금은 금액에 관계없이 종합소득에 합산하여야 한다.

▶ 공적연금의 과세대상 환산금액
총수령액 × (2002. 1. 1. 이후 불입월수 / 총 불입월수)

[4] 사적연금이 1500만원을 초과하는 경우
사적연금이란 공적연금외의 금융기관 등에 연금불입시 연금계좌세액공제를 받은 연금 및 불입한 연금의 연금운용수익으로 인하여 받게 되는 연금소득으로 연간 **1500만원**을 초과하는 경우 종합소득세를 신고를 하여야 한다. 따라서 연금계좌세액공제를 받지 않은 연금불입액으로 연금을 받는 금액(연금 원본)은 과세대상이 아니다.

[5] 기타소득금액이 300만원을 초과하는 경우

사업소득, 근로소득, 이자소득, 배당소득, 연금소득에 해당하지 않는 소득을 기타소득이라 하며, 기타소득금액(기타소득 - 필요경비)이 연 300만원을 초과하는 경우 종합소득세 신고를 하여야 한다.

Q&A 퇴직소득 또는 양도소득도 종합소득세 신고를 하여야 하나?

퇴직소득은 퇴직소득세로 별도로 신고하며, 토지 및 건물 등 자산의 양도로 인하여 발생하는 양도소득은 양도소득세로 별도로 신고하여야 하는 것으로 종합소득세 신고시 합산하지 않는다.

Q&A 배당소득이란 무엇을 말하나?

법인기업의 경우 출자자(투자자)를 주주라 한다. 주주는 기업의 이익이 발생하였을 때 그 이익에 대한 배당을 받을 목적으로 투자를 한 자이다. 투자를 한 기업에서 배당을 하게 되면, 주주는 소득을 얻게 되며, 이 소득을 배당소득이라고 한다.

Q&A 상속으로 인하여 발생한 소득 또는 증여에 의한 소득은 어떻게 신고하나?

상속 또는 증여에 의한 소득은 「상속세 및 증여세법」의 규정에 의하여 종합소득과는 별도의 소득으로 신고·납부하여야 한다.

주택외 부동산 임대사업자 부가가치세

사업자가 부가가치세가 과세되는 물품 또는 서비스를 제공하는 경우 공급받는자(거래상대방 또는 소비자)로부터 물품대금 또는 서비스요금 외에 거래금액의 10%를 부가가치세로 더 받아 두었다가 일정 기간 단위로 세무서에 신고 및 납부하도록 규정하고 있다.

개인사업자로서 일반과세자에 해당하는 경우 3개월(간이과세자의 경우 6개월)마다 부가가치세를 납부(세무서의 예정고지에 의한 납부)하고, 6개월(간이과세자의 경우 1년) 마다 **사업장 관할세무서**에 부가가치세 신고 및 납부를 하여야 한다.

근로소득세 (직원 급여에 대한 세금)

근로소득이 있는 경우 그 소득에 대하여 근로자 본인이 세금을 신고. 및 납부하여야 하나 근로소득자의 납세편의를 위하여 과세당국은 급여를 지급하는 사업주로 하여금 1년간의 급여총액이 확정되기 전 매 월 급여지급시 간이세액표에 의하여 근로소득세를 조금씩 미리 징수하여 두었다가 다음해 **3월 10일**까지 **연말정산**을 하여 근로소득세를 확정한 후 근로소득 지급 및 근로소득세 징수에 관한 내역서인 '근로소득지급명세서' 제출을 하도록 하고 있다.

따라서 근로자를 고용하는 사업주는 매 월의 급여 지급시 종업원의 근로소득세를 징수하여 급여지급일의 다음달 10일까지 **사업장 관할 세무서**에 신고(신고서 명칭을 '원천징수이행상황신고서'라고 한다.) 및 납부하여야 한다. 단, 종업원 20인 이하 사업자의 경우 반기(6개월) 마다 신고 및 납부를 할 수 있다.

근로소득세를 징수 및 신고.납부하는 경우 「지방세법」의 규정에 의하여 근로소득세의 10%를 지방소득세로 징수하여 납부하여야 한다.

▶ 근로소득 간이지급명세서 제출 및 제출기한

1. 근로자에게 급여를 지급하는 사업주는 근로소득 원천징수 및 연말정산에 대한 지급명세서 제출하여야 한다.

2. 또한 급여 지급일이 속하는 반기 마지막 달의 다음 달 말일까지 근로소득 간이지급명세서를 제출하여야 한다. 단, 2024년 12월분 근로소득을 2025년 1월에 지급한 경우에 2024년 12월 지급분 간이지급명세서에 포함하여 제출하고, 2025년 1월 지급분 간이지급명세서 제출시에는 제외한다

퇴직소득세 (직원 퇴직금에 대한 세금)

1년 이상 근로한 직원이 퇴사하는 경우 사업주는 1년에 30일분 이상의 평균임금을 퇴직금으로 지급을 하여야 한다.

퇴직금을 지급하는 사업주는 종업원의 퇴직소득세 및 지방소득세를 징수하여 퇴직금 지급일의 다음달 10일까지 '원천징수이행상황신고서'를 작성하여 **사업장 관할 세무서**에 신고하고, 납부하여야 한다. 단, 종업원 20인 이하 사업자의 경우 반기(6개월) 마다 신고 및 납부를 할 수 있다. 그리고 다음해 3월 10일까지 퇴직소득세 징수에 관한 내역서인 '퇴직소득지급명세서'를 제출하여야 한다.

한편, 종업원의 퇴직금에 대하여 퇴직연금(확정기여형퇴직연금)에 가입한 사업주는 퇴직연금사업자가 퇴직소득세에 관한 사항을 신고 및 납부하므로 퇴직연금을 불입함으로서 퇴직금 지급 및 퇴직소득세 신고 및 납부의무가 종결된다.

퇴직소득세를 징수 및 신고.납부하는 경우 퇴직소득세의 10%를 지방소득세로 같이 징수하여 납부하여야 한다.

세금 신고 및 납부일정표

국세

과세사업자로서 종업원이 있는 개인사업자

납부기한	신고 또는 납부대상 세금	신고	납부	대 상 자
1월 25일	부가가치세 (전년도 2기)	O	O	개인사업자
1월 31일	근로소득 간이지급명세서 제출	O		전년도 하반기 임금 지급자
2월 말일	이자, 기타소득 지급명세서 제출	O		이자, 기타소득 지급 사업자
3월 10일	건강보험 연말정산 신고	O		종업원 있는 사업자
3월 10일	연말정산 신고납부	O	O	종업원이 있는 전 사업자
3월 10일	지급명세서 제출	O		근로, 퇴직소득 지급 사업자
3월 15일	고용보험, 산재보험 정산신고	O		종업원 있는 사업자
4월 25일	부가가치세 (1기) 예정고지세액		O	신고는 하지 않음
5월 31일	종합소득세 신고·납부	O	O	개인사업자
5월 31일	지방소득세 납부		O	종합소득세 납부자
7월 25일	부가가치세 (1기) 신고납부	O	O	개인사업자
7월 31일	근로소득간이지급명세서 제출	O		상반기 상용근로자 임금 지급자
10월 25일	부가가치세 (2기) 예정고지세액		O	신고는 하지 않음
11월 15일	종합부동산세 납부		O	신고는 하지 않음
11월 30일	소득세 중간예납예정고지세액		O	신고는 하지 않음
11월 30일	소득세 중간예납 신고 및 납부	O	O	전년도 납부세액 없는 경우

▶ 매 월 10일 신고 또는 납부
1) 근로소득원천징수이행상황신고서 제출 및 간이세액표에 의한 근로소득세 및 지방소득세 납부, 단, 종업원 20인 이하 반기별 신고자(반기별 신고자로 신청한 경우)의 경우 반기의 다음달 10일까지 신고 및 납부
2) 4대보험료 납부

▣ 과세사업자로서 종업원이 없는 경우

납부기한	신고 또는 납부대상 세금	신고	납부	대 상 자
1월 25일	부가세 (전년도 2기) 신고납부	O	O	개인사업자
4월 25일	부가세 (1기) 예정고지세액		O	신고는 하지 않음
5월 31일	종합소득세 신고납부	O	O	개인사업자
5월 31일	지방소득세 납부		O	종합소득세 납부자
7월 25일	부가세 (1기) 신고납부	O	O	개인사업자
10월 25일	부가세 (2기) 예정고지세액		O	신고는 하지 않음
11월 30일	소득세 중간예납예정고지세액		O	신고는 하지 않음
11월 30일	소득세 중간예납 신고 및 납부	O	O	전년도 납부세액 없는 경우

◆ 소득세 중간예납 (상세 내용 : 매 년 국세청 발간 자료 참조)
소득세 중간예납이란 종합소득세의 일부를 미리 납부하게 하는 제도로서 관할 세무서에서 직전 과세기간의 종합소득세액(중간예납기준액)의 1/2을 11월 중 고지하며, 11월 30일까지 납부하여야 한다.

▣ 지방세 및 지방소득세

■ 지방세 납부일정표

지방세는 지방세법에 의하여 지방자치단체(시.군.구)에 납부하여야 하는 세금으로 자산의 취득 및 보유등과 관련하여 납부하여야 하는 지방세와 거주자의 소득과 관련하여 납부하여야 하는 지방소득세로 구분이 된다.

지방소득세는 종합소득세, 양도소득세 등 국세(직접세)의 10%에 해당하는 금액을 지방세법의 규정에 의한 지방소득세로 납부하여야 한다.

단, 상속세 및 증여세의 경우 지방소득세 신고 납부의무는 없다.

◘ 지방세 종류 신고납부대상자 [참고사이트 →위택스]

납부기한	신고 또는 납부대상 세금	대 상 자
1월 31일	등록면허세	면허를 받고 사업을 하는 자
5월 31일	소득세분 지방소득세 납부	개인사업자 종합소득세 납부자
6월 30일	자동차세	자동차소유자
7월 31일	재산세(1차분)	부동산소유자(재산세)
8월 31일	주민세 사업소분 재산분	연면적 330㎡초과 사업장
8월 31일	주민세 사업소분 균등분	전 사업자
9월 30일	재산세(2차분)	부동산소유자(재산세)
9월 30일	토지분 재산세	토지를 보유한 사업자
12월 31일	자동차세	자동차를 보유한 사업자

[개정 세법] 주민세 사업소분 : 사업소 연면적이 330제곱미터를 초과하는 경우 연면적 1제곱미터당 250원을 8월 중 신고·납부하여야 한다.

[개정 세법] 주민세 사업소분(균등분) 신고 및 납부(지방세법 제83조)
종전에는 시·군·구에게 고지를 하였으나 2022년 이후 주민세 5만원을 사업자가 8월 중 시·군·구에 신고 및 납부하여야 한다.

◘ 세금 신고 및 납부 관할 행정기관

국 세	지방세	관할 행정기관	신고 및 납부기한
종합소득세		주소지 관할세무서	5월 31일
	지방소득세	주소지 시·군·구청	5월 31일
근로소득세		사업장 관할세무서	지급일의 다음달 10일
	지방소득세	사업장 시·군·구청	지급일의 다음달 10일
퇴직소득세		사업장 관할세무서	지급일의 다음달 10일
	지방소득세	사업장 시·군·구청	지급일의 다음달 10일
부가가치세		사업장 관할세무서	과세기간 (6개월) 종료일의 다음달 25일

SECTION 03

부동산(주택외) 임대업 부가가치세 신고·납부

> 상가, 사무실용 오피스텔, 토지 등 부동산을 임대하는 경우 (주택 제외) 부가가치세가 과세된다. 따라서 부동산을 임대하는 경우 사업자등록을 하여야 하며, 부가가치세를 신고 및 납부하여야 한다. 또한, 임대소득에 대하여 종합소득세를 신고 및 납부하여야 하고, 부가가치세가 과세되는 상가 등을 매각하는 경우 건물분에 대한 부가가치세를 납부하여야 한다.

부동산임대업(일반과세자) 부가가치세 세무

ⓐ 부동산임대업 임대수익 부가가치세

월세 임대수익에 대한 세금계산서 발급(일반사업자)
상가 등 부동산(주택 임대제외)을 임대하고 월세를 받는 경우 세금

계산서를 발급하여야 하며, 부가가치세는 과세기간별로 관할 세무서에 신고 및 납부하여야 한다. 예를 들어 월세를 1백만원 받고자 하는 경우 1,000,000원의 10%인 100,000원을 부가가치세로 더 받아 두었다가 과세기간별로 관할 세무서에 신고·납부하여야 하는 것이다.

▶ 월세 임대시 받아야 하는 금액 1,100,000원
월세(1,000,000) + 부가가치세 (100,000)

Q&A 부동산임대사업자가 임차인으로부터 추가로 받은 부가가치세 100,000원은 임대업자의 수익인가?

부가가치세로 받은 돈은 임대업자가 나중에 세무서에 납부하여야 하는 빚(부채)으로 임대사업자의 수익이 아니다.

부동산임대와 관련한 세금계산서 매입세액 공제

사업자의 경우 사업과 관련하여 세금계산서를 수취하고, 부가가치세로 더 준 금액(매입 부가가치세)은 매출 부가가치세 납부시 공제를 받을 수가 있다. 예를 들어 상가를 임대하고 6개월간의 임대료가 3,000만원이고, 임차인으로부터 부가가치세로 받아 둔 금액이 300만원인 경우 납부할 부가가치세는 300만원인 것이나 건물 수선과 관련한 수리비, 전기요금 등에 대하여 세금계산서로 수취한 금액이 500만원이 있는 경우 해당 매입세액 50만원을 매출 부가가치세 300만원에서 공제하고 부가가치세를 납부하는 것이다.

매출자			부동산임대사업자	
매출세금계산서	→	매입세금계산서	→	매출세금계산서
공급가액 5,000,000		공급가액 5,000,000		월 세 30,000,000
매출세액 500,000		매입세액 500,000		매출세액 3,000,000

* 납부할 부가가치세 : 2,500,000원(3,000,000원 - 500,000원)

> **Q&A** 사업자가 자기의 사업과 관련하여 재화 또는 용역을 공급받으면서 부담한 부가가치세(매입세액)는 사업과 관련한 비용(세금과공과금)인가?

"아니다." 부가가치세 매입세액은 납부할 부가세예수금에서 상계(공제)할 수 있으므로 자산에 해당한다. 예를 들어 A씨가 B씨에게 줄 돈(차입금) 2백만원이 있고, 받을 돈(대여금) 1백만원이 있는 경우에 나중에 빚을 갚을 때 받을 돈과 상계하고 변제할 것이다. 즉, 줄 돈은 빚이고, 받을 돈은 자산인 것이다. 위에서 살펴본 바와 같이 부가가치세 매입세액은 부가가치세 매출세액과 상계처리할 수 있으므로 자산에 해당하는 것이며, 이 자산의 명칭을 부가세대급금이라고 한다. 따라서 부가가치세 과세기간 동안의 부가세대급금이 부가세예수금 보다 많은 경우 관할 세무서로부터 환급을 받을 수 있다.

임대(전세)보증금에 대한 부가가치세

간주임대료

부동산을 임대하고 임대보증금을 받은 경우 임대보증금 자체는 임대계약 해지시 임차인에게 반환하여야 하는 부채에 해당하므로 부가가치세가 과세되지 않는다. 다만, 임대보증금 이자상당액은 임대료의 일종으로 간주하게 되며, 이를 간주임대료라고 한다.

간주임대료와 부가가치세

간주임대료는 해당 금액의 10%에 상당하는 금액을 부가가치세로 신고 및 납부하여야 한다. 간주임대료는 통상 임대인이 부담하나 임대차 계약시 임차인이 부담하도록 하는 특약조항을 두는 경우 임차인으로부터 부가가치세 상당액을 받아 납부할 수는 있다.

간주임대료 계산

당해 기간의 전세금 또는 임대보증금 × 과세대상기간의 일수 ÷ 365(윤년의 경우에는 366) × 계약기간 1년의 정기예금이자율

□ 부동산임대용역에 대한 공급가액 계산 [부가가치세 집행기준 29-65-1]
⑤ 간주임대료에 대한 공급가액은 임차인이 해당 부동산을 사용하거나 사용하기로 한 때를 기준으로 계산한다.

임대보증금 이자상당액

임대보증금 이자 상당액은 정기예금이자율로서 매년 세법에서 따로 정하고 있으며, 2024년의 귀속분의 경우 연리 3.5%이다.

◆ 2024년 귀속분 : 3.5% [부가법 시행규칙 제47조(정기예금 이자율)]

사 례	임대보증금에 대한 부가가치세 계산

<예제> 임대보증금이 1억원인 경우 연간 간주임대료
간주임대료 : 3,500,000원 (1억원 × 3.5%)
간주임대료에 대한 부가가치세
- 일반과세자 : 350,000원(3,500,000원 × 10%)
- 간이과세자 : 140,000원(3,500,000원 × 10% × 40%)

부동산을 임대하고 보증금으로 받은 금액이 있는 경우 아래 산식에 의하여 계산한 금액('간주임대료')을 부가가치세 신고서의 기타란에 기재한다.

$$\text{당해 과세기간의 임대보증금} \times \frac{\text{과세대상기간의 일수}}{365(\text{윤년은 } 366)} \times \text{정기예금이자율}$$

◆ 월세를 받지 못하여 보증금에서 차감한 경우 간주임대료 계산
(부가46015-2338, 1997.10.15.)
임대사업자가 임차인으로부터 임대료를 지급받지 못하여 임대료가 연체된 경우에도 전세금 또는 임대보증금에 대한 간주임대료 계산시에는 지급받지 못한 임대료를 당해 전세금 또는 임대보증금에서 차감하지 아니하는 것임

◆ 임차인이 퇴거하는 경우 임대보증금 간주임대료 기산일
(서삼46015-10978, 2001.12.27.)
사업자가 부동산임대용역을 제공하고 전세금 또는 보증금을 받는 경우 이에 대한 부가가치세과세표준 계산시 기산일은 계약금 등의 수취 여부에 관계없이 부동산임대용역이 개시되거나 개시될 날부터이며, 종료일은 보증금 또는 전세금의 반환 여부에 관계없이 부동산임대용역의 제공이 완료되거나 완료될 날인 것임.

■ 부동산임대업 세금계산서 발급

부동산임대업을 영위하는 일반과세사업자가 임대료에 대하여 월세를 받는 경우 공급시기(거래시기)에 반드시 세금계산서를 발급하여야 하며, 세금계산서를 발급하지 않은 경우 공급가액(월세)의 2%에 해당하는 금액을 가산세로 부담하여야 한다.

세금계산서 발급시기

세금계산서는 부동산임대차계약서에서 월세를 **받기로 한 날** 세금계산서를 발급하여야 한다. (월세를 받은 날이 아님) 즉, 부동산임대용역을 공급하고 그 대가를 매월, 매분기, 매반기에 기일을 정하여 받기로 한 경우에 있어서 당해 부동산임대용역의 공급시기는 그 대가

의 각 부분을 받기로 한 때이다. 다만, 공급시기가 도래하기 전에 임대료를 받은 경우에는 그 대가를 받은 날을 작성일자로 하여 세금계산서를 발급할 수 있다

◆ 월세에 대한 세금계산서는 그 대가의 영수 여부와 관계없이 그 공급시기에 임차인에게 세금계산서를 교부하여야 함
(부가-4583, 2008.12.03)
부동산임대업을 영위하는 일반과세자가 실질적으로 임대용역을 제공하는 경우에는 그 대가의 영수 여부와 관계없이 그 공급시기에 임차인에게 세금계산서를 교부하고 부가가치세를 신고·납부하여야 하는 것임.

◆ 부동산임대용역 세금계산서 발급시기 (서면3팀-3385, 2007.12.21)
사업자가 2과세기간 이상에 걸쳐 부동산임대용역을 공급하고 그 대가를 선불로 받는 경우에는 예정신고기간 또는 과세기간의 종료일이 당해 용역의 공급시기가 되는 것이나, 사업자가 부동산임대용역을 계속적으로 공급하고 그 대가를 매월, 매분기, 매반기에 기일을 정하여 받기로 한 경우에 있어서 당해 부동산임대용역의 공급시기는 그 대가의 각 부분을 받기로 한 때가 되는 것임.

▶ 선불 또는 후불

사업자가 2과세기간 이상에 걸쳐 부동산임대용역을 공급하고 그 대가를 선불 또는 후불로 받는 경우에는 당해 금액을 계약기간의 월수로 나눈 금액의 각 과세대상기간의 합계액을 그 과세표준으로 한다. 이 경우 월수의 계산에 있어 당해계약기간의 개시일이 속하는 달이 1월 미만인 경우는 1월로 하고 당해 계약기간의 종료일이 속하는 달이 1월 미만인 경우에는 이를 산입하지 아니한다.

공공요금에 대한 세금계산서 또는 계산서 발급

사업자가 부가가치세가 과세되는 부동산임대료와 해당 부동산을 관리해 주는 대가로 받는 관리비등을 구분하지 아니하고 영수하는 때에는 전체 금액에 대하여 과세하는 것이나, 임차인이 부담하여야 할 전기요금, 수도요금 등 공공요금을 별도로 구분 징수하여 납입만을 대행하는 경우 부동산임대관리에 따른 대가에 포함하지 아니하므로 해당 금액은 총수입금액 및 필요경비에 산입하지 아니한다. 이 경우 임대인은 임차인의 전기요금은 세금계산서를 발급하고, 수도요금에 대하여는 (면세)계산서를 발급하여야 할 수 있다.

▶ 전기요금에 대한 세금계산서 발행

부동산임대사업자가 한국전력공사로부터 전기요금에 대한 세금계산서를 발급받고 전력을 실지로 소비하는 자인 임차인에게 세금계산서를 발급하는 경우 임차인에게 발급한 세금계산서상의 공급가액은 부가가치세 신고시 과세표준에 포함하는 것이며, 부동산임대사업자가 한국전력공사로부터 발급받은 세금계산서의 매입세액을 공제받을 수 있다.

◆ 관리비 등 세금계산서 발급 (부가46015-2797, 1998.12.18.)

사업자가 부가가치세가 과세되는 부동산 임대료와 당해 부동산을 관리해 주는 대가로 받는 관리비등을 구분하지 아니하고 영수하는 때에는 전체금액에 대하여 과세하는 것이나 임차인이 부담하여야 할 보험료·수도료 및 공공요금 등을 별도로 구분 징수하여 납입을 대행하는 경우 당해 금액은 부동산 임대관리에 따른 대가에 포함하지 아니하는 것이며, 이 경우 임차인이 부담하여야 할 전기료·가스료 등 부가가치세가 과세되는 재화의 공급에 대하여 임대인 명의로 세금계산서를 교부받은 경우 부가가치세법시행규칙 제18조 제1항의 규정에 의하여 임대인은 교부받은 세금계산서에 기재된 공급가액의 범위내에서 임차인에게 세금계산서를 교부할 수 있는 것임.

▶ 수도요금에 대한 계산서 발행

1) 수도요금은 부가가치세가 면세되며, 면세 재화 또는 용역의 공급시에는 계산서를 발급하여야 한다.

2) 「수도사업법」에 의한 수도사업자가 수돗물을 공급하는 경우로서 수돗물을 공급받는 명의자와 실지로 소비하는 자가 서로 다른 경우에 수도사업자는 수돗물을 공급받은 명의자(임대인)를 공급받는 자로 하여 계산서를 발급하고 임대인은 그 발급받은 계산서에 기재된 공급가액의 범위안에서 수돗물을 실지로 소비하는 자(임차인)를 공급받는 자로 하여 계산서를 발급할 수 있다.

◆ 수도요금 계산서 발급 (서면2팀-2462, 2004.11.26.)
수도사업법에 의한 수도사업자가 수돗물을 공급하는 경우로서 수돗물을 공급받는 명의자와 실지로 소비하는 자가 서로 다른 경우에 수도사업자가 수돗물을 공급받은 명의자를 공급받는 자로 하여 계산서를 교부하고 당해 명의자는 그 교부받은 계산서에 기재된 공급가액의 범위안에서 수돗물을 실지로 소비하는 자를 공급받는 자로 하여 계산서를 교부한 때에는 당해 수도사업자가 수돗물을 실지로 소비하는 자를 공급받는 자로 하여 계산서를 교부한 것으로 볼 수 있는 것이며, 계산서를 교부받은 명의자가 실지소비자에게 계산서를 교부하지 않은 경우 수도사업자 또는 명의자에게 계산서 미교부와 관련한 가산세 규정을 적용하지 않는 것임.

전자세금계산서

세금계산서를 전자적 방법에 의하여 발급하는 것을 전자세금계산서라 하며, 법인 및 개인사업자 중 직전 연도의 사업장별 재화 및 용역의 공급가액 합계액이 8천만원 이상인 사업자(고정자산 매각분 포함)는 세금계산서 발급시 반드시 전자세금계산서를 발급하여야 한다.

[개정 세법] 전자(세금)계산서 의무발급 대상 확대 (부가령 §68)

종 전	개 정
□ 전자(세금)계산서 의무발급 사업자 ㅇ 모든 법인사업자 ㅇ 직전연도 사업장별 재화·용역의 공급가액 합계액(총수입금액)이 1억원 이상인 개인사업자	□ 의무발급 개인사업자 확대 ㅇ (좌 동) ㅇ 1억원 이상 → 8천만원 이상

<적용시기> '24.7.1. 이후 재화 또는 용역을 공급하는 분부터 적용

[세법 개정] 전자세금계산서 및 전자계산서 발급 세액공제 적용기한 연장 (부가법 §47①·63④, 소득법§56의3①)

현 행	개 정
□ 전자세금계산서·전자계산서 세액공제 ㅇ (적용대상) ① 또는 ② ① 직전연도 공급가액 또는 사업장별 총수입금액 3억원 미만 개인사업자 ② 신규 사업자(개인) ㅇ (공제금액) 건당 200원 [연간 100만원 한도] ㅇ (적용기한) '24.12.31.	□ 적용기한 연장 ㅇ (좌 동) ㅇ '27.12.31.

임대보증금 및 간주임대료와 세금계산서

임대보증금은 임대차계약 해지시 임차인에게 반환하여야 하는 부채로서 부가가치세 과세대상이 아니므로 세금계산서 발급대상이 아니다. 즉, 임대보증금에 대한 간주임대료의 경우 부가가치세는 과세되나 세금계산서는 발급하지 않는다.

부동산임대업 부가가치세 신고 및 납부

세법에서 과세사업자로 하여금 임대료에 대하여 징수한 부가가치세를 매월 신고 및 납부하도록 규정하고 있다면, 사업자는 매우 불편할 것이며, 세무서 또한 번거로운 일이다. 따라서 일정 기간 단위(과세기간이라고 한다.)로 신고 및 납부하도록 규정하고 있으며, 개인사업자의 경우 신고 및 납부기한은 다음과 같다.

부가가치세 과세기간

과세기간이란 부가가치세 신고대상 기간으로 일반과세자의 경우 1년을 제1기(1.1. ~ 6.30.)와 제2기(7.1.1 ~ 12.31.)로 한다.

부가가치세 신고 및 납부기한 (일반사업자)

구 분	제 1 기		제 2 기	
	과세기간	기 한	과세기간	신고기간
예정고지 및 납부	1.1~3.31	4.1~4.25	7.1~9.30	10.1~10.25
확정신고 및 납부	1.1~6.30	7.1~7.25	7.1~12.31	다음해 1.1~1.25

▶ 간이과세자
1. 1년을 과세기간으로 하며, 신고납부기한은 다음해 1월 25일까지이다.
2. 7월 중 관할 세무서에서 예정고지를 하며, 7월 25일까지 별도의 신고 없이 납부만 하면 된다.

부가가치세 예정신고 및 예정고지

부가가치세 과세기간은 6개월 단위(1기 1.1. ~ 6.30. 2기 7.1. ~ 12.31.)로 하되, 세금의 조기징수 및 납세자의 일시적인 자금부담을 덜어주기 위하여 6개월 중 1/4분기 및 3/4분기를 구분하여 예정신고기한으로 하여 해당 분기의 다음달 25일까지 신고·납부하도록 규정하고 있다. 다만, 개인사업자의 경우 납세편의를 위하여 과세당국은 직전과세기간에 부가가치세로 납부한 금액의 2분의1에 상당하는 금액을 예정고지하고, 납세의무자의 예정신고의무를 면제하고 있다.

한편, 휴업 또는 사업부진 등으로 인하여 각 예정신고기간의 공급가액 또는 납부세액이 직전과세기간의 공급가액 또는 **납부세액의 3분의 1에 미달하는 자**와 각 예정신고기간분에 대하여 **조기환급(건물 구입 시설투자 등)** 대상인 경우 예정신고를 할 수 있다.

신규사업자 부가가치세 과세기간 및 신고기한

신규사업자는 사업개시일부터 해당 과세기간의 종료일까지의 기간을 과세기간으로 하여 해당 과세기간의 사업실적에 대하여 부가가치세 신고.납부를 하여야 한다. 예를 들어 개인사업자가 2월 10일 사업을 개시한 경우 2월 10일부터 6월 30일 기간 동안 사업실적에 대하여 7월 25일까지 부가가치세 신고.납부를 하여야 한다.

한편, 간이과세자의 경우 사업개시일부터 12월 31일까지의 기간을 과세기간으로 하여 다음해 1월 25일까지 신고납부를 하여야 한다.

부동산임대업 부가가치세 신고서 작성

과세기간 동안 발생한 다음의 내용을 집계 및 계산한 다음 부가가치세 신고서에 기재하여 해당 과세기간의 다음달 25일까지 신고 및 납부하여야 한다.

▶ 과세표준 및 매출세액
[과세] 월세에 대하여 세금계산서를 발급한 내용
[기타] 임대보증금에 대한 간주임대료 및 세액

■ 부가가치세 간주임대료는 부가가치세 신고서상의 과세표준 및 매출세액 '기타'(②)란에 간주임대료 과세표준액과 세액을 기재한다.

▶ 매입세액(세금계산서 수취분)
[일반 매입]
전기요금, 건물수리비 등 부동산임대와 관련하여 수취한 세금계산서
[고정자산 매입]
건물을 구입하고 수취한 매입세금계산서

▶ 매입세액(그 밖의 공제매입세액)
신용카드매출전표 또는 현금영수증에 의한 매입세액

◆ 신용카드매출전표 또는 현금영수증의 매입세액공제
부동산임대사업과 관련하여 세금계산서를 수취하지 아니한 경우에도 건물관리와 관련한 소모품, 사무용품 등을 구입하고, 신용카드로 결제하거나 현금영수증을 수취한 경우 그 매입세액을 매출세액에서 공제를 받을 수 있으며, 이 경우 부가가치세 신고서 (14)그 밖의 공제매입세액란 일반매입(40)에 추가로 기재를 하여야 하며, '신용카드매출전표등 수령명세서(갑)'을 추가로 제출하여야 한다.

▶ 예정고지세액

세무서에서 부가가치세 예정분에 대하여 고지한 금액을 기재한다.

▶ 경감공제세액의 기타경감공제세액(18)

부가가치세 신고를 홈택스 등에서 전자적으로 신고하는 경우 1만원을 공제받을 수 있으며, 홈택스에서 전자신고하는 경우 자동으로 계산된다.

◘ 부동산임대업의 부가가치세 신고시 제출할 서류

부동산임대공급가액명세서 제출

1) 부가가치세 신고시 반드시 '부동산임대공급가액명세서'를 첨부하여 제출하여야 하며, 부동산임대업자가 부동산임대공급가액명세서를 제출하지 아니한 경우 제출하지 아니한 수입금액의 100분의 1(1개월 이내 제출시 50% 감면)을 가산세로 추가 부담하여야 한다.
2) 부동산임대공급가액명세서에 임대차계약서 사본(사업장을 임대한 후 **임대차계약을 갱신한 경우에만 제출**)를 첨부하여 제출하여야 하되, 임대차계약서 사본은 제출하지 않더라도 가산세 적용은 없다.

매출 및 매입세금계산서합계표, 계산서합계표 제출

1) 세금계산서를 발급한 경우 거래처별 세금계산서 발급내역인 매출처별세금계산서합계표를 제출하여야 하며, 매입세금계산서가 있는 경우 매출처별세금계산서합계표를 제출하여야 한다.
2) 수도요금의 경우 면세되므로 면세 계산서를 받은 경우 부가가치세 신고서의 다음장 계산서발급 및 수취명세의 계산서 수취금액을 기재하고 계산서합계표를 별도로 제출하여야 한다.

▣ 부가가치세 신고서 작성 사례

[국세청 홈페이지] → 국세신고안내 → 부가가치세 → 주요서식 작성요령/사례

■ 일반과세자의 부가가치세 신고서 작성방법
(부동산임대업, 도소매업, 화물운수업, 제조업, 건설업, 음식업)

▣ 간이과세자 부가가치세 신고서 작성 사례

[국세청 홈페이지] → 국세신고안내 → 부가가치세 → 주요서식 작성요령/사례

■ 간이과세자의 부가가치세 신고서 작성방법
(부동산임대업, 소매업, 운수업, 음식업)

부가가치세 기한 후 신고 및 수정신고

■ 부가가치세 기한 후 신고시 적용되는 가산세

법정신고기한까지 과세표준신고서를 제출하지 아니한 자는 관할 세무서장이 세법에 따라 세액을 결정하여 통지하기 전까지 기한후 신고를 할 수 있다. 단, 기한 후 신고시 무신고가산세, 납부불성실가산세 등이 적용되며, 기한후과세표준신고서를 제출하여야 한다.

[1] 매출세금계산서합계표미제출가산세
공급가액 × 5/1000

[2] 신고불성실가산세

납부할 세액 × 20/100 × (1- 감면율)

[개정 세법] 기한 후 신고시 무신고 가산세 감면율 세분화(국기법 §48②)
- 1개월 이내   : 50% 감면
- 1 ~ 3개월 이내: 30% 감면
- 3 ~ 6개월 이내: 20% 감면

<적용시기> 2020.1.1. 이후 기한 후 신고하는 분부터 적용

[3] 납부불성실가산세

과소납부금액 × 미납일수 × 일변(2.5/10000)

2019년 2월 11일 이전의 미납기간 : 1일 0.03%
2019년 2월 12일 이후의 미납기간 : 1일 0.025%
2022년 2월 15일 이후의 미납기간 : 1일 0.022%

[4] 부동산임대공급가액명세서 또는 현금매출명세서 미제출 가산세

제출하지 아니한 수입금액 × 1% (1개월 이내 제출시 50% 감면)

■ 부가가치세 수정신고시 적용되는 가산세

[1] 추가 납부할 세액

과소신고한 매출세액

[2] 매출처별세금계산서합계표불성실가산세

공급가액 × 0.5/100

▶ 세금계산서 발급대상이 아닌 경우에는 가산세 없음
간주임대료에 대한 부가가치세 누락에 대하여 수정신고하는 경우 매출처별세금계산서합계표 가산세는 적용하지 않는다.

[3] 납부불성실가산세

과소납부한 세액 × 2.2/10,000 × 미납일수
* 미납일수 : 신고기한일의 다음날부터 수정신고 납부일까지의 기간 일수

[개정 세법] 납부불성실가산세 [국세기본법 시행령 제27조의4]
2019년 2월 11일 이전의 미납기간 : 1일 0.03%
2019년 2월 12일 이후의 미납기간 : 1일 0.025%
2022년 2월 15일 이후의 미납기간 : 1일 0.022%

[4] 신고불성실가산세 (일반과소신고가산세)

과소신고한 세액 × 10/100 × [1- 감면율]

[개정 세법] 수정신고시 가산세 감면율 조정 및 세분화
ㅇ 법정신고기한 경과 후
- 1개월 이내 : 90% 감면
- 3개월 이내 : 75% 감면
- 3 ~ 6개월 이내 : 50% 감면
- 6개월 ~ 1년 이내 : 30% 감면
- 1년 ~ 1년 6개월 이내: 20% 감면
- 1년 6개월 ~ 2년 이내: 10% 감면
<적용시기> 2020.1.1. 이후 수정신고하는 분부터 적용

[5] 부동산임대공급가액명세서 미제출가산세

부동산임대사업자가 부동산임대공급가액명세서를 제출하지 않은 경우 미제출가산세 1%(1개월 이내 제출시 50% 감면)를 부담하여야 한다.

❓ 부동산임대업의 세금폭탄 사례

세금계산서 작성일자가 잘못된 경우

세금계산서는 정당한 거래시기를 작성일자로 하여 발급을 받아야 함에도 거래시기 이후의 날을 작성일자로 하여 발급받은 경우 공급가액의 0.5%를 세금계산서 불성실가산세로 부담하여야 하며, 확정과세기간의 신고기한일로부터 1년이 경과한 이후 세금계산서를 발급받은 경우 공급자는 세금계산서 미발급가산세를 부담하여야 하며, 공급받는자는 매입세액을 공제받을 수 없다. 따라서 건설공사 등과 관련한 세금계산서 작성일자가 정당한 것인지 여부를 국세청 홈택스에서 관련 사례를 참고하여 철저히 확인하여야 한다.

[개정 세법] 공급시기 이후 발급된 세금계산서의 매입세액공제 인정범위 확대(부가령 §75)
확정신고기한 다음날부터 6개월 → (개정) 1년 이내에 세금계산서를 발급받고 납세자가 경정청구, 수정신고 하는 경우
<적용시기> 2022.2.15. 이후 재화 또는 용역을 공급하는 분부터

부가가치세 환급신고에 대한 세무서의 확인 및 조사

건물을 매입 또는 신축하여 매입세액을 환급받고자 세무서에 부가가치세 신고를 하는 경우 세무서에서는 매입세금계산서의 거래가 정당한 것인지, 세금계산서의 작성일자가 적법한 것인지 여부를 대부분 확인하게 되며, 이 과정에서 매매계약서 또는 공사계약서 등을 제출받아 검토하게 되므로 세심한 주의를 하여야 한다.

부동산임대업(간이과세자) 부가가치세 세무

📷 부동산임대업 간이과세자 적용대상 사업자

부가가치세 과세사업을 하면 일반과세자로 되는 것이 원칙이나 소규모사업자의 부가가치세 신고 편의 및 세부담 경감을 위하여 간이과세자 제도를 두고 있으며, 신규로 사업을 개시하는 개인사업자는 간이과세적용이 배제되는 사업 또는 지역에 해당되지 않는 경우 사업을 개시한 날이 속하는 연도의 매출 합계액이 1억 4백만원(**부동산임대업의 경우 4800만원**)에 미달될 것으로 예상되는 때에는 간이과세자로 등록할 수 있다.

[개정 세법] 간이과세 적용 범위 확대 (부령 제109조 제1항)
(종전) 직전 연도의 공급대가 합계액 8천만원 미만인 개인사업자
(개정) 8천만원 → 1억 400만원
<적용시기> 2024.1.1. 이후 개시하는 과세기간 분부터 적용

📷 4800만원 미만이더라도 간이과세자 적용을 받을 수 없는 경우

지역, 공시지가, 임대면적이 일정기준을 초과하는 경우
특별시, 광역시, 특별자치시, 행정시 및 시 지역에 소재하는 부동산임대사업장을 경영하는 사업으로서 국세청장이 정하는 규모(간이과세 배제기준 별표2) 이상의 부동산임대업을 영위하는 경우 간이과세자 적용을 받을 수 없다. (부령 제109조 ②, 부법 시행규칙 제71조 ③)

[간이과세배제기준] 국세청 홈페이지 → 알림소식 → 고시공고 → 고시

부동산임대업 이외에 다른 일반 과세사업장이 있는 경우

해당 부동산임대 사업장의 연간 예상 매출액 또는 직전연도 매출액 (공급대가)이 4800만원 이더라도 간이과세가 적용되지 아니하는 다른 사업장을 보유하고 있는 사업자의 경우 간이과세자 적용을 받을 수 없다. (부가가치세법 제61조 ① 단서)

간이과세자인 부동산임대업 부가가치세 세액 계산

▶ 과세표준

공급대가(공급가액 + 세액)를 과세표준으로 한다.

▶ 매출세액 계산

당해 과세기간의 공급대가 × 업종별 부가가치율 × 세율(10%)

▶ 업종별 부가가치율 [부령 제111조 ②]

업　　　종	부가가치율
1. 소매업, 재생용 재료수집 및 판매업, 음식점업	15%
2. 제조업, 농업·임업 및 어업, 소화물 전문 운송업	20%
3. 숙박업	25%
4. 건설업, 그 밖의 운수업, 창고업, 정보통신업, 그 밖의 서비스업	30%
5. 금융 및 보험 관련 서비스업, 전문·과학 및 기술 서비스업(인물사진 및 행사용 영상 촬영업 제외), 사업시설관리·사업지원 및 임대 서비스업 **부동산 관련 서비스업, 부동산임대업**	40%
6. 그 밖의 서비스업	30%

◆ 부동산 관련 서비스업 (통계청 → 한국표준산업분류)
6821. 부동산 관리업
6822. 부동산 중개, 자문 및 감정 평가업

■ 경감공제세액

▷ 매입세금계산서 공급대가(공급가액 + 세액) × 0.5%

간이과세자가 다른 사업자로부터 세금계산서 또는 신용카드매출전표 등을 발급받아 '매입처별세금계산서합계표' 또는 '신용카드매출전표등수령명세서'를 사업장 관할세무서장에게 제출하는 때에는 당해 과세기간에 발급받은 세금계산서등의 공급대가(공급가액 + 세액)의 0.5%를 곱하여 계산한 금액을 납부세액에서 공제한다.

▣ 간이과세자 부가가치세 신고 및 납부

간이과세자는 부가가치세 신고를 1년에 한 번으로 신고하며, 관할세무서에서 7월 중 (7. 1. ~ 7. 10.) 예정고지를 한다.

예정부과와 납부

관할 세무서는 간이과세자에 대하여 직전 과세기간에 대한 납부세액의 50퍼센트를 1월 1일부터 6월 30일(예정부과기간)까지의 납부세액으로 결정하여 예정부과기간이 끝난 후 25일 이내에 고지를 하며, 납세의무자는 별도의 신고없이 납부만을 하면 된다.

다만, 징수하여야 할 금액이 50만원 미만인 경우에는 고지하지 않는다.

▶ 예정신고 (간이과세자 예정신고 과세시간 : 1.1. ~ 6. 30.)
간이과세자는 예정신고의무가 없다. 다만, 휴업·사업부진 등으로 예정부과 기한의 공급가액·납부세액이 직전 과세기간의 공급가액·납부세액의 3분의 1에 미달하는 자는 7월 25일 까지 예정신고를 할 수 있다.

확정신고 및 납부
간이과세자는 1년간 과세기간의 과세표준과 납부세액을 그 과세기간(1.1. ~ 12.31.) 종료 후 25일(다음해 1월 25일) 이내에 사업장 관할 세무서장에게 신고 및 납부를 하여야 한다.

간이과세자에 대한 납부의무 면제(부가가치세법 제69조)
① 해당 과세기간에 대한 공급대가의 합계액이 4천800만원 미만이면 납부의무가 면제되며, 부동산임대업의 경우에도 공급대가의 합계액이 4천800만원 미만인 경우 납부의무가 면제된다.

③ 제1항을 적용할 때 다음 각 호의 경우에는 같은 호의 공급대가의 합계액을 **12개월로 환산한 금액**을 기준으로 하며, 이 경우 1개월 미만의 끝수가 있으면 1개월로 한다.

1. 해당 과세기간에 **신규로 사업을 시작한 간이과세자**는 그 사업 개시일부터 그 과세기간 종료일까지의 공급대가의 합계액
2. 휴업자·폐업자 및 과세기간 중 과세유형을 전환한 간이과세자는 그 과세기간 개시일부터 휴업일·폐업일 및 과세유형 전환일까지의 공급대가의 합계액

▶ 7월 1일자 일반과세자에서 간이과세자로 전환된 경우 납부의무
일반과세자에서 간이과세자로 전환된 경우 7.1. ~ 12.31. 기간의 공급대가가 2400만원 미만인 경우 납부의무가 면제된다.

일반과세자(부동산임대업)의 간이과세자 전환

전년도 공급대가가 4800만원에 미달하는 일반과세자의 간이과세자 전환

일반과세자이던 자가 지난 1년간의 공급대가가 4800만원에 미달하게 되는 경우 다음해 7월 1일 이후 간이과세자로 전환된다. 예를 들어 2024년 1년간의 매출이 공급대가를 기준으로 4800만원에 미달하는 경우 관할세무서에서 2025년 제1과세기간(1. 1.~ 6. 30.) 개시 20일전(2025. 6. 10.)까지 간이과세자로 전환됨을 통지하고 간이과세자용 사업자등록증을 발급한다.

단, 신규로 사업을 개시한 자는 그 사업개시일의 월부터 12월까지 공급대가의 합계액을 1년으로 환산한 금액을 기준으로 간이과세 적용대상사업자를 결정한다.

과세유형전환에 대한 관할 세무서의 통보

일반과세자이던 사업자가 1년 기간 동안의 매출액이 4,800만원 미달하게 되는 경우 해당 사업자의 관할 세무서장은 일반과세자를 간이과세자로 변경하며, 과세유형 전환 시기(다음해 7월 1일)에 간이과세자에 관한 규정이 적용되는 사업자에게 별도의 통지없이 간이과세자에 관한 규정을 적용한다.

다만, 부동산임대업을 경영하는 일반과세사업자가 간이과세자로 전환되는 경우 공제받은 매입세액을 다시 납부하여야 하는 세무적 문제가 발생하므로 관할 세무서에서는 과세기간 개시 20일전(6월 10일)까지 통지를 하여야 하며, 통지를 받은 날이 속하는 과세기간까지는 일반과세자에 관한 규정을 적용한다. (부가가치세법 시행령 제110조)

일반과세자로서 건물분에 대하여 매입세액공제를 받은 후 10년 이내에 간이과세자로 전환되는 경우

부동산임대업을 경영하는 사업자가 상가건물등을 취득한 후 건물에 대하여 분양사업자 등이 발급한 세금계산서의 매입세액을 공제받기 위하여 사업자유형을 일반과세자로 등록한 이후 일반과세자가 간이과세자로 변경되는 경우

다음의 방법에 따라 계산한 금액(재고납부세액)을 그 변경되는 날의 직전 과세기간에 대한 확정신고와 함께 간이과세 전환시의 재고품등 신고서를 작성하여 각 납세지 관할 세무서장에게 신고하고(전년도 공급대가에 의하여 전환되는 경우 다음해 7월 25일), 간이과세자로 변경된 날이 속하는 과세기간에 대한 확정신고(다음해 1월 25일)를 할 때 납부할 세액에 더하여 납부하여야 한다. (부법 시행령 112조)

[개정 세법] 간이과세자로 전환한 경우 건물 또는 구축물 재고납부세액
재고납부세액 = 취득가액 × (1-5/100 × 경과된 과세기간의 수) × 10/100 × (1-0.5% × 110/10)
<적용시기> '21.7.1. 이후 재화 또는 용역을 공급받는 분부터 적용

◆ 경과된 과세기간 수 계산
경과된 과세기간의 수를 계산함에 있어서 과세기간의 개시일 후에 감가상각자산을 취득하거나 당해 재화가 공급된 것으로 보게 되는 경우에는 그 과세기간의 개시일에 당해 재화를 취득하거나 당해 재화가 공급된 것으로 보아 과세기간의 수를 계산한다. 예를 들어 20×6. 7. 20 취득한 건물에 대하여 일반과세사업자로 등록하여 매입세액공제를 받은 이후 20×8. 07. 01 간이과세자로 유형전환되는 경우 경과된 과세기간 수는 '4'(20×6년 2기, 20×7년 1기, 20×7년 1기, 20×8년 1기)이다.

▶ 공급대가 기준 과세유형전환 시기 및 일정(일반 → 간이)

일 자	통지·승인 및 신고
20×1. 06. 11.	관할세무서로부터 과세유형전환을 통지받음
20×1. 07. 25.	일반과세자 부가가치세 신고 및 간이과세전환시의 재고품등 신고서 제출
20×1. 10. 23.	세무서 재고납부세액 통보(간이과세자 변경 90일내)
20×1. 10. 25.	예정고지세액에 재고납부세액의 2분의 1 추가 고지
20×2. 01. 25.	간이과세자 부가가치세 신고 및 재고납부세액 납부

사 례 일반과세자에서 간이과세자로의 유형 전환시 세금폭탄

20×8. 5.10 건물 매입 세금계산서 수취, 공급가액 2억원 세액 2천원

20×8년 1기 부가가치세 확정신고

매출세액 : 없음 → 매입세액 2천만원을 관할 세무서로부터 환급받음

20×8년 2기 부가가치세 확정신고

과세표준 : 20,000,000원, 세액 2,000,000원

20×8년 환산 공급대가 : 22,000,000원 × 12/8 = 33,000,000원

20×9년 6월 30일까지 간이과세 포기신고를 하지 아니한 경우

환급받은 부가가치세 중 다시 납부할 세액 16,065,000원

재고납부세액 = 취득가액 × (1-5/100 × 경과된 과세기간의 수) × 10/100 × (1-0.5% × 110/10)

취득가액(2억원) × [1 - 5/100 × 경과된 과세기간의 수(3)] × 10/100 × 0.945 [1 - 0.5% × 110/10]

부동산임대업의 간이과세 포기 신고

부동산임대업을 영위하는 일반과세자의 전년도 매출액이 4800만원 미만이 되는 경우 7월 1일부로 간이과세자로 변경이 된다. 이 경우 계산방법에 의하여 공제받은 매입세액을 다시 납부하여야 한다.

단, 전년도 공급대가가 4800만원 미만이 되더라도 **간이과세자가 배제되는 지역에서 일정면적을 초과하거나** 간이과세 포기신고를 하는 경우 일반과세자로 계속 유지가 되며, 이 경우 공제받은 매입세액을 다시 납부하지 않아도 되므로 간이과세자로 전환될 간이과세자의 경우 간이과세포기 신고제도를 이용하여 10년 동안은 일반과세자로 유지를 하면 될 것이다.

[사례] 신규사업자의 일반과세자에서 간이과세자로의 유형 변경
20×1.3.10. 개업하여 20×1.3.10. ~ 20×1.12.31. 공급가액이 3,600만원(간주임대료 포함)인 경우 3,600만원 / 10개월 × 12개월 = 4,320만원으로 20×2.7.1.부터 간이과세자로 전환됨

간이과세자에 관한 규정을 적용받게 되는 일반과세자가 간이과세자에 관한 규정의 적용을 포기하고 일반과세자에 관한 규정을 적용받고자 하는 경우 일반과세자로 적용받으려는 달의 전달의 마지막 날까지 관할세무서장에게 간이과세포기신고를 하여야 한다.

신규 일반과세사업자의 간이과세 포기신고

신규로 사업을 시작하는 개인사업자가 사업자등록을 신청할 때 관할세무서장에게 간이과세자에 관한 규정의 적용을 포기하고 일반과세자에 관한 규정을 적용받으려고 신고한 경우에는 간이과세자로 전환됨이 없이 일반과세자 적용을 받을 수 있다.

부동산 무상 또는 저가 임대 관련 세금문제

> 부동산을 가족 등 특수관계인에게 무상으로 사용하게 하거나 저가로 임대한 경우 소득세법 제41조에 의한 부당행위계산 적용대상이 되어 세금을 추징당할 수 있으므로 다음 내용을 참고하여 세무상 문제가 발생하지 않도록 유의하여야 한다.

특수관계자에게 무상 또는 저가임대시 부가가치세

용역을 무상 또는 저가로 공급하는 경우 원칙적으로 부가가치세 과세대상이 아니다. 다만, 특수관계자에게 용역을 무상으로 공급하거나 부당하게 낮은 대가를 받는 경우 부가가치세 과세대상에 해당한다. (부가법 제29조 ④)

따라서 부동산임대업을 영위하는 사업자가 그의 가족 등 특수관계자에게 무상 또는 **적정 임대료보다 낮은 가액**으로 임대하는 경우 시가와의 차액에 대하여 부가가치세가 과세되며, 이 경우 부가가치세 상당액을 신고 및 납부하여야 한다.

적정 임대료

적정임대료는 당해 거래와 유사한 상황에서 당해 거주자와 특수관계 없는 불특정다수인과 계속적으로 거래한 가격 또는 특수관계자가 아닌 제3자간에 일반적으로 거래한 가격이 있는 경우에는 그 가격에 의하는 것이나, 그 가격을 적용할 수 없는 경우에는 법인세법 시행령 제89조 제4항 제1호의 규정에 의하여 계산한다.

시가가 없는 경우 (법인세법 시행령 제89조 ④ 1)

유형 또는 무형의 자산을 제공하거나 제공받는 경우에는 당해 자산 시가의 100분의 50에 상당하는 금액에서 그 자산의 제공과 관련하여 받은 전세금 또는 보증금을 차감한 금액에 정기예금이자율을 곱하여 산출한 금액

[사례] 시가가 없는 경우 임대료 상당액
A씨는 본인 소유 건물을 다음의 조건으로 임대하고 있다.
- 임대기간 : 2024. 1.1 ~ 2024.12.31. 건물시가 : 24억원
- 임대보증금 : 2억원, 월임대료 : 1,000,000원(연 12,000,000원)
[해설] ① 임대료 시가 : (24억원 × 50/100 - 2억원) × 3.5%(2024년 정기예금이자율) = 35,000,000원
② 저가 임대료 : 23,000,000원 = 35,000,000원 - 12,000,000원
③ 저가 임대료에 대한 부가가치세 2,300,000원을 추가로 신고 및 납부하여야 함

주택을 직계존비속에게 무상으로 사용하게 하는 경우

주택의 임대는 부가가치세 과세대상이 아니며, 직계존비속에게 주택을 무상으로 사용케 하고 직계존비속이 그 주택에 실제 거주하는 경우는 부당행위계산부인이 적용되지 않는다. (소득령 제98조 ② 2)

🔲 특수관계자에게 무상 또는 저가임대시 증여세

부동산무상사용이익은 부동산을 무상사용을 개시한 날을 증여시기로 하여 5년마다 5년간의 부동산무상사용이익에 대하여 한꺼번에 증여세가 과세되는 것이며, 그 5년간의 증여재산가액이 1억원 이상인 경우에 한하여 증여세가 과세된다.

그리고 무상사용 기간이 5년을 초과하는 경우에는 그 무상사용을 개시한 날부터 5년이 되는 날의 다음 날에 새로 해당 부동산의 무상사용을 개시한 것으로 본다. 5년 동안의 무상사용이익이 1억원 이상 되려면 대략 시가 13억원이 넘는 부동산을 무상으로 사용해야 한다.

■ 부동산무상사용이익 = 부동산가액 × 2% × 3.79079

• 3.79079는 5년간의 부동산무상사용이익 총액 상당액에 대하여 물가를 반영하여 현재가치로 계상하기 계수임

무상 임대의 증여시기

5년 치 무상사용이익에 대해 한 번에 증여세를 과세하므로 부동산 무상 사용에 대한 증여 시기는 무상사용(임대)을 개시한 날이 된다. 따라서 무상사용 기간이 5년을 초과하는 경우에는 처음 무상사용을 개시한 날로부터 5년이 되는 날의 다음 날에 새로 무상 사용을 개시한 것으로 보아 증여세를 과세하며, 증여세 과세 이후 실제 무상 사용 기간이 5년 미만인 경우에는 이미 납부한 5년 치 증여세 중 잔여 기간에 해당하는 만큼 경정청구를 통해 환급받을 수 있다.

특수관계자 간 부동산 무상사용 시 절세 대책

이와 같이 특수관계자 간 부동산 무상사용은 여러 가지 세금문제가 발생할 수 있으므로 사전에 이를 예방할 수 있도록 임대차 계약을 맺고 일정 수준 이상의 임대료를 수수한 후 신고해야 한다.

예를 들어 특수관계자 간 부동산 무상 사용에 따른 증여세를 피하기 위해서는 무상으로 임대하는 부동산가액이 13억원을 초과하지 않는 범위 내에서 사용하도록 하여야 하며, 만약 13억원을 초과할 경우

에는 세법상 적정 임대료인 부동산가액의 2% 이상을 주고받아야 한다.

또한 소득세와 부가가치세 과세 문제에 대비하기 위해서는 소득세법상 적정 임대료[(부동산 가액 × 50%) - 보증금 × 3.5%)]를 주고받은 후 기한 내에 신고·납부해야 한다. 만약 부가가치세와 소득세를 적정하게 신고한 경우에는 증여세 과세 문제는 발생하지 않는다.

무상 담보 제공에 대한 증여세

타인의 부동산을 무상으로 담보로 이용하여 금전 등을 차입함에 따라 이익을 얻은 경우에는 그 부동산 담보 이용을 개시한 날을 증여일로 하여 그 이익에 상당하는 금액을 부동산을 담보로 이용한 자의 증여재산가액으로 한다. 다만, 그 이익에 상당하는 금액이 1천만원 미만인 경우는 제외한다. [상속세 및 증여세법 시행령 제27조]

부동산을 무상으로 담보로 이용하여 금전 등을 차입함에 따라 얻은 이익은 차입금에 적정 이자율(2024년 현재 4.6%)을 곱하여 계산한 금액에서 금전 등을 차입할 때 실제로 지급하였거나 지급할 이자를 뺀 금액으로 한다. 이 경우 차입기간이 정하여지지 아니한 경우에는 그 차입기간은 1년으로 하고, 차입기간이 1년을 초과하는 경우에는 그 부동산 담보 이용을 개시한 날부터 1년이 되는 날의 다음 날에 새로 해당 부동산의 담보 이용을 개시한 것으로 본다.

◆ 상증, 서면인터넷방문상담1팀-1444 , 2005.11.28
부모의 재산을 담보로 제공하고 자금을 차입한 경우 부모로부터 담보를 제공받음으로써 얻은 이익상당액(불특정다수인 사이에 통상적인 지급대가가 1천만원 이상인 것에 한함)은 증여세가 과세됨

SECTION 04

오피스텔 임대 세금

전국 오피스텔 임대수익률은 연 5 ~6%로 기대수익률이 예금 금리보다 3배 이상 높기 때문에 비교적 쉬운 부동산 투자상품이다. 그러나 오피스텔의 경우 매우 복잡한 세금문제가 발생할 수 있으므로 법을 정확히 알지 못하는 경우 오피스텔 때문에 '세금 폭탄'을 맞을 수 있으므로 본서 내용을 활용하여 세금 폭탄을 맞지 않도록 각별히 유의하여야 한다.

오피스텔 임대와 관련한 세금 개요

오피스텔 용도와 부가가치세

오피스텔의 용도는 건축법상 업무시설에 해당한다. 다만, 실질과세 원칙에 따라 사용 용도에 따라 주거용과 업무용으로 구분한다. 주거를 하면서 전입신고를 한 경우는 주거용으로, 사무실로 사용중이면 업무용에 해당하며, 주거용인 경우 주택으로 간주하므로 부가가치세 신고·납부의무는 없는 것이나(국민주택 규모 이하의 주택판매 또는 주택의 임대는 면세됨) 업무용인 경우 상가에 해당하므로 임대소득에 대하여 부가가치세를 신고 및 납부하여야 한다.

한편, 오피스텔의 경우 「건축법」에 의한 업무시설에 해당하므로 오피스텔을 신축하여 분양하는 사업자는 매입자의 실제 사용용도에 관계없이 건물분에 대하여 매입자로부터 부가가치세를 거래징수하게 된다.

예를 들어 오피스텔의 분양금액이 2억원이고, 건물분이 1억 5천만원인 경우 매입자는 건물분에 대한 부가가치세 1천 5백만원을 더 주고 구입을 하여야 하는 것이다. (분양금액 : 토지 5천만원 + 건물 1억5천만원 + 부가가치세 1천5백만원)

◼ 주거용 오피스텔 및 업무용 오피스텔의 세금 비교

구	분	주거용 오피스텔	업무용 오피스텔
취득	취득세 등	취득금액의 4.6%	취득금액의 4.6%
	부가가치세	건물가액의 10%	건물가액 10% (환급 가능)
보유	재산세	0.1% ~ 0.4%	토지 : 0.2 ~ 0.4% 건물 : 0.25%
	종합부동산세	합산(장기임대주택 제외)	합산 제외
	종합소득세	합산	합산
	부가가치세	없음	월세 및 보증금이자상당액 (연리 1.2%)의 10%
양도	양도소득세	과세(단, 1세대 1주택의 경우 비과세)	과세

▶ 취득세 등 : 취득세 4% + 농어촌특별세 0.2% + 지방교육세 0.4%

오피스텔의 주거용 또는 업무용 구분

오피스텔이 주거용인지 업무용인지는 오피스텔 내부구조와 형태, 사용하는 용도 등을 종합하여 판단하며, 임차인이나 소유자가 해당 오피스텔에 주민등록을 전입했는지 등이 판단의 주요 기준이 된다.

▶ **국세청에서 주거용과 업무용 오피스텔을 구분하는 기준**
- 오피스텔에 주민등록이 되어 있으면 주거용
- 사업자등록이 되어 있으면 업무용
- 오피스텔의 내부구조·형태 및 사실상 사용 용도 등을 종합하여 판단

◆ **오피스텔을 기숙사로 임대하는 경우 과세대상임**
(부가, 서면인터넷방문상담3팀-2292 , 2004.11.10.)
부동산임대업을 영위하는 사업자가 오피스텔을 임대하고 임차인이 당해 오피스텔을 종업원의 복리 및 근로의 편의를 위한 기숙사로 사용하는 경우 당해 오피스텔의 임대용역에 대하여는 부가가치세가 과세되는 것임

◆ **오피스텔을 법인의 임직원 주거용으로 임대는 경우 면세되는 것임**
(부가46015-1185, 1999.4.22.)
주택임대업을 영위하는 자가 상시 주거용으로 사용하는 건물(주택)을 법인사업자에게 임대하고 임차인인 당해 법인은 임원의 주거용으로 사용하는 경우에 당해 주택의 임대용역은 부가가치세가 면제되는 것임

오피스텔을 주택으로 임대 또는 사용하는 경우

오피스텔이 1세대 1주택 또는 일시적 2주택에 해당하는 경우 오피스텔 양도시 양도소득세를 부담하지 않아도 된다. 그러나 오피스텔 외 다른 주택을 소유하고 있는 경우 1세대 2주택 이상이 되어 다른

주택 또는 오피스텔 양도시 양도소득세를 부담하여야 하는 문제가 있으므로 오피스텔 구입시 양도소득세 문제를 신중히 검토하여 세금폭탄을 맞지 않도록 주의를 하여야 한다.

예를 들어 오피스텔이 없는 1세대 1주택인 세대가 2년 이상 보유한 주택을 양도하는 경우 1세대 1주택으로 인하여 비과세됨에도 오피스텔을 취득하여 보유함으로서 1세대 2주택에 해당되어 해당 주택 양도시 고액의 양도소득세를 부담하는 경우가 종종 발생하기도 한다.

■ 쟁점오피스텔을 주거용으로 보아 일시적 1세대 2주택 특례적용을 배제하여 양도소득세를 부과한 처분의 당부 기각
(조심-2022-전-7832, 2022.12.21.)
1. 처분개요
가. 청구인은 2019.2.19. ㅇㅇㅇ(이하 "종전주택"이라 한다)를 취득·보유하던 중에 2020.11.3. ㅇㅇㅇ(이하 "신규주택"이라 한다)를 취득하였고, 그 배우자 AAA은 2020.3.25. ㅇㅇㅇ(이하 "쟁점오피스텔"이라 한다)를 취득하였다.

나. 청구인은 2021.8.12. 종전주택을 양도한 후, 일시적 1세대 2주택 특례를 적용하여 2021년 귀속 양도소득세를 비과세로 신고하였다.

다. 처분청은 2022.3.23.부터 2022.4.11.까지 청구인에 대한 양도소득세 조사를 실시한 결과, 청구인은 종전주택 양도 당시 그 배우자(AAA)가 소유한 쟁점오피스텔(상시 주거용)을 포함하여 1세대 3주택자로서 종전주택의 양도가「소득세법」제89조 제1항 제3호 나목의 일시적 1세대 2주택 특례에 해당하지 아니한 것으로 보아 양도소득세 비과세를 배제하여 2022.7.6. 청구인에게 2021년 귀속 양도소득세 ㅇㅇㅇ원을 경정·고지하였다.

라. 청구인은 이에 불복하여 2022.7.28. 심판청구를 제기하였다.

오피스텔 매입 및 보유, 양도와 관련한 세금

▣ 오피스텔 매입과 부가가치세

오피스텔 매입과 부가가치세

국민주택 규모 이하 주택을 취득하는 경우 부가가치세 면제되지만, 오피스텔의 경우 주거용이라 하더라도 부가가치세가 과세된다. 이는 국민주택 이하 규모의 면세규정은 「조세특례제한법」에서 그 대상을 **「주택법」**에 의한 주택으로 한정하기 때문이다. 따라서 오피스텔은 「주택법」에 의한 주택이 아니므로 주거용으로 사용하더라도 부가가치세가 과세되는 것이며, 매입시 부가가치세를 부담하여야 한다.

□ 조세특례제한법 시행령 제106조(부가가치세 면제 등) ④ -요약-
1. 「주택법」 제2조제1호에 따른 주택으로서 그 규모가 같은 조 제6호에 따른 국민주택규모(다가구주택은 가구당 전용면적 기준) 이하인 주택

오피스텔을 매입하여 일반과세사업자로 등록후 업무용으로 임대하는 경우 부가가치세 매입세액 환급

부가가치세란 사업자가 물품 등을 판매하는 경우 부가가치세법의 규정에 의하여 그 물품대금의 10%를 세금(거래세)으로 더 받아 두었다가 일정 기간 단위로 세무서에 납부하는 세금으로 오피스텔 구입시 매입자가 부담하는 부가가치세는 오피스텔 건축사업자에게 건물대금의 10%를 더 준 금액으로 부가가치세는 매입자가 부담하되, 납부는 매출자가 하게 된다. 다만, 매입자가 일반과세사업자로 사업자등록을 하고, 매입한 물품등을 자기의 과세사업에 사용하는 것으로서 세금계산서를 수취한 경우 매입시 부담한 부가가치세를 세무

서로부터 돌려받을 수 있다. 따라서 오피스텔을 매입하여 주거용도가 아닌 사무실용도로 부동산임대를 하는 경우 과세사업자에 해당하게 되며, 일반과세사업자로 등록하면, 오피스텔 매입과 관련한 매입세액을 세무서로부터 돌려받을 수 있는 것이다.

▶ 토지의 공급은 부가가치세가 과세되지 않음(면세)

면세란 부가가치세가 면제된다는 의미로 토지의 공급은 부가가치세가 과세되지 않는다. 따라서 오피스텔 매입시 토지분은 부가가치세가 없는 것이다.

▶ 국민주택의 공급은 부가가치세가 과세되지 않음(면세)

「주택법」에 의한 국민주택(전용면적 85㎡ 이하인 주택)의 경우에는 부가가치세가 과세되지 않는다. 단, 오피스텔의 경우 주거용으로 사용한다하더라도 오피스텔은 「주택법」에 의한 주택이 아니므로 전용면적이 85㎡ 이하인 경우에도 부가가치세가 과세되어 매입시 건물분에 대하여 부가가치세를 부담하게 된다.

주거용 오피스텔 매입 및 임대하는 경우 매입세액 부담

사업자가 과세되는 물품을 구입하여 면세사업에 사용하는 경우 그 매입세액은 공제를 받을 수 없다. 따라서 오피스텔을 구입하여 주택으로 임대하는 경우 오피스텔 매입시 부담한 매입세액을 환급받을 수 없으며, 주택임대는 부가가치세가 면세되므로 부가가치세 신고 및 납부의무가 없다.

▶ 오피스텔을 주거용으로 임대하는 경우 임대료는 부가가치세가 과세되지 않음

오피스텔을 주거용으로 임대하는 경우 부가가치세가 면세되므로 임대수익에 대하여 부가가치세를 신고납부하지 않아도 된다.

📋 오피스텔 취득세

취득세

오피스텔 취득은 **주거용 여부와 상관없이** 주택으로 보지 않고 일반 건물매매로 보기 때문에 취득가액의 4.6%에 상당하는 금액을 취득세(농어촌특별세, 지방교육세 포함)로 부담하여야 한다.

반면, 주택의 경우 국민주택규모 이하이고 취득가액이 6억원 이하인 경우 취득세는 1.1%(농어촌특별세 면세, 지방교육세 포함)만 부담하고 부가가치세도 면세되나 같은 조건의 주거용 오피스텔 취득시에는 부가가치세 및 높은 세율의 취득세를 부담하여야 하는 것이다.

다른 주택을 취득하는 경우 주거용 오피스텔은 주택수에 포함되어 다른 주택의 취득세가 중과세 될 수 있음

오피스텔 취득 자체는 취득세가 중과세되지 않으나 2020. 8. 12. 이후 취득한 '주거용 오피스텔'의 경우 취득세 중과 판단 시 주택수에 포함되므로 다른 주택을 매입할 때 취득세 중과 여부를 반드시 검토하여야 한다. 단, 시가표준액이 1억원 이하인 오피스텔은 취득세 중과 판단 시 주택수에서 제외한다.

📋 오피스텔 재산세

오피스텔 재산세

재산세는 취득세와 달리 실제 용도에 의하여 부과를 하는 것을 원칙으로 한다. 따라서 공부상의 등재 현황과 사실상 현황이 다르면 사실상 현황에 의해 재산세를 부과하기 때문에 오피스텔이 공부상

업무시설이라도 사실상 주거용인 경우 주택과 같은 0.1~0.4%의 재산세율을 적용받는다.

재산세 부과기준일 → 매 년 6월 1일

재산세 부과기준일은 매 년 6월 1일이며, 6월 1일 현재 공부상 소유권을 가진 자에게 1년분 보유기간 전체에 대한 재산세 부과한다. 따라서 보유하던 부동산을 5월 31일 매도하여 소유권이 변경되는 경우 매도인은 1월 1일부터 5월 31일까지 부동산을 보유하였음에도 해당 기간 동안의 재산세 상당액을 부담하지 않아도 되나 매수인은 1년분 재산세를 납부하여야 함으로서 1월 1일부터 5월 31일까지 부동산을 보유하지 아니하였음에도 재산세를 부담하여야 한다.

업무용 오피스텔과 주거용 오피스텔 재산세

재산세의 경우 주거용 오피스텔과 업무용 오피스텔 재산세는 다르게 부과하며, 재산세 세율은 다음과 같다. [지방세법 제111조]

▶ 업무용 오피스텔 : 토지 및 건물을 구분하여 재산세 부과

구분	과세표준	세율
토지	2억원 이하	1,000분의 2
	2억원 초과 10억원 이하	40만원＋2억원 초과금액의 1,000분의 3
	10억원 초과	280만원＋10억원 초과금액의 1,000분의 4
건물	구분 없음	1천분의 2.5

▶ 주거용 오피스텔 : 주택으로 재산세 부과

과세표준	세율
6천만원 이하	1,000분의 1
6천만원 초과 1억5천만원 이하	60,000원＋6천만원 초과금액의 1,000분의 1.5
1억5천만원 초과 3억원 이하	195,000원＋1억5천만원 초과금액의 1,000분의 2.5
3억원 초과	570,000원＋3억원 초과금액의 1,000분의 4

◘ 재산세 납기 (지방세법 제115조)

구 분		납 기
토지		매년 9월 16일부터 9월 30일까지
건축물		매년 7월 16일부터 7월 31일까지
주택(분할 납부)	1차	매년 7월 16일부터 7월 31일까지
	2차	매년 9월 16일부터 9월 30일까지

◘ 업무용 오피스텔을 주거용으로 사용하는 경우 재산세 절세

주거용 오피스텔의 재산세는 업무용 오피스텔에 비하여 재산세 세율이 낮으며, 재산세의 경우 취득세와는 달리 실제 주거용으로 사용하는 경우 주거용으로 부과하게 된다. 따라서 오피스텔을 실제 주거용으로 사용하는 경우 재산세 부과기준일(6월 1일)로부터 역산하여 10일 이전에 시·군·구에 신고하는 경우 담당공무원의 확인을 거쳐 주택으로 재산세를 부과하게 되어 재산세를 줄일 수 있다. 다만, 주택으로 되는 경우 여러 가지 세무상 문제(오피스텔의 사실상 용도변경과 세무문제 참조)가 있으므로 각별히 유의를 하여야 한다.

오피스텔 종합부동산세

오피스텔의 종합부동산세 과세대상 여부

업무용오피스텔의 경우 주택분 재산세가 과세되지 않기 때문에 주택분 종합부동산세가 과세되지는 않는 것이나, 상시 주거용으로 사용하는 오피스텔인 경우 주택에 해당하여 종합부동산세가 과세된다.

오피스텔을 지방자치단체에 주거용으로 신고시 주의사항

오피스텔은 주택법 제2조(정의)에서 규정하는 주택이 아니라 준주택이다. 따라서 오피스텔을 취득하는 경우, 주거용이라고 해도 건축물

대장상의 용도에 따라 건축물에 대한 취득세율등 4.6%가 적용되며, 재산세의 경우에도 지방자치단체는 업무용으로 부과한다.

다만, 오피스텔을 주거용으로 임대하는 경우로서 주거용으로 별도로 신고를 하는 경우 주택분으로 재산세가 고지되며, 이 경우 거주자별로 보유한 주택 공시가격이 9억원(1세대 1주택자 **12억원**)을 초과하는 경우 종합부동산세 과세대상에 해당하므로 각별한 주의를 요한다.

예를 들어 고가의 1주택을 보유한 사람이 오피스텔을 취득해 주택분 재산세로 변경하면 종합부동산세에서는 2주택자로 본다. 따라서 이 경우 종합부동산세 공제액도 12억원이 아니라 9억원만 받을 수 있고, 1주택자가 받을 수 있는 고령 및 장기보유세액공제도 받을 수 없게 되므로 재산세를 조금 아끼려다 종합부동산세 폭탄을 맞게 되는 것이다.

한편, 국세청은 지방자치단체로부터 통보받은 재산세 부과자료에 근거하여 종합부동산세를 과세하므로 실질적으로 주거용 오피스텔임에도 종합부동산세 고지금액에서 제외하게 되나 국세청이 종합부동산세 부과 이후 오피스텔의 주거용 여부에 대한 일괄조사, 임차인의 연말정산시 월세소득공제, 기타 유관기관과의 협조를 통하여 주거용 오피스텔을 파악하여 추가 고지를 할 수 있는 세무적 문제는 있다.

오피스텔 양도와 양도소득세

양도소득세

오피스텔을 양도하는 경우 양도소득세를 신고 및 납부하여야 한다. 단, 오피스텔이 양도일 현재 1세대 1주택에 해당하는 경우 또는 일시적 2주택에 해당하는 경우에는 양도소득세가 비과세된다.

◩ 주거용 오피스텔의 1세대 1주택 및 일시적 2주택 비과세

오피스텔 1채 외에 다른 주택이 없는 경우로서 주거용으로 사용한 기간이 2년 이상인 경우 1세대 1주택에 해당하여 비과세를 적용받을 수 있다. 한편, 주거용 오피스텔이 있고 별도의 1주택이 있는 경우 오피스텔 또는 주택 양도시 1세대 1주택에 해당하지 아니하여 양도소득세를 부담하여야 한다. 단, 일시적 2주택의 경우에는 비과세된다.

◩ 업무용 오피스텔 양도시 부가가치세

일반과세자인 경우

업무용으로 사용하던 오피스텔을 양도하는 경우 건물분에 대하여 세금계산서를 발급하고, 부가가치세를 신고 및 납부하여야 한다.

◩ 건물가액 계산 및 세금계산서 발급, 부가가치세 신고·납부

1) 업무용 건물가액의 10%는 부가가치세가 과세되므로 세금계산서를 발급(토지분에 대한 계산서 발급의무는 없음, 소득세법 시행령 제211조 ② 4)하고, 부가가치세를 신고 납부하여야 한다.
2) 계약서에 면세되는 토지부분의 가액을 부당하게 고가로 명시하고 과세되는 건물가액을 현저하게 저가로 명시 하는 등의 사유로 인하여 실지거래가액 중 토지와 건물 등의 가액 구분이 불분명한 경우에 해당하는 경우(기준시가로 토지 및 건물가액을 안분한 금액보다 30% 이상 차이가 나는 경우)에는 아래 순서에 의하여 해당되는 금액을 거래가액으로 적용한다. (부가가치세법 제29조 ⑨)

1. 감정평가액이 있는 경우: 감정평가가액에 비례하여 안분계산
2. 감정평가액이 없으나 기준시가가 모두 있는 경우 : 공급계약일 현재의 기준시가에 따라 계산한 가액으로 안분계산하여야 한다.

▶ 포괄양도양수 및 부가가치세 신고·납부

사업에 관한 모든 권리의무를 양수인에게 포괄양도양수하는 경우 세금계산서 발급의무가 없다. 다만, 포괄 양도양수의 경우 여러 가지 세무적 문제가 있을 수 있으므로 반드시 세무사에 의뢰하여 처리하여야 한다.

간이과세자인 경우

건물분 매매금액의 10%에 40%(부동산임대업의 부가가치율)를 곱한 금액을 부가가치세로 신고 및 납부하여야 한다.

▣ 업종별 부가가치율 [부령 제111조 ②] (개정) '21.7.1. 이후

업 종	부가가치율
5. 금융 및 보험 관련 서비스업, 전문·과학 및 기술서비스업, 사업시설관리·사업지원 및 임대 서비스업, 부동산 관련 서비스업, 부동산임대업	40%

ⓓ 오피스텔 장기임대주택 등록 세금 절세 등

장기임대주택 지방자치단체 등록 및 세무서 사업자등록

오피스텔을 주거용으로 임대하면서 각종 세금혜택을 받고자 하는 경우 주소지 관할 시군구청에 임대사업자로 등록을 하고, 등록한 주소지를 사업장으로 하여 관할 세무서에 면세 사업자등록을 하여야 한다.

단, 세무서 사업자등록은 장기임대주택 여부에 관계없이 의무적으로 사업자등록을 하여야 하며, 사업자등록을 하지 않는 경우 가산세(미등록기간 주택임대 수입금액의 1천분의2)가 적용된다.

▶ 장기일반민간임대주택의 임대기간에 따른 감면율

관련 법령	임대기간	감면내용
조특법 제97조의4	6년 이상	장기보유특별공제율 추가 공제
조특법 제97조의3	8년 이상	장기보유특별공제율 : 50%
	10년 이상	장기보유특별공제율 : 70%

■ 조정대상지역 장기임대주택 등록시 세제 혜택

1) 조세특례제한법 제97조의3에 의한 장기보유특별공제
(요건) 임대개시일 당시 기준시가 6억원(서울, 경기, 인천 외 3억원) 이하
2) 조세특례제한법 제96조에 의한 소형주택 임대사업자 세액감면
(요건) 임대개시일 당시 기준시가 6억원 이하

장기임대 오피스텔과 1주택을 보유한 경우 거주주택 비과세

오피스텔을 장기임대주택으로 등록하는 경우로서 거주주택 비과세 요건을 충족하는 경우 2년 이상 거주한 주택은 1세대 1주택 비과세 특례를 적용받을 수 있다. (1세대 1주택 비과세 특례 참조)

■ 오피스텔은 조정대상지역이더라도 장기임대주택으로 등록하는 경우 거주주택 비과세 특례를 적용받을 수 있다.

주거용 장기임대 오피스텔 종합부동산세

오피스텔을 장기임대주택으로 등록하는 경우 종합부동산세 합산에서 배제된다. 단, 조정대상지역내 2018.9.14. 이후 새로 취득 하는 주거용 오피스텔은 장기임대를 하더라도 종합부동산세 과세표준에 합산된다.

🅠 오피스텔의 용도변경과 세무문제

업무용 오피스텔을 주거용으로 전환한 경우
업무용으로 사용하던 오피스텔을 주거용으로 전환하는 경우로서 일반과세사업자로 등록하여 건물분에 대하여 매입세액을 환급받은 경우 환급받은 매입세액을 경과기간에 따라 일정률을 곱한 금액을 납부하여야 한다. 즉, 과세사업(업무용으로 임대)에 사용하던 오피스텔을 면세사업(주거용으로 임대)으로 사용하는 경우 환급받았던 부가가치세를 다음의 계산방법에 의하여 계산한 부가가치세를 납부하여야 하는 것이다. 단, 오피스텔 취득 이후 **10년이 경과**하면, 주거용으로 전용하더라도 부가가치세를 다시 납부하지 않아도 된다.

▶ 납부할 부가가치세 과세표준 및 납부세액 계산방법
- 과세표준(시가) : 매입세액을 공제받은 오피스텔의 취득가액 × (1 - 5/100 × 경과된 과세기간의 수)
- 납부할 부가가치세 : 과세표준 × 10/100

▶ 경과된 과세기간 수 계산
과세기간의 개시일에 당해 재화를 취득하거나 당해 재화가 공급된 것으로 보아 과세기간의 수를 계산한다. 예를 들어 20×6. 5. 20. 일반과세사업자로 등록한 후 매입세액을 환급을 받았으나 20×7. 1. 20. 주거용으로 전환하는 경우 경과한 과세기간 수는 '2'임(20×6년 1기, 20×6년 2기, 1기)

주거용 임대 오피스텔을 업무용으로 전환한 경우
오피스텔 매입시 주거용으로 임대한 경우 매입세액을 공제받을 수 없었으나 차후 업무용으로 임대하면서 일반과세사업자로 사업자등록을 하여 부가가치세를 신고납부하는 경우 매입세액에 일정률을 곱한 금액을 공제받을 수 있으며, 이 경우 '과세사업전환 감가상각자산 신고서'를 제출하여야 한다. (부가가치세법 시행령 제85조)

[사례] 20×7. 5. 오피스텔 취득, 주거용으로 임대하다 20×9. 7 업무용으로 전환, 취득금액 215,000,000원 취득시 매입세액은 공제받지 못함
과세표준 : 건물 150,000,000원, 건물분 부가가치세 15,000,000원, 토지분 50,000,000원

■ 공제되는 세액 = 취득 당시 해당 재화의 면세사업 등과 관련하여 공제되지 아니한 매입세액 × (1 - 5% × 경과된 과세기간 수)
15,000,000원 × (1- 5% × 5) = 11,250,000원

◆ 임대하던 오피스텔을 업무용으로 임대시 과세사업 전환 감가상각자산에 대한 매입세액공제 가능함[업무용 --> 주거용 --> 업무용]
(법규부가2013-43, 2013.2.15.)
오피스텔을 취득하면서 부동산임대업으로 사업자등록을 신청하여 관련 매입세액을 공제받고 오피스텔을 업무용으로 임대한 자가 오피스텔을 주거용으로 임대전환하면서 면세 전용에 따른 자가공급에 해당하는 것으로 보아 부가가치세를 신고납부한 후, 해당 오피스텔은 업무용으로 임대하는 경우 사업자는 과세사업전환 감가상각자산에 대하여 그 과세사업에 사용한 날이 속하는 과세기간의 매입세액으로 공제할 수 있는 것임

자가사용 주거용 오피스텔을 업무용으로 전환한 경우
오피스텔 매입하여 주거용으로 **자가 사용**함으로서 매입세액을 공제받지 아니하였으나 차후 업무용으로 임대하게 되어 일반과세사업자로 사업자등록을 하더라도 매입세액은 공제받을 수 없다.
(부가, 부가가치세과-4239 , 2008.11.17.)

오피스텔 임대수익 세금

🅠 업무용 오피스텔 임대 세금

■ 부가가치세 신고 및 납부

▶ 일반과세자인 경우
오피스텔을 업무용으로 임대하는 경우 임대료에 대하여 부가가치세가 과세되며, 상반기(1.1. ~ 6.30.) 임대수입은 7월 25일까지, 하반기 (7.1. ~ 12.31.) 임대수입은 다음해 1월 25일까지 임대수익에 대한 부가가치세를 신고·납부하여야 하며, 부가가치세 신고시 세금계산서 합계표 및 부동산임대공급가액명세서를 제출하여야 한다.

▶ 부가가치세 : 6개월간의 월세 및 보증금에 대한 간주임대료 × 10%
[간주임대료] 보증금 × 정기예금이자율 2.9%('23년) × 임대일수/365일

▶ 간이과세자인 경우
간이과세자의 경우에는 1년간의 전체 임대수익에 대하여 다음 해 1월 25일까지 신고 및 납부하되, 연간 임대수입이 4800만원에 미달하는 경우 부가가치세 신고는 하되, 납부는 하지 않아도 된다.

업무용 오피스텔 임대 세금계산서 발급
부동산임대사업자가 일반과세자인 경우 월세에 대하여 세금계산서를 발급하여야 하며, 세금계산서 발급시 임차인이 사업자라면 공급받는자를 임차인의 사업자등록번호로, 비사업자라면 공급받는자를 임차인의 주민번호로 하여 세금계산서를 발급하여야 한다. 단, 간이과세자인 경우에는 영수증을 발급하면 된다.

주거용 오피스텔 임대 세금

주거용 오피스텔 사업자등록 및 계산서 발급

주거용 오피스텔의 경우 주택임대사업자로 사업자등록을 하여야 하며, 월세에 대하여 영수증(형식은 무관함)을 발급하여야 한다.

임대소득에 대한 종합소득세 신고

주거용으로 임대하는 오피스텔을 포함하여 부부합산 2채 이상의 주택(2채의 주택을 보유하고, 월세임대소득이 없는 경우에는 제외)을 보유하면서 주택 임대소득이 있는 경우 종합소득세를 신고 및 납부를 하여야 한다.

▶ 주택임대소득 과세대상 판단 기준(부부합산 → 소득세는 각자 신고)
- 1주택 소유 → 기준시가 9억원(2023년 이후 12억원)을 초과하는 주택을 월세로 준 경우
- 2주택 → 주택임대와 관련한 모든 월세 수입
- 3주택 이상 → 월세 수입 및 주택의 임대보증금 합계가 3억원을 초과하는 경우 초과하는 금액의 1.2%(2023년 2.9%) 상당액
  (2023. 12. 31. 까지 1세대당 40㎡를 이하인 주택으로서 기준시가가 2억원을 이하인 주택은 주택수에 포함하지 않음)

주거용 오피스텔 장기임대 과세 특례

오피스텔을 장기임대사업자(8년 이상 임대 → 2020.8.18. 이후 임대등록 10년)로 등록하는 경우 양도시 양도소득세 감면, 종합부동산세 합산배제, 거주주택 비과세, 임대주택 소득세 감면 등의 과세특례를 적용받을 수 있으므로 장기임대주택으로 등록하여 세금을 절세할 수 있는 방안을 검토하여야 할 것이다.

SECTION 05

상가 건물 양도
부동산임대업 폐업

> 부동산을 양도하는 경우로서 주택이 아닌 상가(겸용주택의 상가분 건물, 업무용도 오피스텔 포함)를 양도하는 경우 양도소득세 외에 부가가치세를 신고 및 납부하여야 하며, 임대에 사용하던 상가 건물을 폐업하는 경우에도 부가가치세를 신고·납부하여야 한다. 다만, 포괄양도양수에 의한 방법으로 양도하는 경우에는 부가가치세 신고납부의무가 없다.

부가가치세 징수 및 납부

개요

부가가치세 과세사업에 사용하던 상가건물을 매각하는 경우 양도소득세 신고·납부와는 별도로 **일반과세사업자**는 건물분에 대하여 매수인으로부터 건물대금의 10%를 부가가치세로 징수하여 신고.납부하여야 하므로 세금계산서를 발급하여야 하며, 간이과세자는 세금계산서 발급없이 건물 매각대금의 4%를 부가가치세로 신고·납부하여야 한다.

한편, 부동산임대업에 사용하던 상가 건물을 타인에게 양도하지 아니하고, 부동산임대업을 폐업하는 경우로서 건물의 취득 또는 매입 관련 매입세액을 공제받은 후 10년이내인 경우 아래 산식에 의하여 계산한 금액을 부가가치세로 신고 및 납부하여야 하며, 이를 잔존재화에 대한 과세라 한다. (부가가치세법 시행령 제66조)

▶ 납부할 부가가치세 과세표준 및 납부세액 계산방법

- 과세표준(시가) : 매입세액을 공제받은 상가 취득가액 × (1 − 5/100 × 경과된 과세기간의 수)
- 납부할 부가가치세 : 과세표준 × 10/100

일반과세사업자가 상가 건물을 양도하는 경우

세금계산서 발급

일반과세사업자가 임대에 사용하던 부동산을 매각하는 경우 실지거래가액에 의하여 상가건물과 토지가액을 구분하여 상가건물분에 대하여 세금계산서를 발급하여야 하며. 실지거래가액이란 거래 당사자간에 실지로 거래된 건물가액으로 매매계약서, 세금계산서 등 관련 증빙자료에 의하여 객관적으로 입증될 수 있는 거래가액을 말한다.

◆ 토지 매각에 대하여는 면세 계산서를 발급하지 않아도 됨
토지 매각에 대하여는 면세 계산서를 발급할 의무는 없으므로 발급하지 않아도 된다.

감정평가액 또는 기준시가에 의한 건물, 토지가액 구분

부가가치세를 적게 내기 위하여 계약서에 부가가치세가 과세되지 않는 토지부분의 가액을 고가로 명시하고 과세되는 건물가액을 현저하게 저가로 명시하는 등의 사유로 실지거래가액 중 토지와 건물 등의 가액 구분이 불분명한 경우에는 아래 순서에 의하여 계산한 금액을 건물 및 토지가액으로 하여야 한다.
[소득세법 제100조 ②, ③]

1. 감정평가액이 있는 경우 : 감정평가가액에 비례하여 안분계산
2. 감정평가액이 없으나 기준시가가 모두 있는 경우 : 공급계약일 현재의 기준시가에 따라 계산한 가액

▶ 감정평가액이 있는 경우
감정평가금액에 의하여 토지와 건물공급가액을 구분하여 계산하여야 한다.

▶ 거래가액 또는 감정평가액이 없으나 기준시가가 있는 경우
기준시가에 의하여 구분하여 계산하여야 한다. 기준시가라 함은 토지는 개별공시지가, 건물 등은 국세청 기준시가로 한다.

♣ 기준시가 : 국세청 → 조회·계산 → 기준시가 → 건물기준시가(양도)

■ 기준시가에 의하여 토지 및 건물을 구분하여야 하는 경우
매매계약서에 계약서에 토지 및 건물가액이 구분되어 있으나 기준시가로 토지 및 건물가액을 안분하여 계산한 금액이 매매계약서 금액보다 30% 이상 차이가 나는 경우에는 기준시가로 안분하여 계산한 금액을 토지 및 건물가액으로 하여 건물분에 대하여 세금계산서를 발급하여야 한다.

▶ 기준시가에 의한 건물분 부가가치세 계산

(1) 거래가액에 부가가치세가 포함되어 있는 경우

$$\text{건물의 과세표준} = \text{총거래가액} \times \frac{\text{건물 기준시가}}{\text{토지 기준시가} + \text{건물 기준시가} \times 110/100}$$

(2) 거래가액에 부가가치세가 포함되지 않은 경우

$$\text{건물의 과세표준} = \text{총거래가액} \times \frac{\text{건물 기준시가}}{(\text{토지 기준시가} + \text{건물 기준시가}) \times 100/100}$$

실지 거래가액, 감정평가액, 기준시가가 없는 경우

실지 거래가액, 감정평가액, 기준시가가 없는 경우에는 장부가액(장부가액이 없는 경우에는 취득가액)에 비례하여 안분계산한다. 장부가액이란 세무상의 장부가액을 말하며, 취득가액이란 세금계산서나 기타 취득가액을 증명할 수 있는 서류를 말한다.

◆ 부동산을 양도하면서 지출한 수수료의 매입세액 공제 여부
(부가, 부가가치세과-1174, 2013.12.26.)
부동산 임대업을 영위하던 사업자가 과세사업에 사용하던 건물과 그 부속토지를 양도하기 위하여 부동산컨설팅 및 중개수수료를 지급하면서 부담한 매입세액은 자기의 매출세액에서 공제되는 것임.

간이사업자가 상가 건물을 양도하는 경우

부가가치세 신고 및 납부

간이과세자가 부동산을 매각하는 경우에도 부가가치세가 과세되며, 다음의 계산 방식에 의한 부가가치세를 신고 및 납부하여야 한다.

■ 건물 매각금액 × 10% × 업종별 부가가치율(부동산임대업 40%)

간이과세자는 세금계산서를 발급할 수 없음

간이과세자는 세금계산서를 발급할 수 없으므로 부가가치세를 매도인으로부터 거래징수할 수 없으며, 통상 매도인이 부가가치세를 부담하게 된다. 다만, 거래 당사자간에 별도의 약정에 의하여 매수인이 부담하기로 하는 경우 건물가액에 부가가치세 상당액을 더한 금액이 양도가액이 되어 매도인은 양도소득세를 추가 부담하여야 한다.

간이과세자의 부가가치세 납부금액은 양도소득세 필요경비에 산입할 수 없음

간이과세자가 건물을 양도하면서 납부한 부가가치세는 양도소득 필요경비에 산입할 수 없다.

◆ 간이과세자가 납부한 부가가치세는 양도가액에서 차감할 수 없음
(법규과-868, 2010.6.30.)
간이과세자인 부동산임대업자가 임대용 건물을 양도하고 납부한 부가가치세는 소득세법 제96조의 양도가액에서 차감하지 아니하는 것임

간이과세자 부가가치세 납부금액 사업소득 필요경비 산입

간이과세자가 건물을 양도하면서 납부한 부가가치세는 양도소득 필요경비에는 산입할 수 없으나 사업소득 필요경비로는 산입할 수 있다.

◆ 간이과세자가 납부한 부가가치세는 사업소득 필요경비에 산입함
(소득46011-687 , 1997.03.07.)
간이과세 사업자의 부가가치세 매입세액은 매입부대비용으로 하는 것이며, **납부한 부가가치세는 필요경비에 산입함**

■ 건물 양도없이 부동산임대업을 폐업하는 경우

일반과세사업자가 폐업하는 경우 상가분 부가가치세

건물을 양도하지 아니하고 부동산임대업을 폐업하는 경우 공급받는자가 없으므로 부가가치세 납세의무는 없다. 그러나 당초 일반과세자로 부동산임대업을 개업하면서 공제받은 매입세액이 있는 경우로서 10년이 경과되지 아니한 경우 아래 과세표준에 10%를 곱한 금액을 부가가치세로 납부하여야 하며, 이를 잔존재화에 대한 과세라 한다.

단, 폐업일 전에 매매계약을 체결하고 폐업일 이후 소유권을 이전하는 경우에는 폐업시 잔존재화가 아닌 재화의 공급으로 보고 폐업일을 공급시기로 보아 세금계산서를 발급하여야 한다.

■ 과세표준 = 취득가액 × (1 - 5/100 × 경과된 과세기간의수)

▶ 잔존재화에 대하여 납부한 부가가치세의 필요경비 산입

2015.2.3 양도분부터 일반과세사업자가 매입세액을 공제받은 후 10년 내 폐업으로 인해 다시 납부하는 부가가치세 또는 간이과세자로 변경되면서 납부한 부가가치세는 양도소득 필요경비에 산입할 수 있다.

□ 소득세법 시행령 제163조(양도자산의 필요경비)
① 법 제97조제1항제1호가목에 따른 취득에 든 실지거래가액은 다음 각 호의 금액을 합한 것으로 한다. <개정 2020. 2. 11.>
1. 제89조제1항을 준용하여 계산한 취득원가에 상당하는 가액(제89조제2항제1호에 따른 현재가치할인차금과 「부가가치세법」 제10조제1항 및 제6항에 따라 납부하였거나 납부할 부가가치세를 포함하되 부당행위계산에 의한 시가초과액을 제외한다)

간이과세자 폐업 이후 양도시 부가가치세 납부의무 없음

사업자가 사업을 폐지하는 때에 잔존하는 재화는 자기에게 공급하는 것으로 보아 과세되는 것이나, 매입세액이 공제되지 아니한 재화에 대하여는 과세하지 아니한다. 따라서 간이과세자로서 부동산 취득과 관련한 매입세액공제를 받은 내용이 없는 경우 별도로 부가가치세를 신고·납부할 의무는 없는 것이며, 폐업일 이후 공실 상태에서 당해 부동산을 양도하는 경우에는 사업자의 지위에 있지 아니하므로 양도소득세는 신고·납부하여야 하나 부가가치세는 신고납부할 의무는 없다.

폐업 부가가치세 신고·납부

폐업자는 폐업일이 속하는 해당 과세기간의 개시일부터 폐업일까지의 기간을 과세기간으로 하여 폐업일이 속하는 날의 다음달 25일까지 신고 및 납부를 하여야 한다.

건물 감가상각비를 부동산임대소득 필요경비로 계상한 경우 양도소득 취득가액에서 차감

개인사업자가 사업에 사용하던 부동산을 양도하는 경우 양도소득세를 신고납부하여야 함

개인이 사업용 또는 부동산임대업 등에 사용하던 토지, 건물 등 양도소득세 과세대상 사업용고정자산을 양도하는 경우 그 처분손익은 개인사업자의 사업소득에 포함하지 아니하고, 별도로 양도소득세를 신고 및 납부하여야 한다.

반면, 법인의 경우 토지, 건물 등 처분손익은 법인의 소득에 포함하게 되므로 양도소득세 신고 및 납부대상이 아니다.

감가상각비를 사업소득 필요경비에 산입한 경우

개인사업자의 경우 사업에 사용한 건물에 대하여 매 년 건물의 가치 감소분을 감가상각비로 계상하여 사업소득의 필요경비에 산입할 수 있다. 이 경우 감가상각비로 사업소득의 필요경비에 산입한 금액은 양도소득세 신고시 취득가액에서 차감하여야 함에도 취득가액에서 차감하지 않은 경우 관할 세무서는 사업소득의 감가상각비로 계상한 금액을 양도소득 필요경비에서 부인하여 과소납부한 양도소득세를 추징하게 되므로 각별히 주의를 하여야 한다.

부동산임대소득에 대하여 추계신고를 하거나 감면을 받은 경우 감가상각의제

추계신고를 하는 경우 감가상각자산은 감가상각을 한 것으로 의제(필요경비에 감가상각비가 포함된 것으로 봄)되나 건축물의 경우에는 의제하지 않는다. [소득령 제68조 제2항 괄호(건축물은 제외한다)] 추계신고를 하는 경우 착한임대인 세액공제(조특법 제96조의3)를 받을 수 없으나 **간편장부대상자**가 추계신고를 하는 경우 세액공제를 받을 수 있다.

단, 추계신고를 하면서 착한임대인 세액공제등 감면을 받은 경우 감가상각을 한 것으로 의제되므로 주의를 하여야 한다.

◆ 감가상각 의제된 금액은 해당 자산의 양도소득세 계산 시 취득가액에서 차감하여야 함
(양도, 사전-2021-법규재산-0856, 2022.01.27.)
「소득세법」 제97조제3항에 따른 "감가상각비로서 각 과세기간의 사업소득금액을 계산하는 경우 필요경비에 산입하였거나 산입할 금액"에는 같은 법 시행령 제68조에 따라 감가상각한 것으로 의제된 감가상각비 상당액이 포함됨

포괄양도양수 및 세무상 유의할 사항

📌 포괄양도양수

포괄양도양수란 사업장별로 그 사업에 관한 모든 권리와 의무를 포괄적으로 승계시키는 것으로서 사업용 자산을 비롯한 물적·인적시설 및 권리 및 의무 등을 포괄적으로 양도하여 사업의 동일성을 유지하면서 경영 주체만을 교체시키는 것을 말한다.

포괄양도양수의 방법으로 부동산을 양도하는 경우 재화의 공급에 해당하지 아니하므로 매수인으로부터 부가가치세를 징수함이 없이 양도할 수 있다. 단, 재화의 공급으로 보지 아니하는 사업의 양도에 해당하는 경우 양도인은 부가가치세 폐업 확정신고시 사업양도신고서 및 사업양도양수계약서를 작성하여 제출하여야 한다.

[서식] 국세청 홈페이지 → 국세정책제도 → 통합자료실 → 세무서식
부가가치세 (검색어) 사업양도

◆ 포괄양도양수와 세금계산서 발급 면제
부동산임대업을 포괄 양도양수하는 경우 세금계산서 발급의무가 면제되나 포괄양도양수가 아닌 경우 세금계산서를 발급하여야 한다.

간이과세자가 포괄양도양수하는 경우
부동산임대업을 영위하던 간이과세자가 포괄 양도·양수의 방법으로 간이과세자인 양수인에게 모든 사업시설뿐만 아니라 그 사업에 관한 일체의 인적·물적권리와 의무를 양도하여 양도인과 동일시되는 정도로 법률상의 지위를 그대로 승계시키는 경우 사업의 양도에 해당되어 부가가치세가 과세되지 않는다.

포괄양도양수시 특히 유의하여야 할 사항

포괄양도양수로 보아 세금계산서를 발급하지 않은 경우

부동산을 매각하면서 사업자가 포괄양도양수로 보아 세금계산서를 발급하지 아니하였으나 차후 세무서에서 세무조사 등의 사유로 이를 확인하는 과정에서 포괄양도양수로 보지 않는 경우 매도자가 세금계산서를 발급하여야 함에도 발급하지 않은 것으로 보아 건물 매도금액의 10%를 부가가치세로 과세하게 된다.

또한 세금계산서 미발급가산세(건물 공급가액의 2%), 신고불성실가산세, 납부불성실가산세 등을 부과하게 되며, 매수자의 경우에는 매입세액을 환급받을 수 있는 방법은 없어지게 된다. 이러한 경우 착오 등에 의하여 세금계산서를 발급하지 아니하였음에도 심각한 세금문제가 발생하게 되는 것이다.

포괄양도양수에 해당함에도 세금계산서를 발급한 경우

포괄양도양수의 경우 세금계산서 발급대상이 아니다. 그런데 매도인이 사실 판단의 오류 등으로 포괄양도양수에 해당함에도 세금계산서를 발급하고, 매입세금계산서를 수취한 매수인이 매입세액에 대하여 관할 세무서에 환급을 신청하게 되면, 관할 세무서는 해당 거래가 포괄양도양수에 해당하는 지 여부를 확인하여 포괄양도양수 거래로 판단하는 경우 환급신청한 매입세액을 전액 불공제하고, 매도인에게 세금계산서 불성실가산세를 부과하는 기막힌 일이 발생할 수 있다.

따라서 부동산 매각시 포괄양도양수에 해당하는 지 여부는 개별 사안별로 신중히 판단하여야 할 문제가 있으므로 세무사 등 조세전문가와 충분히 상의하여 세무리스크가 발생하지 않도록 하여야 한다.

◐ 포괄양도양수에 해당하지 않는 경우

사업의 동질성이 유지되지 않는 다음 사례의 경우에는 포괄 양도양수에 해당하지 아니하므로 매도인(일반과세자인 경우)은 매수인에게 세금계산서를 발급하여야 한다.

☐ 사업양도에 해당되지 아니하는 사례
[부가가치세법 집행기준 10-23-2]
5. 부동산임대업자가 임차인에게 부동산임대업에 관한 일체의 권리와 의무를 포괄적으로 승계시키는 경우

◆ 임차인이 변경되는 경우 사업 양도에 해당되지 아니하는 것임.
(부가46015-3923, 2000.11.28.)
임차인들의 임차보증금 및 임대차계약내용이 달라지고 임차인이 변경되는 경우에는 사업의 양도에 해당되지 아니하는 것임.

◆ 일반과세사업자인 양도인이 간이과세자인 양수인에게 사업을 양도하는 경우에는 포괄양도양수에 해당하지 아니함
(부가, 부가46015-442 , 2002.06.19.)
양도양수인의 과세유형이 상이하여 사업의 양도에서 제외되는 경우는 일반과세자가 간이과세자에게 사업을 양도하는 경우에 한정되는 것으로 간이과세자가 일반과세자에게 사업을 양도하는 경우는 이에 해당하지 아니한다.

◆ 사업을 양수한 자가 업종을 변경한 경우
(심사부가2014-52, 2014.06.27.)
청구인은 임대업에 사용하던 쟁점부동산의 매매계약 당시 임차인을 퇴거시키기로 정하였고 퇴거 후 양수인이 숙박업으로 사업자등록한 점 등을 볼 때, 청구인은 양수인이 숙박업을 영위할 목적으로 쟁점부동산을 취

득한다는 점을 알고 있었을 것으로 보이므로 양수인이 사업을 승계받은 후 업종을 변경한 것으로 볼 수 없어 사업의 양도에 해당하지 아니함

◆ 양도자는 부동산임대업을, 양수자는 면세사업인 병원을 각각 운영하고 있는 경우 (조심 2009서2169, 2009.7.28)

포괄양도양수와 대리납부

재화의 공급으로 보지 않는 사업양도인 경우에는 세금계산서 발급하지 않는 것이나, 해당 거래가 포괄양도양수에 해당하는 지 사실판단하기가 어려운 경우가 있을 수 있으며, 이로 인한 세무리스크를 줄여주기 위하여 세무당국은 「부가가치세법」에서 대리납부제도를 규정하고 있으며, 매수인이 세금계산서를 발급하고 대리납부하는 경우 재화의 공급으로 인정하여 준다.
[부가가치세법 제52조 제4항, 제10조 제9항 2호 단서 조항]

사업의 양도에 따라 그 사업을 양수받는 자는 그 대가를 지급하는 때에 그 대가를 받은 자로부터 부가가치세를 징수하여 그 대가를 지급하는 날이 속하는 달의 다음 달 10일까지 사업장 관할 세무서장에게 납부할 수 있다. (대리납부한 부가가치세는 부가가치세 신고 시 합산하지 않음)

▶ 대리납부 절차
1. 매수인 → 세금계산서 발급(공급자 : 매도인, 공급받는자 : 매수인)
2. 매수인 → 부가가치세 징수일의 다음달 10일까지 '대리납부신고서' 제출 및 부가가치세 납부
3. 매도인 → 매도인이 매수인에게 지급한 부가가치세는 매도인의 부가가치세 신고시 '사업양수자의 대리납부 기납부세액'으로 공제

상가 임대 종합소득세

SECTION 01
부동산(주택외) 임대 종합소득세 신고·납부

> 부동산을 임대하여 소득이 발생하는 경우 해당 부동산임대 소득금액을 계산하여 종합소득세를 신고·납부하여야 한다. 그리고 부동산임대소득외에 근로소득, 사업소득, 공적연금소득(국민연금, 공무원연금, 사립학교교직원연금, 군인연금), 1천5백만원을 초과하는 사적연금(퇴직연금, 금융회사연금), 2천만원을 초과하는 금융소득(이자소득 + 배당소득)등이 있는 경우 이들 소득을 합산하여 종합소득세를 신고·납부하여야 한다.

종합소득세 개요

종합소득세는 연령, 성별 등에 불문하고 한 개인(거주자)의 소득을 기준으로 신고하여야 한다. 예를 들어 사업자의 배우자가 별도의 사업을 하는 경우 사업자 및 그의 배우자가 각각 별도로 종합소득세를 계산하여 신고 및 납부를 하여야 하는 것이다. 개인의 소득세를 종합소득세라 함은 사업과 관련한 소득이외의 다른 소득, 예를 들어 다음의 소득이 있는 경우 이러한 소득을 합산하여 신고하여야 하므로 종합소득세라고 하는 것이다.

부동산임대소득에 합산하여야 하는 소득
① 부동산임대소득외의 사업소득이 있는 경우
② 금융소득의 연간 합계액이 2천만원을 초과하는 경우
③ 근로소득
④ **공적연금(국민연금, 공무원연금, 군인연금, 사립학교교직원연금)이 있는 경우**
⑤ 사적연금소득(금융기관 연금, 퇴직연금 등)이 연간 1500만원(연금계좌 세액공제를 받은 연금계좌 납입액과 연금계좌 운용실적에 따라 증가한 금액을 연금형태로 지급받은 연금소득)을 초과하는 경우
⑥ 기타소득금액(기타소득 - 필요경비)의 연간합계액이 300만원을 초과하는 경우 (기타소득이란 사업소득, 근로소득, 이자소득, 배당소득, 연금소득에 해당하지 않는 일시적인 소득을 말한다.)

> **Q&A 퇴직소득 또는 양도소득도 종합소득에 합산하여 신고를 하여야 하는가?**

퇴직소득은 퇴직소득세로 별도로 신고하며, 자산의 양도로 인하여 발생하는 양도소득은 양도소득세로 별도로 신고하는 것으로 종합소득세 신고시 합산하지 않는다.

> **Q&A 상속으로 인하여 발생한 소득 또는 증여에 의한 소득은 어떻게 신고하는가?**

상속 또는 증여에 의한 소득은 「상속세 및 증여세법」의 규정에 의하여 종합소득과는 별도의 소득으로 신고·납부하여야 한다.

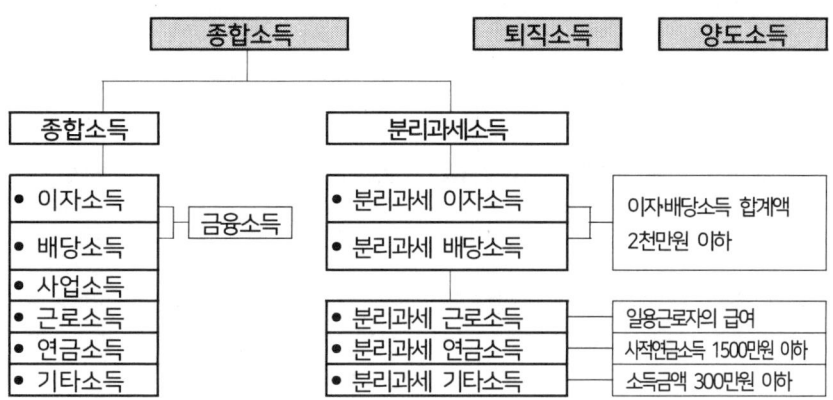

종합소득세 신고시 합산하지 않는 소득 (분리과세)

조세 정책 목적에 의하여 일부 소득은 종합소득에 합산하지 아니하고, 소득을 지급하는 자가 소득세를 원천징수하여 납부함으로서 소득을 지급받는 자의 납세의무가 종결되는 것을 분리과세라 하며, 분리과세 대상소득의 경우 종합소득에 합산하지 않는다.

분리과세 대상소득

- 이자소득과 배당소득의 합계액이 2,000만원 이하의 경우
- 사적 연금소득의 연간 합계액이 1,500만원 이하인 경우
- 일용근로소득
- 300만원 이하의 기타소득금액(기타소득 - 필요경비)

보 충 배당소득

법인기업의 경우 출자자(투자자)를 주주라 한다. 주주는 기업의 이익이 발생하였을 때 그 이익에 대한 배당을 받을 목적으로 투자를 한 자로서 투자를 한 기업에서 배당을 하면, 주주는 소득을 얻게 되며, 이 소득을 배당소득이라고 한다.

종합소득세 과세표준과 세액계산 흐름

이자소득	배당소득	사업소득	근로소득	연금소득	기타소득
(-)	(-)	(-)	(-)	(-)	(-)
비과세소득 분리과세소득	비과세소득 분리과세소득	비과세소득	비과세소득 분리과세소득	비과세소득 분리과세소득	비과세소득 분리과세소득
(=)	(=)	(=)	(=)	(=)	(=)
총수입금액	총수입금액	총수입금액	총수입금액	총수입금액	총수입금액
	(+) 그로스업	(-) 필요경비	(-) 근로소득공제	(-) 연금소득공제	(-) 필요경비
(=)	(=)	(=)	(=)	(=)	(=)
이자소득금액	배당소득금액	사업소득금액	근로소득금액	연금소득금액	기타소득금액

소득금액 합산 ← 이월결손금 공제후의 금액

(-)

소득공제
- 기본공제, 추가공제
- 국민연금 본인부담금
- 고용유지중소기업소득공제
- 소상공인공제부금
- 연금저축소득공제

종합소득 과세표준

× 세율 (6 ~ 45%)

산출세액 ← 가산세

(-) 세액공제, 세액감면

(-) 기납부세액

납부할세액

부동산임대업의 사업소득금액 및 소득공제

총수입금액

총수입금액이란 부동산임대 사업과 관련한 수익금액의 총액을 말하며, 월세의 연간 합계액 및 보증금에 대한 이자상당액[간주임대료라고 하며, 보증금에 정기예금이자율(2024년 3.5%, 2023년 2.9%)을 곱한 금액으로 계산한다.]의 합계액으로 한다.

다만, 장부에 의하여 부동산임대소득을 계산하는 경우 임대에 사용한 건물의 보증금에서 건물가액 상당액을 차감한 금액에 정기예금이자율을 곱한 금액으로 계산한다.

한편, 부동산임대수익 외에 종업원 채용과 관련한 정부보조금(두루누리, 일자리안정자금 등)이 있는 경우 총수입금액에 포함하여야 하며, 홈택스에서 전자적으로 부가가치세 신고를 하는 경우 공제받은 전자신고세액공제액(확정신고시 1만원)도 총수입금액에 산입하여야 한다.

필요경비

필요경비란 수익을 얻기 위해서 지급하거나 발생한 경제적 가치의 소비액을 말하며, 필요경비가 발생하면 반드시 현금 등 자산이 감소하게 되며, 자세한 내용은 간편장부의 필요경비 내용을 참고한다.
부동산임대와 관련한 소득금액은 총수입금액에서 필요경비를 차감한 금액으로 계산하며, 소득금액에 인적공제, 국민연금납부액 공제, 소상공인 공제부금불입액 등을 공제한 금액을 과세표준으로 하여 과세표준에 세율을 곱하여 세액을 산출한다.

이월결손금(소득금액에서 공제)

사업과 관련한 필요경비가 총수입금액 보다 많은 경우 손실이 발생하게 된다. 발생한 손실금액을 결손금이라고 하며, 결손금은 발생한 연도로부터 15년 이내에 소득이 발생한 사업연도의 소득금액에서 공제를 받을 수 있다.

[세법 개정] 결손금 이월공제기간 확대(소득세법 §45)
[종전] 공제기간 10년 → [개정] 공제기간 15년
<적용시기> 2020.1.1. 이후 개시한 과세기간에 발생한 결손금부터 적용

부동산임대업의 결손금 공제

사업소득 결손금은 타소득금액과 통산이 가능하나 부동산임대소득 **(부동산임대업 중 주거용 건물 임대업은 차감할 수 있음)** 결손금은 타소득금액과 통산할 수 없으므로 다른 소득에서 차감할 수 없다.

단, 부동산임대업외의 다른 소득(사업소득, 근로소득 등)에서 발생한 결손금은 부동산임대소득에서 공제를 받을 수 있다.

사업소득금액

사업소득금액은 사업소득(총수입금액 - 필요경비)에서 이월결손금을 공제한 금액으로 한다.

종합소득금액

부동산임대에서 발생한 총수입금액에서 필요경비를 차감한 금액을 사업소득금액이라고 한다. 한편, 부동산임대업자가 다음의 종합소득 합산대상소득이 있는 경우 해당 소득을 합산하여 종합소득세 신고를 하여야 하며, 합산한 소득 전체를 종합소득금액이라 한다.

사업소득금액(부동산임대업외)
사업소득금액 = 총수입금액 - 필요경비

기타소득금액
연간 기타소득금액(기타소득 - 필요경비) 300만원을 초과하는 경우 종합소득에 합산하여야 한다.

근로소득금액
근로소득금액 = 근로소득(비과세금액 제외) - 근로소득공제금액

이자소득금액 및 배당소득금액
이자 및 배당소득의 연간 합계액이 2천만원을 초과하는 경우 종합소득에 합산하여야 한다. 이자소득 및 배당소득은 지급받은 금액 전액이 이자소득금액 또는 배당소득금액이 된다.

다만, 이자 및 배당소득의 연간 합계액이 2천만원을 초과하는 경우 금융소득에서 2천만원을 차감한 잔액 중 배당소득이 있는 경우 그 금액의 11%를 가산한 금액이 배당소득금액이 되며, 이에 대한 자세한 내용은 국세청 홈페이지를 참고한다.

🔟 연금소득의 종합소득 합산 등

공적연금(국민연금, 공무원연금, 군인연금, 교직원연금등)
① 연금 수령액 중 2002년 이후 연금으로 불입한 금액에 대하여만 과세하며, 사업소득, 근로소득 등 다른 종합소득 합산과세대상소득이 있는 경우 종합소득에 합산하여 신고를 하여야 한다.

▶ **공적연금의 과세대상 환산금액**
총수령액 × (2002. 1. 1. 이후 불입월수 / 총 불입월수)

② 연금소득공제 (소득세법 제47조의2) → 한도액 900만원

총연금액	연금소득 공제액
350만원 이하	총연금액
350만원 초과 700만원 이하	350만원+(350만원을 초과하는 금액의 100분의 40)
700만원 초과 1400만원 이하	490만원+(700만원을 초과하는 금액의 100분의 20)
1400만원 초과	630만원+(1400만원을 초과하는 금액의 100분의 10)

○ 연금소득금액 : 과세대상 연금소득 - 연금소득공제

▶ **공적연금소득에 대한 연금소득세 원천징수**
매월 연금소득간이세액표에 의하여 원천징수(매월 연금수령액이 64만원 초과시에만 원천징수함)한 후 연간 연금소득의 합계액에 대하여 근로소득 연말정산과 같이 다음해 1월에 연말정산한 후 .
[연금지급액 - 연금소득공제액 - 인적공제 - 표준세액공제] × 기본세율 (연간 1200만원 이하 6%, 1200만원 초과 4600만원 이하 15%) - 기납부세액(매월 원천징수한 세액 합계액) = 추가 징수 또는 환급

▶ 국민연금 원천징수영수증

국민연금공단 홈페이지 → 전자민원 → 개인민원 → 로그인 → 증명서등발급 → 연금소득원천징수영수증

♣ 국민연금 등 공적연금소득과 근로소득 또는 사업소득이 있는 경우 합산하여 종합소득세 신고를 하여야 한다.

▶ 주택임대소득과 국민연금 등 공적연금소득만 있는 경우

주택임대소득이 연간 2천만원 이하이고, 국민연금 등 공적연금소득만 있는 경우로서 주택임대소득에 대하여 분리과세로 신고하면, 국민연금과 주택임대소득을 합산하여 종합소득세 신고를 하지 않아도 된다.

사적연금(금융기관 연금 등)

사적연금(보험회사, 금융기관 연금 등)의 경우 다음의 과세대상 연금소득이 연간 1500만원 이하인 경우 종합소득에 합산하지 아니하나 (합산하려는 경우 합산할 수 있음) 연간 1500만원을 초과하는 경우 종합소득에 합산하여야 한다. (소득세법 제14조 ③ 9 다)

▶ 연금소득(소득세법 제20조의3) → 과세대상 연금소득금액은 연금운용기관에서 확인할 수 있음

1. 연금불입액에 대하여 근로소득, 사업소득 등에서 세액공제를 받은 연금계좌 납입액(소득세법 제59조의3제1항)
2. 연금계좌의 운용실적에 따라 증가된 금액

▣ 사적연금소득 원천징수 → 연금소득자 나이에 따른 다음 세율

나이(연금수령일 현재)	세율	지방소득세 포함
70세 미만	100분의 5	100분의 5.5
70세 이상 80세 미만	100분의 4	100분의 4.4
80세 이상	100분의 3	100분의 3.3

퇴직연금

퇴직금을 퇴직연금등에 불입함으로 인하여 과세이연된 퇴직소득세는 연금소득으로 분리과세되며, 퇴직금을 퇴직연금으로 지급받는 금액은 종합소득에 합산하지 아니한다.(소득세법 제14조 ③ 9)

◆ 이연퇴직소득

연금소득세[퇴직시점 퇴직소득세율의 70%(10년 이하), 60%(10년 초과)]로 과세되며, 연금수령한도 내에서는 무조건 분리과세

소득공제(인적공제)

소득공제란 사업과 관련한 비용은 아니지만, 세법에 의하여 일정금액을 공제를 하여 주는 것으로 인적공제와 기타소득공제로 구분한다.

기본공제

구 분	공제한도	공제요건
본인공제	150만원	모든 사업자
배우자공제	150만원	연간 소득금액이 100만원 이하인 배우자
부양가족공제	150만원 (1인당)	연간 소득금액이 100만원 이하인 부양가족으로 아래의 연령조건을 충족하는 자 부모 등 직계존속 : 60세 이상 자녀 등 직계비속 : 20세 이하 형제자매 : 60세 이상, 20세 이하 단, 형제자매는 주민등록이 같이 되어 있어야 함

- 직계존속의 경우 주민등록이 달리 되어 있더라도 근로자의 다른 형제자매가 근로소득세(근로자) 또는 종합소득세(사업자) 신고시 부양가족공제를 받지 않는 경우 부양가족 공제가 가능하다.
- 부양가족공제는 중복하여 적용받을 수 없으므로, 다른 형제자매 또는 배우자 등이 부양가족으로 신고한 부모·자녀 등은 공제받을 수 없다.

Q&A 부모님의 주소지를 부양의무자인 근로자의 주소지로 이전하는 것은 좋은가?

부모님의 건강보험료는 대부분 지역가입자 하위 50%에 해당하여 건강보험료가 얼마 되지 않아 의료비 지출액이 최하위 보험료 납부자의 경우 연간 의료비가 87만원을 초과하면, 부담한 의료비 중 87만원을 초과하는 금액은 환급을 받을 수 있는 장점이 있다. 또한 암, 심장질환, 뇌혈관질환 등 중증질환에 걸린 경우 비급여부분도 재난적 의료비 지원대상에도 해당 될 수 있기 때문에 정부의 의료비 지원혜택을 받기 위해서는 부모님을 부양의무자의 주소로 이전을 하지 않는 것이 좋을 것이다. 참고로 부모님 주소지를 근로자의 주소지로 이전하지 않아도 연말정산시 부양가족으로 공제를 받을 수 있다.

추가공제 (2024년 귀속 종합소득세 신고 기준)

구 분	공제한도	공제요건
경로우대	100만원	공제대상 부양가족 중 만70세 이상인 자
장애인공제	200만원	기본공제대상자인 경우 연령에 제한 없이 추가공제를 받을 수 있다. 단, 소득금액이 100만원을 초과하는 경우에는 공제대상에서 제외한다.
한부모공제	100만원	배우자가 없는 사람으로서 기본공제대상자인 직계비속 또는 입양자가 있는 경우
부녀자공제	50만원	• 종합소득금액 3천만원 이하의 남편이 있는 여성(남편의 소득이 있는 경우에도 공제됨) • 종합소득금액 3천만원 이하의 배우자가 없는 여성으로서 부양가족이 있는 세대주

인적공제대상자의 소득금액과 공제대상 여부

기본공제대상자의 소득종류별 소득금액을 합산한 금액이 100만원 이하인 경우 배우자공제, 부양가족공제, 추가공제를 받을 수 있다.

▶ 소득종류별 소득금액 및 배우자공제, 부양가족공제대상 기준금액

소 득 종 류	100만원 이하 소득금액 계산
근로소득자	연간근로소득의 합계금액이 5백만원 이하인 경우
일용직근로자	공제대상 부양가족이 일용근로자인 경우 소득액에 관계없이 기본공제대상자에 해당된다.
사업자 및 사업소득자(인적용역사업자 등)	부양가족이 사업자인 경우 사업수입금액에 매 년 국세청에서 고시하는 업종별 단순경비율을 곱하여 계산한 소득금액이 100만원 이하인 경우 부양가족공제를 받을 수 있다.
기 타 소 득 자	기타소득에 해당하는 강의료, 원고료, 인세 등을 받는 기타소득자인 경우 수입금액에서 60%의 필요경비를 차감한 금액으로 연간 기타소득금액(기타소득 - 필요경비)이 100만원 이하인 자 단, 기타소득의 60%를 필요경비로 인정받을 수 있는 기타소득이 아닌 경우 실제 발생한 필요경비를 공제한 후의 금액을 기준으로 한다.
퇴직소득자	퇴직금총액을 소득금액으로 본다. 따라서 퇴직금총액이 100만원을 초과하는 경우 부양가족공제대상이 아니다.
이자, 배당 소 득 자	이자 및 배당소득 합계액이 연간 2천만원 이하인 경우로서 다른 소득이 없는 경우 기본공제대상자에 해당한다.
연금소득자	1. 공적연금 중 2002.1.1. 이후 불입액을 기초로 수령하는 과세대상 공적연금이 연 516만원 이하인 경우 - 2001.12.31. 이전 불입액 : 비과세 - 연금소득금액 : 연금소득 - 연금소득공제 2.사적연금소득이 연1,500만원 이하인 경우
양도소득자	양도소득금액(양도가액 - 필요경비 - 장기보유특별공제액)이 100만원을 초과하는 경우 부양가족공제대상이 아니다.

◎ 국민연금 납부액 소득공제

본인이 납부한 국민연금보험료는 전액 소득공제를 받을 수 있다.

▶ 소기업·소상공인공제부금 소득공제(조특법 제86조의3)
2019.1.1. 이후 소기업·소상공인 공제에 가입하는 경우부터 부동산임대소득에 대하여는 소득공제를 받을 수 없음

◎ 종합소득세 과세표준 및 세율과 산출세액

종합소득금액에서 소득공제를 공제한 금액을 과세표준이라 하며, 과세표준에 세율을 곱한 금액을 산출세액으로 한다.

▶ 2023년 ~ 2025년 귀속분 소득세 기본세율 (소득세법 §55①)

과세표준 구간	세율	누진공제액
1,400만원 이하	6%	
1,400만원 5,000만원 이하	15%	126만원
5,000만원 8,800만원 이하	24%	576만원
8,800만원 1.5억원 이하	35%	1,544만원
1.5억원 3억원 이하	38%	1,994만원
3억원 5억원 이하	40%	2,594만원
5억원 10억원 이하	42%	3,594만원
10억원 초과	45%	6,594만원

세액공제 및 감면

자녀세액공제(기본공제대상자)

기본공제대상자에 해당하는 8세 이상 자녀에 대해서는 다음 각 호의 구분에 따른 금액을 종합소득산출세액에서 공제한다.
- 1명인 경우: 연 15만원
- 2명인 경우: 연 30만원
- 3명 이상 : 연 30만원 + 2명을 초과하는 1명당 연 30만원

[개정 세법] 자녀세액공제 대상 연령조정(소득법 §59의2①)
(종전) 만 7세 이상 → (개정) 만 8세 이상
<적용시기> '23.1.1. 이후 발생하는 소득 분부터 적용

[세법 개정] 자녀세액공제 금액 확대(소득법 §59의2①)

자녀세액공제		현행(만원)	개정(만원)
자녀 세액공제 (8~20세)	1명	15	25
	2명	35	55
	3명 이상	35+30×(자녀수-2)	55+40×(자녀수-2)

<적용시기> '25.1.1. 이후 발생하는 소득 분부터 적용

연금계좌세액공제

종합소득(사업자) 또는 근로소득이 있는 거주자가 연금저축계좌에 납입한 금액이 있는 경우 납입금액의 100분의 12 또는 100분의 15에 해당하는 금액을 해당 과세기간의 종합소득산출세액에서 공제를 받을 수 있다. 다만, 세액공제대상 연금납입액은 연 600만원을 한도로 한다. [소득세법 제59조의3]

■ 연금납입액의 100분의 15를 세액공제받을 수 있는 경우
1. 해당 과세기간의 종합소득금액이 4500만원 이하인 거주자
2. 근로소득만 있는 경우에는 총급여액 5500만원 이하인 거주자

■ IRP(개인형 퇴직연금계좌)
근로자의 경우 회사는 근로자가 퇴직시 퇴직금을 지급받을 수 있도록 퇴직금상당액을 퇴직연금에 불입하거나 퇴직시 퇴직금을 지급하게 된다.

반면, IRP(개인형 퇴직연금계좌)란 회사가 지급하는 퇴직금과는 별도로 근로자 본인이 노후 연금 수령을 목적으로 납입하는 연금을 말한다.

□ 가입 자격
소득이 있는 근로자나 자영업자만 가입할 수 있다.

□ 개인형 퇴직연금계좌 불입액에 대한 세액공제(공제한도액 900만원)
1) 근로자는 개인형 연금저축 불입 금액의 15%(전년도 총급여 5500만원 초과자 12%)를 근로소득세에서 공제를 받을 수 있다.
2) 사업자는 개인형 연금저축 불입 금액의 15%(전년도 종합소득금액 4,500만원 초과자 12%)를 종합소득세에서 공제를 받을 수 있다.

□ 불입기간 및 중도 인출
1) 5년 이상 불입하여야 한다. 단, 퇴직급여를 개인형 퇴직연금계좌에 이체한 경우 가입 기간에 상관없이 55세만 지나면 연금을 수령할 수 있다.
2) 55세 이전에는 인출이 불가능하며, 인출하려면 계좌를 해지해야 한다.
3) IRP를 중도 해지하는 경우 세액공제를 받았던 금액 및 연금계좌의 운용실적에 따라 증가된 금액에 대해 기타소득세 15%(지방소득세 1.5% 별도)가 부과된다.

▶ 퇴직연금계좌(IRP 계좌) 세제 혜택 추가
퇴직연금계좌에 납입한 금액이 있는 경우 연금계좌에 납입한 금액 중 600만원 이내의 금액과 **퇴직연금계좌에 납입한 금액**을 합한 금액이 연 900만원을 세액공제대상 연금납입액으로 한다.

Q & A 만 55세 이후에도 IRP(퇴직연금계좌)에 가입하고, 세액공제 혜택을 받을 수 있나요?

사업자 또는 근로자의 경우 만 55세 이후에도 IRP(퇴직연금계좌)에 가입할 수 있으며, 불입액의 13.2%(서민 16.5%)를 종합소득세등 또는 근소득세등에서 공제를 받을 수 있습니다. 다만, 5년이상 불입하고, 약정 불입기간 이후 연금형태로 지급을 받아야 합니다.

■ 13.2%(16.5%) = 소득세 12%(15%) + 지방소득세 1.2%(1.5%)

▶ IRP(개인형 퇴직연금계좌), 연금저축펀드 세액공제

구분	연금저축계좌	
	IRP(퇴직연금계좌)	연금저축펀드
세제 혜택	납입액의 15%(12%*)	납입액의 15%(12%*)
세액공제대상 납입한도액	900만원	600만원

Q&A 연금을 지급받을 때 공제되는 세금은 어떻게 되나요?

IRP 운용으로 인한 수익 및 IRP 불입시 공제받은 세액은 연금운용기관이 연금지급시 연령별도 연금소득세를 공제한 후 지급한다.

- 55세 이상 70세 미만 5.5%
- 70세 이상 80세 미만이면 4.4%
- 80세 이상 3.3%

▶ IRP(개인형 퇴직연금계좌), 연금저축펀드, 연금저축보험 비교

구분	연금저축계좌		연금저축보험
	IRP(퇴직연금계좌)	연금저축펀드	
운용주체	은행, 증권사	증권사	보험사
가입자격	근로자, 사업자	모든 사람	모든 사람
납입방식	자유납	자유납	정기납
납입한도	연 1,800만원		연 1,800만원
가입기간	5년 이상	5년 이상	10년 이상
수령기간	확정기간	확정기간	종신, 확정기간(생명) 확정기간(손해)
예금자보호	적용	비적용	적용
수령 방법	만55세 이후	만55세 이후	만55세 이후
투자방법	위험자산 70% 투자 가능	위험자산 100% 투자 가능	-
투자상품	펀드, ETF 예금, 채권	펀드, ETF	-

- 기업형 IRP

개별 근로자가 퇴직연금사업자와 계약을 체결하는 개인형퇴직연금제도의 하나로서 상시 10명 미만의 근로자를 사용하는 사업장의 경우 개별 근로자의 동의를 얻어 기업형 IRP 가입하여 불입하는 경우 퇴직급여 제도를 설정한 것으로 인정된다.

🔟 상가임대료를 인하한 임대사업자에 대한 세액공제

상가임대료 인하 임대사업자 세액공제

부동산임대사업을 하는 자가 상가건물에 대한 임대료를 임차인(소상공인 한정)으로부터 2025년 12월 31일까지 인하하여 지급받는 경우 임대료 **인하액의 100분의 70** [해당 과세연도의 기준소득금액이 1억원을 초과하는 경우 임대료 **인하액의**100분의 50]에 해당하는 금액을 소득세에서 공제한다. (조세특례제한법 제96조의3)

- 기준소득금액 : 종합소득금액 + 임대료 인하액을 더한 금액

▷ 소상공인(다음 각 호의 어느 하나에 해당하는 자)

1. 다음 각 목의 요건을 모두 갖춘 자
   가. 「소상공인기본법」 제2조에 따른 소상공인
   나. 임대상가건물을 2021년 6월 30일 이전부터 계속하여 임차하여 영업용 목적으로 사용하고 있는 자
   다. 다음 업종을 영위하지 않는 자 [조특령 별표 14]
      제조업, 정보통신업, 금융 및 보험업, 부동산업, 공공행정, 국방 및 사회보장 행정, 교육 서비스업, 예술, 스포츠 및 여가관련 서비스업, 협회 및 단체, 수리 및 기타 개인 서비스업, 가구 내 고용활동 및 달리 분류되지 않은 자가소비 생산활동, 국제 및 외국기관
   라. 상가임대인과 특수관계인이 아닌 자
   마. 사업자등록을 한 자
2. 임대상가건물 임대차계약이 종료되기 전에 폐업한 자로서 다음 각 목의 요건을 모두 갖춘 자
   가. 폐업하기 전에 제1호에 해당했을 것
   나. 2021년 1월 1일 이후에 임대차계약 기간이 남아 있을 것

**[개정 세법] 상가임대료 인하 임대사업자에 대한 세액공제 적용기한 연장
(적용기한) 2024.12.31. → (개정) 2025.12.31.**

▶ 임대료 인하액

제1호 금액에서 제2호 금액을 뺀 금액, 이 경우 보증금을 임대료로 환산한 금액은 제외한다.
1. 임대료를 인하하기 직전의 임대상가건물 임대차계약에 따른 임대료를 기준으로 계산한 해당 과세연도의 임대료. 다만, 공제기간 중 임대상가건물의 임대차계약을 동일한 임차소상공인과 갱신하거나 재계약하고 갱신등의 임대차계약에 따른 임대료가 인하된 경우 갱신등에 따른 임대차계약이 적용되는 날부터 2024년 12월 31일까지는 갱신등에 따른 임대료를 기준으로 계산한 임대료를 말한다.
2. 임대상가건물의 임대료로 지급했거나 지급하기로 하여 해당 과세연도에 상가임대인의 수입금액으로 발생한 임대료

공제기간 중 임대료를 인상한 임대사업자 세액 추징

해당 과세연도 중 또는 과세연도 종료일부터 6개월이 되는 날까지 보증금·임대료를 인하 직전보다 인상(재계약, 갱신 등 5% 초과)한 경우 공제 적용 제외 또는 이미 공제받은 세액에 대하여 추징 대상임

농어촌특별세 적용

상가임대료를 인하한 임대사업자에 대한 세액공제 감면을 받은 경우 감면세액의 20%를 농어촌특별세로 납부하여야 한다.

최저한세 적용 배제 및 이월공제

처저한세 적용대상이 아니나 결손 등으로 공제받지 못한 금액은 10년간 이월공제(부동산임대 포함에 대한 소득세에서만) 허용

추계신고와 의제상각

추계신고를 하는 경우 착한임대인 세액공제(조특법 제96조의3)를 받을 수 없으나 간편장부대상자가 추계신고를 하는 경우 세액공제를 받을 수 있다. 단, **추계신고를 하면서 착한임대인 세액공제등 감면을 받은 경우 감가상각을 한 것으로 의제되므로 주의를 하여야 한다.**

세액공제 신청서 제출

과세표준신고서와 함께 세액공제신청서(별지 제60호의25서식)에 아래의 서류를 첨부하여 신청하여야 한다.
1. 인하 직전 계약서(인하 후 임대차기간 만료 등의 사유로 임대차 계약을 재계약하는 경우에는 그 임대차 재계약서 포함)
2. 인하 합의 사실 증명서류(예 : 확약서, 약정서) 법정 양식은 없음
3. 세금계산서, 금융증빙 등 임대료 지급 확인 서류
4. 임차인 착한임대인 세액공제용 확인서(구 소상공인확인서)
(소상공인시장진흥공단에서 발급)

기타 세액공제

표준세액공제

근로소득이 없는 거주자로서 종합소득이 있는 경우 **연 7만원**을 종합소득산출세액에서 공제를 받을 수 있다.

전자신고세액공제 ('홈택스'전자신고)

종합소득세 신고를 '홈택스'에서 전자신고하는 경우 2만원을 세액공제받을 수 있으며, 종합소득세 전자신고세액공제액은 총수입금액에 포함하지 않는다.

종합소득세 신고유형 및 신고·납부

종합소득세 신고 유형

장부기장에 의한 소득금액 계산 및 종합소득세 신고

부동산임대소득이 있는 자는 과세기간 동안 (1. 1 ~ 12. 31) 사업으로 벌어들인 소득(사업소득금액)에 대하여 종합소득세 신고를 하여야 한다. 따라서 부동산임대소득금액(수입금액 - 필요경비)을 계산하기 위하여 장부기장을 하여야 한다.

복식부기 및 복식부기 기장의무사업자

복식부기란 거래가 발생한 경우 일정한 원칙에 의한 분개방식으로 장부를 기록·정리하는 것을 말하며, 복식부기 기장은 기업회계에 대한 전문지식이 있어야 기장을 할 수 있다.

부동산임대업의 경우 직전연도 수입금액이 7천5백만원 이상인 사업자 또는 다른 사업소득이 있어 부동산임대업을 포함한 수입금액이 복식부기기장의무사업자에 해당하는 경우 세무사사무소에 장부기장 및 세무신고를 의뢰하여야 한다.

간편장부대상자

간편장부대상자란 당해 연도에 신규로 사업을 개시한 자(연 환산하여 계산하지 않음)와 직전년도 수입금액의 합계액이 다음의 업종별 기준금액에 미달하는 사업자를 말하며, 부동산임대업만이 있는 경우 직전년도 부동산임대 수입금액이 **7,500만원 미만**인 경우 간편장부대상자에 해당한다.

▶ **간편장부대상자 [아래 업종별 기준금액 미만인 자]**

업 종 별	기준금액
1. 농업·임업 및 어업, 광업, 도매 및 소매업, 부동산매매업 그 밖에 제2호 및 제3호에 해당하지 아니하는 사업	3억원
2. 제조업, 숙박 및 음식점업, 전기·가스·증기 및 공기조절 공급업, 수도·하수·폐기물처리·원료재생업, 건설업(비주거용 건물 건설업은 제외한다), 부동산 개발 및 공급업(주거용 건물 개발 및 공급업에 한정한다), 운수업 및 창고업, 정보통신업, 금융 및 보험업, 상품중개업	1억5천만원
3. 부동산 임대업, 전문·과학 및 기술 서비스업, 사업시설관리 및 사업지원서비스업, 교육 서비스업, 보건업 및 사회복지 서비스업, 예술·스포츠 및 여가 관련 서비스업, 수리 및 기타 개인 서비스업, 가구내 고용활동	7천500만원

신고유형은 전년도 수입금액을 기준으로 판단한다.

2024년도분 종합소득세 신고유형(복식부기대상자, 간편장부대상자) 및 추계신고시 기준경비율 또는 단순경비율 적용 여부는 2023년도 수입금액을 기준으로 한다. 예를 들어 부동산임대업으로 2023년 수입금액이 7500만원 미만인 경우 2024년도 종합소득세는 간편장부에 의하여 종합소득세 신고를 할 수 있으며, 기준수입금액은 **사업자별 수입금액의 합계액**을 기준으로 판단하되, 사업장이 2개 이상인 경우 같은 업종의 수입금액은 합산하고, 업종이 다른 사업장을 영위하는 경우 주업종을 기준으로 환산하며, 직전연도 단독 신규 사업자는 직전연도 수입금액만을 기준으로 판단한다.

추계에 의한 소득금액 계산 및 종합소득세 신고

추계란 장부기장에 의하지 아니하고 사업자의 수입금액에 국세청이 정한 업종별 경비율을 차감한 금액을 소득금액으로 하여 신고하는 방법을 말한다.

♣ 부동산임대업 추계신고 편 참고

성실신고확인제도 및 성실신고확인대상사업자

성실신고확인제도

해당 과세기간의 수입금액이 일정규모 이상인 사업자에 대해서 세무사 등에게 장부 기장내용의 정확성 여부를 확인받아 종합소득세 과세표준 확정신고의 특례를 받을 수 있는 제도를 말하며,

이 제도는 개인사업자의 성실신고를 장려하여 과세표준을 양성화하고, 세무조사에 따른 행정력의 낭비를 방지하려는데 그 취지가 있으며, 성실신고확인대상자의 선정기준 및 과세표준확정신고의 특례에 관한 내용은 다음과 같다.

성실신고확인대상자

해당 과세기간의 수입금액의 합계액이 다음에 정하는 금액 이상인 사업자를 말한다.

◘ 성실신고확인대상자에 해당하는 업종별 기준금액(2024년 귀속분)

업 종 별	기준금액
1. 농업·임업 및 어업, 광업, 도매 및 소매업, **부동산매매업** 그 밖에 제2호 및 제3호에 해당하지 아니하는 사업	15억원
2. 제조업, 숙박 및 음식점업, 전기·가스·증기 및 수도사업, 하수·폐기물처리·원료재생 및 환경복원업, 건설업(비주거용 건물 건설업은 제외하고, 주거용 건물 개발 및 공급업을 포함한다), 운수업, 출판·영상·방송통신 및 정보서비스업, 금융 및 보험업	7.5억원
3. **부동산 임대업**, 전문·과학 및 기술 서비스업, 사업시설관리 및 사업지원서비스업, 교육 서비스업, 보건업 및 사회복지 서비스업, 예술·스포츠 및 여가관련 서비스업, 수리 및 기타 개인 서비스업, 가구내 고용활동	5억원

◆ 겸업 또는 2개 이상 사업장이 있는 경우 주업종을 기준으로 환산

주업종(수입금액이 가장 큰 업종)의 수입금액 + 주업종외의 업종의 수입금액 × (주업종에 대한 기준금액 / 주업종외의 업종에 대한 기준금액)

◆ 다수의 사업을 영위하는 사업자가 일부 사업소득에 대해 추계하는 경우 성실신고세액공제를 받을 수 없음
[소득, 서면-2015-법령해석소득-1266, 2016.04.01.]
다수의 사업장을 운영하는 성실신고확인대상 사업자가 일부사업장에 대해 추계로 신고한 경우「조세특례제한법」제126조의6 성실신고세액공제를 적용받을 수 없는 것임
[회 신]
귀 서면질의의 경우, 다수의 사업장을 운영하는「소득세법」제70조의2의 성실신고확인대상 사업자가 일부 사업장에 대해 추계로 종합소득세를 신고하고, 그 외 사업장의 사업소득에 대한 성실신고확인서를 제출한 경우「조세특례제한법」제126조의6의 성실신고세액공제를 적용받을 수 없는 것임

1. 사실관계
○다수의 사업장을 경영하는 사업자가 성실신고확인대상자로 선정되었고 그 다수의 사업장 중 일부 사업장에 대한 소득에 대해서 추계신고함
2. 질의내용
○성실신고확인대상 사업자의 사업장이 다수인 경우 그 중 일부 사업장에 대해서 추계로 신고한 때 성실신고확인서를 제출한 사업장에 대해 지불한 확인비용은 성실신고 세액공제가 가능한 것인지 여부

종합소득세 신고 및 납부

종합소득세 신고 및 납부 기한

종합소득세를 신고하여야 하는 자는 해당 과세기간의 다음해 5월 31일까지 **주소지 관할 세무서**에 종합소득세 신고를 하여야 하며, 신고기한 이내에 종합소득세를 납부하여야 한다. 단, 성실신고확인대상자의 경우 다음해 6월 말일까지로 한다.

그리고 종합소득세의 10%에 해당하는 금액인 지방소득세를 주소지 관할 지방자치단체(시.군.구)에 신고 및 납부하여야 한다.

참고로 부가가치세 및 근로소득, 이자소득, 퇴직소득 등 원천징수대상 소득은 사업장 소재지 관할 세무서에 신고 및 납부하여야 한다.

종합소득세 신고는 하였으나 납부하지 못한 경우

종합소득세 신고는 하였으나 납부를 하지 못한 경우 관할 세무서에서 고지를 하게 되며, 고지시 종합소득세 미납부에 대한 가산세를 포함하여 고지(본세)를 한다. 종합소득세 미납부가산세는 연리 9.125% 이며, 미납부 가산세는 아래 사례와 같이 적용된다. 다만, 고지서의 납부기한일 다음날 이후 납부하는 경우 고지금액의 3%를 가산금으로 추가 납부하여야 하므로 고지서의 납부기한은 넘기지 않도록 유의를 하여야 한다.

[개정 세법] 납부지연가산세 이자율 인하 [국세기본법 시행령 제27조의4]
2019년 2월 11일 이전의 미납기간 : 1일 0.03%
2019년 2월 12일 이후의 미납기간 : 1일 0.025%
2022년 2월 15일 이후의 미납기간 : 1일 0.022%

SECTION 02

부동산임대업의 간편장부에 의한 종합소득세 신고

> 간편장부란 신규사업자 및 전년도 총수입금액이 7,500만원 이하인 소규모사업자의 종합소득세 신고편의를 위하여 국세청이 만들은 장부로서 현금출납장과 유사한 방법으로 수익 및 비용을 기재할 수 있는 장부다. 간편장부대상자는 간편장부에 수익 및 비용 지출에 대한 거래를 기재한 후 해당 과세기간의 전체 수익(총수입금액) 및 비용(필요경비)을 계산하여 종합소득세 신고서를 작성하면 된다.

간편장부에 의한 소득금액 계산

ⓐ 간편장부 작성

간편장부대상자에 해당하는 사업자의 경우 사업자 본인이 직접 간편장부기장을 하여 종합소득세 신고·납부를 할 수 있다. 따라서 간편장부대상 사업자는 본서 및 경영정보사 홈페이지를 참고하여 부가가치세 및 종합소득세 신고를 할 수 있다.

간편장부 작성방법

간편장부는 1년간의 총수입금액(매출등) 및 필요경비를 계산하여 사업자의 소득금액만을 계산하기 위한 장부이다.

간편장부는 거래발생 일자를 기준으로 일자순으로 거래를 기록하여야 한다. 단, 거래일자순으로 기록하는 경우 1년 동안의 매출금액 및 필요경비를 구분하여 다시 집계하여야 하므로 항목별로 구분하여 기재하는 것이 매우 편리하다.

또한 예시와 같이 계정과목별로 구분 기재하는 경우 부가가치세 신고서 작성시 유용하게 활용할 수 있으며, 영수증 일자와 대금결제일이 다른 경우 결제일을 기준으로 간편장부를 작성하여도 무방하다.

▶ 간편장부는 다음과 같이 구분하여 적성한다.
1. 세금계산서 발급분(월세)은 공급가액과 세액을 구분 기재한다.
2. 세금계산서 수취분은 공급가액과 세액을 구분 기재한다.
3. 신용카드결제분 또는 현금영수증 수취분 중 매입세액을 공제받을 수 있는 것은 공급가액과 세액을 구분 기재한다.
4. 간이영수증, 지로영수증 등 기타 영수증 수취분은 금액란에만 기재한다.

■ 국세청 간편장부 작성
국세청 홈페이지 → 국세신고안내 → 종합소득세 → 장부기장의무 안내 간편장부 안내 → [간편장부자동작성프로그램]

🔳 총수입금액(부동산임대업)

부동산임대업의 총수입금액은 부동산을 임대하고, 그 대가로 받는 금액(월세 등)의 연간합계액 및 간주임대료 수익의 합계액으로 하며 장부지원금(두루누리, 일자리안정자금 등)이 있는 경우 총수입금액에 포함하여야 한다.

선세금의 총수입금액
부동산임대소득의 총수입금액은 부동산 등의 임대로 인한 수입금액으로서 임대료 등을 선금으로 받은 경우에는 그 선세금을 계약기간의 월수로 나누어 당해 연도의 수입금액을 계산한다.

공공요금 등의 수입금액 제외
임대사업자가 부가가치세가 과세되는 부동산임대료와 당해 부동산을 관리해주는 대가로 지급받는 관리비등을 별도로 구분하지 않고 임차료 및 관리비를 임차인에게 받는 경우에는 전체 금액에 대하여 수입금액에 포함하는 것이나

임차인이 부담해야 하는 수도요금, 전기요금 등 공공요금을 별도로 구분·징수하여 임차인에게 부과하는 경우 당해 금액은 부동산임대 관리에 따른 대가에 포함하지 않는다.

임대보증금에 대한 간주임대료의 총수입금액 산입
임대보증금에 대하여는 다음과 같은 방법으로 간주임대료를 계상하여 「임대보증금등의 총수입금액조정명세서」를 작성하여 제출하여야 하며, 「간편장부소득금액계산서」의 '⑬수입금액에 가산할 금액'란에 기재하여 총수입금액에 합산하여야 한다.

간주임대료 수익

전세보증금을 받은 경우 일정한 기준을 정하여 임대사업자의 수입금액으로 계산하여야 월세를 받는 경우와 형평에 맞을 것이다. 따라서 과세당국은 보증금에 정기예금이자율을 곱한 금액을 임대사업자의 수익으로 계산하도록 규정하고 있으며, 이를 간주임대료라고 한다.

<참고> 부가가치세 신고시 간주임대료 수입금액에 포함함
간주임대료는 부가가치세 신고서의 ⑤과세표준명세에서 수입금액에 포함하고, 종합소득세 신고시 조정한다.

▶ 장부에 의하여 계산하는 경우 간주임대료 (소령 제53조 ③)

간주임대료 = (임대보증금등의 적수 - 취득당시 임대용건물의 매입·건설비 상당액의 적수) × 1/365 × 정기예금이자율 - 임대보증금 등으로 취득한 금융자산에서 발생한 수입이자와 배당금

○ '24년 이자율 : 3.5%, '23년 2.9% (소득세법 시행규칙 제23조)

◆ 1990.12.31 이전에 취득·건설한 임대용건물의 매입·건설비
다음 중 가장 큰 금액으로 한다.
1. 취득가액
2. 1990.12.31 현재의 임대보증금
3. 1990.12.31 현재의 건물기준시가

◆ 건설비 상당액 계산
[임대용부동산의 매입·건설비 × 임대면적/건축물의 연면적]으로 계산하며, 이 경우 당해 건축물의 가액은 취득가액 및 개량 또는 수리비용 중 건물의 가치가 증가한 비용(자본적 지출액)을 포함한다.

◆ 건설비 상당액 계산시의 임대면적
건설비 상당액은 임대보증금을 받고 임대한 면적에 대한 건설비상당액만(토지가액 제외)을 공제한다.

◆ 건물의 일부만을 임대한 경우 건설비상당액 등
건물의 일부만을 임대한 경우 취득당시의 임대용건물의 매입·건설비 상당액 또는 취득 당시의 임대용건물의 기준시가에 임대보증금을 받고 임대한 면적이 건물의 연면적에서 차지하는 비율을 곱한 금액을 건설비상당액 등으로 한다.

◆ 적수 계산
적수란 임대보증금 금액에 경과일수를 곱하여 계산하는 것을 말한다. 임대보증금등의 적수는 매일의 해당 금액에 의하여 계산하는 방법과 매월 말일 현재의 임대보증금등의 금액에 경과일수를 곱하여 계산하는 방법 중 선택할 수 있다. 단, 임대보증금 등의 금액이 1월 1일부터 12월 31일까지 변동이 없는 경우에는 적수를 계산하지 않고도 간주임대료를 계산할 수 있다.

▶ **추계신고를 하는 경우 수입금액에 산입하는 간주임대료 (소령 제53조 ④)**
수입금액에 산입할 금액 = 해당 과세기간의 보증금 등의 적수 × 1/365(윤년의 경우에는 366) × 정기예금이자율

간주임대료 수입금액 조정
간주임대료는 결산상 장부에 계상하지 아니하고 세무조정에 의하여 총수입금액에 산입하여야 하며, '부동산임대보증금 등의 총수입금액 조정명세서'를 작성 한 후 기장 유형에 따라 다음의 서류를 종합소득세 신고시 제출하여야 한다.

필요경비

일반관리비 개요

① 일반관리비는 급료, 제세공과금, 지급이자, 기부금을 구분하여 기재 또는 입력하고, 기타 경비는 합산하여 기타란에 기재 또는 입력한다.
② 과세기간 동안에 지출한 금액(영수증 발행일자 기준)의 합계액을 기재 또는 입력하되, 지급일을 기준으로 계산하여도 무방하다.
③ 사업과 관련없는 가사 관련 지출금액은 필요경비에 포함하지 않는다.

Q&A 과세기간이란 무엇인가?

과세기간이란 소득세 신고를 위한 사업소득금액의 계산 기간을 말한다. 1월 1일부터 12월 31일까지의 기간으로 하되, 신규사업자의 경우 개업일부터 12월 31일까지로 한다.

Q&A 가사 관련 지출이란 무엇이며, 가사 관련 지출에는 어떤 것이 있는가?

가사 관련 지출이란 사업과 관계없는 사업주의 개인적인 지출로 가사 관련 지출에는 사업주 본인 식대, 생활비, 자녀 교육비, 의료비, 가족의 개인보험료, 가족의 휴대폰사용료, 사업주 주택 재산세, 가족외식비 등이 있다.

간편장부 작성방법

경영정보사 홈페이지 → 부동산임대 참조
(지정) 아이디 aa11 (지정) 비밀번호 aa111

간편장부대상자 종합소득세 신고서 작성

부동산임대소득만 있는 경우로서 간편장부대상자인 경우 홈택스에서 본인이 직접 신고를 하여 보시기 바랍니다.

1	총수입금액을 확정한다.
01	월세 합계
02	정부지원금 (두루누리 지원금 등)
03	간주임대료 수익
04	부가가치세전자신고세액공제
	합계

▶ 부가가치세를 홈택스에서 전자신고하는 경우 확정신고시마다 1만원(제1기 + 제2기 합계 2만원)을 공제를 받을 수 있으며, 공제받은 금액은 수입금액에 가산할 금액'란에 기재하여 총수입금액에 합산하여야 한다.

2	필요경비를 계상한다. (간편장부 집계)
급 료	직원에게 지급한 급여 및 수당, 상여금 총액
제 세 공 과 금	재산세, 종합부동산세, 사업장 주민세
지 급 이 자	사업과 관련한 차입금 이자비용
접 대 비	거래처의 접대비, 경조사비, 선물대금 등
기 부 금	교회 및 사찰기부금, 적십자회비
지 급 수 수 료	안전점검비, 경비용역비 등
소 모 품 비	전열기구 교체비용, 수선 소모품비, 사무용품비 등
기 타	위 경비의 이외의 모든 경비

3	종합소득세 신고서를 작성한다.
01	총수입금액 및 필요경비명세서
02	부동산(주택 제외) 임대보증금 등의 총수입금액 조정명세서 (1) (2)
03	간편장부 소득금액계산서
04	종합소득금액 및 결손금·이월결손금공제명세서
05	사업소득명세서
06	소득공제명세서
07	종합소득세 과세표준 확정신고서

■ 총수입금액 및 필요경비명세서 등 작성

해당 과세기간의 총수입금액 및 필요경비를 확정한 후 다음의 서식을 작성한다.

○ 총수입금액 및 필요경비명세서
○ 간편장부 소득금액계산서
○ 종합소득금액 및 결손금·이월결손금공제명세서

◆ 총수입금액 및 필요경비명세서 작성방법
○ 사업장
⑦주업종코드란 : <예시> 701201 비주거용 건물 임대업(점포, 자기땅)
⑩소득종류란 : 아래의 해당되는 소득의 코드에 "○"표시를 한다.
가. 부동산임대소득 : 30 나. 사업소득 : 40
○ 장부상 수입금액
부동산임대소득의 총수입금액을 기재한다. 단, 여러 개의 사업장이 있는 경우 사업장별로 구분하여 작성한다.
○ 매출원가, 제조비용
부동산임대업의 경우 해당 사항 없음
○ 일반관리비등
㉖제세공과금란 : 재산세, 종합부동산세, 주민세 등을 기재한다.
㉙접대비 : 접대비 지출금액이 있는 경우 접대비조정명세서를 추가로 작성하여야 한다.
㉚기부금 : 기부금을 필요경비에 산입하는 경우 기부금조정명세서를 추가로 작성하여야 한다.
㉛감가상각비 : 감가상각비를 필요경비에 산입한 때에는 감가상각비 조정명세서를 추가로 작성하여야 한다.

필요경비에 대한 지출증빙

지출증빙 및 정규영수증

사업자의 사업소득금액은 수익에서 비용을 차감한 것으로 하며, 비용은 사업자의 이익을 감소시킨다. 예를 들어 임대수익이 2억원이고 임대와 관련하여 발생한 비용이 1억원인 경우 임대사업자의 사업소득금액은 1억원이 된다.

세법은 납세자가 자기의 소득을 스스로 계산하여 신고.납부하도록 규정하고 있다. 따라서 과세당국은 납세자가 자기의 소득을 세법의 규정에 따라 정확히 계산하여 성실하게 자진신고 및 납부하도록 법률에 규정하고 있으며, 이를 이행하지 않을 경우 가산세를 부과하거나 세무조사를 하여 공평과세를 구현하고 있다.

반면, 사업자는 어떻게든 세금을 적게 내기를 원할 것이다. 사업자가 적법한 방법으로 세금을 절약하는 것은 정당하나 어떤 경우에는 탈법적인 방법으로 세금을 줄이기 위하여 임대수익을 누락하거나 실제 발생하지 않은 비용을 발생한 것으로 처리하여 이익을 줄여 신고하는 경우가 발생할 수 있을 것이다. 따라서 과세당국은 납세자가 가짜 영수증을 수취하여 실제 발생하지 않은 경비를 비용처리하는 것을 원천적으로 방지하기 위하여 가능한 모든 방법을 동원하고 있으며, 그 대표적인 수단이 정규영수증 제도이다.

세법은 정규영수증을 수취하여야 하는 사업자(직전연도 수입금액이 4,800만원 이상인 사업자)가 정규영수증 수취대상거래에 대하여 실제 비용으로 지출을 하였다 하더라도 정규영수증을 수취하지 않는 경우 경비로는 인정을 하여 주나 거래금액의 100분의 2를 가산세로 부과할 수 있는 가산세 규정을 두어 납세자가 정규영수증이 아닌 간이영수증 등을 수취하여 비용처리하는 것을 제재하고 있다.

정규영수증이란 **세금계산서, 계산서, 신용카드매출전표, 현금영수증**을 말한다. 정규영수증 발급내용은 전부 국세청 전산시스템으로 연계되어 매출자의 매출신고내용 및 매입자의 비용 정당성 여부를 동시에 통제할 수 있다. 즉, 매입자로 하여금 정규영수증을 수취하도록 하여 매출자의 매출신고 누락을 방지하고 매입자가 가짜로 비용처리하는 것을 철저히 관리하는 것이다.

정규영수증을 수취하지 않아도 되는 거래

1. 건당 거래금액이 3만원 이하인 거래
2. 거래처 경조사비(20만원 이하) 및 종업원 경조사비
3. 기부금(기부금 영수증은 수취하여야 함)
4. 국가, 지방자치단체에 납부하는 세금 등
5. 국민연금, 건강보험료, 고용보험, 산재보험료 납부금액
6. 은행, 보험회사, 신용카드사에 지출한 각종 수수료
7. 부동산중개업자(공인중개사)에게 수수료를 지급하는 경우 단, 이 경우 금융기관을 통하여 송금하여야 하며, 종합소득세 신고시 '영수증수취명세서'를 제출하여야 한다.

간이과세자와 거래시 주의하여야 할 사항

거래상대방이 간이과세자인 경우 간이과세자는 부가가치세가 과세되는 거래에 대하여 세금계산서를 발급할 수 없기 때문에 현금영수증을 수취하거나 신용카드로 결제하여야 한다. 다만, 간이과세자가 신용카드가맹점 또는 현금영수증 발급장치가 없는 경우 간이영수증이라도 수취하여 두어야 한다.

SECTION 03

부동산임대업 (주택외) 종합소득세 추계 신고

> 사업자는 원칙적으로 복식부기 또는 간편장부에 의하여 장부를 기장하여야 한다. 장부기장을 하지 않은 경우 소득세를 추계의 방법(수입금액에 경비율을 곱한 금액을 필요경비로 하여 소득금액을 계산하는 방법)으로 종합소득세 신고를 할 수 있으나 추계로 신고하는 경우 가산세를 부담하여야 한다.

간편장부대상자 추계신고

ⓐ 추계신고와 무기장가산세

간편장부대상자가 추계신고하는 경우 무신고가산세는 없으나 무기장가산세는 적용된다. 한편, 간편장부로 신고하는 경우 임대보증금에 대한 수익(간주임대료 수익)은 전체 임대보증금에서 건설비 상당액을 차감한 금액에 정기예금이자율을 곱한 금액으로 계상하나 추계로 신고하는 경우에는 임대보증금(건설비상당액을 차감할 수 없음)에 정기예금이자율을 곱한 금액을 임대료수익에 포함하여야 한다.

무기장가산세

산출세액 × [무기장(추계신고)소득금액/종합소득금액] × 20%

▶ 추계신고시 무기장가산세가 적용되는 간편장부대상자
직전연도 수입금액이 4,800만원 이상인 간편장부대상자

▶ 추계신고시 무기장가산세가 적용되지 않는 간편장부대상자
신규 사업자 및 직전 과세기간의 사업 수입금액이 4,800만원에 미달하는 소규모사업자가 추계신고하는 경우

추계신고시 경비율 적용

단순경비율 및 기준경비율

추계에 의하여 필요경비를 산정하여 소득금액을 계산하는 방법에는 **단순경비율**에 의한 방법과 **기준경비율**에 의한 방법이 있다. 단순경비율이란 국세청에서 업종별로 전체 사업자의 수익 대비 비용의 평균비율을 말하며,

기준경비율이란 주요 경비(상품 매입비용 + 임차료 + 급여 및 임금)는 실제 지급한 금액으로 하고, 주요 경비를 제외한 기타 경비는 업종별로 전체 사업자의 수익 대비 기타 비용의 평균비율을 말한다.

◆ 2024년 귀속분 단순경비율 또는 기준경비율
단순경비율 또는 기준경비율은 매 년 조정될 수 있으며, 2023년도 귀속분은 2025년 3월 이후 국세청 홈택스에서 확인할 수 있다.

간편장부대상자 중 단순경비율로 필요경비를 계산할 수 있는 사업자는 다음에 해당하는 경우에만 적용할 수 있으며, 기타의 경우에는 추계신고시 기준경비율을 적용하여 추계신고를 하여야 한다.

예를 들어 부동산임대업을 운영하는 사업자의 직전연도 수입금액이 3천만원인 경우로서 추계로 종합소득세를 신고하는 경우 기준경비율을 적용하여 추계신고를 하여야 한다. 다만, 이 경우 직전연도 수입금액이 4,800만원 미만이므로 기준경비율에 의하여 추계신고를 하더라도 무기장가산세는 적용되지 않는다.

1. 신규사업자(단, 개업연도의 수입금액이 복식부기기장의무자 제외)

2. 단순경비율 적용대상 사업자 (아래 업종별 기준금액 미만인 자)

업 종 별	기준금액
가. 농업·임업 및 어업, 광업, 도매 및 소매업(상품중개업을 제외한다), 제122조제1항에 따른 부동산매매업, 그 밖에 나목 및 다목에 해당되지 아니하는 사업	6천만원
나. 제조업, 숙박 및 음식점업, 전기·가스·증기 및 공기조절 공급업, 수도·하수·폐기물처리·원료재생업, 건설업(비주거용 건물 건설업은 제외한다), 부동산 개발 및 공급업(주거용 건물 개발 및 공급업으로 한정한다), 운수업 및 창고업, 정보통신업, 금융 및 보험업, 상품중개업, 수리 및 기타 개인서비스업(「부가가치세법 시행령」 제42조제1호에 따른 인적용역만 해당한다)	3천6백만원
다. 법 제45조제2항에 따른 **부동산 임대업**, 부동산업(제122조제1항에 따른 부동산매매업은 제외한다), 전문·과학 및 기술서비스업, 사업시설관리·사업지원 및 임대서비스업, 교육서비스업, 보건업 및 사회복지서비스업, 예술·스포츠 및 여가 관련 서비스업, 협회 및 단체, 수리 및 기타 개인서비스업(「부가가치세법 시행령」 제42조제1호에 따른 인적용역은 제외한다), 가구내 고용활동	2천4백만원

단순경비율에 의한 추계소득금액 계산

신규 사업자로서 개업연도의 수입금액이 복식부기기장의무자 기준 금액(임대수익 7,500만원)에 미달하는 사업자 및 직전년도 임대수입 금액이 **2,400만원 미만인 경우** 단순경비율에 의한 추계소득금액을 계산하여 종합소득세를 신고할 수 있다.

▶ 부동산임대업 단순경비율 및 기준경비율 (2023년 귀속분)

코드번호	세분류	세세분류	단순경비율	기준경비율
701201	부동산 임대업	비주거용 건물 임대업 (점포, 자기땅)	41.5	19.9
701201		○ 사무, 상업 및 기타 비거주용 건물(점포, 사무실 포함)을 임대하는 산업활동을 말한다. 　-건물과 토지를 함께 임대한 경우 건물에 정착된 토지면적의 3배 이내의 토지 포함		
701202	부동산 임대업	비주거용 건물 임대업(점포, 타인땅)	36.9	10.9
		○ 대지 소유자가 타인인 점포임대(공장건물임대포함) ○ 소규모 점포 임대 　·해당 사업장의 연간 부동산 임대 수입금액이 600만원 미만인 점포를 임대하는 사업자		

[2024년 귀속분 경비율]
(구글 검색) 국세청 기준 경비율 단순 경비율

■ 소득금액 = 총수입금액 − (총수입금액 × 단순경비율)

기준경비율에 의한 추계신고대상자

부동산임대업의 경우 직전연도 수입금액이 2,400만원 이상인 사업자

🔲 간편장부대상자의 기준경비율에 의한 추계소득금액

단순경비율적용대상 사업자가 아닌 경우로서 추계에 의하여 종합소득세를 신고하는 경우 기준경비율을 적용하여야 한다.

간편장부대상자의 추계소득금액 계산
(①, ② 중 적은 금액)
① 소득금액= [수입금액 - (수입금액 × 단순경비율)] × 배율
② 소득금액= 수입금액 - 주요경비 - (수입금액 × 기준경비율)

◆ 2024년 귀속분 배율 : 2.8배 (소득세법 시행규칙 제67조 확인)

▶ 주요경비
1. 매입비용(사업용고정자산의 매입비용 제외)
2. 임차료로서 증빙서류에 의하여 지출하였거나 지출할 금액
3. 종업원의 급여와 임금으로서 증빙서류에 의하여 지급한 금액

소득금액을 추계하는 경우 간주임대료 수익

부동산임대소득을 추계에 의하여 계상하는 경우에는 임대보증금에서 건설비 상당액(건물의 취득가액 등)을 차감하지 아니하며, 다음 산식에 의하여 계산한 금액을 「간편장부소득금액계산서」의 '⑬수입금액에 가산할 금액'란에 기재하여 총수입금액에 합산하여야 한다.

간주임대료 = 임대보증금등의 적수 × 1/365(윤년 : 366일) × 정기예금이자율(3.5%, 2024년 귀속분)

◆ 2024년 정기예금이자율 : 3.5%

추계신고자 종합소득세 신고서 작성절차

1. 총수입금액을 확정한다.

총수입금액 종류	금 액	비 고
월세 등		
간주임대료 수익		
정부보조금(두루누리 등)		
전자신고세액공제		
합계		

■ 부가가치세를 홈택스에서 전자신고하는 경우 확정신고시마다 1만원(제1기 + 제2기 합계 2만원)을 공제를 받을 수 있으며, 공제받은 금액은 「간편장부 소득금액계산서」의 '⑬수입금액에 가산할 금액'란에 기재하여 총수입금액에 합산하여야 한다.

2. 추계에 의한 필요경비를 계상한다.

주 요 경 비	매입비용, 임차료, 급여 및 임금
기 타 경 비	총수입금액 × 기준경비율

3. 종합소득세 신고서를 작성한다.

부동산(주택 제외) 임대보증금 등의 총수입금액 조정명세서(1) (2)
추계소득금액계산서
주요경비명세서
종합소득금액 및 결손금·이월결손금공제명세서
소득공제명세서
종합소득세 과세표준 확정신고서
세액공제명세서
가산세액명세서 및 기납부세액명세서

복식부기기장의무자의 추계신고

복식부기의무자가 추계신고하는 경우 가산세 적용
부동산임대업으로서 직전연도 수입금액 7천5백만원 이상인 경우 복식부기기장의무자에 해당하며, 복식부기장의무자가 추계로 신고하는 경우 무신고가산세와 무기장가산세 중 큰 금액을 가산세로 한다.

▶ 무신고가산세와 무기장가산세 중 큰 금액의 가산세 적용
① 무신고가산세 : ㉠, ㉡ 중 큰 금액
㉠ 소득세로 납부하여야 할 세액의 100분의 20
㉡ 수입금액(추계신고한 수입금액)의 7/10,000
② 무기장가산세
산출세액 × [무기장(추계신고)소득금액/종합소득금액] × 20%

〈주의〉 무기장가산세는 "산출세액의 20%"를 가산세로 부담하여야 하나 무신고가산세는 "그 신고로 납부하여야 할 세액"의 20%를 가산세로 부담하여야 한다. 따라서 복식부기기장의무자가 추계로 신고하는 경우 개정 법령에 의하면, 수입금액기준으로 계산한 가산세 금액이 무기장가산세 보다 적은 경우 무기장가산세를 부담하여야 한다.

복식부기의무자의 추계소득금액 (①, ② 중 적은 금액)
① 소득금액= [수입금액 - (수입금액 × 단순경비율)] × 3.4배
② 소득금액= 수입금액 - 주요경비 - (수입금액 × 기준경비율× 1/2)

▶ 2024년 귀속분 배율 [소득세법 시행규칙 제67조 확인]
복식부기의무자 : 3.4배, 간편장부대상자 : 2.8배

▶ **주요경비**

1. 매입비용(사업용고정자산의 매입비용 제외)
2. 임차료로서 증빙서류에 의하여 지출하였거나 지출할 금액
3. 종업원의 급여와 임금으로서 증빙서류에 의하여 지급한 금액

▶ 부동산임대업의 단순경비율 또는 기준경비율 적용 및 무기장가산세

기준금액(직전연도 수입금액 기준)	경비율 적용	무기장 가산세
2천4백만원 미만	단순경비율	[×]
2천4백만원 이상 4천8백만원 미만	기준경비율	[×]
4천8백만원 이상 6천만원 미만	기준경비율	[○]
6천만원 이상 7천5백만원 미만	기준경비율	[○]
7천5백만원 이상	기준경비율의 1/2	[○]

◆ 복식부기의무자의 일부 사업장 추계 신고 시 중소기업특별세액 감면 가능 여부

(기준-2023-법무소득-0133, 2023.09.26.)
[요지]
복식부기의무자의 종합소득 과세표준 추계 신고한 해당 사업장에 한하여 세액감면이 배제되는 것임
[회신]
다수의 사업장을 운영하는 복식부기의무자가 일부 사업장의 종합소득 과세표준을 추계하여 신고하는 경우 추계 신고한 해당 사업장에 한하여 조세특례제한법 제128조 제2항에 따라 세액감면이 배제되는 것입니다.

[질의내용]
○ 복식부기의무대상 사업자가 일부 사업장의 소득금액을 추계하여 신고 하는 경우 중소기업특별세액 감면 적용 가능 여부

부동산임대업 신규사업자 추계신고

신규사업자의 추계에 의한 소득금액 계산

신규사업자로서 개업한 사업연도의 수입금액이 복식부기기장 미만인 경우 최초 사업연도는 수입금액(매출액)에 단순경비율(국세청에서 매 년 고시함 : 상가 부동산임대 41.5%)을 곱하여 계산한 금액을 필요경비로 계상하여 수입금액에서 필요경비를 차감한 금액을 소득금액으로 하여 종합소득세를 신고할 수 있으며, 무기장가산세가 없으므로 사업자 본인이 소득세를 신고할 수 있다.

사업 개시연도 총수입금액이 7,500만원 이상 임대사업자

신규사업자가 추계로 소득세 신고를 하는 경우 단순경비율을 적용하여 추계소득금액을 계상할 수 있으나 사업 개시연도의 총수입금액이 업종별 복식부기기장의무자 수입금액(7,500만원) 이상인 경우 기준경비율을 적용하여야 한다. 단, 복식부기의무자가 추계에 의하여 신고하는 경우 기준경비율 축소(기준경비율 × 1/2)에 관한 규정은 적용하지 아니하며, 무기장가산세 또한 없다. 그리고 신규로 사업을 개시한 사업자는 간편장부대상자에 해당하므로 단순경비율로 신고하는 경우 적용배율은 2.8배로 한다.

기존 사업자가 신규로 부동산임대업을 개시한 경우

기존 사업을 영위하는 사업자로서 그 사업이 복식부기기장의무자에 해당하는 사업자가 부동산임대업을 신규 개업한 경우 신규사업자 기장의무 특례규정(신규사업자의 경우 단순경비율에 의하여 소득금액을 추계로 계산할 수 있음)이 적용되지 아니하며, 신규사업자임에도 부동산임대업은 복식부기기장의무자에 해당하고, 성실신고확인대상자인 경우 부동산임대업도 성실신고확인대상 사업자에 해당한다.

공동사업자 종합소득세 신고 관련 유의사항

공동사업장 기장의무

공동사업장의 소득세 기장의무는 직전연도 공동사업장의 수입금액으로 판단한다. 예를 들어 공동사업장은 1곳이고, 나머지 2곳은 단독으로 영위하는 경우 공동사업장과 단독사업장에 대해 각각 기장의무를 판단하여야 한다. 단, 구성원이 동일한 공동사업장이 2 이상인 경우 공동사업장 전체 수입금액의 합계액을 기준으로 기장의무를 판단하여야 한다.

◆ 기존 공동사업장과 구성원이 다른 신규 공동사업장의 기장의무 판단
(소득세과-0480, 2011.06.07)
기존의 공동사업장과는 구성원이 상이한 별개의 1사업자로 보는 신규의 공동사업장은 간편장부대상자에 해당하는 것임

공동사업 해지 또는 공동사업으로 변경시

① 과세연도 중 공동사업을 하다 공동사업계약을 해지하고 단독사업을 하는 경우에는 과세연도 초일부터 공동사업 해지일까지의 공동사업장에서 발생한 수입금액에 대하여 별도의 결산을 한 다음 그 기간의 소득에 대하여 손익분배비율에 따라 소득금액을 분배하여야 한다.
② 공동사업 이후 단독사업장에 대하여 공동사업 해지일 이후 과세기간 종료일까지의 기간에 대한 결산을 하여 소득금액을 계산하여야 하며, 공동사업장에서 발생한 소득과 단독사업장에서 발생한 소득을 합산하여 종합소득세신고를 하여야 한다.
③ 단독사업을 하다가 공동사업을 하는 경우에는 과세연도 초일부터 공동사업개시 전일까지의 기간에 대하여 결산을 하여 소득금액을 계산하여야 하며, 공동사업 개시일부터 과세연도종료일까지의 기간

에 대하여 공동사업장에서 발생한 소득에 대하여 별도로 결산하여 그 기간 소득에 대하여 지분율에 따라 소득금액을 분배하여야 한다.

공동사업장의 구성원 또는 지분이 변경되는 경우

과세기간 중 공동사업장의 구성원 또는 지분이 변경되는 경우, 변경 시마다 공동사업자별 소득분배 비율에 의거 각 거주자별 소득금액을 구분 계산하여야 한다.

공동사업장 구성원 종합소득세 신고

공동사업장의 손익분배비율에 따라 분배된 총수입금액, 필요경비, 소득금액에 대하여 종합소득 신고를 하여야 한다.

▶ 공동사업장의 종합소득세 신고 방법
1) 공동사업장의 대표공동사업자는 종합소득세 신고시 「공동사업자별 분배명세서(제41호서식)」와 복식기장 신고시 재무제표를 주소지 관할 세무서에 제출하여야 한다.
2) 공동사업의 구성원들은 「공동사업자별 분배명세서(제41호서식)」에 따른 소득과 본인의 다른 종합소득을 합하여 각각 종합소득세 신고를 하여야 한다.

▶ 공동사업 성실신고확인대상
1) 공동사업장 또는 단독사업장 중 어느 한 사업장만 성실신고확인 대상인 경우 신고기한은 해당 과세기간의 다음 연도 6월 30일까지다.
2) 공동사업장의 구성원이 성실신고확인 대상자와 성실신고확인대상에 해당하지 않는 자가 있는 경우 성실신고확인대상에 해당하지 않는 거주자는 5월 31일까지 소득세 신고를 하여야 한다.

◆ 성실신고확인대상자와 공동사업하는 사업자의 종합소득세 신고기한 연장 여부

(소득세과-335, 2012.04.21.)

성실신고확인대상에 해당하지 않는 공동사업장 B를 갑과 을이 경영함에 있어, 갑이 단독사업(A) 또는 다른 공동사업(C)으로 성실신고확인대상자에 해당하는 경우, 공동사업장 B의 구성원으로 다른 소득이 없어 성실신고확인대상에 해당하지 않는 을은 소득세법 제70조의2제2항에 따른 종합소득과세표준 확정신고기한의 연장을 적용할 수 없는 것입니다.

▶ 구성원 기부금 필요경비

공동사업자의 기부금은 공동사업자의 소득금액을 계산함에 있어 공동사업장의 기부금으로 보아 「소득세법」 제34조 규정에 따라 필요경비에 산입한다.

공동사업자의 성실신고 확인비용에 대한 세액공제

공동사업자에 대해서 성실신고확인서를 제출하는 경우 성실신고 확인에 직접 사용한 비용의 100분의 60에 해당하는 금액을 성실신고 확인비용에 대한 세액공제를 받을 수 있으며, 구성원별로 각각 120만원 한도가 적용된다.

부동산임대 공동사업에 출자하기 위한 차입한 차입금 이자

부동산임대 공동사업에 출자하기 위하여 차입한 차입금은 공동사업장의 부동산임대소득에 대한 필요경비에 해당하지 않는 것이며, 취득가액에 포함된 경우 해당 감가상각비는 필요경비에 산입할 수 없다.

주택 임대 종합소득세

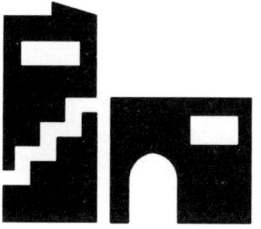

SECTION 01

주택임대소득 종합소득세

부부합산 2채 이상의 주택(2채의 주택을 보유하고, 월세임대소득이 없는 경우에는 제외)을 보유하고, 주택 임대소득이 있는 경우 종합소득세를 신고 및 납부를 하여야 한다.

주택임대소득은 월세뿐만 아니라 3채 이상 주택(전용면적 40제곱미터이하이고, 기준시가가 2억원 이하인 주택은 제외)을 보유한 경우 전세보증금 전체 합계액에서 3억원을 차감한 금액에 정기예금이자율 상당액의 60%를 곱한 금액을 주택임대소득으로 본다.

주택임대소득 과세 개요

주택의 정의 및 주택 수 계산

「주택」이란 상시 주거용(사업을위한 주거용의 경우는 제외)으로 사용하는 건물로 주택부수토지를 포함한다.

◆ 주택부수토지

주택에 딸린 토지로서 다음 어느 하나에 해당하는 면적 중 넓은 면적 이내의 토지를 말한다.

① 건물의 연면적(지하층의 면적, 지상층의 주차용으로 사용되는 면적, 피난안전구역의 면적 및 주민공동시설의 면적은 제외)

② 건물이 정착된 면적에 5배[(수도권 주거·상업·공업지역 3배), 도시지역 밖의 토지10배)]를 곱하여 산정한 면적

◆ 기준시가 조회 : 국토해양부 → 공시지가알리미

■ 부가가치세가 과세되는 사업용 건물이 함께 설치되어 있는 경우

구 분	계 산 방 법
주택 면적 > 사업용 건물 면적	전부를 주택으로 봄
주택 면적 ≤ 사업용 건물 면적	주택 부분만 주택으로 봄

▶ 해당 주택의 부수토지 면적 = 총토지면적 × 주택 부분 면적/총건물면적

■ 주택 수의 계산

구 분	계 산 방 법
다가구주택	1개의 주택으로 보되, 구분 등기된 경우 각각을 1개의 주택으로 계산
공동소유	① 공동소유의 주택은 지분이 가장 큰 자의 소유로 계산 ② 지분이 가장 큰 자가 2인 이상인 경우에는 각각의 소유로 계산 ③ 지분이 가장 큰 자가 2인 이상인 경우로서 그들이 합의하여 그들 중 1인을 당해 주택의 임대수입의 귀속자로 정한 경우에는 그의 소유로 계산
전대 전전세	임차 또는 전세 받은 주택을 전대하거나 전전세하는 경우 당해 임차 또는 전세 받은 주택은 소유자의 주택 수에 포함될 뿐만 아니라 임차인 또는 전세 받은 자의 주택으로도 계산
부부소유	본인과 배우자가 각각 주택을 소유하는 경우에는 이를 합산

◆ 조합원입주권의 주택수 포함 여부 [소득세법 집행기준12-8의 2-4]
조합원입주권은 그 사용검사필증 교부일(사용검사 전 사실상 사용하거나 사용승인을 얻은 경우에는 그 사실상의 사용일 또는 사용승인일) 이후부터 주택으로 본다.

주택수의 부부합산 및 종합소득세 신고·납부

부부합산 1채의 주택만 보유한 경우
부부가 1채의 주택만 보유하는 경우에는 임대수익금액에 관계없이 과세되지 않는다. 단, 과세기간종료일 현재 기준시가가 9억원(다가구주택 포함, **2023년 이후 12억원**)을 초과하는 고가주택을 월세로 임대한 경우 종합소득세를 신고·납부 또는 종합소득에 합산하여야 한다.

▶ 부부가 합산하여 1개 주택만을 보유하더라도 과세되는 경우
1. 과세기간 종료일 현재 기준시가가 9억원(2023년 이후 12억원)을 초과하는 주택
2. 국외 소재 주택

부부합산 2채의 주택을 보유한 경우
임대보증금만 있는 경우 종합소득세 신고대상이 아니나 월세 임대수익이 있는 경우에는 종합소득세를 신고 및 납부하여야 한다.

부부합산 3채 이상의 주택을 보유한 경우
3채 이상 주택을 보유한 경우로서 임대수익이 있는 경우 종합소득세를 신고 및 납부하여야 한다. 단, 주택의 주거 전용면적이 40제곱미터 이하이고, 기준시가가 2억원 이하인 주택을 임대보증금만 받고

임대를 하여 준 경우에는 주택수에서 제외하며, 임대보증금에 대하여 간주임대료를 계산하지 않는다.

부부의 주택수 합산 및 종합소득세 각자 신고
부부의 경우 주택수는 합산하여 계산하나 임대소득은 별도로 계산하므로 남편과 배우자의 임대수입금액에 대하여 각각 종합소득세를 신고 및 납부를 하여야 한다.

▶ 부부가 각각 소유한 주택의 비과세 적용 등
- 주택의 수 : 부부 합산
- 임대소득 계산 및 종합소득세 신고납부 : 부부 별도

<공동소유주택> 지분이 가장 큰 자의 소유로 계산하되, 지분이 가장 큰 자가 2인 이상일 때는 각각의 소유로 계산한다. 다만, 지분이 가장 큰 자가 2인 이상인 경우로서 합의하여 1인을 임대수입의 귀속자로 정한 경우에는 그의 소유로 계산한다.

[세법 개정] 공동소유주택의 주택수 계산방법 개선(소득령 제8의2 ③)
1) ①, ②중 하나에 해당하면 소수지분자도 주택수에 가산
① 해당 주택에서 발생하는 임대소득이 연간 600만원 이상
② 기준시가가 9억원(2023년 이후 12억원)을 초과하는 주택의 30%를 초과하는 공동소유지분을 소유
2) 동일주택이 부부 각각의 주택수에 가산된 경우 다음 순서(①→②)로 부부 중 1인의 소유주택으로 계산
 ① 부부 중 지분이 더 큰 자
 ② 부부의 지분이 동일한 경우, 부부사이의 합의에 따라 소유주택에 가산하기로 한 자
* 주택수 계산 시 부부는 각자의 주택을 모두 합산
<적용시기> 2020.2.12. 이 속하는 과세기간(2020년) 분부터 적용

다가구주택, 다세대주택, 오피스텔 임대소득

다가구주택외 다른 주택이 없는 경우

세대별로 구분 등기되지 않은 다가구주택인 경우(일반적인 경우 원룸은 다가구주택에 해당함) 1채의 주택으로 보아 부부가 다가구주택외 다른 주택이 없고, 다가구주택의 기준시가가 9억원 이하(**'23년 이후 12억원**)인 경우에는 임대소득 전체에 대하여 비과세된다.

다가구주택외 다른 주택이 있는 경우(주택 2채 보유)

다가구주택외에 다른 주택이 1채 있거나 다가구주택이 2채인 경우 경우로서 월세 임대소득(보증금에 대한 간주임대료는 소득에 포함하지 않음)은 과세대상이므로 월세 임대소득에 대하여 종합소득세를 신고·납부 또는 종합소득에 합산하여야 한다.

다가구주택을 포함하여 주택이 3채 이상인 경우

세대별로 구분 등기되지 않은 다가구주택은 1채의 주택으로 보나 구분등기된 다가구주택으로서 1세대당 주거전용면적이 40제곱미터를 초과하거나 주택의 **기준시가가 2억원을 초과**하는 경우 해당 세대는 주택수에 포함하여 주택수를 계산하여야 하며, 주택 수가 3주택 이상인 경우 월세소득과 간주임대료를 계산하여 종합소득세를 신고 및 납부하여야 한다.

◆ 구분 등기되어 있지 아니한 다가구주택은 하나의 주택으로 봄
(조심2016중3116, 2016.10.12)
쟁점 다가구주택은 건물등기부등본에 각 동별로 표시되어 있고, 각 호별로 구분 등기되어 있지 아니하므로 국민주택규모를 초과하는 각 동을 각각 하나의 주택으로 보아 그 보증금 등에 대해 종합소득세를 과세한 이 건 처분은 잘못이 없음.

다세대주택

1) 다세대주택은 세대별로 구분 등기된 주택으로서 주택으로 쓰는 1개 동의 바닥면적 합계가 660제곱미터 이하이고, 층수가 4개 층 이하인 주택을 말한다.

2) 다세대주택은 각각의 세대를 하나의 주택으로 봄으로 부부합산 전체 주택의 수가 2채 이상인 경우로서 월세 임대소득이 있거나 종합소득세를 신고·납부 또는 종합소득에 합산하여야 한다.

▶ 다세대주택의 주택수

다세대주택(세대별로 구분 등기된 주택)의 경우 각각 1주택으로 보아 주택 수를 계산하며, 다세대주택의 1세대당 주거전용면적이 40제곱미터를 초과하거나 다세대주택의 **기준시가가 2억원을 초과**하는 경우로서 주택수가 3채 이상인 경우 월세소득과 전세보증금에 대한 간주임대료를 계산하여 종합소득세를 신고 및 납부하여야 한다.

오피스텔

주거용으로 사용하는 오피스텔로서 주거전용면적이 40제곱미터를 초과하거나 **기준시가가 2억원을 초과**하는 경우 주택수에 포함하며, 주택수가 3채 이상인 경우 월세소득과 전세보증금에 대한 간주임대료를 계산하여 종합소득세를 신고 및 납부하여야 한다.

주택임대 사업자등록 신청

개요

과세형평과 공평과세를 위하여 과세당국은 2019년 귀속분부터 연간 주택임대소득이 2천만원 이하인 경우에도 임대소득을 계산하여 종합소득세 신고 및 납부를 하도록 법령을 개정하였다.

한편, 과세당국은 주택임대소득의 세원관리를 위하여 사업자등록을 의무적으로 하도록 규정하였으며, 사업자등록을 하는 주택임대사업자에 대하여 사업자등록을 하지 아니하는 부동산임대사업자보다 각종 공제혜택을 더 주어 부부합산 2개 이상의 주택을 보유하고 월세가 있는 경우 또는 임대한 주택이 전세보증금만 있는 경우라도 3개 이상의 주택을 보유하고 있다면, 주택임대 사업자등록을 하여야 한다.

사업자등록 신청

사업 개시일부터 20일 이내에 사업자등록신청서를 사업장 소재지 관할 세무서장에게 제출
1) 임대주택법상 임대사업자로 등록한 사업자는 그 등록한 주소지 (사무소 소재지)를 사업장으로 하여 관할 세무서장에게 사업자등록 신청 할 수 있음(서면인터넷방문상담1팀-728, '06.06.05)
2) 임대주택명세서 첨부(「민간임대주택에 관한 특별법 시행령」에 따른 임대사업자 등록증 사본으로 갈음 가능)

주택임대사업자 미등록 가산세(소득세법 제81조의12)

주택임대소득이 있는 사업자가 사업 개시일부터 20일 이내에 등록을 신청하지 아니한 경우 사업 개시일부터 등록을 신청한 날의 직전일까지의 주택임대수입금액의 1천분의 2를 가산세로 해당 과세기간의 종합소득 결정세액에 더하여 납부하여야 한다.

사업자등록신청 방법

1) 「소득세법」에 따른 사업자등록만 신청하는 경우
1. 인터넷을 통해 신청 : 홈택스(www.hometax.go.kr) → 신청/제출 → 사업자등록 신청/정정 등 → 사업자등록신청(개인)

2. 세무서를 방문하여 신청
* 신분증과 임대차계약서 지참(시군구청에 임대사업자 등록을 한 경우에는 임대사업자 등록증 사본)

[개정 세법] 주택임대사업자 사업자등록시 임대주택 명세서 제출 의무화
<적용시기> 2019.2.12. 이후 사업자등록을 신청하는 분부터 적용
[서식] 국세법령정보시스템 → 별표·서식 → 법령서식 → 소득세 → (검색어) 임대주택

2) 「민간임대주택에 관한 특별법」에 따른 임대사업자등록과 「소득세법」에 따른 사업자등록을 함께 신청하는 경우
- 인터넷을 통해 신청 : 렌트홈(www.renthome.go.kr) → 임대사업자 등록 신청 → 화면 제일 아래 "국세청 사업자 신고" 체크
- 시군구청을 방문하여 신청 : 임대사업자 등록신청서와 임대주택 명세서, 임대차계약서 사본을 작성하여 주소지 시군구청 신청

▣ 주택임대업의 업종분류

업종코드	세분류	세세분류
701101	부동산 임대업	주거용 건물 임대업(고가주택임대)
	「소득세법」 제12조에 따른 기준시가가 9억원을 초과하는 주택	
701102	부동산 임대업	주거용 건물 임대업(일반주택임대)
	주택주거용 건물 및 건물 일부를 임대하는 산업활동을 말한다.	
	- 기준시가가 9억원을 초과하지 않는 아파트, 다가구주택, 단독주택 등	
701103	부동산 임대업	주거용 건물 임대업(장기임대공동·단독주택)
	장기임대 국민주택(공동주택 및 단독주택)	
	- 국민주택 5호 이상을 5년 이상 임대한 경우에 한하여 적용	
701104	부동산 임대업	주거용 건물 임대업(장기임대다가구주택)
	장기임대 국민주택(다가구주택)	
	- 국민주택 5호 이상을 5년 이상 임대한 경우에 한하여 적용	

[2023년 귀속분] 기준시가 9억원 → 12억원

주택임대업 사업장현황신고서 제출의무

주택임대사업자 사업장현황신고서 제출
과세사업자의 경우 부가가치세 신고를 함으로서 국세청이 사업자의 수입금액을 파악할 수 있으므로 별도의 수입금액 신고는 필요하지 않으나 면세사업자의 경우에는 당해 과세기간의 **다음 해 2월 10일**까지 사업장현황신고서를 제출하여야 하며, 사업장현황신고시 주택임대사업자 수입금액 검토표를 같이 제출하여야 한다.

■ 홈택스에서 사업장현황신고서 신고하기
홈택스 →국세증명·사업자등록세금관련 신청/신고 → 사업장현황신고
[작성 방법] (구글 검색) 주택임대 사업장현황신고

매출 및 매입계산서합계표, 매입세금계산서합계표 제출
복식부기기장자 및 간편장부대상자로서 직전년도 수입금액이 4800만원 이상인 주택임대사업자로서 사업과 관련하여 면세 계산서를 발급하거나 수취한 내용 및 과세 세금계산서를 수취한 내용에 대하여 합계표(매출계산서합계표, 매입계산서합계표, 매입세금계산서합계표)를 작성하여 사업장현황신고시 같이 제출하여야 한다.

주택임대소득 종합소득세 신고 등

🅠 총수입금액

개요

총수입금액이란 해당 과세기간에 수입하였거나 수입할 금액의 합계액을 말하며, 주택임대소득의 경우 월세 및 전세보증금등에 대한 이자상당액의 합계액으로 한다. 단, 보증금을 받은 경우에는 주거전용면적이 1세대당 40제곱미터 이하이고, 해당 과세기간의 기준시가가 2억원 이하인 주택은 주택 수에 포함하지 아니한다.

■ 주택임대소득의 총수입금액 = 월세 + 보증금등에 대한 간주임대료

▶ 선세금(先貰金)에 대한 총수입금액 계산
총수입금액 = 선세금 × (해당연도 임대기간 월수 / 계약기간 월수)

■ 월수
- 당해계약기간의 개시일이 속하는 달이 1월 미만인 경우 1월
- 당해계약기간의 종료일이 속하는 달이 1월 미만인 경우 0월

◆ 주택 임대 월세 계산서 발급 여부
(소득46011-21399 , 2000.12.07.)
사업자가 재화 또는 용역을 공급하는 때에는 소득세법 제163조 제1항의 규정에 의하여 계산서 또는 영수증을 작성하여 공급받는 자에게 교부하는 것이며, 주택임대사업자가 비사업자인 최종소비자에게 주택임대용역을 제공하는 경우에는 같은법 시행령 제211조 제2항 및 같은법 시행규칙 제96조의2의 규정에 의하여 영수증을 교부할 수 있는 것임

◆ 법인이 주택을 임대하고 받은 월세에 대한 영수증 발행가능 여부
(법인-947, 2009.08.31.)
주택임대업을 영위하는 법인이 사업자가 아닌 개인에게 주택임대용역을 제공하는 경우 영수증을 교부할 수 있는 것이나 제공받는 자가 사업자인 경우에는 계산서를 교부하여야 함

보증금 등에 대한 간주임대료

거주자가 3주택 이상을 소유하고 해당 주택의 보증금등의 합계액이 3억원을 초과하는 경우 다음의 간주임대료를 총수입금액에 산입하여야 한다.

간주임대료 =(보증금등 - 3억원1)의 적수 × 60% × $\frac{1}{365}$ × 정기예금이자율
- 해당 임대사업부분 발생한 수입이자와 할인료 및 배당금의 합계액2)

1) 보증금등을 받은 주택이 2주택 이상인 경우에는 보증금등의 적수가 가장 큰 주택의 보증금등부터 순서대로 뺌
2) 추계신고·결정하는 경우 임대사업부분에서 발생한 금융수익 차감하지 않음

총수입금액에 포함하는 공공요금과 포함하지 않는 경우

주택임대의 경우 통상 임차인이 공공요금을 직접 납부하므로 임대수입과는 무관하다.

다만, 임대인이 임대주택을 직접 관리하는 경우 전기요금, 수도요금, 도시가스료 등 공과금을 건물주가 부담하고 관리비 등에 포함하여 별도로 구분하지 아니하고 받는 경우에는 이를 총수입금액에 산입하고 공과금 지급금액을 필요경비로 계상한다. 그러나 관리비를 구분징수하는 경우에는 수입금액에 산입하지 않고 전기요금 등 공과금을 필요경비에 산입하지 않는다.

주택 보증금 간주임대료

개요

부부합산 3채 이상(소규모주택 제외)의 주택을 보유하고 주택을 보증금·전세금 또는 이와 유사한 성질의 금액을 받은 경우 보증금 등에 대한 이자상당액을 일정한 산식에 의하여 계상하여 부동산임대소득의 총수입금액에 산입하여야 하며, 이자상당액을 간주임대료라고 한다.

▶ **부부합산 2채의 주택을 보유한 경우**
3채 이상 주택을 보유한 경우에만 임대보증금에 대하여 간주임대료를 계산하는 것이므로 2채만을 보유하고 전세로 임대를 한 경우에는 주택임대에 대하여 종합소득세 신고납부의무가 없다. 단, 2채만을 보유하고 있더라도 월세 임대를 한 경우에는 종합소득세 신고 및 납부를 하여야 한다.

▶ **과세기간 중 일부 주택을 양도한 경우**
과세기간 중 일부 주택을 양도하여 3주택 미만을 보유하게 되더라도 해당 과세기간의 3주택 보유기간에 대하여 보증금 등에 대한 간주임대료를 계산하여야 한다.

[개정 세법] 보증금 임대수익에서 제외하는 소규모주택(소득법 § 25)
(종전) 주거전용 면적이 1호(戶) 또는 1세대당 60제곱미터 이하인 주택으로서 해당 과세기간의 기준시가가 3억원 이하인 주택
(개정) 주거전용 면적이 1호(戶) 또는 1세대당 40제곱미터 이하인 주택으로서 해당 과세기간의 기준시가가 2억원 이하인 주택
〈적용시기〉 2019.1.1. 이후 발생하는 소득분부터 적용

▶ 주택 간주임대료의 총수입금액 산입 요건(다음 요건 모두 충족)

주택 수	3주택 이상 소유(부부합산) 단, 소형주택(1세대당 40제곱미터 이하인 주택으로서 해당 과세기간의 기준시가가 2억원 이하인 주택)은 2026년 12월 31일까지는 주택 수에 포함하지 않음
보증금 등의 합계액	간주임대료 계산 대상 주택 보증금 등의 합계액이 3억원 초과

▶ 주택의 간주임대료 계산방법

장부 신고	(보증금 등 - 3억원)의 적수 × 60% × $\frac{1}{365}$ × 정기예금이자율 ('24귀속 : 3.5%) 해당 임대사업부분 발생한 수입이자와 할인료 및 배당금의 합계액
추계 신고	(보증금 등 - 3억원)의 적수 × 60% × $\frac{1}{365}$ × 정기예금이자율 ('24귀속 : 3.5%)

- 보증금 등을 받은 주택이 2주택 이상인 경우에는 보증금등의 적수가 가장 큰 주택의 보증금 등부터 순서대로 차감

◆ 부부가 부동산임대업을 공동으로 하는 경우 주택의 임대보증금에 대한 간주임대료 계산방법
(소득, 서면-2016-법령해석소득-5179, 2017.06.12.)
1. 부부가 단독명의 주택과 공동명의 주택을 임대하는 경우 간주임대료 계산대상 해당여부는 각 거주자별로 판단하는 것이며, 소득세법 제25조 단서에서 규정하는 '주택수'와 '보증금등의 합계액' 판단시 같은 법 시행령 제8조의2제3항제4호에 따라 부부 합산하여 계산하는 것입니다.
2. 공동사업장에 대한 간주임대료는 공동사업장을 1거주자(구성원이 동일한 공동사업장은 동일 1거주자로 봄)로 보아 계산하며, 간주임대료와 월 임대료를 합산하여 각 공동사업장별 소득금액을 계산한 후 각 공동사업장의 손익분배비율에 따라 각 공동사업자별로 분배하는 것입니다.

◎ 임대보증금에 대한 간주임대료 계산

단독사업자(보증금 등 합계액이 변동하지 않는 경우)
부부합산 비소규모주택(주거전용 면적 40㎡ 초과하거나 기준시가 2억원 초과) 3채 이상 소유자의 비소규모주택 보증금 및 전세금에 대해서 보증금 합계 3억원 초과분의 60%에 대하여 2.9%를 임대료로 간주하여 총수입금액에 산입하여야 한다.

공동으로 주택을 임대하는 경우
단독명의 주택과 공동명의 주택이 혼합된 경우 간주임대료 계산 대상 해당 여부는 각 거주자별로 판단하되, 단독명의 주택과 공동명의 주택을 구분하여 각각 간주임대료를 계산하며, 간주임대료와 월 임대료를 합산하여 각 공동명의 주택별 소득금액을 계산한 후 각 공동명의 주택의 손익분배비율에 따라 각 거주자별로 소득금액을 배분한다.

■ 소형주택 간주임대료 과세특례 적용기한 연장(소득법 §25)

종 전	개 정
□ 3주택 이상자 보증금등에 대한 간주임대료 과세	□ 소형주택에 대한 과세특례 적용기한 2년 연장
ㅇ (대상) 3주택 이상자가 받는 전세금·보증금등 - 단, 소형주택*은 주택 수 및 간주임대료 과세대상에서 제외 * 1세대당 40m2 이하이면서 기준시가 2억원 이하인 주택	ㅇ (좌 동)
ㅇ (적용기한) '21.12.31.	ㅇ (개정) '26.12.31.

주택 임대소득 분리과세

🔲 선택적 분리과세

① 2019년 귀속분부터는 주택임대소득 **총수입금액의 합계액이 2천만원 이하**인 경우 종합소득세를 신고 및 납부하여야 한다.

② 주택임대소득 **총수입금액의 합계액이 2천만원 이하**인 경우 종합과세와 분리과세 중 선택하여 종합소득세를 신고납부할 수 있다.

[종합과세] (주택임대소득 + 종합과세대상 다른 소득) × 세율(6~45%)
[분리과세] 주택임대소득 × 14% + 종합과세대상 다른 소득 × 세율(6~45%)

◘ 주택임대소득 분리과세 계산구조

구 분	등록임대주택	미등록임대주택
수입금액	월세 + 간주임대료	월세 + 간주임대료
필요경비	수입금액 × 60%	수입금액 × 50%
소득금액	수입금액 - 필요경비	수입금액 - 필요경비
과세표준	소득금액 - 기본공제(4백만원)	소득금액 - 기본공제(2백만원)
산출세액	과세표준 × 세율(14%)	과세표준 × 세율(14%)
세액감면	단기(4년) 30% 장기(8년, 10년) 75%	없음
결정세액	산출세액 - 세액감면	산출세액과 동일

▶ '20. 8.18. 이후 장기일반민간임대주택 → 10년 이상 임대, 아파트 제외

[개정 세법] 아파트 임대는 우대공제 배제 (소득법 §64의2)
<적용시기> 2020.7.11. 이후 등록 임대 아파트는 우대공제하지 않음
2020. 7. 10. 이전에 4년 이상 임대등록 아파트에 대하여 우대공제함

▶ 등록임대주택 요건 (소득세법 시행령 제122조의2)

다음 각 호의 요건을 모두 충족하는 등록임대주택

1. 「민간임대주택에 관한 특별법」 제5조에 따른 임대사업자등록을 한 자가 임대 중인 같은 법 제2조제5호에 따른 **장기일반민간임대주택**

[아파트를 임대하는 민간매입임대주택의 경우에는 2020년 7월 10일 이전에 종전의 「민간임대주택에 관한 특별법」 제5조에 따라 등록을 신청한 것에 한정]

또는 종전의 「민간임대주택에 관한 특별법」 제5조에 따른 임대사업자등록을 한 자가 임대 중인 같은 법 제2조제6호에 따른 단기민간임대주택(2020년 7월 10일 이전에 등록을 신청한 것으로 한정)

2. 관할 세무서에 사업자등록을 한 임대주택일 것
3. 임대보증금 또는 임대료의 증가율이 100분의 5를 초과하지 않을 것

③ 주택임대소득의 **총수입금액 합계액이 2천만원을 초과하는** 경우 종합소득에 합산하여야 한다.

◆ 분리과세 주택임대소득에 대한 의제상각 여부

(사전-2020-법령해석소득-0269, 2021.03.09)

귀 사전답변 신청의 경우, 주택임대사업자가 주택임대소득에 대하여 「소득세법」제64조의2제1항에 따라 분리과세를 선택하고 같은 법 제70조제4항제6호에 따른 추계소득금액 계산서를 제출한 경우에도 건축물에 대해서는 「소득세법 시행령」 제68조제2항의 적용이 배제되는 것이나, 위 주택임대소득에 대하여 「조세특례제한법」 제96조 제1항의 규정에 따라 소득세를 감면받은 경우에는 위 건축물에 대하여 「소득세법 시행령」 제68조제1항이 적용되는 것임.

☐ 소득세법시행령 제68조(감가상각의 의제)
☐ 조세특례제한법 제96조(소형주택 임대사업자에 대한 세액감면)

분리과세 주택임대소득 소득금액 및 과세표준

소득금액
수입금액에서 필요경비를 차감한 금액으로 한다.

미등록 임대주택 과세표준
등록임대주택의 요건을 모두 충족하지 못한 임대주택을 말하며, 미등록 임대주택의 과세표준은 다음과 같이 계상한다.

- 과세표준 = 수입금액 - 필요경비(50%) - 기본공제(2백만원)

등록임대주택 과세표준
등록임대주택이란 등록임대주택의 요건을 모두 충족하는 임대주택을 말하며, 등록임대주택의 과세표준은 다음과 같이 계상한다.

- 과세표준 = 수입금액 - 필요경비(60%) - 기본공제(4백만원)

과세기간 중 일부 기간 동안 등록임대주택을 임대한 경우 등록임대주택 수입금액 및 주택임대소득 계산

[소득세법 시행령 제122조의2(분리과세 주택임대소득에 대한 사업소득금액 등 계산의 특례)]

1. 등록임대주택을 적용할 때 과세기간 중 일부 기간 동안 등록임대주택을 임대한 경우 등록임대주택의 임대사업에서 발생하는 수입금액은 월수로 계산한다. 이 경우 해당 임대기간의 개시일 또는 종료일이 속하는 달이 15일 이상인 경우에는 1개월로 본다.

2. 해당 과세기간 중에 임대주택을 등록한 경우 주택임대소득금액은 다음의 계산식에 따라 계산한다.

[등록한 기간에 발생한 수입금액 × (1 - 0.6)] + [등록하지 않은 기간에 발생한수입금액 × (1 - 0.5)]

3. 해당 과세기간 동안 등록임대주택과 등록임대주택이 아닌 주택에서 수입금액이 발생한 경우 소득세법 제64조의2제2항에 따라 해당 과세기간의 종합소득금액이 2천만원 이하인 경우에 추가로 차감하는 금액은 다음의 계산식에 따라 계산한다.

(등록임대주택에서 발생한 수입금액/총 주택임대수입금액× 400만원) + (등록임대주택이 아닌 주택에서 발생한 수입금액/총 주택임대수입금액 × 200만원)

□ 소득세법 제14조(과세표준의 계산) -요약-
③ 다음 각 호에 따른 소득의 금액은 종합소득과세표준을 계산할 때 합산하지 아니한다. <개정 2019. 12. 31., 2020. 12. 29.>
7. 해당 과세기간에 <u>대통령령으로 정하는 총수입금액의 합계액</u>이 2천만원 이하인 자의 주택임대소득(분리과세 주택임대소득)

제20조(일용근로자의 범위 및 **주택임대소득의 산정 등**)
② 법 제14조제3항제7호에서 "대통령령으로 정하는 총수입금액의 합계액"이란 제8조의2제6항에 따른 총수입금액(주거용 건물 임대업에서 발생한 수입금액의 합계액을 말한다.

기본공제

분리과세 주택임대소득을 제외한 해당 과세기간의 종합소득금액이 2천만원 이하인 경우 2백만원(등록임대주택은 4백만원) 공제

■ 주택임대소득 종합과세, 분리과세 및 세액 계산구조

구 분	종합과세 선택	분리과세 선택	
		종합 과세 대상 소득	분리과세 주택임대소득
주택임대 수입금액	월세 + 간주임대료	해당사항 없음	월세 + 간주임대료
주택임대 필요경비	구분 / 필요경비 장부신고 / 실제 지출한 경비 추계신고 / 기준·단순경비율에 의한 경비	해당사항 없음	구분 / 필요경비율 등록 / 수입금액의 60% 미등록 / 수입금액의 50%
소득금액	수입금액 - 필요경비		수입금액 - 필요경비
종합소득금액	주택임대 소득금액 + 종합과세 대상 다른 소득금액	분리과세주택임대소득 외의 종합과세대상 소득금액	해당사항 없음
소득공제 분리과세 임대소득 기본공제	인적공제 등 각종 소득공제	인적공제 등 각종 소득공제	구분 / 기본공제* 등록 / 4백만원 미등록 / 2백만원 * 분리과세 주택임대소득을 제외한 종합소득금액이 2천만원 이하인 경우 공제
과세표준	종합소득금액 - 소득공제	종합소득금액 - 소득공제	주택임대 소득금액 - 기본공제(2백만원, 4백만원)
세율	6~45%	6~45%	14%(단일세율)
산출세액	과세표준×세율	과세표준×세율	과세표준×세율
공제감면세액	소득세법 및 조특법 상의 각종 공제·감면 * 소형주택 임대사업자 감면 포함	소득세법 및 조특법의 각종 공제감면 * 소형주택 임대감면 제외	소형주택 임대사업자 감면 구분 / 감면율 단기임대 / 30% 장기임대 / 75%
결정세액	산출세액 - 공제감면세액	산출세액 - 공제감면세액 종합과세대상 결정세액과 분리과세대상 결정세액 합산하여 신고납부	산출세액 - 감면세액

주택 임대업 규모별 종합소득세 신고 방법

🅰 당해연도 주택임대 총수입금액이 2천만원 이하인 경우

종합소득세 신고시 분리과세 또는 종합과세를 선택할 수 있으며, 분리과세를 선택하여 신고하는 경우 주택임대소득에 대하여만 별도로 세액을 계산하여 납부하며, 다른 소득과 합산하지 아니하므로 근로소득 또는 다른 사업소득 등이 많아 세금 부담이 많은 자의 경우 절세 효과가 크다.

따라서 고소득자의 경우 분리과세방법에 의하여 임대소득만을 신고 납부하여야 세금을 줄일 수 있으므로 주택 임대와 관련한 연간 수입금액이 2천만원을 넘지 않도록 하는 것이 최상의 방법일 것이다.

▶ 주택임대수입이 2천만원 이하라도 종합과세가 유리한 경우

주택 임대외 다른 소득이 없는 경우 종합과세를 선택하여 종합소득세 신고를 하는 것이 유리할 수 있다.

▣ 분리과세에 의한 세액 계산

구 분	지자체 미등록 임대주택	금 액
수입금액	월세 + 간주임대료	18,000,000
필요경비	수입금액 × 50%	9,000,000
소득금액	수입금액 - 필요경비	9,000,000
과세표준	소득금액 - 기본공제(2백만원)	7,000,000
산출세액	과세표준 × 세율(14%)	980,000
결정세액	산출세액과 동일	980,000
지방소득세	결정세액 × 10%	98,000

▶ 종합과세(추계)에 의한 세액 계산

구 분	지자체 미등록 임대주택	금 액
수입금액	월세 + 간주임대료	18,000,000
필요경비	수입금액 × (단순경비율)42.6%	7,668,000
소득금액	수입금액 - 필요경비	10,332,000
소득공제	본인 기본공제	1,500,000
과세표준	소득금액 - 기본공제(150만원)	8,832,000
산출세액	과세표준 × 세율(6%)	529,920
표준공제세액	사업자 7만원	70,000
결정세액		459,920
지방소득세	결정세액 × 10%	45,990

직전연도 총수입금액이 2400만원 이하인 경우로서 당해연도 총수입금액이 2천만원을 초과하는 경우

주택 임대업의 경우 장부를 작성하더라도 임대사업과 관련한 비용(재산세, 수리비, 종합부동산세 등)이 거의 발생하지 아니하므로 국세청에서 정한 단순경비율(2023년 기준 42.6%)을 차감한 금액을 임대소득금액[임대 수입금액 - (임대 수입금액 × 42.6%)]으로 하여 종합소득세 신고를 하면 된다.

직전연도 총수입금액 2400만원 초과 4800만원 이하인 주택임대사업자

간편장부로 소득금액을 계산하여 종합소득금액 계산

간편장부를 작성하여 임대소득금액을 계산한 후 종합소득세 신고 및 납부를 한다. 단, 다른 종합소득합산대상 소득이 있는 경우 주택임대소득금액을 합산하여 종합소득세 신고를 하여야 한다.

🔲 직전연도 총수입금액이 4800만원 초과 7500만원 이하인 주택임대사업자

간편장부에 의한 소득금액 계산

직전연도 주택임대와 관련한 총수입금액(월세 합계액 + 보증금에 대한 간주임대료 상당액)이 4800만원을 초과하는 경우 간편장부 기장을 하여 주택 임대소득을 계산한 후 종합소득세 신고 및 납부를 하여야 하며, 다른 종합소득 과세대상 소득에 합산하여 종합소득세 신고를 하여야 한다. 직전연도 수입금액이 4800만원을 초과하는 경우 장부기장에 의하여 소득금액을 계산하여 신고하여야 세금을 줄일 수 있으며, 장부기장 및 세무신고는 간단한 문제가 아니므로 가능한 세무회계사무소에 대행하는 것이 바람직할 것이다.

추계에 의한 소득금액 계산

직전연도 수입금액이 4800만원을 초과하는 주택 임대사업자가 추계로 신고하는 경우 수입금액에 기준경비율 상당액을 차감한 금액으로 소득금액으로 계산하여야 하며, 장부기장을 하지 아니한 경우 무기장가산세를 추가로 부담하여야 한다.

🔲 직전연도 총수입금액이 7500만원을 초과하는 경우

직전연도 주택임대와 관련한 총수입금액(월세 합계액 + 보증금에 대한 간주임대료 상당액)이 7500만원을 초과하는 경우 복식부기기장을 하여야 하며, 장부기장 및 세무신고는 간단한 문제가 아니므로 세무회계사무소에 대행하여야 한다.

🔟 주택임대소득이 2천만원 이하이면서 공적연금 만 있는 경우 세금 절세

공적연금과 사업소득 또는 근로소득 등이 있는 경우 공적연금 금액에 관계없이 합산하여 종합소득세 신고를 하여야 한다.
단, 공적연금과 분리과세되는 소득만 있는 경우 합산하여 종합소득세 신고를 하지 않아도 되므로 주택임대소득이 2천만원 이하인 경우 분리과세로 신고를 하면, 공적연금에 대하여 합산하여 종합소득세 신고납부를 하지 않아도 된다.

▶ 사적연금 및 공적연금
1. 사적연금 : 보험회사의 연금, 퇴직연금 등
2. 공적연금 : 국민연금, 공무원연금, 군인연금, 사립학교교직원연금 등

▶ 공적연금 종합소득 합산금액 : 과세대상연금소득 - 연금소득공제액
[과세대상] 2002년 1월 1일 이후에 납입한 연금불입액
2001년 이전에 납입한 연금불입액 → 비과세됨

종합소득세 신고시 합산하지 않는 소득 (분리과세)
조세 정책 목적에 의하여 일부 소득은 종합소득에 합산하지 아니하고, 소득을 지급하는 자가 소득세를 원천징수하여 납부함으로서 소득을 지급받는 자의 납세의무가 종결되는 것을 분리과세라 하며, 분리과세 대상소득의 경우 종합소득에 합산하지 않는다.

▶ 분리과세 대상소득
- 사적 연금소득의 연간 합계액이 1,500만원 이하인 경우
- 퇴직금을 퇴직연금등에 불입한 후 연금형태로 지급받는 금액
- 이자소득과 배당소득의 합계액이 2,000만원 이하의 경우

주택임대소득 추계신고

◨ 추계신고와 무기장가산세

간편장부대상자가 추계신고하는 경우 무신고가산세는 없으나 무기장가산세는 적용된다. 한편, 간편장부로 신고하는 경우 임대보증금에 대한 수익(간주임대료 수익)은 전체 임대보증금에서 건설비 상당액을 차감한 금액에 정기예금이자율을 곱한 금액으로 계상하나 추계로 신고하는 경우에는 임대보증금(건설비상당액을 차감할 수 없음)에 정기예금이자율을 곱한 금액을 임대료수익에 포함하여야 한다.

무기장가산세

산출세액 × [무기장(추계신고)소득금액/종합소득금액] × 20%

◨ 부동산임대업 단순경비율 또는 기준경비율 적용 및 무기장가산세

기준금액(직전연도 수입금액 기준)	경비율 적용	무기장가산세
2천4백만원 미만	단순경비율	[×]
2천4백만원 이상 4천8백만원 미만	기준경비율	[×]
4천8백만원 이상 6천만원 미만	기준경비율	[○]
6천만원 이상 7천5백만원 미만	기준경비율	[○]
7천5백만원 이상	기준경비율의 1/2	[○]

◨ 추계신고시 경비율 적용

단순경비율 및 기준경비율

추계에 의하여 필요경비를 산정하여 소득금액을 계산하는 방법에는 **단순경비율**에 의한 방법과 **기준경비율**에 의한 방법이 있다.

▶ **단순경비율**

단순경비율이란 국세청에서 업종별로 전체 사업자의 수익 대비 비용의 평균비율을 말하며, 간편장부대상자 중 단순경비율로 필요경비를 계산할 수 있는 사업자는 다음에 해당하는 경우에만 적용할 수 있으며, 기타의 경우에는 추계신고시 기준경비율을 적용하여 추계신고를 하여야 한다.
1. 신규사업자(단, 개업연도의 수입금액이 복식부기기장의무자 제외)
2. 주택임대업으로 직전연도 총수입금액이 2400미만인 경우

▶ **기준경비율**

기준경비율이란 주요 경비(상품 매입비용 + 임차료 + 급여 및 임금)는 실제 지급한 금액으로 하고, 주요 경비를 제외한 기타 경비는 업종별로 전체 사업자의 수익 대비 기타 비용의 평균비율을 말한다.

예를 들어 주택임대업을 경영하는 사업자의 직전연도 수입금액이 3천만원인 경우로서 추계로 종합소득세를 신고하는 경우 기준경비율을 적용하여 추계신고를 하여야 한다. 다만, 이 경우 직전연도 수입금액이 4,800만원 미만이므로 기준경비율에 의하여 추계신고를 하더라도 무기장가산세는 적용되지 않는다.

단순경비율에 의한 추계소득금액 계산

신규 사업자로서 개업연도의 수입금액이 복식부기기장의무자 기준금액(임대수익 7,500만원)에 미달하는 사업자 및 직전연도 임대수입금액이 2,400만원 미만인 경우 단순경비율에 의한 추계소득금액을 계산하여 종합소득세를 신고할 수 있다.

기준경비율에 의한 추계신고대상자

부동산임대업의 경우 직전연도 수입금액이 2,400만원 이상인 사업자

🅓 간편장부대상자 기준경비율에 의한 추계소득금액

단순경비율적용대상 사업자가 아닌 경우로서 추계에 의하여 종합소득세를 신고하는 경우 기준경비율을 적용하여야 한다.

간편장부대상자 추계소득금액 (①, ② 중 적은 금액)
① 소득금액= [수입금액 - (수입금액 × 단순경비율)] × 배율
② 소득금액= 수입금액 - 주요경비 - (수입금액 × 기준경비율)

- 2023년 귀속분 배율 → 2.8배
- 2024년 귀속분 배율(소득세법 시행규칙 제67조) → 2025년 3월 이후 개정 여부 확인

■ (부동산임대업) 단순경비율 및 기준경비율(매년 변동될 수 있음)
[2024년 귀속분 경비율]
(구글 검색) 국세청 단순경비율 및 기준경비율

▶ 주요경비
1. 매입비용(사업용고정자산의 매입비용 제외)
2. 임차료로서 증빙서류에 의하여 지출하였거나 지출할 금액
3. 종업원의 급여와 임금으로서 증빙서류에 의하여 지급한 금액

소득금액을 추계하는 경우 간주임대료 수익
부동산임대소득을 추계에 의하여 계상하는 경우에는 임대보증금에서 건설비 상당액(건물의 취득가액 등)을 차감하지 아니하며, 다음 산식에 의하여 계산한 금액을 「간편장부소득금액계산서」의 '⑬수입금액에 가산할 금액'란에 기재하여 총수입금액에 합산하여야 한다.

▶ **부동산임대업 단순경비율 및 기준경비율(2023년 귀속분)**

코드번호	세분류	세세분류	단순경비율	기준경비율
701101	부동산 임대업	주거용 건물 임대업(고가주택임대)	37.4	12.9
	○「소득세법」제12조에 따른 기준시가가 12억원을 초과하는 주택			
701102	부동산 임대업	주거용 건물 임대업(일반주택임대)	42.6	17.2
	○ 주거용 건물 및 건물 일부를 임대하는 산업활동을 말한다. 주로 1개월을 초과하는 기간으로 임대 기간을 약정하며, 가구 등 집기류를 포함하여 임대할 수 있다. -기준시가가 9억원을 초과하지 않는 아파트, 공동주택, 다가구주택, 단독주택 등 <제 외> *기준시가 12억원 초과(→701101) *장기임대 국민주택(공동주택 및 단독주택)(→701103) *장기임대 국민주택(다가구주택)(→701104) *임차부동산의 전대 또는 전전대에 따른 수입(→701301)			
701103	부동산 임대업	주거용 건물 임대업(장기임대공동·단독주택)	61.6	20.1
	○ 장기임대 국민주택 (공동주택 및 단독주택) -국민주택 5호 이상을 5년 이상 임대한 경우에 한하여 적용			
701104	부동산 임대업	주거용 건물 임대업(장기임대다가구주택)	59.2	21.3
	○ 장기임대 국민주택 (다가구주택) -국민주택 5호 이상을 5년 이상 임대한 경우에 한하여 적용			

[2023년 귀속분] 기준시가 9억원 → 12억원

주택임대업의 장부기장에 의한 신고·납부 등

간편장부대상자
직전연도 수입금액이 7500만원 미만인 경우 간편장부기장에 의하여 주택임대 소득금액을 계산한 금액으로 종합소득세 신고·납부를 할 수 있으며, 간편장부기장에 의한 소득금액 계산에 대한 자세한 내용은 주택외 부동산임대 종합소득세 신고편을 참고한다.

복식부기의무자
직전연도 수입금액이 7500만원 이상인 경우 복식기장에 의하여 임대소득을 계산하여 종합소득세 신고 및 납부를 하여야 하며, 자세한 내용은 주택외 부동산임대 종합소득세 신고편을 참고한다.

종합소득세 신고·납부
종합소득세를 신고하여야 하는 자는 해당 과세기간의 다음해 5월 31일까지 **주소지 관할 세무서**에 종합소득세 신고를 하여야 하며, 신고기한 이내에 종합소득세를 납부하여야 하며,

종합소득세의 10%에 해당하는 금액인 지방소득세를 주소지 관할 지방자치단체(시·군·구)에 납부하여야 한다.

자세한 내용은 부동산임대업(주택외)의 종합소득세 신고·납부편을 참고한다.

소형주택 임대사업자에 대한 소득세 감면

감면요건 등

개요

일정한 요건을 충족하는 임대주택을 1호 이상 임대하는 경우에는 2025년 12월 31일 이전에 끝나는 과세연도까지 해당 임대사업에서 발생한 소득에 대해서는 다음 각 호에 따른 세액을 감면한다.
1. 임대주택을 1호 임대하는 경우: 소득세 또는 법인세의 100분의 30[장기일반민간임대주택의 경우에는 100분의 75]에 상당하는 세액
2. 임대주택을 2호 이상 임대하는 경우: 소득세 또는 법인세의 100분의 20(장기일반민간임대주택등의 경우 100분의 50)에 상당하는 세액

[조세특례제한법 제96조(소형주택 임대사업자에 대한 세액감면)]

감면대상 임대주택 요건 [조세특례제한법 시행령 제96조(소형주택 임대사업자에 대한 세액감면)]

구 분	요 건
규모	「주택법」 제2조 제6호에 따른 국민주택규모1),2)의 주택3)일 것 1) 주거전용면적이 1호(戶) 또는 1세대당 85㎡ 이하인 주택(수도권을 제외한 도시지역이 아닌 읍 또는 면 지역은 1호 또는 1세대 당 주거전용면적이 100㎡ 이하) 2) 다가구주택일 경우 가구당 전용면적 기준 3) 주거에 사용하는 오피스텔과 주택 및 오피스텔에 딸린 토지를 포함
기준시가	주택 및 부수 토지의 기준시가의 합계액이 해당 주택의 임대개시일 당시 6억원을 초과하지 아니할 것
임대료 증가율	임대보증금 또는 임대료의 연 증가율이 5%를 초과하지 않을 것

▶ 소득세의 100분의 75를 감면받을 수 있는 임대주택

「민간임대주택에 관한 특별법」 제2조제5호에 따른 장기일반민간임대주택

□ 민간임대주택에 관한 특별법 제2조 제5호
임대사업자가 공공지원민간임대주택이 아닌 주택을 10년 이상 임대할 목적으로 취득하여 임대하는 민간임대주택(아파트를 임대하는 민간매입임대주택은 제외)을 말한다.
▶ '20.8.18. 이후 장기일반민간임대주택 → 10년 이상 임대, 아파트 제외

[개정 세법] 감면대상 확대
부동산임대소득에 대한 분리과세 선택시에도 적용
<적용시기> 2019.1.1. 이후 발생하는 소득분부터 적용

[개정 세법] 아파트 감면 배제 및 장기일반민간임대주택
1) 아파트의 경우 2020. 7. 10. 이전 등록분만 감면됨
2) '20.8.18. 이후 장기일반민간임대주택 → 10년 이상 임대, 아파트 제외

[세법 개정] 소형주택 임대사업자에 대한 세액감면 보완 (조특령 §96)
임대를 개시한 후 다음 각 호의 요건을 충족하는 경우, 그 요건을 모두 충족한 날 임대를 개시하는 것으로 본다.
1. 「소득세법」 또는 「법인세법」에 따른 사업자등록
2. 「민간임대주택에 관한 특별법」에 따른 임대사업자등록

임대기간
해당 세액감면을 적용받은 거주자가 1호 이상의 임대주택을 4년이상 임대하지 아니하는 경우 그 사유가 발생한 날이 속하는 과세연도 종합소득세 신고시 감면받은 세액 전액을 소득세로 납부하여야 한다.

감면배제, 최저한세 적용, 농어촌특별세 등

의무임대기간을 임대하지 않는 경우
감면받은 내국인이 1호 이상의 임대주택을 **4년**(장기일반민간임대주택 등은 8년 또는 10년) 이상 임대하지 아니하는 경우 그 사유가 발생한 날이 속하는 과세연도의 과세표준신고를 할 때 감면받은 세액과 이자 상당 가산액을 소득세로 납부하여야 한다. [조특법 제96조 ②]

감면배제
소득세 무신고에 따라 세무서장 등이 과세표준과 세액을 결정하는 경우와 기한 후 신고를 하는 경우 [조특법 §128 ②]

최저한세
임대주택에 대하여 조세특례제한법 제96조의 규정에 의하여 감면을 받은 경우로서 감면 후의 세액인 최저한세 이하인 경우 최저한세를 납부하여야 한다.

▶ 개인사업자 최저한세율
산출세액의 35%(산출세액 3천만원 초과분은 45%)

농어촌특별세
임대주택에 대하여 조세특례제한법 제96조의 규정에 의하여 감면을 받은 경우 감면세액의 20%를 농어촌특별세로 납부하여야 한다.

SECTION 02
장기일반민간임대주택 세제 혜택, 아파트 배제

주택을 임대하면서 시군구청에 주택임대사업자로 등록하고, 세무서에 임대사업자로 등록하여 일정 기간 이상 임대하는 주택의 경우 임대소득에 대한 소득세 경감, 종합부동산세 합산 배제, 양도소득세 신고시 장기보유특별공제, 조정대상지역 중과세 기준이 되는 주택수 제외, 거주주택에 대한 1세대 1주택 비과세 특례 등 각종 세제 혜택을 부여하였다.

그러나 2020년 아파트 가격 폭등으로 인한 정부 정책 변경으로 (매입)아파트는 2020.8.18. 이후 시군구청에 장기임대주택으로 등록할 수 없으며, 세법은 아파트에 대하여 2020.7.11. 이후 세제 지원을 폐지함으로서 아파트는 임대등록으로 더 이상 세금 혜택을 받을 수 없게 되었다. 단, 아파트를 제외한 단독주택, 오피스텔, 다세대주택(빌라 등), 겸용주택의 경우 임대등록을 하는 경우 각종 세금혜택이 있다.

본서에서는 주택 임대와 관련한 개요만 수록하였으므로 자세한 내용은 국세청에서 발간한 주택과 세금 책자를 구입하여 참고하시기 바랍니다.

장기일반민간임대주택 세금 혜택

아파트를 제외한 단독주택, 오피스텔, 다세대주택(빌라 등), 겸용주택의 경우 임대등록을 하는 경우 각종 세금혜택을 받을 수 있다.

임대주택 취득세 또는 재산세 감면 요약표

구 분		40㎡ 이하	40~60㎡	60~85㎡
취득세	공통	공동주택 건축·분양 또는 주거용 오피스텔 분양시		
	4년 단기	1호 이상 임대시 감면 (취득세액 200만원 초과시 85% 감면)		-
	8년,10년			50% 감면(20호↑)
재산세	공통	2호 이상 임대시 감면 공동주택 건축·매입 또는 주거용 오피스텔 매입시		
	4년 단기	면제 (50만원 초과시 85% 감면)	50% 감면	25% 감면
	8년,10년		75% 감면	50% 감면

▶ 8년, 10년 → 2020.8.18. 이후 임대등록하는 경우 10년 이상

장기일반민간임대주택 장기보유특별공제, 양도소득세 경감

관련 법령	임대기간	감면내용
조특법 제97조의4	6년 이상	장기보유특별공제율 추가 공제
조특법 제97조의3	8년 이상	장기보유특별공제율 : 50%
	10년 이상	장기보유특별공제율 : 70%
조특법 제97조의5	10년 이상	양도소득세 100% 감면

• 양도소득세 100% 감면 → 2015. 1. 1.부터 2018. 12. 31. 까지 매매 등으로 소유권을 취득하여 10년 이상 임대한 장기임대주택에 한함

▶ 임대주택의 임대기간 및 세금 감면 요약

구분	임대기간	감면 등 종류	비 고
1	6년 이상	장기보유특별공제율 추가(2 ~ 10%)	2018.3.31. 이전 등록
2	8년 이상	장기보유특별공제율 50%	1 배제
3	10년 이상	장기보유특별공제율 70%	1, 2 배제

장기임대주택의 거주주택 비과세특례

장기임대주택과 그 밖의 1주택을 국내에 소유하고 있는 1세대가 제1호와 제2호의 요건을 충족하고 해당 1주택(거주주택)을 양도하는 경우에는 국내에 1개의 주택을 소유하고 있는 것으로 보아 1세대 1주택 비과세를 적용한다.

1. 거주주택 : 2년 이상 보유기간 중 **거주기간이 2년 이상**일 것
2. 장기임대주택 : **양도일 현재** 사업자등록을 하고, 장기임대주택을 민간임대주택으로 등록하여 **임대**하고 있으며, 임대보증금 또는 임대료의 증가율이 2019.2.12. 이후 100분의 5를 초과하지 않을 것.

① 2018.9.13. 이전에 장기임대주택으로 등록한 주택

임대개시일 당시 주택의 기준시가가 6억원(비수도권 3억원 이하) 이하인 장기임대주택으로서 아래 요건을 충족하는 장기임대주택

1. 2018.9.13. 이전에 주택을 취득하여 장기일반민간임대주택등으로 등록하여 8년 이상 임대한 주택
2. 2018.3.31.까지 등록한 경우 5년 이상 임대한 주택으로 함

② 장기임대주택 (소득세법 시행령 제167조의3 ① 2 마)

민간매입임대주택 중 장기일반민간임대주택등으로 8년 이상[2020.8.18. 이후 임대등록한 주택 → 10년 이상(2020.7.11. 이후 아파트 제외)] 임

대하는 주택으로서 해당 주택 및 이에 부수되는 토지의 기준시가의 합계액이 해당 주택의 임대개시일 당시 6억원(수도권 밖의 지역인 경우에는 3억원)을 초과하지 않는 주택

▶ 아파트 장기임대주택 폐지 및 시행시기
- 소득세법 시행령 → 2020년 7월 11일 이후
- 민간임대주택법 → 2020년 8월 18일 이후

▶ 2021.3.16. 이후 도시형 생활주택의 경우 장기임대등록 가능
○ 민간임대주택에 관한 특별법 제2조 제5호 개정
5. "장기일반민간임대주택"이란 임대사업자가 공공지원민간임대주택이 아닌 주택을 10년 이상 임대할 목적으로 취득하여 임대하는 민간임대주택[아파트(「주택법」 제2조제20호의 도시형 생활주택이 아닌 것을 말한다)를 임대하는 민간매입임대주택은 제외한다]을 말한다.

▶ 임대주택 등록 연도별 의무임대기간
1) 2020. 07. 10 이전 등록 → 5년 이상 임대
2) 2020. 07. 11 ~ 2020. 08.17 등록 → 8년 이상 임대
3) 2020. 08. 18 이후 등록 → 10년 이상 임대

▶ 거주주택 요건 (소득세법 시행령 제155조 제20항)
① 거주주택의 보유기간이 2년 이상
② 거주주택 보유기간 중 세대전원의 거주기간이 2년 이상일 것

◆ 양도, 서면-2017-부동산-1012 [부동산납세과-712] , 2017.06.22
장기임대주택을 소유한 1세대가 근무상 형편으로 2년 이상 거주요건을 갖추지 못한 일반주택을 양도할 때에는 비과세 특례를 적용할 수 없음

[개정 세법] 2019.2.12. 이후 장기임대주택 보유의 경우는 최초 거주주택에 대해서만 비과세 (평생 1회로 제한)

▶ 거주주택 비과세 특례 적용 이후 장기임대주택 양도
거주주택과 장기임대주택을 보유하던 중 보유기간 중 2년 이상 거주한 거주주택을 장기임대주택의 임대의무기간을 충족하기 전에 양도하는 경우에도 1세대 1주택 비과세 특례를 적용받을 수 있다. 단, 거주주택에 대하여 비과세 적용을 받은 후에 임대의무기간요건을 충족하지 못하게 된 때에는 그 사유가 발생한 날이 속하는 달의 말일부터 2개월 이내에 비과세받은 양도소득세를 신고·납부해야 한다. (소득세법 시행령 제155조 제22항)

◆ 장기임대주택 특례와 일시적2주택 특례 중복적용 1세대 1주택 비과세
(양도 사전-2020-법령해석재산-0320, 2021.01.20.)
거주주택과 임대주택을 보유한 1세대가 대체주택을 취득하고, 거주주택을 양도한 경우 장기임대주택특례와 일시적2주택 특례의 중첩적용이 가능한 것임

▣ 장기임대주택 자진말소 → 거주주택 5년 이내 양도 비과세
아파트의 경우 민간임대주택법 개정으로 2020년 8월 18일 이후 장기일반민간임대주택에서 제외함으로서 기존의 장기임대주택으로 등록한 사업자는 장기임대주택을 자진말소할 수 있으며, 자진말소 후 **5년내** 거주주택을 양도하는 경우 거주주택 비과세혜택을 받을 수 있다. 단, **거주주택 양도시 임대주택은 임대하고 있어야 하며,** 임대료 증액제한 요건(5%)을 이행하고 있어야 한다.(소득세법 시행령 제155조 제23항)

◼ 장기임대주택 개정 세법

▶ '18.9.14. 이후 1주택을 보유한 1세대가 조정대상지역내 주택을 신규 취득하여 장기임대주택으로 등록한 경우 종합부동산세가 합산과세되며, 양도시 양도소득세가 중과세됨
단, 22.5.10. ~ 24.5.90 기간 중 양도시 중과세 한시 배제

▶ 장기일반민간임대주택등 감면 적용 시 주택가액 기준 신설
'18.9.14. 이후 취득하는 주택 → 조특법 §97의3 장기보유특별공제(8년 50%, 10년 70%) 및 조특법 §97의5 양도소득세 감면적용 시 임대개시일 당시 기준시가 6억원(비수도권 3억원) 이하의 주택가액 기준 신설

▶ 장기임대주택 보유 1세대의 거주주택 특례 평생 1회 제한
'19.2.12.이후 취득하는 주택부터 → 장기임대주택을 보유한 1세대의 거주주택 특례를 최초 거주주택에만 적용(평생 1회로 제한, 기존에 거주주택 비과세 특례를 받은 적이 있는 경우 비과세 적용을 받을 수 없음)

▶ 주택임대사업자 임대료 5% 증액 제한 요건 추가
'19.2.12. 이후 → 주택임대사업자에 대한 1세대 1주택 거주요건 적용배제, 거주주택 특례 및 임대주택 중과배제 적용 시 임대료(임대보증금) 증가율 5% 이하 요건 추가 ('20.2.11. 연 5% → 5%로 개정)

▶ 조정대상지역 내 1주택만을 보유한 세대가 해당 주택을 '19.12.17. 이후 임대하는 경우 2년 이상 거주하여야 비과세됨

▶ 단기임대·아파트 장기일반매입임대 유형 폐지 및 신규등록 임대주택 의무임대기간 연장 (소득령§155⑳~㉓, §167의3①2.가,마)
'20.07.11. 이후 → 단기, 아파트 장기매입 세제혜택 적용 배제
'20.08.18. 이후 → 의무임대기간을 8년에서 10년으로 연장

■ 임대주택 세제 혜택 및 개정 내용 요약

구 분	오피스텔, 다가구, 다세대 등		아파트	
	조정	비조정	조정	비조정
장기보유 특별공제 (소득세법 제95조)	▶ '18.4.1. 이후 중과세대상 주택(2주택 이상자 조정 대상지역 주택) 양도시 장기보유특별공제 배제			
	'22.5.10. ~ '23.5.90 기간 중 중과세 한시 배제 및 장기보유특별공제 적용			
장특공제 (조특법 97조의3)	▶ '20.12.31.까지 임대주택 등록 : 8년 이상 50%, 10년 이상 70% 감면 ▶ '20.7.11. 이후 → 아파트는 임대등록할 수 없음			
2주택 이상 중과세 (소득세법 104⑦)	'18.9.14.이후 <u>취득</u> 중과세 <u>18.9.13.이전</u> <u>취득</u> 및 등록 중과세(×) 임대등록(가능)	중과세(×)	'18.9.14.이후 <u>취득</u> 중과세 <u>18.9.13.이전</u> <u>취득</u> 및 등록 중과세(×) 임대등록(불가)	중과세(×)
	'22.5.10. ~ '23.5.90 기간 중 중과세 한시 배제 및 장기보유특별공제 적용			
종합부동산세 (시행령 제3조 ①8)	'18.9.14.이후 1주택 이상자 등록 [합산]	합산배제	'18.9.14.이후 1주택 이상자 등록 [합산]	'20.7.11. 이후등록 [합산]
거주주택 비과세 (소령 155 ⑳)	임대주택 → 5년이상 임대 거주주택 2년 이상 거주 20.7.11. 이후 →8년 이상 '20.8.18. 이후 →10년 이상		'20.7.10. 이전 임대등록한 아파트를 5년 이상 임대하는 경우	
소득세 필요경비 우대공제 (소득세법 64조의2)	임대주택 → 4년이상 임대 - 등록임대주택 : 60% - 미등록임대주택 : 50% (소령 §155의2 1) 종전 민간 임대주택에 관한 특별법 적용		'20.7.10. 이전 임대등록한 아파트를 4년 이상 임대하는 경우	
소득세 감면 (조특법 제96조)	임대주택 → 4년이상 임대 - 장기임대 75%(2호 50%) - 단기임대 30%(2호 20%) (조특령§96 ②) 종전 민간 임대주택에 관한 특별법 적용		'20.7.10. 이전 임대등록한 아파트를 4년 이상 임대하는 경우	

장기임대주택 종합부동산세 합산 배제

장기임대주택 종합부동산세 합산 배제
임대개시일 또는 최초로 합산배제신고를 한 연도의 과세기준일의 공시가격이 6억원(수도권 밖 지역 3억원) 이하인 주택으로서 10년 이상 임대하는 장기임대주택은 종합부동산세 과세대상에서 제외한다.

▶ 등록임대주택의 등록시기별 종합부동산세 합산배제(종부령 §3①)
- 2018.3.31. 이전 등록한 5년 이상 임대주택
- 2018.4.01. 이후 등록한 8년 이상 장기임대주택
- 2020.7.11. 이후 등록한 8년 이상 장기임대주택(아파트 제외)
- 2020.8.18. 이후 등록한 10년 이상 장기임대주택(아파트 제외)

▶ 조정대상지역 임대주택의 종합부동산세 합산 과세
- 2018.9.14. 이후 1세대가 주택을 보유한 상태에서 취득한 조정대상지역에 있는 장기일반매입임대주택
- 2020.7.11. 이후 취득하여 임대하는 아파트

◆ 증여로 취득한 주택의 종합부동산세 합산배제 적용여부
(종부, 서면-2020-부동산-2300 [부동산납세과-780], 2020.06.30)
합산배제 임대주택 적용받던 주택을 증여받는 경우 전체 주택분에 대해 합산배제 가능한 것이나, 기존에 합산배제 되고 있지 않는 경우에는 새로운 주택의 취득으로 보아 합산배제 적용되지 않는 것임.

임대주택 등의 종합부동산세 합산배제 신고
일정한 요건을 갖춘 임대주택, 미분양주택 등과 주택건설사업자의 주택신축용토지에 대하여는 9월 16일부터 9월 30일까지 합산배제 신고를 하는 경우 종합부동산세가 과세에서 제외된다.

주택 임대 관련 법령 등

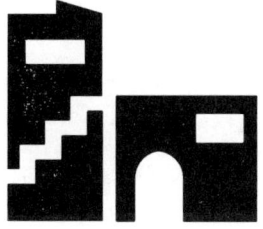

SECTION 01

주택 임대차보호법

부부합산 주택 2채를 보유하면서 1채를 월세로 임대하거나 (1개는 거주하고 1개는 전세를 준 경우는 제외) 3채 이상의 주택을 보유하고 있는 경우 반드시 세무서에 주택임대 사업자등록을 하여야 하며, 임대소득에 대하여 종합소득세 신고를 하여야 한다. 그리고 주택 임대소득외 다른 종합소득 합산대상 소득이 있는 경우 주택임대소득과 합산하여 종합소득세 신고 및 납부를 하여야 한다.

[주택임대차보호법] 일부 개정 법률

[1] 임대인에게 임차권등기명령이 송달되기 전에도 임차권등기명령을 집행할 수 있도록 임차권등기명령에 민사집행법 제292조제3항을 준용하도록 함(제3조의3제3항).

[2] 임대차계약을 체결할 때 임대인은 임차주택의 확정일자 부여일, 차임 및 보증금 등 정보와 납세증명서를 임차인에게 제시하거나 확정일자 부여기관의 임대차 정보 제공에 대한 동의와 미납세액 열람에 동의하도록 함(제3조의7 신설).

□ 주택임대차보호법
제3조의3(임차권등기명령)
③ 다음 각 호의 사항 등에 관하여는「민사집행법」제280조제1항, 제281조, 제283조, 제285조, 제286조, 제288조제1항, 같은 조 제2항 본문, 제289조, 제290조제2항 중 제288조제1항에 대한 부분, 제291조, 제292조제3항 및 제293조를 준용한다. 이 경우 "가압류"는 "임차권등기"로, "채권자"는 "임차인"으로, "채무자"는 "임대인"으로 본다.
<개정 2023. 4. 18.>
1. 임차권등기명령의 신청에 대한 재판
2. 임차권등기명령의 결정에 대한 임대인의 이의신청 및 그에 대한 재판
3. 임차권등기명령의 취소신청 및 그에 대한 재판
4. 임차권등기명령의 집행

제3조의7(임대인의 정보 제시 의무) 임대차계약을 체결할 때 임대인은 다음 각 호의 사항을 임차인에게 제시하여야 한다.
1. 제3조의6제3항에 따른 해당 주택의 확정일자 부여일, 차임 및 보증금 등 정보. 다만, 임대인이 임대차계약을 체결하기 전에 제3조의6제4항에 따라 동의함으로써 이를 갈음할 수 있다.
2.「국세징수법」제108조에 따른 납세증명서 및「지방세징수법」제5조제2항에 따른 납세증명서. 다만, 임대인이 임대차계약을 체결하기 전에 「국세징수법」제109조제1항에 따른 미납국세와 체납액의 열람 및「지방세징수법」제6조제1항에 따른 미납지방세의 열람에 각각 동의함으로써 이를 갈음할 수 있다.

부칙 <제19356호, 2023. 4. 18.>
제1조(시행일) 이 법은 공포 후 6개월이 경과한 날부터 시행한다. 다만, 제3조의7의 개정규정은 공포한 날부터 시행한다.
제2조(임차권등기명령의 집행에 관한 적용례) 제3조의3제3항 각 호 외의 부분 전단의 개정규정은 이 법 시행 전에 내려져 이 법 시행 당시 임대인에게 송달되지 아니한 임차권등기명령에 대해서도 적용한다.
제3조(임대인의 정보 제시 의무에 관한 적용례) 제3조의7의 개정규정은 같은 개정규정 시행 이후 임대차계약을 체결하는 경우부터 적용한다.

지방자치단체(시·군·구) 임대등록

지방자치단체(시·군·구)에 임대등록을 하여야 하는 경우

주택을 임대하면서 시·군·구청에 주택임대사업자로 등록하고, 세무서에 임대사업자로 등록하여 일정 기간 이상 임대하는 주택의 경우 임대소득에 대한 소득세 경감, 종합부동산세 합산 배제, 양도소득세 신고시 별도의 장기보유특별공제, 조정대상지역 중과세 기준이 되는 주택수 제외, 거주주택에 대한 1세대 1주택 비과세 특례 등 각종 세제 혜택을 받을 수 있다.

단, 최근 아파트 가격 폭등으로 인한 정부 정책 변경으로 아파트는 2020.8.18. 이후 시·군·구청에 장기임대주택으로 등록할 수 없으며, 아파트를 제외한 단독주택, 오피스텔, 다세대주택(빌라 등), 겸용주택의 경우 임대등록을 하는 경우 각종 세금혜택을 받을 수 있으므로 장기임대주택 등록 여부를 고려하여야 한다.

아파트는 장기일반민간임대주택으로 등록할 수 없음

아파트는 2020.8.18. 이후 지방자치단체에 장기일반민간임대주택으로 등록할 수 없으며, 2020.7.11. 이후 세제 지원을 폐지함

(일반임대) 주택임대차보호법 요약

[대한민국 모든 법령] (법제처) 홈페이지
현행 법령 (검색어) 주택임대차보호법

임대차기간 등(제4조)
① 기간을 정하지 아니하거나 2년 미만으로 정한 임대차는 그 기간을 2년으로 본다. 다만, 임차인은 2년 미만으로 정한 기간이 유효함을 주장할 수 있다.
② 임대차기간이 끝난 경우에도 임차인이 보증금을 반환받을 때까지는 임대차관계가 존속되는 것으로 본다.

주택 임대차계약 신고 및 확정일자

2021년 6월 1일 이후 전국(경기도 외 도지역의 군 제외)에서 주택에 대해 보증금이 6천만원을 초과하거나 월 차임이 30만원을 초과하는 주택 임대차 계약(계약을 갱신하는 경우로서 보증금 및 차임의 증감 없이 임대차 기간만 연장하는 계약은 제외)을 체결한 경우 임대차 계약의 체결일부터 30일 이내에 지방자치단체(시.군.구)에 신고를 하여야 하며, 2023년 6월 1일 이후 주택 임대차 계약의 신고를 하지 않거나 그 신고를 거짓으로 한 경우에는 100만원 이하의 과태료가 부과된다 [부동산 거래신고 등에 관한 법률 제6조의2, 제28조]

주택 임대차계약 신고시 계약서를 제출하면 확정일자가 수수료 없이 자동으로 부여되어 신고 접수일부터 확정일자의 효력이 발생된다.

★ 주택임대를 직거래는 하는 경우 주택 임대차 계약 신고를 누락하지 않도록 각별히 유의하여야 한다.

[서식] 법제처 홈페이지 → 부동산 거래신고 등에 관한 법률 시행규칙 → 별표/서식 [별지 제5호의2서식] 주택 임대차 계약 신고서

▶ 확정일자

확정일자란 증서가 작성된 날짜에 주택임대차계약서가 존재하고 있음을 증명하기 위해 법률상 인정되는 일자를 말한다. 확정일자를 받은 경우 임차인은 우선변제권(우선변제권이란 임차인이 보증금을 다른 채권자보다 우선 변제받을 수 있는 권리를 말한다.)을 갖고, 이 경우 임차인은 임차주택이 경매 또는 공매에 붙여졌을 때 그 경락대금에서 다른 후순위권리자보다 우선하여 보증금을 변제받을 수 있다.

임차인, 임차인의 대리인 등 주택임대차계약서의 소지인은 주택소재지의 읍사무소, 면사무소, 동 주민센터 또는 시·군·구의 출장소에서 확정일자를 부여받을 수 있다.

계약의 갱신 (제6조)

① **임대인**이 **임대차기간이 끝나기 6개월 전부터 2개월 전**까지의 기간에 임차인에게 갱신거절(更新拒絶)의 통지를 하지 아니하거나 계약조건을 변경하지 아니하면 갱신하지 아니한다는 뜻의 통지를 하지 아니한 경우에는 그 기간이 끝난 때에 전 임대차와 동일한 조건으로 다시 임대차한 것으로 본다. **임차인**이 **임대차기간이 끝나기 2개월 전**까지 통지하지 아니한 경우에도 또한 같다. <개정 2020. 6. 9.>
② 제1항의 경우 임대차의 존속기간은 2년으로 본다.

③ 2기(期)의 차임액(借賃額)에 달하도록 연체하거나 그 밖에 임차인으로서의 의무를 현저히 위반한 임차인에 대하여는 제1항을 적용하지 아니한다.

묵시적 갱신의 경우 계약의 해지 (제6조의2)
① 제6조제1항에 따라 계약이 갱신된 경우 같은 조 제2항에도 불구하고 임차인은 언제든지 임대인에게 계약해지를 통지할 수 있다.
② 제1항에 따른 해지는 임대인이 **그 통지를 받은 날부터 3개월이 지나면 그 효력이 발생한다.**

계약갱신 요구 등(제6조의3)
① 제6조에도 불구하고 임대인은 임차인이 제6조제1항 전단의 기간 이내에 계약갱신을 요구할 경우 정당한 사유 없이 거절하지 못한다. 다만, 다음 각 호의 어느 하나에 해당하는 경우에는 그러하지 아니하다.
1. 서로 합의하여 임대인이 임차인에게 상당한 보상을 제공한 경우
2. 임대인(임대인의 직계존속·직계비속을 포함한다)이 목적 주택에 실제 거주하려는 경우
② 임차인은 제1항에 따른 계약갱신요구권을 **1회에 한하여 행사**할 수 있다. 이 경우 갱신되는 임대차의 존속기간은 2년으로 본다.
③ 갱신되는 임대차는 전 임대차와 동일한 조건으로 다시 계약된 것으로 본다.

차임 등의 증감청구권(제7조)
① 당사자는 약정한 차임이나 보증금이 임차주택에 관한 조세, 공과금, 그 밖의 부담의 증감이나 경제사정의 변동으로 인하여 적절하지 아니하게 된 때에는 장래에 대하여 그 증감을 청구할 수 있다. 이 경우

증액청구는 임대차계약 또는 약정한 차임이나 보증금의 증액이 있은 후 1년 이내에는 하지 못한다. <개정 2020. 7. 31.>
② 제1항에 따른 증액청구는 약정한 차임이나 보증금의 20분의 1의 금액을 초과하지 못한다. 다만, 특별시·광역시·특별자치시·도 및 특별자치도는 관할 구역 내의 지역별 임대차 시장 여건 등을 고려하여 본문의 범위에서 증액청구의 상한을 조례로 달리 정할 수 있다.

월차임 전환 시 산정률의 제한(제7조의2)

보증금의 전부 또는 일부를 월 단위의 차임으로 전환하는 경우에는 그 전환되는 금액에 다음 각 호 중 낮은 비율을 곱한 월차임(月借賃)의 범위를 초과할 수 없다.
1. 「은행법」에 따른 은행에서 적용하는 대출금리와 해당 지역의 경제 여건 등을 고려하여 대통령령으로 정하는 비율
2. 한국은행에서 공시한 기준금리에 대통령령으로 정하는 이율을 더한 비율

□ 주택임대차보호법 시행령

제9조(월차임 전환 시 산정률) ① 법 제7조의2제1호에서 "대통령령으로 정하는 비율"이란 연 1할을 말한다.
② 법 제7조의2제2호에서 "대통령령으로 정하는 이율"이란 연 2퍼센트를 말한다. <개정 2016. 11. 29., 2020. 9. 29.>

주택임대차표준계약서 사용(제30조)

주택임대차계약을 서면으로 체결할 때에는 법무부장관이 국토교통부장관과 협의하여 정하는 주택임대차표준계약서를 우선적으로 사용한다. 다만, 당사자가 다른 서식을 사용하기로 합의한 경우에는 그러하지 아니하다. <개정 2020. 7. 31.>

[부동산 거래신고 등에 관한 법률] 일부 개정

[1] 현재 토지거래허가구역에서 투기행위와 관련이 없는 국민까지 재산권 처분 제한 등 고강도 규제를 받고 있다는 지적이 있는바, 허가대상자, 허가대상 용도와 지목 등을 특정하여 허가구역을 지정할 수 있도록 함으로써 부동산 시장 교란행위를 예방하고 부동산 시장의 안정성을 제고하려는 것임(제10조제1항 및 제3항).

[2] 한편, 거래가 실제 이루어지지 않았음에도 불구하고 아파트 호가를 높이기 위하여 거짓으로 신고하는 경우가 많다는 의혹이 제기되고 있는바, 부당하게 재물이나 재산상 이득을 취득하거나 제3자로 하여금 이를 취득하게 할 목적으로 거짓으로 거래신고 또는 거래취소신고를 한 경우에는 3년 이하의 징역 또는 3천만원 이하의 벌금에 처하도록 함으로써, 허위신고를 통한 시세조작행위를 방지하려는 것임
(제26조제1항 및 제28조제1항).

또한, 거래가의 거짓 신고로 인한 부동산 시장 및 수요자에 미치는 손해와 이들이 취하는 부당이득의 범위가 매우 큰 바, 이에 대한 과태료의 상한액을 해당 부동산등 취득가액의 100분의 5에서 100분의 10으로 상향함(제28조).

부칙 <제19384호, 2023. 4. 18.>
제1조(시행일) 이 법은 공포 후 6개월이 경과한 날부터 시행한다.
제2조(허가구역 지정에 관한 적용례) 제10조제1항 및 제3항의 개정규정은 이 법 시행 이후 허가구역을 지정하는 경우부터 적용한다.

SECTION 02

등록임대주택 및 의무사항

주택을 임대하면서 시·군·구청에 주택임대사업자로 등록하고, 세무서에 임대사업자로 신청하여 10년 이상 임대하는 주택의 경우 임대소득에 대한 소득세 경감, 종합부동산세 합산 배제, 양도소득세 신고시 장기보유특별공제, 조정대상지역 중과세 기준이 되는 주택수 제외, 거주주택에 대한 1세대 1주택 비과세 특례 등 각종 세제 혜택을 받을 수 있다. 단, 아파트는 2020.8.18. 이후 시·군·구청에 장기임대주택으로 등록할 수 없으며, 아파트를 제외한 단독주택, 주거용 오피스텔, 다가구주택, 다세대주택(빌라 등), 겸용주택의 경우 임대등록을 하는 경우 각종 세금혜택을 받을 수 있으므로 장기임대주택 등록 여부를 고려하여야 한다. (장기일반민간임대주택 참조)

시·군·구청에 장기일반민간임대주택으로 등록하는 경우 민간임대주택에 관한 특별법(약칭 민특법)에 의한 각종 의무사항을 지켜야 하며, 의무사항을 위반하는 경우 과태료 처분을 받게 되므로 각별한 주의를 요한다.

시·군·구 등록 임대주택 관련 의무사항

◨ 임대차계약 신고 등 및 설명의무

임대차계약 신고 및 표준임대차계약서 사용

1) 임대사업자는 민간임대주택의 임대차기간, 임대료 및 임차인(준주택에 한정) 등 임대차계약에 관한 사항을 **임대차 계약을 체결한 날** (종전 임대차계약이 있는 경우 민간임대주택으로 등록한 날) 또는 임대차계약을 변경한 날부터 3개월 이내에 시장·군수·구청장에게 신고 또는 변경신고를 하여야 한다. [민특법 제46조]

2) 임대사업자가 민간임대주택에 대한 임대차계약을 체결하려는 경우 표준임대차계약서를 사용하여야 한다. [민특법 제47조]

◆ 임대사업자 등록신청서 등 임대사업자의 임대주택 관련 서식
법제처 홈페이지 → 민간임대주택에 관한 특별법 시행규칙 → 별표/서식

◆ 의무위반에 대한 과태료
법제처 홈페이지 → 민간임대주택에 관한 특별법 시행령 → [별표 3]

임대사업자의 설명의무 [민특법 제48조]
① 민간임대주택에 대한 임대차계약을 체결하거나 월임대료를 임대보증금으로 전환하는 등 계약내용을 변경하는 경우에는 임대사업자는 다음 각 호의 사항을 임차인에게 설명하고 이를 확인받아야 한다.

1. 임대보증금에 대한 보증의 보증기간 등

2. 민간임대주택의 선순위 담보권, 국세·지방세의 체납사실 등 권리관계에 관한 사항. 이 경우 등기부등본 및 납세증명서를 제시하여야 한다.
3. 임대의무기간 중 남아 있는 기간과 임대차계약의 해제·해지 등에 관한 사항
4. 임대료 증액 제한에 관한 사항

② 민간임대주택(단독주택, 다가구주택, 다중주택에 한함)에 둘 이상의 임대차계약이 존재하는 경우 임대사업자는 그 주택에 대한 임대차계약을 체결하려는 자에게 「주택임대차보호법」 제3조의6제2항에 따라 확정일자부에 기재된 주택의 차임 및 보증금 등의 정보를 제공하여야 한다.

등록 민간임대주택의 부기등기

등록 민간임대주택의 부기등기 [민특법 제5조의2]

2020년 12월 10일 이후부터 민간임대주택의 임대사업자는 소유권등기에 해당 민간임대주택이 임대의무 기간과 임대료 증액기준 등을 준수하여야 하는 재산이라는 사실 등을 부기등기를 하여야 한다.

임대의무기간 등 준수의무

임대의무기간의 계속임대 [민특법 제43조 제1항]

임대사업자는 임대사업자 등록일(다만, 임대사업자 등록 이후 임대가 개시되는 주택은 임대차계약서상의 실제 임대개시일로 함)부터 장기일반민간임대주택의 경우 10년의 기간(임대의무기간) 동안 민간임대주택을 계속 임대해야 한다.

임대료 증액 한도(임대료의 5%내) 준수의무

1) 주택임대사업자는 임대기간 동안 임대료의 증액을 청구하는 경우 종전 임대료의 5%를 초과해서는 안된다. [민특법 제44조 제2항]
2) 임대료 증액 청구는 임대차계약 또는 약정한 임대료의 증액이 있은 후 1년 이내에는 하지 못한다. [민특법 제44조 제3항]

◆ 월세 → 전세, 전세 → 전환시 임대료 계산
구글, 네이버 등 (검색어) 보증금 월세 전환

☐ 초과 임대료의 반환 청구(민특법 제44조의2)
임차인은 증액 비율을 초과하여 증액된 임대료를 지급한 경우 초과 지급한 임대료 상당금액의 반환을 청구할 수 있다.

임대차계약의 해제·해지 등 [민특법 제45조 제1항]

임대사업자는 아래 사유가 발생한 때를 제외하고는 임대사업자로 등록되어 있는 기간 동안 임대차계약을 해제 또는 해지하거나 재계약을 거절할 수 없다.

◆ 임차인이 의무를 위반하거나 임대차를 계속하기 어려운 경우
1. 거짓이나 그 밖의 부정한 방법으로 민간임대주택을 임대받은 경우
2. 임대사업자의 귀책사유 없이 제34조제1항 각 호의 시점으로부터 3개월 이내에 입주하지 않은 경우
3. 월 임대료를 3개월 이상 연속하여 연체한 경우
4. 임대사업자 동의없이 개축·증축, 변경하거나 다른 용도로 사용한 경우
5. 민간임대주택 및 그 부대시설을 고의로 파손 또는 멸실한 경우
6. 법 제47조에 따른 표준임대차계약서상의 의무를 위반한 경우

임대보증금에 대한 보증보험 가입

임대보증금에 대한 보증보험 가입의무

1) 민간임대주택법의 개정으로 2020.8.18. 이후 지방자치단체에 임대주택(지방자치단체가 아닌 세무서에만 사업자등록을 했거나 사업자등록을 하지 않은 채 임대주고 있는 주택은 제외)으로 등록하는 경우 의무적으로 보증보험에 가입하여야 한다. [민특법 제49조]

민특법 시행 당시(2020.8.18.) 임대주택으로 등록 중인 임대사업자는 민특법 시행 **1년 후(2021.8.18. 이후)** 임대차계약을 체결하는 경우부터 적용한다.

2) 임대사업자는 임대보증금에 대한 보증에 가입하였으면 지체 없이 해당 보증서 사본을 민간임대주택의 소재지를 관할하는 시장·군수·구청장에게 제출하여야 한다.

3) 임대사업자는 임대보증금에 대한 보증에 가입한 경우에는 임차인이 해당 민간임대주택에 입주한 후 지체 없이 보증서 및 보증약관 각각의 사본을 임차인에게 내주어야 한다.

보증의 가입기간

민간임대주택 등록일 이후 최초 임대차계약 개시일 시점부터 임대사업자 등록이 말소되는 날까지로 한다.

보증수수료의 납부방법 등

보증수수료의 납부방법, 보증수수료의 부담비율 등은 다음 각 호와 같다.

1. 보증수수료의 75퍼센트는 임대사업자가 부담하고, 25퍼센트는 임차인이 부담할 것
2. 보증수수료는 임대사업자가 납부할 것. 이 경우 임차인이 부담하는 보증수수료는 임대료에 포함하여 징수하되 임대료 납부고지서에 그 내용을 명시하여야 한다.

보증보험에 가입하지 않아도 되는 경우

임대주택으로 등록된 주택이라 할지라도 채무금액(담보권 설정금액 + 임대보증금)이 주택가격(주택공시가격 × 적용비율 or 감정평가금액)의 60%보다 적은 경우 예외적으로 보증보험에 가입하지 않아도 된다.

(담보권 + 보증금) < 주택가격(주택공시가격 × 적용비율)의 60%

□ (국토교통부 고시) 공시가격 및 기준시가 적용비율 [별표 1]

구분	9억원 미만	9~15억원	15억원 이상
공동주택	150%	140%	130%
단독주택	190%	180%	160%

주택가격의 60%를 차감한 금액 보증보험 가입대상

다음 요건을 모두 충족한 임대주택은 예외적으로 채무금액(담보권 설정금액 + 임대보증금)에서 주택가격의 60%를 차감한 금액을 보증보험으로 가입할 수 있다. [민특법 제49조 제3항]
1. 근저당권이 세대별로 분리된 경우
2. 임대사업자가 임대보증금보다 선순위인 제한물권(다만, 제1호에 따라 세대별로 분리된 근저당권은 제외한다), 압류·가압류·가처분 등을 해소한 경우
3. 전세권이 설정된 경우 또는 임차인이 「주택임대차보호법」 제3조의2제2항에 따른 대항요건과 **확정일자**를 갖춘 경우

보증보험 수수료 및 부담

보증보험 수수료는 주택소유자, 부채비율, 신용도, 주택유형(단독주택, 공동주택) 등에 따라 차등 적용되기 때문에 보증회사(주택도시보증공사, SGI서울보증)에 문의하여야 정확히 알 수 있다.

보증보험 미가입시 불이익

민특법 제49조를 위반하여 임대보증금에 대한 보증에 가입하지 아니한 임대사업자에게는 임대보증금의 100분의 10 이하에 상당하는 금액의 과태료를 부과한다. 이 경우 그 금액이 3천만원을 초과하는 경우에는 3천만원으로 한다. <신설 2021. 9. 14.>

시·군·구 등록 임대주택 양도시 의무사항

민간임대주택의 양도

민간임대주택의 양도제한 [민특법 제43조 ①, ④]

임대사업자는 위의 임대의무기간 동안 민간임대주택을 계속하여 임대해야 하므로, 임대의무기간(장기일반민간임대주택 10년)이 지나지 않으면 임대주택을 양도할 수 없다. [민특법 제43조]

단, 부도, 파산, 그 밖의 경제적 사정 등으로 임대를 계속할 수 없는 경우에는 시장·군수·구청장의 허가를 받아 임대사업자가 아닌 자에게 민간임대주택을 양도할 수 있다.

◆ 부도, 파산 등의 경제적 사정에 따른 임대주택 양도

임대사업자는 다음 어느 하나에 해당하는 경우에는 임대의무기간 중에도 시장·군수·구청장에게 허가를 받아 임대사업자가 아닌 자에게 민간임대주택을 양도할 수 있다.

1. 2년 연속 적자가 발생한 경우
2. 2년 연속 부(負)의 영업현금흐름이 발생한 경우
3. 최근 12개월간 해당 임대사업자의 전체 민간임대주택 중 임대되지 않은 주택이 20% 이상이고 같은 기간 동안 특정 민간임대주택이 계속하여 임대되지 않은 경우
4. 관계 법령에 따라 재개발, 재건축 등으로 민간임대주택의 철거가 예정되어 있거나 민간임대주택이 철거된 경우
5. 부도, 파산 등으로 임대를 계속할 수 없는 경우
6. 임대사업자의 상속인이 다음 어느 하나에 해당하는 경우
- 임대사업자로서의 지위를 거부하는 경우
- 임대사업자의 결격사유 또는 임대사업자의 임대주택 추가 등록제한에 해당되어 등록이 제한되는 경우

다른 임대사업자에게 양도시 신고의무 [법 제43조 제2항]

임대사업자는 임대의무기간 동안에도 시장·군수·구청장에게 신고한 후 민간임대주택을 다른 임대사업자에게 양도할 수 있다. 이 경우 양도받는 자는 양도하는 자의 임대사업자로서의 지위를 포괄적으로 승계하며, 이러한 뜻을 양수도계약서에 명시하여야 한다.

▶ 민간임대주택 양도신고서 및 매매계약서 제출

1) 임대사업자는 민간임대주택을 다른 임대사업자(해당 민간임대주택을 양수하여 주택임대사업을 하려는 자를 포함)에게 양도하려는 경우 민간임대주택 양도신고서를 시장·군수·구청장에게 제출해야 한다.

2) 민간임대주택 양도 신고를 한 임대사업자는 신고서 처리일부터 30일 이내에 매매계약서 사본을 시장·군수·구청장에게 제출해야 한다

양도허가 절차
임대사업자는 민간임대주택 양도 허가를 받으려는 경우에는 민간임대주택 양도 허가신청서에 다음의 서류를 첨부하여 해당 민간임대주택의 소재지를 관할하는 시장·군수·구청장에게 제출하여야 한다.
- 양도의 구체적인 사유를 적은 서류
- 양도가격 산정의 근거서류

임대기간 종료 후 양도시 신고의무 [법 제43조 제3항]
임대사업자가 임대의무기간이 지난 후 민간임대주택을 양도하려는 경우 시장·군수·구청장에게 민간임대주택 양도신고서를 제출하여야 한다. 이 경우 양도받는 자가 임대사업자로 등록하는 경우에는 양도하는 자의 임대사업자로서의 지위를 포괄적으로 승계하며, 이러한 뜻을 양수도계약서에 명시해야 한다.

[서식] 민간임대주택 양도신고서 [별지 제19호서식]
법제처 홈페이지 → 민간임대주택에 관한 특별법 시행규칙 → 별표/서식

임대사업자 건강보험료 피부양자 자격 요건 등

■ 본인의 부양가족 중 건강보험료 피부양자가 될 수 없는 경우
(국민건강보험법 시행규칙 [별표 1의2])
1. 부양가족이 사업자등록이 있는 경우로서 사업소득이 발생한 사업연도 이후
2. 부양가족이 사업자등록 여부에 관계없이 주택임대소득이 있는 경우
3. 사업자등록이 되어 있지 않더라도 사업소득(보험모집인 등), 기타소득 등의 연간 합계액이 500만원을 초과하는 자
4. 부양가족이 소유한 재산의 재산세 과세표준이 9억원을 초과하는 자
5. 부양가족이 소유한 재산이 재산세 과세표준이 5.4억원 초과 9억원 이하이나 연간소득이 1천만원을 초과하는 자
6. <u>영 제41조제1항 각 호</u>에 따른 소득의 합계액이 연간 2,000만원을 초과하는 경우

▶ 재산세 과세표준(지방세법 시행령 제109조)
1. 토지 및 건축물: 시가표준액의 100분의 70
2. 주택: 시가표준액의 100분의 60.

□ 지방세법 제4조(부동산 등의 시가표준액) –요약–
시가표준액은 공시된 가액으로 한다.
○ 공시가격 → 부동산공시가격알리미 홈페이지

▶ 소득 산정방법 및 평가기준(국민건강보험법 시행규칙 제44조)
소득월액 산정에 포함되는 소득은 다음 각 호의 구분에 따른 금액을 합산한 금액으로 한다. 다만, 이자소득 및 배당소득의 연간합계액이 1천만원 이하인 경우에는 해당 이자소득과 배당소득은 합산하지 않는다.

1. 이자소득 : 해당 과세기간의 이자소득금액
2. 배당소득 : 해당 과세기간의 배당소득금액
3. 사업소득: 사업소득금액(총수입금액 - 필요경비)
분리과세 주택임대소득에 대한 사업소득금액
- 미등록 임대주택 : 수입금액 - 필요경비(50%) - 기본공제(2백만원)
- 등록 임대주택 : 수입금액 - 필요경비(60%) - 기본공제(4백만원)
4. 근로소득: 근로소득의 금액의 합계액(비과세되는 근로소득 제외)
5. 연금소득: 연금소득의 금액의 합계액(비과세되는 연금소득 포함)
6. 기타소득: 기타소득금액(기타소득 - 필요경비)

■ 피부양자에서 지역가입자로 전환되는 경우 건강보험료 부과기준 대상 소득에 포함하는 금액 [건강보험법 시행규칙 제44조 ②]

○ 이자소득과 배당소득의 합계액이 1천만원을 초과하는 경우 전액
○ 사업소득 : 사업소득에서 필요경비를 차감한 금액
○ 근로소득 : 근로소득(비과세 급여 제외) 전액의 50%
○ 공적연금소득 : 공적연금소득(총 연금액)의 50%
○ 사적연금소득 : 연금운용수익 소득의 50%
○ 기타소득 : 기타소득에서 필요경비를 차감한 금액

◆ 보험료 경감고시
피부양자 인정기준 강화에 따라 지역가입자로 전환되는 피부양자의 보험료를 2026년 8월까지 일부 경감함
<경감률> 1년차 80%→ 2년차 60% → 3년차 40% → 4년차 20% 등 단계적으로 적용된다.

■ 건강보험료 부과 기준에 대한 상세 내용
경영정보사 홈페이지 참조(아이디 aa11 비밀번호 aa1111)

직원채용 및 정부지원, 법정수당, 연차휴가, 퇴직금

근로기준법, 인사노무, 퇴직연금
임금 및 4대보험 핵심 실무서

이진규 지음

- 채용, 임금, 법정수당, 휴가
- 퇴직, 퇴직금, 퇴직연금
- 4대보험 실무
- 인건비 관련 세무실무

"근로자 관리를 위한 지침서."

■ 저자 이진규 (약력)
(현)삼일인포마인 세무상담위원
(현)비즈폼, 이지분개 세무상담위원
   20여년간 세무상담
(현)경영정보사 도서 집필 및 발간
(전)국세청 세무조사관

■ 저자 저서
법인관리 및 법인세무 컨설팅
법인기업의 세무회계실무
세법의 가산세 및 세무회계실무
부가가치세 및 원천세 실무
세금개요 및 절세

**근로기준법, 인사노무, 퇴직연금
임금 및 4대보험 핵심 실무서**

2025. 02. 01. 개정판 발행
저　　자 : 이　진　규
발 행 인 : 강　현　자
발 행 처 : 경영정보사
신고번호 : 제2021 - 00026호

주　　소 : 대구시 동구 동촌로 255
　　　　　태왕 아너스 101동 401호
전　　화 : 080 - 250 - 5771
홈페이지 : www.ruddud.co.kr
E-Mail　 lee24171@naver.com

정　가　　20,000원

머리말

이 책은 중소기업의 경리담당자를 위한 실무서로 근로자 관리를 위한 근로기준법 규정과 4대보험 실무 및 세무회계사무소에 장부기장을 맡기고 있는 기업의 세금계산서 등 증빙관리 등에 대한 구체적인 방법을 제시하고 있습니다.

노동 관련 법령의 경우 근로기준법 등에서 규정하고 있으나 그 내용이 매우 포괄적이고, 용어의 적용 등에 있어 법리판단을 요하는 내용이 많아 실무처리를 함에 있어 여러 가지 어려움이 있을 수 있습니다. 따라서 특정 사안이 발생하는 경우 법령만을 보고 적용할 수 없는 내용들이 많다 보니 주로 고용노동부의 행정해석 사례, 판례 등을 참고하여 업무처리를 하고 있는 실정입니다. 이와 같은 사유로 이 책은 중소기업의 인사 및 노무업무 담당 직원을 위한 기본적인 내용 및 중요 실무 사례를 수록하였습니다.

예를 들어 월급제 근로자의 시급 계산, 월 중 입사자 및 퇴사자의 임금, 결근시 일당 공제액, 연장·야간·휴일근로수당의 계산방법, 통상임금과 평균임금의 구체적 적용 사례, 연차유급휴가 일수 계산, 퇴직금 계산방법 등에 대한 내용 등입니다.

끝으로 중소기업의 경리관련 업무에 종사하시는 분들에게 본 서가 업무에 유익한 도서가 되기를 바랍니다.

2025년 2월
저자 이 진 규

근로기준법, 인사노무, 퇴직연금 임금 및 4대보험 핵심 실무서

[제1부] 채용, 임금, 퇴직금 및 퇴직연금제도

채용 관련 업무, 취업규칙 작성, 근로시간, 통상임금 및 평균임금 계산방법, 식대 및 차량유지비의 통상임금 및 평균임금 산입여부, 주휴수당, 연차일수 및 연차수당, 연장·야간·휴일근로수당 계산, 결근·조퇴시 임금계산방법, 최저임금제도, 근로자 해고시 유의할 사항, 퇴직금제도, 퇴직금 계산, 확정기여형 퇴직연금 및 확정급여형퇴직연금제도 비교 및 회계처리 등 노무관리 전반에 대한 실무내용을 수록하였으며, 개정 근로기준법 내용을 반영하였습니다.

[제2부] 4대보험 핵심 실무

신규입사자 4대보험 신고 및 퇴사자의 4대보험 정산, 4대보험료 정산 및 회계처리, 임금 인상과 관련한 4대보험 처리방법, 4대보험 관련 실무 유의사항, 사업주 4대보험 가입, 4대보험료 납부에 대한 혜택, 의료비 본인부담금 환급제도 등 핵심 실무내용을 수록하였습니다.

[제3부] 고용창출 지원제도, 저소득자 지원제도

기업의 고용창출과 관련하여 국가가 지원하는 지원금인 청년 추가고용 지원금, 청년 및 재직자 내일채움공제제도, 두루누리, 일자리안정자금 및 고용증대세액공제, 사회보험료 세액공제 등 세금혜택에 대한 내용과 저소득자에 대한 정부지원제도인 근로장려금제도에 대하여 수록하였습니다.

목 차

**근로기준법, 인사노무, 퇴직연금
임금 및 4대보험 핵심 실무서**

CONTENTS •••••

임금, 법정수당, 퇴직연금

section 01 직원 채용과 근로계약 체결

① **근로계약 체결**	3
② **근로계약기간**	5
계약기간을 정하지 않은 근로계약(정규직)	5
기간의 정함이 있는 근로계약(계약직)	5
일정한 사업완료에 필요한 기간을 정한 근로계약	6

③ **채용내정, 시용기간, 수습기간** 8
수습기간 9
인턴사원 10

④ **근로계약서 작성 및 근로조건 명시** 11
근로계약시 서면으로 근로자에게 교부하여야 하는 내용 12
근로조건 명시의무 위반과 구제 12
표준 근로계약서 13

⑤ **근로계약 체결시 사용자 금지사항 등** 15
강제 근로, 중간착취의 배제 등 15
임금 등 금전과 관련한 금지 사항 16

⑥ **직원채용시 처리하여야 할 업무 등** 19
채용 관련 구비서류 19
급여 지급과 관련한 업무 19
4대보험 자격 취득신고 20

section 02 근로기준법의 임금 휴가, 연차, 법정수당

① **근로계약 및 임금** 22
임금 지급 및 임금대장 작성 23
상여금 지급과 근로기준법 24
임금 지급시 임금명세서 교부 의무 26

② **근로시간** 28
법정근로시간, 연장근로 28
탄력적 근로시간제 29
탄력적 근로시간제 개정 근로기준법 주요 내용 32
주52시간 근로제도 35

③ **휴일 및 휴가** 38
법정휴일 및 법정외 휴일 38
연차 유급휴가 39

④ 법정수당　　　　　　　　　　　　　　　　45
연장근로수당　　　　　　　　　　　　　　　45
시급 계산　　　　　　　　　　　　　　　　46
야간근로수당　　　　　　　　　　　　　　　47
주휴수당　　　　　　　　　　　　　　　　　47
일용직 근로자의 주휴수당　　　　　　　　　48
휴일근로수당　　　　　　　　　　　　　　　50
휴업수당　　　　　　　　　　　　　　　　　50

⑤ 결근·조퇴·지각시 임금공제　　　　　　　51
결근시 임금 공제액 계산 사례　　　　　　　51

⑥ 평균임금 및 통상임금　　　　　　　　　　53
차량유지비의 평균임금 포함 여부　　　　　　53
식대의 평균임금 포함 여부　　　　　　　　　54
평균임금 산정방법　　　　　　　　　　　　　57
식대의 통상임금 포함 여부　　　　　　　　　57
차량유지비의 통상임금 포함 여부　　　　　　57
통상임금 산정방법 (시간급 산정)　　　　　　58
통상임금 계산 사례　　　　　　　　　　　　58
통상임금 및 평균임금 등의 판단기준 예시　　59

⑦ 최저임금　　　　　　　　　　　　　　　　62

⑧ 근로자 해고　　　　　　　　　　　　　　65

⑨ 수습기간 근로기준법　　　　　　　　　　66
수습기간 연차휴가　　　　　　　　　　　　　66

⑩ 근로자 4인 이하 사업장의 근로기준법　　68
근로기준법 적용 인원 기준　　　　　　　　　68
4인 이하 사업장 근로기준법 예외 내용 등　　68
5인 미만, 5인 이상 변동시 연차휴가　　　　71

◼ 급여 압류 제한　　　　　　　　　　　　　72
압류금지 최저금액(월급여 185만원)　　　　　72

■ 근로기준법 및 고용노동부 홈페이지 자료	74
근로기준법 및 시행령, 시행규칙	74
10인 이상 사업장 취업규칙 작성 비치 의무	75
취업규칙에 관한 근로기준법 규정	76
근로기준법 관련 고용노동부 자료	78
[질의회시집] → 근로자퇴직급여보장법 질의회시집	79
고용노동부의 사업주 및 근로자 지원제도	80
2025년 출산 및 육아 지원 관련 개정 내용	82

section 03 법정 퇴직금 및 실직 근로자 지원제도

1 퇴직금 계산 — 87
법정 퇴직금	87
계속 근로연수에 포함하여야 하는 기간	88
입사기준일과 퇴사기준일	88
평균임금 계산	89
평균임금에 포함하는 임금 및 제외하여야 하는 것	89
퇴직금 계산 사례	90
퇴직자 연차수당 및 퇴직금 계산시 포함하는 연차수당	91
법정외 퇴직금	93
퇴직금 지급대상자	93
외국인 근로자 퇴직금 지급 여부	93
퇴직금 지급기한 및 지연이자	93

2 근로자 4인 이하 사업장 퇴직금 — 95
상시근로자 4인 이하 사업장 기준	95
4인 이하 사업장 퇴직급여 적용 및 적용시기	96

3 실직근로자 지원제도 — 97
실업급여 개요	97
구직급여 (실업급여)	98
실업급여 가입기간별·연령별 지급일수	98
실업급여 인상	98

section 04 퇴직금, 확정기여, 확정급여형 퇴직연금

① **퇴직연금 도입 배경 및 개요**	**100**
근로자 수에 따른 퇴직연금 의무가입 연도	103
퇴직연금 시행전 근무기간의 퇴직금 지급	103
② **퇴직급여제도의 설정**	**104**
퇴직급여제도를 설정하지 않아도 되는 근로자	104
퇴직급여제도 요약표	105
③ **퇴직금제도 종류**	**106**
기존의 퇴직금제도 설정	106
퇴직연금제도 미설정에 따른 처리	106
확정기여형퇴직연금제도(DC)	106
확정기여형퇴직연금의 가입기간	107
확정급여형 퇴직연금제도(DB)	108
퇴직금제도과 퇴직연금제도 비교	110
확정급여형퇴직연금과 확정기여형퇴직연금 비교	111
개인형 퇴직연금제도(IRP)	112
두 종류 이상 퇴직연금제도 설정	113
④ **퇴직금 지급**	**114**
기존의 퇴직금 제도를 운용하는 회사	114
확정급여형퇴직연금제도를 운용하는 회사	116
확정기여형퇴직연금제도를 운용하는 회사	116

section 05 퇴직연금 세무회계, 퇴직소득세 과세이연

① **퇴직연금 비용처리 및 원천징수 개요**	**117**
퇴직연금부담금의 비용처리	117
퇴직금 추가 지급시 퇴직소득세 원천징수	119
퇴직금 중간정산	120

② 확정기여형 퇴직연금제도(DC) 123
퇴직연금 및 수수료 납부 회계처리 123
퇴직금제도에서 퇴직연금제도로 변경시 회계처리 124
퇴직급여충당부채 및 퇴직급여충당금 125
퇴직연금외 퇴직금 추가 지급액이 있는 경우 126
퇴직금 추가 지급액에 대한 원천징수방법 127

③ 확정급여형퇴직연금제도(DB) 129
당해 연도 퇴직금 발생액의 비용계상 129
확정급여형퇴직연금의 손금(필요경비)산입 129
확정급여형퇴직연금 손금(필요경비)산입 방법 132
결산조정에 의한 손금산입 132
신고조정에 의한 손금산입 132
퇴직연금적립금의 운용수익에 대한 회계처리 134

④ 임원 퇴직금 135
임원의 퇴직소득 중 근로소득에 해당하는 금액 계산 136
임원의 퇴직금 중간정산 136
법인 임원에게 퇴직금중간정산을 할 수 있는 경우 136

⑤ 퇴직소득세 신고 및 납부 137
퇴직연금제도를 시행하고 있지 않는 회사 137
확정기여형 퇴직연금의 퇴직소득세 징수 138
퇴직급여를 연금으로 받는 경우 원천징수세율 139
확정급여형 퇴직연금의 퇴직소득세 징수 140
퇴직소득세 계산 141
해고예고수당은 퇴직금에 해당함 142
개정 규정에 의한 퇴직소득세 계산 방법 142
퇴직소득세 자동계산 프로그램 142
근속연수별 소득공제 143
소득세 기본세율 144

⑥ 퇴사자 4대보험 정산 등 145
퇴사자 4대보험 자격상실신고 145
퇴사자 건강보험료 및 고용보험료 정산 145
퇴사자 근로소득세 및 4대보험료 정산 회계처리 146

4대 사회보험료 핵심 실무

section 01 4대보험료 고지 및 징수·납부·정산

1	**4대보험 가입대상 사업장 및 가입신고**	151
2	**4대보험 가입신고 및 절차**	153
3	**4대보험 가입대상 근로자 및 가입신고**	154
4	**4대보험료 고지 및 정산 [근로자]**	165
5	**4대보험 관련 기타 실무 유의사항**	169

section 02 건강보험료 부과기준 등

1	**직장가입자 건강보험료**	**170**
	건강보험료율 등	170
	근로소득 외 소득이 있을 시 건강보험료 납부	171
2	**자녀등의 피부양자로 될 수 없는 경우**	**172**
	건강보험 피부양자 대상 여부 판단시 포함하는 소득	176
	부양가족 중 소득이 있는 경우 건강보험료 납부	180
	피부양자 대상 여부 판정 소득 2천만원 기준	182
3	**실업자, 퇴직자에 대한 건강보험료 납부 특례**	**184**
4	**자영업자의 지역 건강보험료 부과기준**	**186**

section 03 개인기업 사업주 4대보험가입 및 보험료

1 개인기업 사업주의 4대보험료   192

2 자영업자의 지역 건강보험료 부과기준   196

3 자영업자 본인 고용보험 가입 및 실업급여   197

4 자영업자 본인 산재보험 가입   198

section 04 4대보험료 납부에 따른 혜택 등

1 국민연금 불입에 따른 혜택   199

2 고용보험료 납부에 따른 혜택   204

3 의료비 본인부담금 환급제도   205

section 05 일용근로자 근로기준법·4대보험·원천징수

1 **일용직근로자 및 법정수당 등**   **209**
일용직근로자의 법정수당 및 퇴직금   210
일용직근로자의 연장·야간·휴일근로 가산수당   211

2 **일용직근로자 4대보험 가입 및 신고**   **212**
일용직 근로자 고용보험 및 산재보험 가입 요약표   213
일용직 근로자의 '근로내용확인신고서' 제출   215

3 **일용직근로자 세무실무**   **216**

고용창출 및 저소득근로자 지원제도

section 01 고용창출 정부지원 및 세금 감면

| 1 | 청년일자리 도약 장려금 사업 | **223** |

| 2 | 고용촉진과 관련한 지원금 등 | **228** |
고용촉진장려금 228
고령자 계속고용장려금 233
고령자 고용안정지원금 234
현장실습 훈련(시니어인턴십) 지원사업 237

| 3 | 두루누리 사회보험 | **241** |

section 02 고용창출 관련 세금 감면

| 1 | 고용증대 세액공제 | **243** |
상시근로자가 감소하지 않은 경우 추가 공제 246
통합고용세액공제 신설 249

| 2 | 고용증가 인원에 대한 사회보험료 세액공제 | **251** |

| 3 | 근로소득을 증대시킨 기업의 세액공제 등 | **254** |

| 4 | 청년 등 취업자에 대한 소득세 감면 | **258** |
중소기업 청년 등 취업자에 대한 소득세 감면 258
감면대상 청년 근로자 등 260
감면대상 업종 261

section 03 근로장려금 지원제도

1 근로장려금 지원기준 및 금액　　　　　　　　　263
소득금액 기준　　　　　　　　　　　　　　　　　263
소득종류별 소득금액 계산 방법　　　　　　　　　266
사업소득의 업종별 조정률　　　　　　　　　　　267
부양가족 기준　　　　　　　　　　　　　　　　　267
재산 기준　　　　　　　　　　　　　　　　　　　268
근로장려금 지원금액　　　　　　　　　　　　　　269
단독가구　　　　　　　　　　　　　　　　　　　269
홀벌이 가족가구　　　　　　　　　　　　　　　　269
맞벌이 가족가구　　　　　　　　　　　　　　　　269
근로장려금 신청 및 환급　　　　　　　　　　　　270

2 자녀장려금　　　　　　　　　　　　　　　　　272

경영정보사 홈페이지 무료 이용
[아이디] aa11　　　　　　　　　　　　　　　　　　　　[비밀번호] aa1111

〈경영정보사 홈페이지〉
2025년도 시행 개정 세법 등

[1] 도서 내용 중 수정 사항 및 개정세법 등은 경영정보사 홈페이지를 통하여(공지사항 및 최신 개정세법) 확인할 수 있으며,

홈페이지에 수정 내용 등을 수록하여 두었음에도 이를 확인하지 아니하는 경우 중대한 세무적 문제가 발생할 수도 있으므로 경영정보사 홈페이지 내용을 확인하여 주시기를 간곡히 당부드립니다.

[2] 세법은 정부의 정책에 따라 수시로 개정이 됩니다. 따라서 이러한 개정내용을 경영정보사 홈페이지에 게재하여 두었으며. 또한 지면 관계상 책에 수록하지 못한 내용은 홈페이지에 올려 두었습니다.

[3] 경영정보사에서 발간한 도서를 구입하신 분은 경영정보사 홈페이지의 다양한 자료를 무료로 사용할 수 있습니다.

▶ **경영정보사 홈페이지 무료 이용 방법**
(네이버 검색창) 경영정보사 또는 www.ruddud.co.kr 입력
[지정 아이디] aa11
[지정 비밀번호] aa1111

CHAPTER 1

직원채용과 근로계약
임금, 근로시간, 휴가
퇴직금, 퇴직연금제도

SECTION 01
직원채용과 근로계약 체결 및 근로계약서 작성시 유의할 사항

1 근로계약 체결

◎ 근로계약

근로계약은 근로자가 사용자에게 근로를 제공하고 사용자는 이에 대하여 임금을 지급함을 목적으로 체결하는 계약으로 근로자가 회사(사용자)의 지시에 따라 일을 하고 이에 대한 대가로 회사가 임금을 지급하기로 한 계약을 말합니다. 대부분의 회사는 분쟁을 예방하기 위해 일정한 서면형식으로 체결하고 있으며, 근로계약서를 교부하지 않을 경우 500만원 이하의 벌금에 처하게 될 수 있습니다.

◎ 근로기준법을 위반한 근로계약(제15조)

① 근로기준법에서 정하는 기준에 미치지 못하는 근로조건을 정한 근로계약은 그 부분에 한하여 무효로 합니다.
② 제1항에 따라 무효로 된 부분은 근로기준법에서 정한 기준에 따릅니다.

미성년자의 근로계약체결 방법

미성년자는 스스로가 친권자나 후견인의 동의를 얻어 근로계약을 체결하여야 하며 친권자 등의 대리행위는 인정되지 않습니다. 미성년자의 근로계약 해제권자는 미성년자 자신이 되나 근로기준법은 미성년자의 판단능력을 감안하여 근로계약이 미성년자에게 불리하다고 인정하는 경우에는 친권자, 후견인, 노동부장관에게 그 해지권을 인정하고 있습니다. (근로기준법 제67조)

다만, 15세미만인 자는 근로계약을 체결할 수 없으나 노동부장관의 인허증을 받은 경우에는 취업할 수 있습니다.

근로기준법을 위반한 근로계약(제15조)

① 근로기준법에서 정하는 기준에 미치지 못하는 근로조건을 정한 근로계약은 그 부분에 한하여 무효로 합니다.
② 제1항에 따라 무효로 된 부분은 근로기준법에서 정한 기준에 따릅니다.

2 근로계약기간

개요

근로자가 사용자에게 노동을 제공하고 사용자는 이에 대하여 임금을 지급함을 목적으로 체결되는 근로계약이 존속하는 기간을 근로계약 기간이라고 합니다. 「근로기준법」에서는 근로계약 기간에 대해 별도의 규정을 두지 있지 않습니다.

다만, 「기간제 및 단시간근로자 보호 등에 관한 법률」은 당사자가 근로계약기간을 어떻게 정하든 간에 계속근로기간이 2년을 초과하면 그 계약을 '기간의 정함이 없는 근로계약'으로 봅니다.

계약기간을 정하지 않은 근로계약(정규직)

[1] 정규직 근로자의 근로계약
근로계약기간을 근로자와 사용자 사이에 약정하지 않은 경우를 말하는데, 이 경우 근로자는 언제든지 근로계약을 해지할 수 있으나 사용자는 근로기준법 제30조에 의거 정당한 이유없이 근로계약을 해지할 수 없습니다. 따라서 통상 기간을 정하지 않은 근로계약은 정년제 근로계약으로 해당합니다.

[2] 계약의 효력
사용자는 근로기준법 제23조에 의하여 정당한 이유없이 근로자를 해고하지 못하며, 따라서 사용자의 근로계약 해지권은 제한됩니다.

[3] 계약의 해지

근로자에게는 언제든지 근로관계를 종료시킬 수 있는 계약해지권이 있으며, 사용자가 사표를 수리하지 않거나 수리를 지연할 경우 민법에 의거 사표를 제출한 날부터 1월이 경과하면 근로계약 해지의 효력이 발생하고, 기간으로 보수를 정한 때에는 민법에 의하여 계약해지 통고를 한 후 당기후의 1기를 경과함으로써 해지의 효력이 생깁니다. (민법 제660조)

▶ 연봉제와 근로계약기간

연봉제는 임금결정 및 지급형태이며 근로계약기간을 정한 것은 아니기 때문에 따로 근로계약 기간을 정하지 아니하는 경우 근로계약은 계속됩니다.

기간의 정함이 있는 근로계약(계약직)

근로계약 기간을 정하는 근로 계약으로서 계약직이라고 합니다. 근로계약기간을 정한 경우에 있어 당사자 사이의 근로관계는 특별한 사정이 없는 한 그 기간이 만료함에 따라 사용자의 해고 등 별도의 조처를 기다릴 것 없이 당연히 종료됩니다. 한편, 대법원은 노동자는 1년이 지난 후에 언제든지 근로계약을 해지할 수 있는 퇴직의 자유가 보장된다고 판시하였습니다. (1996.8.29, 대법 95다 5783)

일정한 사업완료에 필요한 기간을 정한 근로계약

일정한 사업완료에 필요한 기간을 정하여 근로계약을 체결할 수 있습니다. 이 경우 사업이 완료되면 해고예고 등 별도의 조치없이 자동적으로 근로관계가 종료됩니다. 다만, 그 기간 중에 행한 사용자 의 일방적 계약해지는 근로기준법의 부당해고가 됩니다.

근로계약의 반복갱신

[1] 근로계약의 반복갱신의 의미
① 묵시의 계약 갱신 : 근로계약기간 만료 후에 노무를 계속 제공하고 사용자가 상당기간 이의를 제기하지 않으면 근로계약이 동일조건으로 갱신된 것입니다. (2000.12.21, 서울고법 2000누8846)
② 합의에 의한 갱신 : 1년 이하의 근로계약기간이 종료되는 경우, 연장계약을 새로이 체결하거나, 미리 자동갱신계약을 체결해 놓은 경우에는 그 계약은 유효합니다.

[2] 계약기간 반복갱신의 효과
단기의 근로계약이 장기간에 걸쳐서 반복하여 갱신됨으로써 그 정한 기간이 단지 형식에 불과하게 된 예외적인 경우에 한하여 비록 기간을 정하여 채용된 근로자일지라도 사실상 기간의 정함이 없는 근로자와 다를 바가 없게 됩니다.(대판 1998.1.23, 97다 42489)

[3] 계약기간 갱신의 거절
1년 초과계약기간 금지는 근로자에게 근로조건을 1년마다 재검토할 수 있는 기회를 보장함으로써 장기근로계약으로 인한 피해를 방지하려는데 그 근본취지가 있는 것이므로 계약기간 갱신에 있어서 사용자는 사업의 만료 등 정당한 이유가 있어야 갱신거절이 가능하고 근로자는 언제나 갱신거절이 가능합니다.

③ 채용내정, 시용기간, 수습기간

◘ 채용내정

[1] 개요

채용내정이란 회사가 정한 전형절차에 의해 합격이 결정되어 정식으로 입사하기 전의 상태를 말합니다. 회사가 필요로 하는 노동력을 미리 확보하기 위해 학교졸업예정자에 대하여 일정한 기간이 경과한 후 `졸업`이라는 일정한 요건이 충족되면 채용할 것을 약정하는 것과 같은 불확정적인 고용계약입니다.

[2] 채용내정과 임금청구권

채용내정은 정식 입사하기 전의 상태로서 노무제공이 이루어지고 있지 않는 상태이기 때문에 임금을 지급할 의무가 있는 것은 아닙니다. 그러나 채용내정에서 해제조건으로 규정한 일자가 도래한 이후에는 종업원의 지위를 취득하기 때문에 임금청구권을 가집니다.

[3] 채용내정의 취소

채용내정의 취소는 해고에 해당하고 객관적으로 합리적이라고 인정할 만한 사회통념상 상당성이 있은 경우에 한하여 정당성을 인정받을 수 있습니다.

◘ 시용기간

시용기간이란 본채용 또는 확정적 근로계약을 체결하기 전에, 일정 기간을 설정하여 그 기간내의 근무상황 등을 고려하여 근로자의 직업적성과 업무능력 등을 판단하려는 일정한 기간을 말하며, 시용기간제도는 당사자가 근로계약에서 이를 명시적으로 약정한 경우에만 인정됩니다. 판례는 시용기간부 근로관계에 대하여 시용기간 만료시 본계약의 체결을 거부하는 것은 사용자에게 유보된 해약권의 행사로 보아 근로기준법 제30조의 정당한 이유를 보통의 해고보다 넓게 인정하고 있습니다.

▶ **시용기간과 채용내정의 차이**

확정적인 근로계약을 체결하기 전의 고용관계라는 점에서는 채용내정과 같으나 시용기간 중에는 현실적으로 사용종속관계 아래서 근로가 이루어진다는 점에서 채용내정과 차이가 있습니다.

수습기간

[1] 개요

수습기간이라 함은 근로계약 체결 후에 근로자의 직업능력이나 사업장에서의 적응능력을 키우기 위하여 직업능력 등의 양성 또는 교육을 목적으로 일정기간을 수습케 하는 것을 말합니다.

[2] 수습기간과 시용기간의 근로기준법 적용

수습 또는 시용기간 중의 근로자라 할지라도 정식근로자와 마찬가지로 수습 또는 시용기간을 근속연수에 포함하는 등 법상의 근로조건에 관한 규정이 그대로 적용됩니다. 다만, 3개월 이내의 수습 또는 시용근로자는 근로기준법상 해고예고 관련규정(1개월 전에 해고예고를 하는 것)이 적용되지 않으며, 동 기간 중의 임금은 근로계약이나 취업규칙에 의해 최저임금의 90%를 적용할 수 있습니다.

수습 또는 시용기간 중에도 연장근로수당, 야간근로수당, 휴일근로수당, 생리휴가, 산재보험 등의 제반 근로조건은 정식근로자와 동일하게 적용이 됩니다.

▶ **시용기간과 수습기간의 차이**

수습기간은 **정식채용 후**에 근로자의 직무교육을 목적으로 하는 것이므로 시용기간과는 구별됩니다. 따라서 수습기간 중의 근로관계에는 근로기준법 제30조의 해고의 제한이 적용됩니다.

■ 인턴사원

정식 직원이 아닌, 일정기간 일을 시켜보고 그 사람의 업무능력을 평가하여 채용 여부를 결정하는 방식으로서 근로기준법상 1년 미만의 기간을 정한 계약직 근로자에 해당합니다. 단, '인턴'이라는 표현은 근로기준법 등에서 따로 정해진 용어는 아닙니다.

4 근로계약서 작성 및 근로조건 명시

개요

사용자는 근로계약을 체결할 때에는 근로자에게 임금, 소정근로시간, 휴일, 연차유급휴가, 그 밖에 근로조건을 명시하여야 합니다. 이 경우 임금의 구성항목, 계산방법 및 지불방법, 소정근로시간, 휴일, 연차유급휴가에 관한 사항에 대하여는 서면으로 명시하여야 합니다. (근로기준법 제17조, 시행령 제8조) 이는 사용자가 근로자를 모집할 때 유리한 조건을 제시하고 실제로는 불리한 조건으로 근로를 시키는 폐단을 방지하기 위하여 근로기준법에서는 근로조건 명시에 대한 의무규정을 두고 있는 것입니다.

근로조건 명시

[1] 근로계약시 명시할 내용

근로조건의 명시	비 고
1. 임금	
2. 소정근로시간	
3. 휴일	
4. 연차유급휴가	
5. 취업장소와 종사업무	
6. 취업규칙의 필요적 기재사항	
7. 기숙사규칙에 관한 사항	사업자의 부속기숙사에 근로자를 기숙하게 하는 경우

▶ **근로계약시 서면으로 근로자에게 교부하여야 하는 내용**

임금의 구성항목 · 계산방법 · 지급방법 및 소정근로시간, 휴일, 연차유급휴가등에 관한 내용은 근로자에게 서면으로 하여야 합니다. 다만, 단체협약 또는 취업규칙 등이 변경되는 경우 근로자 요구가 있으면 그 근로자에게 교부하여야 합니다.

[2] 근로조건 명시 방법

근로조건의 명시는 구두로 하여도 무방하지만, 서면으로 하는 것이 분쟁을 줄일 수 있습니다. 일반적으로 미리 작성되어 있는 취업규칙을 제시하고 특별한 사항에 대하여는 계약서에 명시하는 방법을 택합니다. 근로조건 중 임금, 소정근로시간, 휴일, 연차유급휴가에 관한 사항은 중요사항이므로 서면으로 명시하여야 합니다.

[3] 근로조건 명시의 효과

근로계약 체결시에 근로조건을 명시한 경우 그 내용대로 근로계약은 성립되며, 근로자가 실제로 그 내용을 몰랐더라도 근로계약의 무효를 주장할 수 없습니다.

근로조건 명시의무 위반과 구제

[1] 근로조건 위반

근로조건위반이란 근로계약의 체결시에 사용자가 명시한 근로조건이 사실과 다른 경우를 의미하는 것이므로, 사용자가 처음에 제시한 근로조건과 다른 경우를 말합니다. 어느 정도 근로관계가 계속된 이후 근로기준법이나 단체협약 또는 취업규칙에 정해진 근로조건을 사용자가 어기는 것은 채무불이행이 됩니다.

[2] 근로조건이 명시되지 아니한 경우 법률 효력

근로조건이 명시되지 아니하더라도 당해 근로자의 근로조건은 현실적으로는 단체협약 또는 취업규칙의 정하는 바에 의하여 정해지는 것이므로 근로계약 자체는 유효하게 성립됩니다.

[3] 의무위반시 구제

① 명시된 근로조건이 사실과 다를 경우에 근로자는 근로조건 위반을 이유로 손해의 배상을 청구할 수 있으며 즉시 근로계약을 해제할 수 있습니다.
② 제1항에 따라 근로자가 손해배상을 청구할 경우에는 노동위원회에 신청할 수 있으며, 근로계약이 해제되었을 경우에는 사용자는 취업을 목적으로 거주를 변경하는 근로자에게 귀향 여비를 지급하여야 합니다.

□ 근로기준법 제17조(근로조건의 명시) ① 사용자는 근로계약을 체결할 때에 근로자에게 다음 각 호의 사항을 명시하여야 한다. 근로계약 체결 후 다음 각 호의 사항을 변경하는 경우에도 또한 같다.
1. 임금
2. 소정근로시간
3. 제55조에 따른 휴일
4. 제60조에 따른 연차 유급휴가
5. 그 밖에 대통령령으로 정하는 근로조건

[근로계약서 서식] 고용노동부 홈페이지 → 정보공개 → 기타정보 → 자주찾는 자료실 '근로계약서' 검색

표준 근로계약서

_____(이하 "사업주"라 함)과(와) _____(이하 "근로자"라 함)은 다음과 같이 근로계약을 체결합니다.

1. 근로계약기간 :   년   월   일부터   년   월   일까지
  ※ 근로계약기간을 정하지 않는 경우에는 "근로개시일"만 기재
2. 근 무 장 소 :
3. 업무의 내용 :
4. 소정근로시간 : ___시___분부터 ___시___분까지
   (휴게시간 : 시 분~ 시   분)
5. 근무일/휴일 : 매주 __일(또는 매일단위)근무, 주휴일 매주 __요일
6. 임 금
  - 월(일, 시간)급 : _____원
  - 상여금 : 있음 (   ) _____원, 없음 (   )
  - 기타급여(제수당 등) : 있음 (   ), 없음 (   )
     _____원, _____원
  - 임금지급일 : 매월(매주 또는 매일) _____일(휴일의 경우는 전일 지급)
  - 지급방법 : 근로자에게 직접지급(   ), 근로자 명의 예금통장에 입금(   )
7. 연차유급휴가
  - 연차유급휴가는 근로기준법에서 정하는 바에 따라 부여함
8. 근로계약서 교부
  - 사업주는 근로계약을 체결함과 동시에 본 계약서를 사본하여 근로자의 교부요구와 관계없이 근로자에게 교부함(근로기준법 제17조 이행)
9. 기   타
  - 이 계약에 정함이 없는 사항은 근로기준법령에 의함

                            년   월   일

(사업주) 사업체명 :   (전화 :   )
         주   소 :
         대 표 자 :   (서명)
(근로자) 주   소 :
         성   명 :   (서명)

5 근로계약 체결시 사용자 금지사항 등

강제 근로, 중간착취의 배제 등

[1] 강제 근로의 금지(제7조)
사용자는 폭행, 협박, 감금, 그 밖에 정신상 또는 신체상의 자유를 부당하게 구속하는 수단으로써 근로자의 자유의사에 어긋나는 근로를 강요하지 못합니다.

[2] 폭행의 금지(제8조)
사용자는 사고의 발생이나 그 밖의 어떠한 이유로도 근로자에게 폭행을 하지 못합니다.

[3] 중간착취의 배제(제9조)
누구든지 법률에 따르지 아니하고는 영리로 다른 사람의 취업에 개입하거나 중간인으로서 이익을 취득하지 못합니다.

[4] 취업 방해의 금지(제40조)
누구든지 근로자의 취업을 방해할 목적으로 비밀 기호 또는 명부를 작성·사용하거나 통신을 하여서는 아니 됩니다.

[5] 사용 금지(제65조)
① 사용자는 임신 중이거나 산후 1년이 지나지 아니한 여성(이하 "임산부"라 합니다)과 18세 미만자를 도덕상 또는 보건상 유해·위험한 사업에 사용하지 못합니다.

② 사용자는 임산부가 아닌 18세 이상의 여성을 제1항에 따른 보건상 유해·위험한 사업 중 임신 또는 출산에 관한 기능에 유해·위험한 사업에 사용하지 못합니다.
③ 제1항 및 제2항에 따른 금지 직종은 대통령령[근로기준법 시행령 [별표4] 으로 정합니다.

임금 등 금전과 관련한 금지 사항

[1] 위약금(손해배상금)예정 금지

사용자는 근로계약 불이행에 대한 위약금 또는 손해배상액을 예정하는 계약을 체결하지 못합니다.(근로기준법 제20조) 근로자가 근무 도중에 사용자에게 피해를 입힐 것을 대비하여 실제 발생된 손해액과 관계없이 일정액을 미리 정하여 근로자에게 배상케 하는 근로계약을 체결하거나 동 배상액을 사용자가 일방적으로 임금 또는 퇴직금과 상계하는 것을 금지하고 있으며, 이는 근로자가 자유의사에 반하는 강제근로를 하는 것을 방지할 목적으로 한 규정입니다.

▶ **위약금의 예정**
위약금은 채무불이행의 경우 채무자가 채권자에게 일정액을 지불할 것을 미리 약정하는 금액으로서 부당한 근로계약을 근로자가 해지할 수 없기 때문에 금지됩니다.

[2] 손해배상액의 예정

손해배상액의 예정은 채무불이행의 경우에 채무자가 지급해야 할 것을 손해배상의 액을 실제 손해와 관계없이 당사자 사이에서 미리 계약으로 정하는 것을 말합니다. 따라서 근로자의 불법행위 등으로 사용자에게 손해를 발생시킨 경우 실손해액의 일부를 청구할 수 있도록 노·사가 합의하여 단체협약에 정한 것은 위약예정의 금지에 위반되지 않습니다. (1993.06.04, 근기 01254-1160)

[3] 신원보증계약과 위약예정금지

① 신원보증계약은 근로자가 근무중에 고의, 과실 또는 의무불이행으로 인하여 사용자에게 손해를 발생케 할 경우에 대비하여 사용자가 신원보증인과 단독으로 또는 신원보증인과 근로자를 연대채무자로 하여 체결하는 계약입니다

② 신원보증계약은 위약예정금지 위반이 아닙니다. 근로기준법 제20조의 위약예정금지는 사용자가 근로자와의 사이에서 근로계약 불이행에 대한 위약금 또는 손해배상액을 예정하는 계약을 체결하는 것을 금지하는데 그치므로 근로자에 대한 신원보증계약 자체를 금지시키는 것은 아닙니다.(1985.12.24, 대법 84다카 1221)

[4] 전차금 등 상쇄의 금지

① 사용자는 전차금 기타 근로할 것을 조건으로 하는 전대채권과 임금을 상쇄하지 못합니다.(근로기준법 제21조) 전차금이라 함은 취업한 후에 임금에서 변제할 것을 예정하여 근로계약체결 시에 사용자가 근로자 또는 채권자에게 대부하는 금전을 말합니다. `근로할 것을 조건으로 하는 전대채권`이란 전차금 이외에 전차금에 추가해서 근로자 또는 그 친권자 등에게 지급되는 금전으로서 전차금과 동일한 목적을 가지는 것입니다.

② 전차금 등은 근로자를 사용자에게 신분적으로 장기간 구속하게 하여 근로자에게 사실상 강제근로를 강요하는 폐단을 발생시킬 수가 있으며 근로자에게 불리한 근로조건을 감수케 하는 수단으로 이용될

수 있기에, 근로기준법은 사용자는 근로자가 앞으로 받을 임금에서 갚을 것을 조건으로 사용자로부터 빌린 돈(전차금)이 있더라도, 이것을 임금에서 제한다는 계약을 체결할 수 없도록 규정하고 있습니다.

[5] 강제저축의 금지
① 사용자는 근로계약에 부수하여 강제저축 또는 저축금의 관리를 규정하는 계약을 체결하지 못합니다. 근로자의 위탁으로 저축을 관리하는 경우에도 법규정의 일정사항을 준수하여야 합니다.(근로기준법 제22조) 강제저축이란 근로자의 임금 중 일부를 근로자의 의사에 반하여 저축하도록 강요하는 것이고, 저축금의 관리란 사용자 스스로가 근로자의 저축금을 관리하거나 은행 기타 금융기관에 예금시키고 그 통장과 인감을 사용자가 보관하는 경우를 말합니다.

② 사용자가 근로자로 하여금 그의 임금의 일정액을 사업장 또는 사용자가 지시하는 은행에 강제로 저금케 하고 그 반환을 어렵게 하는 경우 근로자를 사업장에 구속시키는 결과를 가져옵니다. 또한 사용자가 저축금을 사업자금에 유용하고 사업경영이 악화될 경우에는 그 반환이 어렵게 될 우려가 있기 때문에 근로기준법은 사용자로 하여금 근로계약에 부수하여 강제저축 또는 저축금의 관리를 규정하는 계약을 체결하지 못하도록 하고 있는 것입니다.

6 직원 채용시 처리하여야 할 업무 등

채용 관련 구비서류

통상 아래의 서류를 구비하여 두어야 하나 업체 실정에 따라 제외하거나 추가 서류제출을 요구할 수 있습니다.

① 이력서 및 자기소개서
② 서약서 또는 각서
③ 경력증명서 및 자격증 사본
④ 신원보증서 또는 재정보증서
⑤ 인사기록카드
⑥ 최종학교 졸업증명서 1통
⑦ 서약서, 확인서
⑧ 통장사본 : 급여 지급 등에 사용할 목적으로 받아 둠
⑨ 주민등록등본 또는 가족관계증명서 : 건강보험 피보험자 확인 및 근로소득과 관련한 부양가족 확인
⑩ 전근무지 근로소득원천징수영수증 : 입사 당해 연도에 전 근무지 근로소득이있는 경우 합산하여 연말정산을 하여야 하므로 전근무지 근로소득원천징수영수증을 받아 두어야 합니다.

급여 지급과 관련한 업무

① 급여대장 등재
② 소득자별근로소득원천징수부 작성
③ 공제대상 부양가족 파악

📋 4대보험 자격 취득신고

신규입사자가 있는 경우 사용자는 입사일로부터 14일 이내에 자격취득신고서를 작성하여 국민연금관리공단, 건강보험공단, 근로복지공단 중 1곳에만 신고서를 제출하면 됩니다.

자격취득신고서 작성시 보수월액, 소득월액, 월평균보수란에는 급여로 지급하기로 한 금액 중 소득세법상 비과세소득을 제외한 과세대상 소득을 기재하시면 됩니다.

- 보수월액 : 건강보험법에 의한 보험료 부과기준이 되는 급여의 명칭
- 소득월액 : 국민연금법에 의한 보험료 부과기준이 되는 급여의 명칭
- 월평균보수 : 고용연금법에 의한 보험료 부과기준이 되는 급여 명칭

▶ 입사 월의 국민연금 납부

가입자가 자격을 취득한 날이 그 속하는 달의 **초일**인 경우에는 반드시 국민연금보험료를 납부하여야 합니다. 다만, 2일 이후에 입사한 경우에는 가입자가 희망하거나 임의계속가입자의 자격을 취득한 경우에 한하여 입사 월의 보험료를 납부합니다.

▶ 입사 월의 건강보험료 납부

원칙적으로 건강보험료 부과시점은 매월 1일이 기준일이므로 예를 들어 7월 1일 입사한 경우 그달부터 공제를 하여야 하는 것이나 2일에 입사한 경우에는 입사 월의 보험료는 공제하지 않습니다.

▶ 입사 월의 고용보험료 납부

과세대상급여에 고용보험료율을 곱하여 공제를 하시면 됩니다.

퇴직연금가입자의 채용과 퇴직급여 통산

다른 사업장에서 퇴직연금에 가입하였던 직원을 채용하는 경우 당해 사업장이 확정급여형퇴직연금 또는 확정기여형퇴직연금에 따라 합산 가능 여부를 판단하여야 하며, 그 내용은 아래와 같습니다.

계약 이전 가능	계약 이전 불가능
확정급여형 → 확정급여형	확정급여형 → 퇴직금
확정급여형 → 확정기여형	확정기여형 → 퇴직금
확정기여형 → 확정기여형	확정기여형 → 확정급여형

질문	직장을 옮기는 경우 퇴직연금을 계속 불입하는 방법이 있나?
답변	현행 퇴직금 제도에서는 근로자가 퇴사할 경우 14일 이내에 퇴직 일시금을 근로자에게 지급하도록 하고 있습니다. 따라서 이직이 잦은 근로자나 일정 기간 실직을 한 근로자의 입장에서는 퇴직금 재원이 노후 생활 자금으로 활용되지 못하고 중간에 생활 자금 등으로 소진되고 있습니다. 개인퇴직연금제도(IRP)는 이러한 근로자의 직장 이동 시에도 퇴직급여 재원이 계속 적립되어 노후 소득 보장 기능을 할 수 있도록 통산 기능을 하는 역할을 합니다.

SECTION 02

근로기준법의 임금 휴가, 연차, 법정수당

근로자를 고용하고 있는 사업주는 임금, 근로시간, 휴가, 해고 등에 대하여 근로기준법을 준수하여야 하며, 근로자퇴직급여보장법에 의하여 1년 이상 계속 근로한 근로자에게 퇴직금을 지급하거나 퇴직연금을 불입하여야 합니다. 또한 4대보험에 가입을 하여야 합니다.

1 근로계약 및 임금

a 근로계약 체결

① 사용자는 근로자 채용시 근로계약을 체결하여야 하며, **근로계약은 기간을 정하지 아니한 것**과 일정한 사업의 완료에 필요한 기간을 정한 것 외에는 그 기간은 1년을 초과하지 못합니다.

② 사용자는 근로계약을 체결할 때에 근로자에게 다음 각 호의 사항을 명시하여야 하며, 근로계약 체결 후 다음 각 호의 사항을 변경하는 경우에도 또한 같습니다.

1. 임금
2. 소정근로시간
3. 휴일
4. 연차 유급휴가
5. 취업의 장소와 종사하여야 할 업무에 관한 사항

임금 지급 및 임금대장 작성

① 근로제공의 대가로 지급하는 금액을 급여, 급료, 봉급, 보수, 임금 등으로 명칭하며, 실무상 구분은 다음과 같습니다. 다만, 근로기준법에서는 별도의 구분없이 임금이라고 합니다. 따라서 이후 근로기준법과 관련한 내용은 임금으로 통칭합니다.

명 칭	구 분
급 여	관리직 근로자에 대한 임금
임 금	생산직 근로자에 대한 임금, 근로기준법
보 수	건강보험, 국민연금, 고용보험료의 산정기준이 되는 임금
잡 급	일용직근로자에 대한 임금

② 계약자유의 원칙에 의하여 사용자와 근로자간의 계약에 의하여 임금은 자유롭게 책정할 수 있습니다. 다만, 최저임금법에서 정하는 최저임금 이상의 금액으로 근로계약을 체결하여야 합니다.

③ 임금은 매월 1회 이상 일정한 날짜를 정하여 지급하여야 합니다. 다만, 임시로 지급하는 임금, 수당, 그 밖에 이에 준하는 것에 대하여는 그러하지 아니합니다.

보 충 신규입사자(정액 임금 근로자)의 입사 월 임금 계산
월 급여 × 입사일 이후 일수 ÷ 해당 월의 일수

④ 사용자는 임금대장을 작성하고 임금과 가족수당 계산의 기초가 되는 사항, 임금액, 다음 각 호의 사항을 근로자 개인별로 임금을 지급할 때마다 적어야 합니다.
1. 성명
2. 주민등록번호
3. 고용 연월일
4. 종사하는 업무
5. 임금 및 가족수당의 계산기초가 되는 사항
6. 근로일수
7. 근로시간수
8. 연장근로, 야간근로 또는 휴일근로를 시킨 경우에는 그 시간수
9. 기본급, 수당, 그 밖의 임금의 내역별 금액(통화 외의 것으로 지급된 임금이 있는 경우에는 그 품명 및 수량과 평가총액)
10. 임금의 일부를 공제한 경우에는 그 금액

▶ 상여금 지급과 근로기준법

① 상여금이란 사업성과 또는 명절이나 휴가 때에 지급하는 기본급 외의 수당을 말하며, 근로기준법에서는 규정한 바가 없으므로 사용자가 근로자에게 의무적으로 지급하여야 하는 것은 아닙니다.

② 상여금이 취업규칙 기타 근로계약 등에 미리 지급조건 등이 명시되어 있거나 관례로서 계속 지급하여 온 경우에는 상여금의 지급이 법적인 의무로서 구속력을 가지게 됩니다. 예를 들어 근로자 채용시 연간 상여금으로 기본급의 400%를 지급하기로 한 경우 사용자는 근로자에게 상여금을 지급하여야 합니다.

③ 관례적으로 지급한 사례가 없고, 기업의 이윤에 따라 일시적으로 지급하는 변동 상여금은 사용자의 지급의무가 강제되는 것은 아니며, 퇴직금 임금기준이 되는 평균임금에 포함하지 않습니다.

임 금 대 장

관리번호 :

성 명	생년월일	기능 및 자격	고 용 연월일	종사업무	임금계산기초사항			가족수당계산기초사항	
					기본 시간급	기본 일급	기본 월급	1인당 지급액	계산시간

구분 월별	근로일수	근로시간수	연장근로시간수	휴일근로시간수	야간근로시간수	기본급	여 러 가 지 수 당				총액	공제액	영수액	영수인
							가족수당	연장근로수당	휴일근로수당	야간근로수당				
01														
02														
03														
04														
05														
06														
07														
08														
09														
10														
11														
12														
합계														

서 식 경영정보사 홈페이지(www.ruddud.co.kr)

임금 지급시 임금명세서 교부 의무

[1] 2021.11.19.부터 사용자(5인미만 사업장 포함)는 근로자에게 임금을 지급할 때 임금명세서를 교부하여야 하며, 임금명세서에는 임금의 구성항목 및 계산방법, 법령이나 단체협약에 따른 임금의 공제 내역 등을 기재해야 합니다.

[2] 임금명세서는 서면이나 전자문서로 교부할 수 있습니다.
○ 임금명세서 교부 위반시 500만원 이하의 과태료 부과

[임금명세서 작성] 구글, 네이버 (검색어) 고용노동부 임금명세서

□ 근로기준법
제48조(임금대장 및 임금명세서) ① 사용자는 각 사업장별로 임금대장을 작성하고 임금과 가족수당 계산의 기초가 되는 사항, 임금액, 그 밖에 대통령령으로 정하는 사항을 임금을 지급할 때마다 적어야 한다. <개정 2021. 5. 18.>

□ 근로기준법 시행령
제27조(임금대장의 기재사항) ①사용자는 법 제48조제1항에 따른 임금대장에 다음 각 호의 사항을 근로자 개인별로 적어야 한다.
<개정 2021. 10. 14., 2021. 11. 19.>
1. 성명
2. 생년월일, 사원번호 등 근로자를 특정할 수 있는 정보
3. 고용 연월일
4. 종사하는 업무
5. 임금 및 가족수당의 계산기초가 되는 사항
6. 근로일수

7. 근로시간수
8. 연장근로, 야간근로 또는 휴일근로를 시킨 경우에는 그 시간수
9. 기본급, 수당, 그 밖의 임금의 내역별 금액(통화 외의 것으로 지급된 임금이 있는 경우에는 그 품명 및 수량과 평가총액)
10. 법 제43조제1항 단서에 따라 임금의 일부를 공제한 경우에는 그 금액

②사용기간이 30일 미만인 일용근로자에 대해서는 제1항제2호 및 제5호의 사항을 적지 않을 수 있다. <개정 2021. 10. 14.>

③다음 각 호의 어느 하나에 해당하는 근로자에 대해서는 제1항제7호 및 제8호의 사항을 적지 않을 수 있다. <개정 2021. 10. 14.>
1. 법 제11조제2항에 따른 상시 4명 이하의 근로자를 사용하는 사업 또는 사업장의 근로자
2. 법 제63조 각 호의 어느 하나에 해당하는 근로자

제27조의2(임금명세서의 기재사항) 사용자는 법 제48조제2항에 따른 임금명세서에 다음 각 호의 사항을 적어야 한다.
1. 근로자의 성명, 생년월일, 사원번호 등 근로자를 특정할 수 있는 정보
2. 임금지급일
3. 임금 총액
4. 기본급, 각종 수당, 상여금, 성과금, 그 밖의 임금의 구성항목별 금액(통화 이외의 것으로 지급된 임금이 있는 경우에는 그 품명 및 수량과 평가총액을 말한다)
5. 임금의 구성항목별 금액이 출근일수·시간 등에 따라 달라지는 경우에는 임금의 구성항목별 금액의 계산방법(연장근로, 야간근로 또는 휴일근로의 경우에는 그 시간 수를 포함한다)
6. 법 제43조제1항 단서에 따라 임금의 일부를 공제한 경우에는 임금의 공제 항목별 금액과 총액 등 공제내역 [본조신설 2021. 11. 19.]

2 근로시간

▣ 법정근로시간(근로기준법 제50조)

▶ 일주간의 근로시간(40시간)

1주간의 근로시간은 휴게시간을 제외하고 40시간을 초과할 수 없습니다.

▶ 1일의 근로시간

1일의 근로시간은 휴게시간을 제외하고 8시간을 초과할 수 없습니다. 1일이란 오전 00:00부터 오후 12:00까지를 말합니다.

▶ 휴게시간

사용자는 근로시간이 4시간인 경우에는 30분 이상, 8시간인 경우에는 1시간 이상의 휴게시간을 근로시간 도중에 주어야 합니다.

▣ 연장근로(근로기준법 제53조)

사용자와 근로자가 간에 합의를 하는 경우 1주간에 12시간을 한도로 근로기준법 제50조의 근로시간을 연장할 수 있으며, 이 경우 사용자는 연장근로에 따른 임금외에 연장근로시간에 대하여 연장근로수당(통상임금이 50%)을 추가로 지급을 하여야 합니다.

탄력적 근로시간제

➡ 개요

탄력적 근로시간제란 어떤 근로일의 근로시간을 연장시키는 대신에 다른 근로일의 근로시간을 단축시킴으로써, 일정 기간의 평균 근로시간을 기준근로시간 내로 맞추는 변형근로시간제를 의미합니다.

근로기준법 제51조에 따라 2주 단위 또는 3개월 단위의 탄력적 근로시간제를 실시할 수 있으며, 이 경우 일정한 기간(2주 이내 또는 3월 이내)을 평균하여 1일간 또는 1주간의 근로시간이 기준근로시간을 초과하지 않으면, 특정일 또는 특정주에 기준근로시간을 초과하더라도 근로시간 위반이 아님은 물론 초과시간에 대한 할증 임금을 지급하지 않아도 됩니다. 단, 탄력적 근로시간제는 연소근로자(15세 이상 18세 미만) 및 임신 중인 여성 근로자에게는 적용할 수 없습니다.

➡ 2주 단위 탄력적 근로시간제

▶ 2주간의 근로시간 합계[80시간(40시간 × 2)]

2주 단위 탄력적 근로시간제란 2주 이내의 일정한 단위기간을 정한 후 1주 평균근로시간이 40시간을 초과하지 않는 상태에서 특정일에 8시간, 특정주에 40시간을 초과하더라도 연장근로로 보지 않는 제도를 말합니다. 이 경우 특정주의 근로시간은 **48시간**을 초과할 수 없으므로, 1주간 근로 가능한 법정최고한도는 48시간 + 연장근로최대시간 12시간(근로기준법 제53조 제2항에 따른 합의 연장근로) = 총 60시간이 됩니다.

다만, 탄력적 근로시간제의 실시에도 불구하고 연장근로 12시간에 대하여 가산임금(통상임금의 50%)은 별도로 지급하여야 합니다. 예를 들어 2주 단위의 경우 첫째 주의 근로시간이 48시간이면 둘째 주가 32시간을 초과하는 시간이 연장근로에 포함됩니다.

[사례] 2주단위 탄력적 근로시간제
1주차 32시간
2주차 48시간 → 연장근로수당 지급의무 없음
2주간 총근로시간 80시간

연장근로 12시간 → 연장근로수당 지급의무
1주 최대근로시간 60시간 : 48시간 + 연장근로 12시간

▶ **탄력적 근로시간제 취업규칙 규정**
2주 단위 탄력적 근로시간제를 실시하기 위하여는 취업규칙 또는 이에 준하는 규정으로 정하여야 합니다. 따라서 상시 10명 이상의 근로자를 사용하는 사용자는 취업규칙의 작성 및 변경을 통하여 이를 도입할 수 있습니다. 단, 취업규칙의 작성의무가 없는 상시 9명 이하의 근로자를 사용하는 사용자는 취업규칙이 없는 경우 '취업규칙에 준하는 것'으로 규정하여야 합니다. '취업규칙에 준하는 것'은 특별한 형식을 요하지는 않지만, 최소한 서면으로 작성하여 동 제도의 도입을 해당 근로자에게 주지시켜야 합니다.

▣ 3개월 단위내 탄력적 근로시간제

3월 단위 탄력적 근로시간제란 3월 이내의 일정한 단위기간을 정한 후 1주 평균근로시간이 40시간을 초과하지 않는 상태에서 특정일에

8시간, 특정주에 40시간을 초과하더라도 연장근로로 보지 않는 제도를 말합니다. 3월 단위 탄력적 근로시간제는 근로자 대표와의 서면합의에 따라 실시하여야 하며, 이 경우에도 특정한 주의 근로시간은 **52시간**, 특정한 날의 근로시간은 12시간을 초과할 수 없습니다.

따라서 1주간 근로 가능한 법정최고한도는 52시간 + 연장 12시간 = 총 64시간이 됩니다.

[사례] 3개월 단위 탄력적 근로시간제
주 근로시간 40시간 준수
특정 주 최대 52시간 근로 가능
특정 주 → 연장근로수당 지급의무 없음

◆ 연장근로시 1주 최대근로시간 64시간
52시간 + 연장근로 12시간(연장근로수당 지급의무)

▶ **3개월 단위내 탄력적 근로시간제 서면 합의**
3월 단위 탄력적 근로시간제는 근로자 대표(근로자의 과반수로 조직된 노동조합, 과반노조가 없는 경우에는 근로자 과반수를 대표하는 자)와의 서면합의에 따라 도입해야 합니다.

◆ 개별적 서면 동의만을 받는 경우에는 실시할 수 없음
3월 단위 탄력적 근로 시간제를 도입하면서 근로자 대표와의 서면합의가 아닌 근로자 과반수의 개별적 서면 동의만을 받는 경우에는 이를 실시할 수 없음을 유의해야 합니다.(근로조건 지도과-1167, 2008.4.29.)

▶ **서면합의할 내용**
① 대상근로자의 범위
② 단위기간
③ 단위 기간 근로일
④ 근로일별 근로시간
⑤ 서면합의의 유효기간

▶ **대상근로자의 범위 및 단위기간**
대상근로자의 범위는 반드시 전체 근로자일 필요는 없고, 일정 사업 부문·직종 등에 따라서 그에 종사하는 일부 근로자에 한하여 적용할 수 있습니다. 단위기간은 3개월 단위, 2개월 단위, 1개월 단위, 3주 단위 등 일정한 단위기간으로 실시가 가능하며, 노사가 합의하는 서면합의 유효기간의 길이에 대해서는 특별한 제한이 없습니다.

■ **개정 근로기준법 주요 내용 (2021.1.5. 공포 → 4.6. 시행)**

[1] 탄력적 근로시간제
[단위기간] 단위기간이 3개월을 초과하고 6개월 이내인 별도의 탄력적 근로시간제도 신설

[도입·운영 요건] 근로자대표와의 서면 합의로 도입
(근로시간 사전 확정) 3개월 초과 탄력근로제 도입 시 단위기간의 근로시간은 서면 합의로 주별 근로시간을 사전에 확정하되, 근로일별 근로시간은 각 주의 개시 2주 전까지 근로자에게 통보
(근로시간 중도 변경) 서면 합의 당시 예측하지 못한 천재지변, 기계고장, 업무량 급증 등의 불가피한 사유 발생시, 근로자대표협의를 거쳐 주별 근로시간 변경이 가능하며, 이 경우 변경된 근로일별 근로시간은 근로일 개시 전에 해당 근로자에게 통보

[건강보호] 3개월 초과 탄력근로제 도입 시, 근로일 간 11시간 이상의 연속 휴식시간제 의무화
다만, 천재지변 등 대통령령으로 정하는 불가피한 경우 근로자대표와의 서면 합의가 있으면 이에 따름

[임금보전] 3개월 초과 탄력근로제 도입 시, 사용자는 임금보전 방안을 마련하여 고용노동부장관에게 신고하여야 하며, 미신고 시 과태료 부과
다만, 서면 합의에 임금보전 방안을 포함한 경우에는 신고의무 면제

[단위기간 중단시 임금산정] 탄력적 근로시간제 단위기간보다 실제 근로한 기간이 짧은 경우 단위기간 중 실제 근로한 기간을 평균하여, 1주 40시간을 초과하여 근로한 시간 전부에 대해 가산임금 지급

[2] 선택적 근로시간제
[정산기간] 신상품 또는 신기술의 연구개발 업무의 경우 현행 1개월 이내인 정산기간을 최대 3개월 이내로 확대

[건강보호) 1개월을 초과하는 정산기간을 정한 경우 근로일 간 11시간 이상의 연속휴식시간제를 의무화하되, 천재지변 등 대통령령으로 정하는 불가피한 경우 근로자대표와의 서면 합의가 있으면 이에 따름

[임금보전] 1개월을 초과하는 정산기간을 정한 경우 매 1개월마다 평균하여 1주간 근로시간이 40시간을 초과한 시간에 대해서는 가산임금 지급

[3] 특별연장근로 인가제도
[건강보호] 근로기준법 제53조제4항에 따른 특별연장근로를 하는 근로자의 건강 보호를 위해 사용자는 건강검진 실시 또는 휴식시간 부여 등 고용노동부 장관이 정하는 적절한 조치를 하여야 함

[4] 부칙 : 시행시기 및 준비행위
[시행시기] 탄력적 근로시간제 및 선택적 근로시간제는 주 최대 52시간제 시행 시기에 맞춰 단계적 적용
○ 50인 이상 및 국가·지자체 등 : 공포 후 3개월
○ 5~50인 미만: '21.7.1
- 특별연장근로 인가제도 건강보호 조치 의무는 공포 후 3개월이 경과된 날부터 시행

♣ [상세 내용] 고용노동부 홈페이지 → 정책자료 → 정책자료실
(제목) 근로기준법상 근로시간 규정 주요 내용 (등록일) 2021.03.23

□ 근로기준법 제51조(3개월 이내의 탄력적 근로시간제)
① 사용자는 취업규칙(취업규칙에 준하는 것을 포함한다)에서 정하는 바에 따라 2주 이내의 일정한 단위기간을 평균하여 1주 간의 근로시간이 제50조제1항의 근로시간을 초과하지 아니하는 범위에서 특정한 주에 제50조제1항의 근로시간을, 특정한 날에 제50조제2항의 근로시간을 초과하여 근로하게 할 수 있다. 다만, 특정한 주의 근로시간은 48시간을 초과할 수 없다.

② 사용자는 근로자대표와의 서면 합의에 따라 다음 각 호의 사항을 정하면 3개월 이내의 단위기간을 평균하여 1주 간의 근로시간이 제50조제1항의 근로시간을 초과하지 아니하는 범위에서 특정한 주에 제50조제1항의 근로시간을, 특정한 날에 제50조제2항의 근로시간을 초과하여 근로하게 할 수 있다. 다만, 특정한 주의 근로시간은 52시간을, 특정한 날의 근로시간은 12시간을 초과할 수 없다.
1. 대상 근로자의 범위
2. 단위기간(3개월 이내의 일정한 기간으로 정하여야 한다)
3. 단위기간의 근로일과 그 근로일별 근로시간
4. 그 밖에 대통령령으로 정하는 사항

③ 제1항과 제2항은 15세 이상 18세 미만의 근로자와 임신 중인 여성 근로자에 대하여는 적용하지 아니한다.
④ 사용자는 제1항 및 제2항에 따라 근로자를 근로시킬 경우에는 기존의 임금 수준이 낮아지지 아니하도록 임금보전방안(賃金補塡方案)을 강구하여야 한다.
[제목개정 2021. 1. 5.]

주52시간 근로제도

개요

개정 전 근로기준법에서도 하루 근로시간을 8시간씩 40시간으로 정하되, 연장근로를 한 주에 12시간씩 하도록 허용하고 있습니다. 따라서 명목상으로는 '주 52시간 근무'를 규정하고 있는 것입니다. 다만, 고용노동부는 행정해석을 통해 휴일을 '근로일'에서 제외함으로서 토요일 및 일요일 각각 8시간씩 총 16시간의 초과근무가 가능하여 사실상 최장 허용 근로시간은 주 68시간이었습니다.

개정 근로기준법에서는 "1주"란 휴일을 포함한 7일을 말한다."라고 규정함으로서 토요일 및 일요일을 포함한 주 7일을 모두 '근로일'로 정의하여 주 근로시간의 허용치를 52시간으로 정하였습니다.

☐ (개정) 근로기준법
제2조(정의) ① 이 법에서 사용하는 용어의 뜻은 다음과 같다. <개정 2018.3.20.>
7. "1주"란 휴일을 포함한 7일을 말한다.

▶ 주52시간 근로제 경과조치

개정 근로기준법으로 인한 중소기업의 충격(최대근로시간 주 68시간 → 주52시간)을 완화하기 위해 기업 규모별로 적용 시기를 차등 적용하기로 하였으며, 그 시행시기는 다음과 같습니다.

- 300명 이상 기업 : 2018년 7월 1일 이후 시행
- 50명 ~299명 기업 : 2020년 1월 1일 이후 시행
- **5명 ~ 49명 기업 : 2021년 7월 1일 이후 시행**

▶ 30인 미만 기업의 근로시간 예외
30인 미만의 기업의 경우 2021년 7월 1일 이후 주52시간 근로제를 시행하되, **2021년 7월 1일 이후 2024년 12월 31일까지는** 특별연장 근로시간 8시간이 추가로 허용됩니다.

▶ 주52시간제의 휴일근로수당

고용노동부의 행정해석에 따라 8시간 이하의 휴일근로에 대하여는 근로시간에 대한 임금과 휴일근로에 따른 주휴수당 50%를 지급하여야 하며, 휴일에 8시간 이상 근로를 하는 경우에 한하여 연장근로수당 50%를 추가로 지급하여야 합니다. 이는 '연장근로시간에는 휴일근로시간이 포함되지 않는다.'라고 규정하여 연장근로와 휴일근로를 별개로 보고 있기 때문입니다.

따라서 근로자가 1주일 중 근무일에 40시간을 근무한 뒤 휴일에 근로(8시간 이내)를 하는 경우 휴일근로에 따른 임금 및 휴일근로가산수당 50%만 추가로 지급을 받을 수 있는 것입니다.

▶ 주12시간 초과 연장근로를 할 수 있는 업종

1주간의 연장근로시간 최대허용시간은 12시간이나 업무 특성으로 인하여 12시간을 초과하는 근로가 불가피한 업종의 경우 근로기준법 제59조에서 예외 규정을 두고 있으며, 이러한 업종은 근로일 종료 후 다음 근로일 개시 전까지 근로자에게 연속하여 11시간 이상의 휴식 시간을 주어야 합니다.

개정 근로기준법에서는 이러한 특수업종의 범위를 대폭 축소하였으며, 시행일은 2018년 9월 1일부터입니다.

■ 연장근로 특례 대상 업종

연장근로 특례 대상 업종(현행)	개정
보관·창고업, 자동차 부품판매업, 도매 및 상품중개업, 소매업, 금융업, 보험 및 연금업, 금융 및 보험 관련 서비스업, 우편업, 교육서비스업, 연구개발업, 시장조사 및 여론조사업, 광고업, 숙박업, 음식점 및 주점업, 건물·산업설비 청소 및 방제서비스업, 미용·욕탕업 및 유사서비스업, 육상운송 및 파이프라인 운송업, 수상운송업, 항공운수업, 기타 운송 관련 서비스업, 영상·오디오 기록물 제작 및 배급업, 방송업, 전기통신업, 보건업, 하수·폐수 및 분뇨처리업, 사회복지서비스업	육상운송업(운송업의 하위업종인 노선버스업은 특례업종에서 제외) 수상운송업 항공운송업 기타운송서비스업 보건업

<시행시기> 2018년 9월 1일 이후

③ 휴일 및 휴가

법정휴일 및 법정외 휴일

▶ 법정휴일

① 근로기준법에 규정한 주 1일의 휴일
② 근로자의 날(매 년 5월 1일)

▶ 법정공휴일

그동안 근로기준법 상의 공휴일은 일주일(7일) 중 주휴일(통상 토요일 및 일요일) 및 근로자의 날로 법정공휴일(명절, 광복절, 삼일절 등 달력의 빨간 날)은 근로기준법상의 휴일이 아니었습니다. (기업이 법정공휴일을 연차 등으로 대체하지 아니하고, 휴일로 한 것은 관행 또는 사용자의 재량에 의한 것임)

그러나 2020년 1월 1일부터는 민간기업에도 공무원과 같이 동일하게 법정공휴일을 **유급 휴일**로 부여[법정 공휴일이 무급 휴일(통상 일요일)과 중복되는 경우에는 무급휴일로 함]하여야 하며, 법정공휴일을 연차로 대체하는 것은 불법행위가 됩니다. 다만, 부칙에서 기업 규모별로 시행시기를 다음과 같이 정하고 있습니다.

<시행시기>
○ 300인 이상 기업 : 2020년 1월 1일
○ 30~300인 미만 기업 : 2021년 1월 1일
○ 5~30인 미만 기업 : 2022년 1월 1일

▶ 법정외 휴일(임의휴일)

법정휴일 외에 노사간 합의에 의하여 휴무하는 날로 법정외 휴일의 경우 유급휴일로 할 것인지 무급휴일로 할 것인지는 노사간의 합의에 따라 취업규칙 등에서 정할 수 있습니다. 따라서 명절, 국경일, 여름휴가일 등은 법정공휴일이 아니므로 취업규칙에 이와 같은 임의 휴일을 연차휴가로 대체한다. 라고 규정하여도 무방합니다.

연차 유급휴가

▶ 신규입사자 유급휴가 일수 및 연차수당 지급의무

▶ 입사 1년차의 유급휴가 사용기간 및 미사용수당 지급

사용자는 계속하여 근로한 기간이 1년 미만인 근로자 또는 1년간 80퍼센트 미만 출근한 근로자에게 **1개월 개근 시** 1일의 유급휴가를 주어야 하며, 1년이내의 근무기간에 대하여는 매월 1일씩 발생한 유급휴가는 각 발생월로부터 1년간 사용 가능합니다.

단, 연차유급휴가는 사용자의 귀책사유로 사용하지 못한 경우를 제외하고 1년간 행사하지 아니하면 소멸하게 됩니다.,

한편, 사용차가 연차사용촉진을 하지 않은 경우로서 1년이 경과하여 연차휴가를 사용할 수 있는 기간이 종료된 경우 사용자는 사용기간이 종료된 다음날에(임금지급일) 미사용수당을 지급하여야 하며, 신규입사자의 경우에도 2020.4.1. 이후 사용촉진대상이 됩니다.
(근로기준법 제60조 제2항)

> (예시) 2021.4.1.에 1일 휴가 발생 → 2022.3.31.까지 사용가능 → 미사용 시 2022.4.1.(4월 급여)에 수당 지급

◆ 다음 각 호의 어느 하나에 해당하는 기간은 출근한 것으로 봄
1. 근로자가 업무상의 부상 또는 질병으로 휴업한 기간
2. 임신 중의 여성이 제74조제1항부터 제3항까지의 규정에 따른 휴가로 휴업한 기간
3. 「남녀고용평등과 일·가정 양립 지원에 관한 법률」 제19조제1항에 따른 육아휴직으로 휴업한 기간

▶ 신규입사자의 유급휴가일수

입사 후 1년간의 출근율이 80% 이상인 경우 2년 차에 쓸 수 있는 유급휴가일수는 1년 차에 1개월 개근 시 1일씩 발생한 유급휴가와 별도로 15일이 됨 → 입사일로부터 2년 동안 최대 26일의 연차유급휴가 부여 가능

☐ 근로기준법
제60조(연차 유급휴가) ① 사용자는 1년간 80퍼센트 이상 출근한 근로자에게 15일의 유급휴가를 주어야 한다. <개정 2012. 2. 1.>
② 사용자는 계속하여 근로한 기간이 1년 미만인 근로자 또는 1년간 80퍼센트 미만 출근한 근로자에게 1개월 개근 시 1일의 유급휴가를 주어야 한다. <개정 2012. 2. 1.>
⑦ 제1항·제2항 및 제4항에 따른 휴가는 1년간(계속하여 근로한 기간이 1년 미만인 근로자의 제2항에 따른 유급휴가는 최초 1년의 근로가 끝날 때까지의 기간을 말한다) 행사하지 아니하면 소멸된다. 다만, 사용자의 귀책사유로 사용하지 못한 경우에는 그러하지 아니하다.
<개정 2020. 3. 31.>

▶ **근로계약기간이 1년인 기간제근로자 연차휴가 및 보상**

① 판례는 근로계약기간을 1년으로 한 기간제노동자의 1년간의 출근율이 80% 이상이면 계약기간 만료 시 15일분의 연차휴가보상청구권이 발생한다는 입장입니다.
② 법 개정에 따라 1년차 때 1개월 개근시 1일씩 발생하는 유급휴가도 별도로 인정되는 만큼, 1년 기간제노동자의 계약기간이 만료되는 경우 최대 26일분의 미사용수당을 지급하여야 합니다.

연차휴가일수 가산 및 제한(최대 25일)

① 사용자는 3년 이상 계속하여 근로한 근로자에게는 제1항에 따른 휴가에 최초 1년을 초과하는 계속 근로연수 매 2년에 대하여 1일을 가산한 유급휴가를 주어야 합니다. 이 경우 가산휴가를 포함한 **총 휴가 일수는 25일을 한도**로 합니다.

② 사용자는 위의 규정에 따른 연차휴가를 근로자가 청구한 시기에 주어야 하고, 그 기간에 대하여는 취업규칙 등에서 정하는 통상임금 또는 평균임금을 지급하여야 합니다.

사 례 연차유급일수 계산

구 분	1년	2년	3년	4년	5년	6년	7년	8년	9년	10년	11년	12년
주40시간	15	15	16	16	17	17	18	18	19	19	20	20

* 연차유급휴가 최대일수 → 주40시간 : 25일

▶ **신규입사자의 회계연도 기준 연차휴가일수**

회계연도 기준으로 연차휴가일수를 산정하는 경우로서 근로자가 연중에 입사한 경우, 다음해 1월 1일에 입사한 것으로 가정하여 그 때를 기준으로 연차휴가를 산정할 수 있습니다. 이 때 입사한 시점부터 그 해가 끝나는 시점까지는 일할로 연차일수를 계산하여야 합니다. 예를 들어 근로자가 2022년 5월 10일에 입사한 경우 2022년 12월 31일까지의 연차휴가일수를 일수로 계산하고, 2023년 1월 1일을 입사 기준일로 가정하여 근로기준법에 의하여 부여하되, 입사연도의 휴가일수는 회계연도 기준에 의한 연차일수(10일)를 보장하여야 합니다.

◾ **신규입사자의 2025년 1년 미만 근로에 대한 연차 발생일수 : 7일**

▶ 회계연도 기준에 의한 연차일수 (입사일 2024.5.1.)
2024.5.1. ~ 2024.12.31.
- 1개월 근로 이후 매월 1개 연차발생 [7개]
2025.1.1. ~ 2025.04.30.
- 1년이 되는 날까지의 월수에 대하여 매월 1개의 연차발생 [4개]
2025.5.1. ~ 2025.12.31.
- 기본 연차일수(15일) × 1년이 경과한 이후의 일수(235일)/365일 = 9.65일 → 10일(소수점 이하 올림)

한편, 회계연도 기준으로 연차를 적용하는 경우에도 1년 미만인 근로자의 1개월 개근 시 발생하는 연차휴가에 대하여 사용촉진을 하지 않은 경우 미사용연차일수에 대하여 연차수당을 지급하여야 합니다.

▣ 사용자의 연차휴가 사용 촉진의무 및 연차수당

사용자가 연차 유급휴가의 사용을 촉진하기 위하여 **다음 각 호의 조치**를 하였음에도 불구하고 근로자가 휴가를 1년간 사용하지 아니하여 소멸된 경우에는 사용자는 **그 사용하지 아니한 휴가에 대하여 보상할 의무가 없습니다.** (근로기준법 제61조 제1항)

다만, 사용자가 근로자의 연차사용에 대하여 다음에 정하는 방법으로 사용촉진을 하지 아니하였거나, 사규 또는 취업규칙 등에서 미사용연차일수에 대하여 연차수당을 지급하기로 한 경우 미사용연차에 대하여 연차수당을 지급하여야 합니다.

1. 휴가기간(휴가발생일로부터 1년)이 끝나기 6개월 전을 기준으로 10일 이내에 사용자가 근로자별로 사용하지 아니한 휴가 일수를 알려주고, 근로자가 그 사용 시기를 정하여 사용자에게 통보하도록 서면으로 촉구할 것
2. 제1호에 따른 촉구에도 불구하고 근로자가 촉구를 받은 때부터 10일 이내에 사용하지 아니한 휴가의 전부 또는 일부의 사용 시기를 정하여 사용자에게 통보하지 아니하면 휴가기간(휴가발생일로부터 1년) 기간이 끝나기 2개월 전까지 사용자가 사용하지 아니한 휴가의 사용 시기를 정하여 근로자에게 서면으로 통보할 것

▶ 계속 근로기간 1년 미만 신규입사자의 사용촉진기간 단축

1. 최초 1년의 근로기간이 끝나기 3개월 전을 기준으로 10일 이내에 사용자가 근로자별로 사용하지 아니한 휴가 일수를 알려주고, 근로자가 그 사용 시기를 정하여 사용자에게 통보하도록 서면으로 촉구할 것. 다만, 사용자가 서면 촉구한 후 발생한 휴가에 대해서는 최초 1년의 근로기간이 끝나기 1개월 전을 기준으로 5일 이내에 촉구하여야 합니다.
2. 제1호에 따른 촉구에도 불구하고 근로자가 촉구를 받은 때부터 10일 이내에 사용하지 아니한 휴가의 전부 또는 일부의 사용 시기를 정하여 사용자에게 통보하지 아니하면 최초 1년의 근로기간이 끝나기 1개월 전까지 사용자가 사용하지 아니한 휴가의 사용 시기를 정하여 근로자에게 서면으로 통보할 것. 다만, 제1호 단서에 따라 촉구한 휴가에 대해서는 최초 1년의 근로기간이 끝나기 10일 전까지 서면으로 통보하여야 합니다. (근로기준법 제61조 제2항)

▶ 유급휴가의 대체 및 기타 휴무
① 사용자는 근로자대표와의 서면 합의에 따라 연차 유급휴가일을 갈음하여 특정한 근로일에 근로자를 휴무시킬 수 있습니다.
② 기타 병가, 경조사휴가(결혼, 회갑, 사망), 업무공로휴가, 명절휴가, 여름휴가 등은 취업규칙에서 별도로 정합니다.

퇴사자의 연차휴가 및 연차수당

▶ 1년 미만 근무자 퇴사시 미사용 연차일수 보상의무
1년 미만 근무자의 경우 매월 1개의 연차가 발생하며, 이 경우 1년이 되기 전에 퇴사하더라도 매월 1개씩 부여된 연차휴가는 이미 발생한 연차휴가가 되며, 퇴사로 인해 사용하지 못하고 남은 잔여 연차휴가가 있을 경우 이는 수당으로 지급하여야 합니다. 예를 들어 6. 1.부터 11. 30.까지 만근하고, 퇴사하는 경우 6개의 연차가 발생하며, 2개를 사용한 경우 잔여 연차일수 4개는 금전으로 보상햐야 합니다.

▶ 1년 이상 계속 근무자의 퇴사연도 연차휴가
근무기간이 1년 이상인 근로자의 경우 1년의 근로를 마쳐야만 연차휴가 산정을 위한 조건을 채우게 되는 것으로 퇴사연도의 연차휴가는 발생하지 않습니다. 단, 퇴사일 이전에 이미 발생한 연차를 사용하지 못한 경우 미사용연차일수에 통상임금을 곱한 금액을 금전으로 보상하여야 합니다.

한편, 대법원은 "1년을 초과하되 2년 이하의 기간 동안 근로를 제공한 근로자는 최초 1년 동안의 근로제공에 대해 11일의 연차휴가가 발생하고 최초 1년의 근로를 마친 다음날에 15일의 연차휴가까지 발생해 연차휴가일수는 총 26 일이 된다"하고 판시하였습니다.

④ 법정수당

> 계약에 의한 임금 이외에 사용자는 근로기준법에 의하여 다음의 수당을 지급하여야 합니다.

ⓐ 연장근로수당

연장근로수당이란 근로자가 근로기준법에 의한 규정근무시간(통상 8시간)을 초과하여 근무하는 경우 지급하는 수당으로 연장근로란 규정근무시간 이후부터 22:00 이전까지의 근무를 말합니다. 예를 들어 시간 당 임금이 12,000원인 근로자가 4시간의 연장근로를 제공하는 경우, 연장근로시간에 대한 임금은 48,000원이고, 연장근로에 따른 연장근로가산수당 50%(24,000원)를 추가 지급하여야 합니다.

사 례 연장근로수당 계산

정상근무시간 3 시간 9:00 ~ 12:00	휴게 1시간 12~13	정상근무시간 5 시간 13:00 ~ 18:00	연장근무시간 4 시간 18:00 ~ 22:00

- 통상임금(09:00~ 18:00)   92,000원(12,000원 × 8시간)
- 연장근로수당(18:00 ~ 22:00)   48,000원(12,000원 × 4시간)
- 연장근로가산수당(18:00 ~ 22:00) 24,000원(48,000원 × 50%)

□ 근로기준법 제56조(연장·야간 및 휴일 근로)
① 사용자는 연장근로(제53조·제59조 및 제69조 단서에 따라 연장된

시간의 근로를 말한다)에 대하여는 통상임금의 100분의 50 이상을 가산하여 근로자에게 지급하여야 한다. <개정 2018. 3. 20.>
② 제1항에도 불구하고 사용자는 휴일근로에 대하여는 다음 각 호의 기준에 따른 금액 이상을 가산하여 근로자에게 지급하여야 한다.
<신설 2018. 3. 20.>
1. 8시간 이내의 휴일근로: 통상임금의 100분의 50
2. 8시간을 초과한 휴일근로: 통상임금의 100분의 100
③ 사용자는 야간근로(오후 10시부터 다음 날 오전 6시 사이의 근로를 말한다)에 대하여는 통상임금의 100분의 50 이상을 가산하여 근로자에게 지급하여야 한다. <신설 2018. 3. 20.>

▶ 시급 계산

연장·야간·휴일근로수당을 계산할 시에는 시간급을 계산하여야 하는데, 연장·야간·휴일근로수당 계산시 시간급 기준이 되는 월 임금은 근로기준법의 통상임금으로 "시급 = 월간 통상임금 ÷ 209"의 방식으로 계산합니다.

사 례	시급 계산 (주40시간 근무제 회사)

기본급 250만원, 직무수당 10만원(매 월 일정금액 지급), 차량유지비 20만원, 식대보조비 20만원인 직원의 시급 → 11,962원
시급(14,355원) = 통상임금 [기본급(250만원) + 직무수당(10만원) + 차량유지비 (20만원) + 식대보조비(20만원)] ÷ 209
- 차량유지비 및 식대 : 전직원에게 일률적으로 지급하는 금액인 경우 통상임금에 포함함

야간근로수당

야간근로란 22:00 ~ 06:00 사이의 근로를 말하며, 야간근로시에는 통상임금의 50%를 가산하여 지급하여야 합니다. 예를 들어 연장근로가 계속하여 02:00 까지 근로를 제공한 경우 연장근로에 따른 통상임금에 연장근무수당 50% 및 야간근로수당 50%를 추가 지급하여야 합니다.

- 연장근로수당(22:00~ 02:00)   40,000원(10,000원 × 4시간)
- 연장근로가산수당(22:00~ 02:00) 20,000원(40,000원 × 50%)
- 야간근로가산수당(22:00~ 02:00) 20,000원(40,000원 × 50%)

주휴수당

① 근로자가 1주 동안 소정근로일수를 근로한 경우 1일의 유급휴일을 부여하여야 하며, 1주일 중 소정근로일수가 5일(통상 월요일 ~ 금요일)인 경우 법정 유급휴일은 1일(통상 일요일)이고, 나머지 1일은 노사가 별도로 유급휴일로 정하지 않는 이상 무급휴무일이 됩니다.

소정근로일수란 1주 동안 근로자가 근로를 제공하기로 약정한 근로제공일수를 의미하며, 일반적으로 1주 소정근로일수는 월요일부터 금요일까지로 근로계약서에 명시하여야 합니다.

② 주휴수당이란 주휴일에 근로를 제공하지 않더라도 지급하여야 하는 수당을 말합니다. 즉, 근로자가 일주일 동안 규정된 근무일수를 개근하면 그 주중 하루는 일을 하지 않아도 급여를 지급하여야

한다는 뜻입니다. 주 5일 근무제 사업장의 경우에는 일주일에 5일을 근로한 경우 1일은 임금 지급 의무가 없는 무급휴일, 다른 1일은 주휴일(유급휴일)이 됩니다.

통상적으로 일요일을 주휴일(유급휴일)로 정한 기업들이 많습니다. 그러나 주휴일이 꼭 일요일일 필요는 없고 일주일 중에 한 날을 근로자와 정하면 됩니다.

▶ **주휴수당 발생요건**
1) 1주일 간 소정근로시간이 15시간 이상일 것
2) 1주일 간 소정근로일수를 개근할 것 (결근이 없어야 함)
3) 주휴수당이 발생한 주 이후에 계속 근로할 것

▶ **퇴사자의 주휴수당**
주휴수당은 근로자가 다음주에도 계속 근로를 제공할 것을 전제로 하여 지급되는 것입니다. 따라서 퇴사할 경우 마지막 주는 주휴수당이 발생하지 않으며, 퇴사일이 금요일인 경우에도 주휴수당을 지급하지 않습니다. 이는 "퇴직일은 취업규칙이나 단체협약에 특별한 정함이 없다면 근로를 제공한 다음날(예: 금요일까지 근무하고 퇴사하는 경우 토요일이 퇴사일)"이 되므로 회사는 주휴수당을 지급해야 할 의무가 없는 것입니다.

• 지각이나 조퇴는 결근이 아니므로 주휴수당을 받을 수 있습니다. 다만, 무노동 무임금의 원칙에 따라 조퇴나 지각한 시간만큼 시간급으로 계산하여 공제하는 것은 문제가 되지 않습니다.

• 법정공휴일을 해당 사업장에서 약정 휴일로 규정하고 있다면 소정근로일이 아닙니다. 이 경우 만일 주중에 법정공휴일이 끼어있다면 나머지 근로일의 개근을 기준으로 주휴수당을 지급해야 합니다.

▶ 주휴수당을 지급하지 않아도 되는 경우

1. 주중 입사한 경우 그 주는 주휴수당이 발생하지 않습니다. 예를 들어, 소정근로일이 월~금이고 수요일에 입사를 했다면 해당 주의 주휴수당은 발생하지 않습니다.
2. 1개월의 근로시간이 60시간 미만이고, 1주의 근로시간이 15시간 미만인 초단시간 근로자는 주휴수당을 지급할 의무가 없습니다.

▶ 일용직 근로자의 주휴수당

근로계약이 1일 단위로 체결되는 일용근로자에겐 주휴수당을 지급할 의무가 없습니다. 단, 일용근로자가 계속적 근로를 하는 경우로서 주휴수당을 임금에 포함한다는 약정이 없다면 비록 일용근로자라 해도 주휴수당을 지급해야 한다는 견해가 다수의견입니다. 한편, 일용근로자에 대해 주휴수당을 미리 임금에 포함할 수 있는지에 대해서는 1일 단위로 근로관계가 단절되어 계속고용이 보장되지 않는 순수 일용근로자의 경우에는 주휴수당을 미리 임금에 포함할 수 없을 것이나, 일정기간 사용이 예정된 경우라면 근로기간 중 사용자가 소정근로일의 근무를 전제로 지급되는 주휴수당을 미리 임금에 포함하여 지급하는 것은 가능한 만큼 사용자가 서면으로 근로계약을 통해 일급에 주휴수당을 포함하여 지급했다면 별도의 주휴수당 지급 의무는 없는 것으로 판단이 됩니다.

▶ 주중 결근한 경우 주휴수당

주휴일은 근로기준법에서 정한바와 같이 주간 소정 근로일수를 개근한 자에 한하여 부여받을 수 있는 것이므로, 당해 주에 1일 이상 결근한 경우 유급 주휴일을 부여하지 않아도 됩니다.

| 사 례 | 휴일근로와 수당 지급 [시급 12,000원 8시간 근무] |

- 무급휴무일에 근로를 제공하는 경우
  휴일근로에 대한 임금(96,000원) + 휴일근로가산수당(48,000원)
- 유급휴무일에 근로를 제공하는 경우
  주휴수당(96,000원) + 휴일근로에 대한 임금(96,000원)
  + 휴일근로가산수당(48,000원)

▶ **주중 연차 휴가가 있는 경우 주휴수당**

연차유급휴가를 1주간 소정 근로일에 전부 사용한 경우에는 해당 주에는 근로제공의무가 면제되어 소정 근로일에 해당되지 않아 무급 주휴일에 해당되어 주휴수당 지급의무가 없습니다만, 1일 이상 출근한 경우에는 주휴수당을 지급하여야 합니다.

휴일근로수당

사용자가 휴일에 근로를 제공하는 경우 휴일근로시간에 대하여는 통상임금의 100분의 50 이상을 가산하여 지급하여야 합니다.

- 휴일근로시간 : 취업규칙에 정한 공휴일 근로
- 휴일근로수당 : 휴일근로수당 + 가산수당(휴일근로수당 × 50%)

| 사 례 | 휴일근로와 수당 지급 [시급 12,000원 8시간 근무] |

- 무급휴무일에 근로를 제공하는 경우
  휴일근로에 대한 임금(96,000원) + 휴일근로가산수당(48,000원)
- 유급휴무일에 근로를 제공하는 경우
  주휴수당(96,000원) + 휴일근로에 대한 임금(96,000원) +
  휴일근로가산수당(48,000원)

▶ **연장·야간·휴일근로가 각각 중복되는 경우 가산 임금 계산**

연장.야간.휴일근로가 각각 중복되는 경우 예를 들어 휴일 근로가 8시간을 초과하여 연장근로를 하거나 오후 10시 이후 야간근로가 계속되는 경우 가산임금을 각각 계산하여 지급하여야 합니다.

■ **휴업수당**

사용자의 귀책사유로 휴업하는 경우에 사용자는 휴업기간 동안 그 근로자에게 평균임금의 100분의 70 이상의 수당을 지급하여야 합니다. 다만, 평균임금의 100분의 70에 해당하는 금액이 통상임금을 초과하는 경우에는 통상임금을 휴업수당으로 지급할 수 있습니다.

5 결근, 조퇴, 지각시 임금공제

근로자가 결근, 조퇴, 지각 등으로 근로를 제공하지 못한 시간에 대하여 사용자는 임금지급 의무가 없으며, 결근 등으로 근로하지 못한 시간에 대한 임금공제 방법은 다음과 같습니다. 아래 예시는 월급에서 결근한 일수에 해당하는 금액을 공제하는 원칙적인 방법이며, 취업규칙 등에 따로 정할 수 있습니다.

▷ **일반적인 월급제의 시간 당 급여 계산**

① 시간급 = 월급여 ÷ 1개월 근로시간 (209 시간)
② 1주일 소정근로시간 : 48시간
　　법정근로시간 (40시간) + 유급휴일 근로시간 (8시간)
 - 1주 만근(통상 월요일 ~ 금요일)시 l일 유급 주휴 수당(일요일 휴무) 지급

- 1개월 근로시간 : 209시간

  1주일 소정근로시간(48) × 1개월 평균 주(週) 수(4.346)

사 례 | 결근시 임금 공제액 계산

[예제] 임금 3,000,000원 직책수당 200,000원인 근로자가 1일 결근한 경우
- 시급 : 임금총액(3,200,000원) ÷ 1개월 근로시간(209시간) = 15,311원
- 일 급여(122,488원) = 시급(15,311원) × 8시간
- 주휴수당 1일 공제액 : 122,488원
- 주휴수당은 1주간 만근시 지급하는 수당으로 결근시에는 지급하지 않습니다.
- 공제액 계 244,976원 = 결근 공제(122,488원) + 주휴수당(122,488원)

▶ **주중 결근한 경우 주휴수당**

주휴일은 근로기준법에서 정한바와 같이 주간 소정 근로일수를 개근한 자에 한하여 부여받을 수 있는 것이므로, 당해 주에 1일 이상 결근한 경우 유급 주휴일을 부여하지 않아도 됩니다.

사 례 | 휴일근로와 수당 지급 [시급 12,000원 8시간 근무]

- 무급휴무일에 근로를 제공하는 경우

  휴일근로에 대한 임금(96,000원) + 휴일근로가산수당(48,000원)
- 유급휴무일에 근로를 제공하는 경우

  주휴수당(96,000원) + 휴일근로에 대한 임금(96,000원)

  + 휴일근로가산수당(48,000원)

▶ **지각, 조퇴시 급여 차감**

지각이나 조퇴는 결근이 아니므로 주휴수당을 받을 수 있습니다. 다만, 무노동 무임금의 원칙에 따라 조퇴나 지각한 시간만큼 시간급으로 계산하여 공제하는 것은 문제가 되지 않습니다.

6 평균임금 및 통상임금

근로기준법에는 법정수당, 퇴직금 계산 등의 기준이 되는 임금의 범위를 정하고 있으며, 그 기준이 되는 평균임금 및 통상임금의 적용 사례는 다음과 같습니다.

통상임금	평균임금
연장, 야간, 휴일근로수당	퇴직금 계산
산전후 휴가급여	재해보상금
해고 예고수당	감봉(감급)제한의 기준

평균임금

평균임금이란?

평균임금이란 그 명칭에 불문하고 근로자에게 지급되는 모든 급여를 말하며, 연장·야간·휴일근로수당, 월 10만원 한도 내의 식대 등도 포함합니다. 단, 비정기적으로 지급하는 상여금, 실비변상정도의 차량유지비 등은 포함하지 않습니다.

▶ **차량유지비의 평균임금 포함 여부**

차량유지비의 경우 그것이 차량 보유를 조건으로 지급되었거나 직원들 개인 소유의 차량을 업무용으로 사용하는 데 필요한 비용을 보조하기 위해 지급된 것이라면 실비변상적인 것으로서 근로의 대상으로 지급된 임금이라고 볼 수 없으나, 전 직원에 대하여 또는 일정한 직급을 기준으로 일률적으로 지급되었다면, 이는 근로의 대상으로 지급된 임금이라고 볼 수 있습니다. 따라서 차량유지비에 대한 규정과 달리 실제로는 일정한 직급 이상의 직원들에게 개인의 차량 보유 여부나 업무용 사용 여부와 무관하게 일정액을 일률적으로 지급한 경우에는 근로의 대가인 임금에 해당하므로, 퇴직금 산정시의 평균임금에 포함된다고 할 것입니다.
(대법원 2002. 5. 31. 선고 2000다18127 판결 참조)

▶ **식대의 평균임금 포함 여부**

근로자에게 매월 고정적인 식대가 지급되고 있다면 이는 평균임금에 해당합니다. 노동부의 행정해석에서도 노조와 체결된 단체협약이나 회사가 정한 취업규칙 및 사규 또는 당사자간의 근로계약 등에 규정(지급조건, 지급방법 등)되어진 급식비(식대보조금, 잔업식사대금, 조근식사대금)로써 전 근로자에게 일률적으로 지급하는 경우에는 평균임금에 포함되도록 정하고 있습니다.

그러나 단순히 후생적으로 지급되는 '현물급식'은 그것을 따로 돈으로 환가할 장치가 마련되지 않았다면 임금으로 보지 않아 평균임금에 포함하지 않습니다.

☐ 근기 01254-13715, 1987.08.25.
모든 근로자에게 정규적·일률적으로 지급되는 급식비는 단체협약, 취업규칙 또는 근로계약 등에 정하여 있지 않더라도 관례적으로 지급한 것이 사실이라면 이는 평균임금 산정기초에 포함되어야 하는 것임.

▶ **평균임금 산정상의 상여금 취급요령**

(노동부예규 제39호, 1981.6.5.)
① 상여금이 단체협약, 취업규칙, 기타 근로계약에 미리 지급조건 등이 명시되어 있거나 관례로서 계속 지급하여온 사실이 인정되는

경우에는 그 상여금의 지급이 법적인 의무로서 구속력을 가지게 되어 이때에는 근로의 대상성이 확정되는 것이므로 이는 임금으로 취급하여야 할 것입니다. 그러므로 지급되는 상여금은 지급횟수(연 1회 또는 4회 등)를 불문하고 평균임금 산정기초에 산입하여야 합니다.
② 상여금은 이를 지급받았을 때(월)만의 임금으로 취급하여 일시에 전액을 평균임금에 산입할 것이 아니고 평균임금을 산정하여야 할 사유가 발생한 때(퇴직한 때) 이전 12개월 중에 지급받은 상여금 전액을 그 기간동안의 근로월수(3개월)로 분할 계산하여 평균임금산정에 산입하여야 합니다.

▶ 평균임금 계산

① 평균임금은 이를 산정하여야 할 사유가 발생한 날 이전 3개월 동안에 그 근로자에게 **지급된 임금의 총액**을 그 기간의 총일수로 나눈 1일의 평균임금을 말합니다.
② 근로자가 취업한 후 3개월 미만인 경우도 이에 준합니다.
③ **평균임금 계산시 사유가 발생한 날은 산입하지 않습니다.**
④ 평균임금 산정기간 중에 다음의 하나에 해당하는 기간이 있는 경우에는 그 기간과 그 기간 중에 지불된 임금은 평균임금 산정기준이 되는 기간과 임금의 총액에서 각각 공제합니다.
1. 수습사용중의 기간
2. 사용자의 귀책사유로 인하여 휴업한 기간
3. 산전후휴가기간 및 육아휴직기간
4. 업무수행으로 인한 부상 또는 질병의 요양을 위하여 휴업한 기간
5. 쟁의행위기간
6. 업무외 부상·질병 기타의 사유로 인하여 사용자의 승인을 얻어 휴업한 기간

▶ 평균임금 산정방법

① 3개월간의 임금에는 산정기준일 직전 1년간 지급한 상여금 합계액에 12분의 3을 곱한 금액을 합산합니다.

② 평균임금의 계산방법에 따라 산출된 금액이 그 근로자의 통상임금보다 적으면 그 통상임금액을 평균임금으로 합니다. 이는 3개월간의 임금총액은 근로일수가 아니라 그 기간의 총일수 나누어 계산하기 때문에 당해 3개월간에 결근일수가 많은 경우 평균임금이 통상임금보다 적은 금액이 될 수 있으므로 근로기준법은 이와 같은 경우 통상임금으로 대신하도록 규정하고 있습니다.

③ 퇴직의 경우 기산일은 퇴직일로 하며, 근로자가 사직서를 제출하여 퇴직하는 경우에는 사표 수리를 한 날 퇴직일로 합니다. 단, 근로자의 퇴직의사 표시에 대하여 사용자가 이를 승낙하지 않는 경우 근로자로부터 퇴직 의사표시를 통고받은 날로부터 1월이 경과한 날 퇴직의 효력이 발생합니다.

■ 통상임금

▶ 통상임금이란?

① 통상임금이란 근로자에게 정기적·일률적으로 소정근로 또는 총근로에 대하여 **지급하기로 정하여진** 시간급금액·일급금액·주급금액·월급금액 또는 도급금액을 말합니다. 즉, 정기적으로 지급되는 '**정기성**', 사전에 금액이 확정되어야 한다는 '**고정성**', 모든 근로자에게 지급되는 '**일률성**' 등 3가지 성격을 모두 충족하여야 통상임금에 해당하는 것입니다.

② 매월 정기적으로 지급되는 기본급, 직무수당, 직책수당 등은 통상임금에 포함하나 연장근로.휴일근로.야간근로수당, 월차수당, 연차수당, 상여금등은 통상임금에 포함하지 아니합니다. 다만, 재직자에 한하여 지급하던 상여금을 매월 정기적으로 지급하되 퇴직자에게 일할 계산하여 지급한다면 통상임금에 포함하여야 합니다.

▶ **식대의 통상임금 포함 여부**

일정액의 식대를 전 근로자에게 일률적으로 지급하는 경우에는 행정해석, 판례 모두 통상임금으로 인정하고 있습니다. 즉, 복리후생적으로 지급하는 임금이라고 하더라도 다른 조건 없이 정기적, 일률적으로 지급되고 있다면 통상임금의 범위에 산입하는 것이 적절할 것으로 판단됩니다. (대법 2016.2.18. 2012다62899)

▶ **차량유지비의 통상임금 포함 여부**

차량유지비의 경우 자기 소유의 차량을 업무수행에 제공함으로써 소요되는 경비를 변상하기 위하여 지급되는 실비변상적 성격의 차량유지비는 임금자체에 해당하지 않기 때문에 통상임금에서 제외됩니다. 그러나 전 직원에 대하여 또는 일정한 직급을 기준으로 일률적으로 지급되었다면 근로의 대상으로 지급된 것으로 볼 수 있으며 통상임금에 포함하여야 할 것입니다.
(대법99다10806, 2000.12.22)

▣ 통상임금 산정원칙

① 통상임금의 지급기준은 되는 연장근로.휴일근로.야간근로수당은 시급으로 계상하므로 통상임금은 시급으로 계산합니다.
② 통상임금산정기준시간을 정함에 있어 주급이나 월급의 경우 소정근로시간과 유급휴일 근로시간을 포함한 시간으로 합니다.

③ 법정기준근로시간을 초과하는 총 근로시간을 전제로 일급금액, 주급금액, 월급금액으로 정하여진 경우에는 초과근로에 대한 법정수당분을 제외한 금액으로 계산합니다.

▶ 통상임금 산정방법 (시간급 산정)

① 시간급금액으로 정하여진 임금 ~ 그 금액
② 일급금액으로 정하여진 임금 ~ 그 금액을 1일 소정근로시간수(통상 8시간)로 나눈 금액
③ 주급금액으로 정하여진 임금 ~ 그 금액을 주의 통상임금 산정기준시간수(주의 소정근로시간과 유급 처리되는 시간을 합산한 시간)로 나눈 금액
④ 월급금액으로 정하여진 임금 ~ 그 금액을 월의 통상임금 산정기준시간수로 나눈 금액 (주의 통상임금 산정 기준시간에 1년간의 평균 주수를 곱한 시간을 12로 나눈 시간)

평균임금은 지급된 임금을 기준으로 계상하나 통상임금은 정하여진 임금을 기준으로 산정합니다.

사 례	통상임금 계산

[예제] 기본급 2,500,000원, 직책수당 100,000원 차량유지비 200,000원 식대 200,000원
(차량유지비 및 식대는 전 직원에게 조건없이 일률적으로 지급함)
통상임금 계산 대상 임금 : 3,000,000원
(기본급 + 직책수당 + 차량유지비 + 식대)
• 시급(14,355원) = 3,000,000 ÷ 209
• 일급(114,840원) = 시급(14,355원) × 8시간
[풀이] 전직원에게 조건없이 지급하는 차량유지비 및 식대는 통상임금에 포함하여야 합니다.

▣ 통상임금 및 평균임금 등의 판단기준 예시

판 단 기 준 예 시	통상 임금	평균 임금
1. 소정근로시간 또는 법정근로시간에 대하여 지급하기로 정하여진 기본급 임금	○	○
2. 일·주·월 기타 1임금산정기간내의 소정근로시간 또는 법정근로시간에 대하여 일급·주급·월급 등의 형태로 정기적·일률적으로 지급하기로 정하여진 고정급임금		
① 담당업무나 직책의 경중 등에 따라 미리 정하여진 지급조건에 의해 지급하는 수당 ● 직무수당(금융, 출납수당),직책수당(반장,소장수당)등	○	○
② 물가변동이나 직급간의 임금격차 등을 조정하기 위하여 지급하는 수당 ● 물가수당, 조정수당 등	○	○
③ 기술이나 자격·면허증소지자, 특수작업종사자 등에게 지급하는 수당 ● 기술수당, 자격수당, 면허수당, 특수작업수당, 위험수당 등	○	○
④ 특수지역에 근무하는 근로자에게 정기적·일률적으로 지급하는 수당 ● 벽지수당, 한냉지근무수당 등	○	○
⑤ 버스, 택시, 화물자동차, 선박, 항공기 등에 승무하여 운행· 조종·항해·항공 등의 업무에 종사하는 자에게 근무일수와 관계없이 일정한 금액을 일률적으로 지급하는 수당 ● 승무수당, 운항수당, 항해수당 등	○	○
⑥ 생산기술과 능률을 향상시킬 목적으로 근무성적에 관계없이 매월 일정한 금액을 일률적으로 지급하는 수당 ● 생산장려수당, 능률수당 등	○	○
⑦ 그 밖에 제①부터 제⑥까지에 준하는 임금 또는 수당	○	○

3. 실제 근로여부에 따라 지급금액이 변동되는 금품과 1임금 산정기간 이외에 지급되는 금품		
① 「근로기준법」과 「근로자의 날 제정에 관한법률」 등에 의하여 지급되는 연장근로수당, 야간근로수당, 휴일근로수당, 월차유급휴가근로수당, 연차유급휴가근로수당, 생리휴가보전수당 및 취업규칙 등에 의하여 정하여진 휴일에 근로한 대가로 지급되는 휴일근로수당 등		○
② 근무일에 따라 일정금액을 지급하는 수당 • 승무수당, 운항수당, 항해수당, 입갱수당 등		○
③ 생산기술과 능률을 향상시킬 목적으로 근무성적 등에 따라 정기적으로 지급하는 수당 • 생산장려수당, 능률수당 등		○
④ 장기근속자의 우대 또는 개근을 촉진하기 위한 수당 • 개근수당, 근속수당, 정근수당 등		○
⑤ 취업규칙 등에 미리 지급금액을 정하여 지급하는 일·숙직수당		○
⑥ 상여금		
가. 취업규칙 등에 지급조건, 금액, 지급시기가 정해져 있거나 전 근로자에게 관례적으로 지급하여 사회통념상 근로자가 당연히 지급 받을 수 있다는 기대를 갖게 되는 경우 • 정기상여금, 체력단련비 등	○	○
나. 관례적으로 지급한 사례가 없고, 기업이윤에 따라 일시적· 불확정적으로 사용자의 재량이나 호의에 의해 지급하는 것 • 경영성과 배분금, 격려금, 생산장려금, 포상금, 인센티브 등		
⑦ 봉사료(팁)로서 사용자가 일괄관리 배분하는 경우		○

4. 근로시간과 관계없이 근로자에게 생활보조적·복리후생적으로 지급되는 금품		
① 통근수당, 차량유지비		
가. 전 근로자에게 정기적·일률적으로 지급하는 경우	○	
나. 출근일수에 따라 변동적으로 지급하거나 일부 근로자에게 지급하는 경우		
② 사택수당, 월동연료수당, 김장수당		
가. 전 근로자에게 정기적·일률적으로 지급하는 경우	○	
나. 일시적으로 지급하거나 일부 근로자에게 지급하는 경우		
③ 가족수당, 교육수당		
가. 전 근로자에게 일률적으로 지급하는 경우	○	
나. 가족 수에 따라 차등 지급되거나 일부 근로자에게만 지급하는 학자보조금, 교육비 지원 등의 명칭으로 지급		
④ 급식 및 급식비		
가. 근로계약, 취업규칙 등에 규정된 급식비로써 근무일수에 관계없이 전 근로자에게 일률적으로 지급하는 경우	○	
나. 출근일수에 따라 차등 지급하는 경우		
5. 임금의 대상에서 제외되는 금품		
① 휴업수당, 퇴직금, 해고예고수당		
② 단순히 생활보조적, 복리후생적으로 보조하거나 혜택을 부여하는 금품		
• 결혼축의금, 조의금, 의료비, 재해위로금, 교육관·체육시설이용비, 피복비, 통근차·기숙사·주택제공 등		
③ 사회보장성 및 손해보험성 보험료부담금		
• 고용보험료, 의료보험료, 국민연금, 운전자보험 등		
④ 실비변상으로 지급되는 금품		
• 출장비, 정보활동비, 업무추진비, 작업용품 구입비 등		
⑤ 돌발적인 사유에 따라 지급되거나 지급조건이 규정되어 있어도 사유 발생이 불확정으로 나타나는 금품		
• 결혼수당 등		
⑥ 기업의 시설이나 그 보수비 : 기구손실금 등		

7 최저임금

최저임금 적용 [최저임금법]

① 근로자에 대하여 임금의 최저수준을 보장하여 근로자의 생활안정을 꾀하기 위하여 최저임금액보다 적은 임금을 지급하거나 최저임금을 이유로 종전의 임금을 낮춘 자는 3년 이하의 징역 또는 2천만원 이하의 벌금에 처한다. 라고 규정하고 있는바 사용자는 반드시 최저임금 이상의 금액을 지급하여야 하며, 근로자 4인 이하 사업장의 경우에도 최저임금은 지급하여야 합니다.
② 최저임금은 정규직 직원뿐만 아니라 임시직, 계약직, 일용직, 아르바이트 등 고용형태에 관계없이 근로를 제공하는 모든 근로자에게 적용하여야 합니다.

■ 최저임금 → (2025년) 10,030원 (2024년) 9,860원
[최저임금법 제10조, 고시] <시행시기> 2025.01.01.

최저임금 계산

▶ **일 또는 월단위 임금의 최저임금**
① 일(日) 단위로 정해진 임금 ~ 그 금액을 1일의 소정근로시간 수(일에 따라 소정근로시간 수가 다른 경우에는 1주간의 1일 평균 소정근로시간 수)로 나눈 금액으로 합니다.
② 월(月) 단위로 정해진 임금 ~ 그 금액을 1개월의 소정근로시간 수(월에 따라 소정근로시간 수가 다른 경우에는 1년간의 1개월 평균 소정근로시간 수)로 나눈 금액으로 계산합니다.

◨ **월급제의 최저임금**

연도	시간급 × 월근로시간	월급	비고
2025년	10,030원 × 209	2,096,270원	유급 휴일
2024년	9,860원 × 209	2,060,740원	근로시간 포함

• 월근로시간 (주40시간) : 209시간
[40시간 + 8시간(유급휴일근로시간)] × 월평균주수 4.345(365 ÷ 7 ÷ 12)

▶ **수습 중에 있는 근로자에 대한 최저임금액**

1년 이상의 기간을 정하여 근로계약을 체결하고 수습 중에 있는 근로자로서 수습을 시작한 날부터 3개월 이내인 사람에 대해서는 시간급 최저임금액(최저임금으로 정한 금액)에서 100분의 10을 뺀 금액을 그 근로자의 시간급 최저임금액으로 합니다.

▶ **최저임금에 산입되는 임금**

매월 1회 이상 정기적·일률적으로 지급하는 임금(기본급, 직무수당, 직책수당, 기술수당, 면허수당,특수작업수당, 벽지수당, 승무수당, 항공수당, 항해수당, 생산장려수당 등)

▶ **최저임금에 산입되지 않는 임금**

① 매월 1회 이상 정기적으로 지급하는 임금외의 임금(1개월을 초과하는 기간에 걸친 사유에 따라 지급하는 상여금, 정근수당, 근속수당, 결혼수당 등)

② 연차휴가 근로수당, 유급휴가 근로수당, 유급휴일 근로수당, 연장시간근로·휴일근로에 대한 임금 및 가산임금, 야간근로 가산임금, 일·숙직 수당, 가족수당, 급식수당, 주택수당, 통근수당 등

[개정] 아래 임금은 최저임금에 산입하지 않음 (2019.1.1 시행)
① 상여금, 그 밖에 이에 준하는 것으로서 1개월을 초과하는 기간에 걸친 해당 사유에 따라 산정하는 상여금, 장려가급, 능률수당 또는 근속수당의 월 지급액 중 해당연도 시간급 최저임금액을 기준으로 산정된 월 환산액의 25%(정기 상여금 연300%)에 해당하는 부분 단, 상여금을 매월 단위로 지급하는 경우 최저임금에 포함함
② **식비**, 숙박비, 교통비 등 근로자의 생활보조 또는 복리후생을 위한 성질의 임금으로서 다음 중 어느 하나에 해당하는 것
1. 통화 이외의 것(현물)으로 지급하는 임금
2. 통화로 지급하는 임금의 월 지급액 중 해당연도 시간급 최저임금액을 기준으로 산정된 월 환산액의 7%에 해당하는 부분

이에 따라, 매월 1회 이상 정기적으로 지급하는 상여금과 현금으로 지급하는 복리후생비의 경우 해당 연도 시간급 최저임금액을 기준으로 산정된 월 환산액의 25%(정기상여금 연 300%)와 7%를 초과하는 부분은 최저임금에 산입

■ 정기상여금, 현금성 복리후생비의 최저임금 미산입 비율
▶ 해당 연도 시간급 최저임금액을 월 단위로 환산한 금액의 아래 비율

구 분	2020	2021	2022년	2023	2024
정기상여금	20%	15%	10%	5%	0%
현금성 복리후생비	5%	3%	2%	1%	0%

사용자가 개정법에 따라 산입되는 임금을 포함시키기 위해 1개월을 초과하는 주기로 지급하는 임금을 총액의 변동 없이 매월 지급하는 것으로 취업규칙을 변경할 경우에는, 근로기준법 제94조제1항에도 불구하고 과반수 노동조합 또는 과반수 근로자의 의견을 들어야 한다는 취업규칙 변경절차의 특례를 규정(취업규칙 변경 시에 의견을 듣지 않으면 500만원 이하의 벌금)

8 근로자 해고

해고 등의 제한 (근로기준법 제23조)

사용자는 근로자가 업무상 부상 또는 질병의 요양을 위하여 휴업한 기간과 그 후 30일 동안 또는 산전(산전)·산후(산후)의 여성이 휴업한 기간과 그 후 30일 동안은 해고하지 못합니다.

해고의 예고 및 서면통지 (근로기준법 제26조)

사용자는 근로자를 해고(경영상 이유에 의한 해고 포함)하려면 적어도 30일 전에 해고예고를 하여야 하고, 이 경우 해고사유와 해고시기를 서면으로 통지하여야 효력이 있습니다. 단, 30일 전에 해고예고를 하지 아니하였을 때에는 30일분 이상의 통상임금을 지급하여야 하며, 이와 관련한 수당은 퇴직금으로 처리하여야 합니다. 한편, 해고 예고를 하지 아니하고, 해고를 한 경우 근로자가 고용노동부에 민원을 제기하여 고용노동부의 명령에 의하여 해고예고수당을 지급하여야 하는 경우가 종종 발생하므로 유의를 하여야 합니다.

□ 근로기준법 제26조(해고의 예고) 사용자는 근로자를 해고(경영상 이유에 의한 해고를 포함한다)하려면 적어도 30일 전에 예고를 하여야 하고, 30일 전에 예고를 하지 아니하였을 때에는 30일분 이상의 통상임금을 지급하여야 한다. 다만, 다음 각 호의 어느 하나에 해당하는 경우에는 그러하지 아니하다. <개정 2010. 6. 4., 2019. 1. 15.>
1. 근로자가 계속 근로한 기간이 3개월 미만인 경우
2. 천재·사변, 그 밖의 부득이한 사유로 사업을 계속하는 것이 불가능한 경우
3. 근로자가 고의로 사업에 막대한 지장을 초래하거나 재산상 손해를 끼친 경우로서 고용노동부령으로 정하는 사유에 해당하는 경우

9 수습기간 근로기준법

Q 수습기간 및 최저임금

수습기간은 근로기준법 등 노동관계법령상 달리 정한 바가 없으므로 근로계약시 당사자간이 결정할 수 있는 사항이나, 최저임금법 제5조 제2항에 의거, 수습사용 3개월 이내인 자는 최저임금의 90%를 적용할 수 있습니다. 다만 1년 미만의 기간을 정하여 근로계약을 체결한 근로자 또는 단순노무직은 제외됩니다.

Q 수습기간 연장

수습기간 연장은 가능하지만, 회사가 '임의로' 혹은 '일방적으로' 통보하는 경우 근로조건 위반에 해당합니다. 이는 근로기준법 제4조에 따르면 '근로조건은 근로자와 사용자가 동등한 지위에서 자유의사에 따라 결정하여야 한다'고 되어 있으므로, 사전 동의가 있어야 연장이 가능합니다.

Q 수습기간 실업급여

근무 기간이 3개월 이내 권고사직이나 해고된 경우로서 고용보험가입기간이 180일 이상(종전 근무기간이 있고 종전 근무기간 중 고용보험에 가입한 경우)인 경우 실업급여 수급이 가능합니다. 즉, 수습기간을 포함하여 180일 이상 되는 경우에 한하여 실업급여를 수급할 수 있는 것입니다.

수습기간내 해고

근로자를 해고할 때는 최소 30일전에 서면(5인 미만 사업장의 경우에는 서면 통보를 요하지 않음)으로 해고예고를 하여야 하나 수습기간 3개월 이내의 근로자를 해고할 때는 해고 예고 의무가 없으며, 해고 예고를 하지 아니한 경우에도 30일분 이상의 해고예고수당을 지급할 의무가 없습니다. [근로기준법 제26조 및 제27조]

수습기간 연차휴가

상시 근로자 5인 이상 사업장인 경우 수습기간과 관계없이 근로기준법 제60조제2항에 따라 근무한 기간이 1년 미만인 근로자에게도 1개월 개근 시 1일의 유급휴가를 주어야 합니다. 따라서 수습기간이 3개월이고 만근한 경우 총 3일의 휴가가 발생하게 됩니다. 한편, 입사 1년 미만자의 연차유급휴가 사용기간은 입사일로부터 1년 내에 (최초 1년의 근로가 끝날 때까지의 기간) 사용하여야 합니다.

☐ 근로기준법 제60조(연차 유급휴가)
② 사용자는 계속하여 근로한 기간이 1년 미만인 근로자 또는 1년간 80퍼센트 미만 출근한 근로자에게 1개월 개근 시 1일의 유급휴가를 주어야 한다. <개정 2012. 2. 1.>
⑦ 제1항·제2항 및 제4항에 따른 휴가는 1년간(계속하여 근로한 기간이 1년 미만인 근로자의 제2항에 따른 유급휴가는 최초 1년의 근로가 끝날 때까지의 기간을 말한다) 행사하지 아니하면 소멸된다. 다만, 사용자의 귀책사유로 사용하지 못한 경우에는 그러하지 아니하다.
<개정 2020. 3. 31.>

⑩ 근로자 4인 이하 사업장의 근로기준법

개요

근로자 4인 이하 사업장의 경우 연장·야간·휴일근로에 대한 가산임금, 연차휴가 등은 적용하지 않습니다. 단, 최저임금은 보장하여야 하며, 1주 만근 근무시 주휴수당을 지급하여야 합니다. [근로기준법 제11조, 근로기준법 시행령 제7조 및 별표1]

근로기준법 적용 인원 기준

상시근로자수 5인 미만 사업장의 경우 근로기준법의 일부 규정들은 적용되지 아니하며, 근로자 연인원수에는 임시직, 일용직, 아르바이트, 외국인 등을 모두 포함한 인원입니다. 단, 사용주(대표자), 파견근로자, 용역근로자는 제외합니다.

$$상시근로자수 = \frac{사유발생일\ 전\ 1개월\ 내\ 사용한\ 근로자의\ 연인원수}{사유발생일\ 전\ 1개월\ 내\ 사업장\ 가동\ 일수}$$

[상시근로자수 계산] 구글, 네이버 (검색어) 근로자수 자동계산 노동OK

4인 이하 기업의 근로기준법 적용 제외 규정

▶ **근로시간**
5인미만 사업장은 근로시간을 제한하는 근로기준법 조항의 적용을 받지 않기 때문에 근로시간에 제한이 없습니다.

▶ 가산임금

근로기준법 제56조의 연장, 야간 및 휴일근로에 대한 규정이 적용되지 않습니다. 따라서 5인 미만 사업장의 경우 근로자가 연장근로, 야간근로, 휴일근로를 하는 경우 그 시간에 상응하는 통상임금을 지급할 의무는 있으나 통상임금의 50%를 가산하여 임금을 지급하지 않아도 됩니다.

▶ 연차휴가

근로기준법 제60조의 연차유급휴가 규정은 적용되지 않습니다. 단, 근로기준법은 최저기준을 정하는 법규이기 때문에 이를 상회하는 경조휴가나 특별휴가 등을 부여하는 것은 사용자의 재량입니다.

▶ 퇴직금

퇴직금은 5인 미만 기업에 적용 제외되었으나 근로기준법 개정으로 평균 15시간 이상, 1년 이상 근무한 경우 5인 미만 기업이라도 2010년 12월 1일 ~ 2012년 12월 31일는 50%가 적용되고, 2013년 1월 1일부터는 100%가 적용하게 됩니다.

▶ 해고

근로기준법 제23조에는 "사용자는 근로자를 정당한 이유없이 해고할 수 없다" 라고 규정하고 있으며, 정당한 사유없이 근로자를 일방적으로 해고시켰을 경우에는 근로기준법에 따라 해당 근로자에게 1~3개월 분의 월급을 보상해야 합니다.

단, 5인미만 사업장에는 근로기준법 제23조가 적용되지 않기 때문에 5인미만 사업장은 근로자를 정당한 사유가 없어도 해고할 수 있습니다. 또한 정당한 사유없이 해고를 했다고 하더라도 근로자에게 보상금을 지급하지 않아도 문제가 되지 않습니다.

▶ **해고 30일전 통지**

사용자는 근로자를 해고(경영상 이유에 의한 해고를 포함한다)하려면 적어도 30일 전에 예고를 하여야 하고, 해고예고를 하지 않는 경우 30일분 이상의 통상임금을 지급하여야 합니다. 5인 미만 사업장의 경우에도 해고예고(근로기준법 제26조)는 적용되기 때문에 근로자를 해고하려면, 30일전에 통지를 하여야 하며, 통지를 하지 않은 경우 30일분 이상의 통상임금을 지급하여야 합니다.

■ 근로기준법 시행령 [별표 1] <개정 2018. 6. 29.>
상시 4명 이하의 근로자를 사용하는 사업 또는 사업장에 적용하는 법 규정(제7조 관련)

구분	적용법 규정
제1장 총칙	제1조부터 제13조까지의 규정
제2장 근로계약	제15조, 제17조, 제18조, 제19조제1항, 제20조부터 제22조까지의 규정, 제23조제2항, 제26조, 제35조부터 제42조까지의 규정
제3장 임금	제43조부터 제45조까지의 규정, 제47조부터 제49조까지의 규정
제4장 근로시간과 휴식	제54조, 제55조제1항, 제63조
제5장 여성과 소년	제64조, 제65조제1항·제3항(임산부와 18세 미만인 자로 한정한다), 제66조부터 제69조까지의 규정, 제70조제2항·제3항, 제71조, 제72조, 제74조
제6장 안전과 보건	제76조
제8장 재해보상	제78조부터 제92조까지의 규정
제11장 근로감독관 등	제101조부터 제106조까지의 규정
제12장 벌칙	제107조부터 제116조까지의 규정(제1장부터 제6장까지, 제8장, 제11장의 규정 중 상시 4명 이하 근로자를 사용하는 사업 또는 사업장에 적용되는 규정을 위반한 경우로 한정한다)

5인 미만, 5인 이상 변동시 연차휴가

[1] 5인 이상에서 미만으로 변경된 경우

「근로기준법」 시행령 제7조의2(상시 사용하는 근로자 수의 산정 방법)에 따라 산정한 결과 상시근로자 5인 이상이 된 때부터 제60조(연차유급휴가)가 적용되는 시점으로 보아야 한다.
(근로기준정책과-7714, 2016.12.41)

(예) 1년 미만 월단위 연차 산정기준 입사일(2019.1.1.) 5인 이상이 된 때(2019.5.1.)
변경 전: (입사일 기준) : 2019.1.1.
변경 후: (5인 이상이 된 때부터) : 2019. 5.1 ~

[2] 5인 이상에서 미만으로 변경된 경우

상시근로자수 5인 이상 사업장일 때 연차휴가가 발생하였으나 5인 미만으로 변경된 경우에도 이미 발생한 연차휴가는 소멸되지 않는다.

급여 압류 제한

개요

근로자가 채권자로부터 금전 등을 차입하고 그 채무이행을 하지 않은 경우 채권자는 법원의 결정에 의하여 채무자의 급여를 압류할 수 있으며, 급여 압류통지서를 받은 경우 해당 근로자의 임금 지급시 압류금액을 징수하여두었다가 압류권자에게 지급하여야 합니다.
다만, 월급여가 185만원 이하인 경우 채권자가 압류를 할 수 없으므로 신용불량자 등의 경우에도 급여가 185만원 이하인 경우 급여 신고 및 4대보험 가입을 하여도 무방합니다.

▶ **신용불량자 본인 명의 예금통장 압류**
월급여가 185만원 이하인 경우 급여 자체는 압류할 수 없으나 신용불량자의 예금 통장은 예금 잔고금액에 관계없이 압류를 할 수 있으므로 본인 명의 통장으로 이체를 하지 않는 것이 안전합니다.

압류 금지 급여채권

▶ **압류금지 최저금액(월급여 185만원)**
월급여가 185만원 이하인 경우에는 전액 압류할 수 없습니다.

▶ **급여채권의 2분의 1 상당액**
① 급료·연금·봉급·상여금·퇴직연금, 그 밖에 이와 비슷한 성질을 가진 급여채권의 2분의 1에 해당하는 금액은 압류하지 못합니다.

② 월급여가 185만원을 초과하는 경우로서 월급여의 2분의 1이 185만원을 초과하는 경우 2분의 1을 압류할 수 있습니다. 예를 들어 월급여가 500만원인 경우 250만원을 압류할 수 있습니다.

구 분	압류 금액
185만원 이하	압류 금지
185만원 초과 370만원 이하	급여 - 185만원
370만원 초과 600만원 이하	급여의 1/2
600만원 초과	월 300만원 + [{(월급여채권액×1/2) - 월 300만원}×1/2]

■ 압류가능금액 (검색) [대법원 압류금지채권]「민사집행법 시행령」제3조

▶ **국세 및 지방세 압류금지**

국세 및 지방세의 경우 월 250만원 이하인 경우 급여채권 등에 대하여 압류를 금지하고 있습니다.

○ 국세징수법 제42조, 국세징수법 시행령 제32조
○ 지방세징수법 제42조, 지방세징수법 시행령 제47조

▶ **퇴직금 등 압류제한금액**

퇴직금 그 밖에 이와 비슷한 성질을 가진 급여채권의 2분의 1에 해당하는 금액은 압류가 금지됩니다. 예를 들어 퇴직위로금 또는 명예퇴직수당은 그 재직 중 직무집행의 대가로 지급하는 것이므로 퇴직금과 유사하다고 볼 수 있으므로 그 금액의 2분의 1에 해당하는 금액은 압류가 금지됩니다.

▶ **전액 압류금지**

건설업자가 도급받은 건설공사의 도급금액 중 당해 공사의 근로자에게 지급하여야 할 노임에 상당하는 금액에 대하여는 이를 압류할 수 없습니다.

근로기준법 및 고용노동부 홈페이지 자료

◑ 고용노동부 상담센터

☎ 국번없이 1350

◑ 근로기준법 및 시행령, 시행규칙

[1] 법제처 홈페이지 접속 (http://www.moleg.go.kr)

[2] 법령명('근로기준법') 입력 후 검색 클릭

[3] 저장 버튼 클릭 후 저장

[4] 내용 검색

❶ 편집 → 찾아바꾸기 [단축키 : Ctrl + F2]
❷ 찾을 내용 (예 : 취업규칙) 입력 → 다음찾기 클릭

[5] 법령자료 이용시 주의할 사항

해당 법령의 '부칙'에서 반드시 시행일을 확인하여야 합니다.

🔍 10인 이상 사업장 취업규칙 작성 비치 의무

➡ 표준 취업규칙

고용노동부 홈페이지 → 정보공개 → 부서별자료실

■ 자주 찾는 자료실

제 목
근로기준법 질의회시집 게시(2013.1-2015.12)
표준취업규칙(안) 게시
직장내 성희롱 예방교육 표준 가이드라인 매뉴얼 동영상
장애인 고용계획 및 실시상황 보고서
직장 내 성희롱 및 성차별 없는 행복한 직장
상반기 장애인 고용계획 실시상황 보고서
직장 내 성희롱 예방교육 지정 기관
표준취업규칙안_음식점업
표준취업규칙안_숙박업
표준취업규칙안
표준근로계약서(모음)
퇴직연금규약신고서

🔍 고용노동 관련 법령 및 예규, 고시 등

> 고용노동부 홈페이지 → 정보공개 → 법령정보
> 고용노동 관련 법령 및 고시 내용 등을 확인할 수 있습니다.

취업규칙에 관한 근로기준법 규정

□ 근로기준법 제93조(취업규칙의 작성·신고) 상시 10명 이상의 근로자를 사용하는 사용자는 다음 각 호의 사항에 관한 취업규칙을 작성하여 고용노동부장관에게 신고하여야 한다. 이를 변경하는 경우에도 또한 같다. <개정 2010. 6. 4., 2012. 2. 1., 2019. 1. 15.>
1. 업무의 시작과 종료 시각, 휴게시간, 휴일, 휴가 및 교대 근로에 관한 사항
2. 임금의 결정·계산·지급 방법, 임금의 산정기간·지급시기 및 승급(昇給)에 관한 사항
3. 가족수당의 계산·지급 방법에 관한 사항
4. 퇴직에 관한 사항
5. 「근로자퇴직급여 보장법」 제4조에 따라 설정된 퇴직급여, 상여 및 최저임금에 관한 사항
6. 근로자의 식비, 작업 용품 등의 부담에 관한 사항
7. 근로자를 위한 교육시설에 관한 사항
8. 출산전후휴가·육아휴직 등 근로자의 모성 보호 및 일·가정 양립 지원에 관한 사항
9. 안전과 보건에 관한 사항
9의2. 근로자의 성별·연령 또는 신체적 조건 등의 특성에 따른 사업장 환경의 개선에 관한 사항
10. 업무상과 업무 외의 재해부조(災害扶助)에 관한 사항
11. 직장 내 괴롭힘의 예방 및 발생 시 조치 등에 관한 사항
12. 표창과 제재에 관한 사항
13. 그 밖에 해당 사업 또는 사업장의 근로자 전체에 적용될 사항

제94조(규칙의 작성, 변경 절차) ① 사용자는 취업규칙의 작성 또는 변경에 관하여 해당 사업 또는 사업장에 근로자의 과반수로 조직된 노동조합이 있

는 경우에는 그 노동조합, 근로자의 과반수로 조직된 노동조합이 없는 경우에는 근로자의 과반수의 의견을 들어야 한다. 다만, 취업규칙을 근로자에게 불리하게 변경하는 경우에는 그 동의를 받아야 한다.
② 사용자는 제93조에 따라 취업규칙을 신고할 때에는 제1항의 의견을 적은 서면을 첨부하여야 한다.

제95조(제재 규정의 제한) 취업규칙에서 근로자에 대하여 감급(減給)의 제재를 정할 경우에 그 감액은 1회의 금액이 평균임금의 1일분의 2분의 1을, 총액이 1임금지급기의 임금 총액의 10분의 1을 초과하지 못한다.

> **참고** 취업규칙을 작성하지 아니한 경우 무슨 문제가 있나요?
> 근로기준법 제116조의 규정에 의하여 500만원 이하의 과태료가 부과될 수 있습니다.

☐ 근로기준법 제116조(과태료) ① 사용자(사용자의 「민법」 제767조에 따른 친족 중 대통령령으로 정하는 사람이 해당 사업 또는 사업장의 근로자인 경우를 포함한다)가 제76조의2를 위반하여 직장 내 괴롭힘을 한 경우에는 1천만원 이하의 과태료를 부과한다. <신설 2021. 4. 13.>
② 다음 각 호의 어느 하나에 해당하는 자에게는 500만원 이하의 과태료를 부과한다. <개정 2021. 1. 5., 2021. 4. 13., 2021. 5. 18.>
1. 제13조에 따른 고용노동부장관, 노동위원회 또는 근로감독관의 요구가 있는 경우에 보고 또는 출석을 하지 아니하거나 거짓된 보고를 한 자
2. 제14조, 제39조, 제41조, 제42조, 제48조, 제66조, 제74조제7항·제9항, 제76조의3제2항·제4항·제5항·제7항, 제91조, **제93조**, 제98조제2항 및 제99조를 위반한 자
3. 제51조의2제5항에 따른 임금보전방안을 신고하지 아니한 자

■ 과태료 부과기준 자료 찾기
법제처 홈페이지 → 근로기준법시행령 → [별표7] 과태료 부과기준

🅠 근로기준법 관련 고용노동부 자료

▶ 고용노동부 홈페이지 → 정보공개 → 정보공개/기타 주요 발간자료

[질의회시집] → 근로기준법 질의회시집

> 근로기준법과 관련한 고용노동부의 모든 해석 사례를 찾아 볼 수 있는 매우 유용한 자료이므로 다운로드 받아 실무에서 참고하시기 바랍니다.
> ○ 근로계약, 임금, 근로시간과 휴식
> ○ 여성과 소년, 재해보상, 취업규칙, 근로감독관

번호	제목	담당부서	등록일	첨부	조회
59	근로자퇴직급여보장법 질의회시집	퇴직연금복지과	2024.06.07	@	9,746
58	산업안전보건법 질의회시집	산업안전보건정책과	2024.05.21	@	16,873
57	근로기준법 질의회시집(2018.4.~2023.6.)	근로기준정책과	2024.01.24	@	23,342

[질의회시집] → 근로자퇴직급여보장법 질의회시집

퇴직금 및 퇴직연금제도에 대한 고용노동부의 모든 해석 사례를 찾아 볼 수 있는 매우 유용한 자료이므로 다운로드 받아 실무에서 참고하시기 바랍니다.

정보공개 → 정보공개/기타 →주요발간자료 → 질의회시집

제 목
노사협의회 질의회시100문100답
건설업 산업안전보건관리비 해설집
4인 이하 사업장 퇴직급여제도 문답풀이
근로자퇴직급여 보장법 질의회시집
근로기준법 질의회시집(2007.1월~2010.12월)
기간제.단시간.파견근로자를 위한「차별시정제도」
2010년도 기간제법 및 파견법 질의회시집
근로시간면제제도 질의회시집
2009 직업능력개발사업 질의회시집
우리사주 질의회시('02~'09년)
비정규직법 질의회시집
2009년도판 노동조합 및 노동관계조정법 질의회시 모음집
직업안정법 질의회신모음집(2008.12발간)
비정규직법 질의회시집[e-book]
직업능력개발사업 질의회시 모음집_2008년판
공무원 교원 노동조합 관련 질의회시집
사내근로복지기금법 질의회시집
비정규직법령 문답풀이집 II
비정규직법령 문답풀이집 I
노동조합 및 노동관계조정법 질의회시집_2
임금채권보장법 행정해석모음집
근로자퇴직급여보장법 행정해석모음집 발간

제 목
고용평등 및 모성보호 질의회시집_2007년
근로기준법 질의회시집
퇴직연금 질의회시(2006.8~11)
연차유급휴가청구권·수당·미사용수당과 관련된 지침
퇴직연금 질의회시집(2006년7월)
퇴직금 질의회시집(2006년7월)
퇴직연금제 질의회시집(05.11~06.6)
개정근로기준법 해설과 주요질의회시주40시간제 강의자료(1)
산업안전보건법 질의회시집_2006년판
근로자퇴직급여보장법 질의회시집
고용보험법 질의회시집(1995-2005)

🅀 고용노동부의 사업주 및 근로자 지원제도

고용보험 인터넷사이트에서 고용노동부에서 고용보험료를 재원으로 사업주 및 근로자에게 지원하는 모든 제도를 확인할 수 있습니다.

검색 : "고용보험" http://www.ei.go.kr

▣ 고용유지 지원금
매출액 감소 등으로 고용조정이 불가피하게 된 사업주가 고용유지 조치(휴업, 훈련, 휴직, 인력재배치 등)를 취하여 당 해 피보험자를 계속 고용하는 경우

▶ 지원내용
고용유지를 한 조치기간동안 사업주가 근로자에게 지급한 휴업, 휴직수당 또는 임금액의 일부를 지원

▣ 고용창출장려금
근로자를 신규로 고용한 사업주를 지원하는 제도

▶ 지원대상
- 장시간 근로자를 개선하여 빈 일자리에 신규로 근로자를 고용한 경우
- 시간선택제 근로자를 신규로 고용한 경우
- 성장유망업종, 지역특화산업, 국내복귀기업(제조업)에 해당하는 기업이 근로자를 신규로 고용한 경우
- 석,박사 등 전문인력을 신규로 고용한 경우

* 취업이 어려운 중증장애인, 여성가장, 취업지원 프로그램 이수자 등을 신규로 고용한 경우

▣ 고용안정장려금
재직 근로자의 일자리 질을 높인 사업주를 지원하는 제도

▶ 지원대상
* 비정규직 근로자를 정규직으로 전환한 경우
* 전일제 근로자를 시간선택제 근로자로 전환한 경우
* 시차출퇴근제, 재택근무제 등 유연근무제를 도입하여 활용한 경우
* 출산육아기 근로자의 고용 안정을 위한 조치를 하여 기존근로자의 고용을 안정시킨 경우

▣ 직장어린이집 지원금(인건비)
사업주가 단독 또는 공동으로 근로자를 위하여 어린이집(보육시설)을 설치/운영하는 보육교사등의 인건비를 지원

▶ 지원내용
* 보육교사, 보육시설의 장 및 취사부에 대해 1인당 월 80만원 지원 (조건을 만족하는 시간제근로자 포함)
* 우선지원대상기업이 운영하는 직장보육시설에 대하여 운영비 일부를 보육아동 수에 따라 차등지원(아래 내용 참조)

▣ 직장어린이집 지원금(운영비)
우선지원대상기업이 운영하는 직장보육시설에 대해 기존의 보육교사등 인건비 지원이외에 운영비 일부를 추가로 지원

2025년 출산 및 육아 관련 개정 내용

[1] 육아휴직 급여 인상 및 기간 확대
1) 육아휴직 급여 상한액 인상
2025년 육아휴직 급여가 150만원에서 최대 250만원까지 인상됩니다.

□ 고용보험법 시행령 제95조(육아휴직 급여)
① 법 제70조제1항에 따른 육아휴직 급여는 다음 각 호의 구분에 따른 금액을 월별 지급액으로 한다. <개정 2024. 12. 24.>
1. 육아휴직 시작일부터 3개월까지: 육아휴직 시작일을 기준으로 한 월 통상임금에 해당하는 금액. 다만, 해당 금액이 250만원을 넘는 경우에는 250만원으로 하고, 해당 금액이 70만원보다 적은 경우에는 70만원으로 한다.
2. 육아휴직 4개월째부터 6개월째까지: 육아휴직 시작일을 기준으로 한 월 통상임금에 해당하는 금액. 다만, 해당 금액이 200만원을 넘는 경우에는 200만원으로 하고, 해당 금액이 70만원보다 적은 경우에는 70만원으로 한다.
3. 육아휴직 7개월째부터 종료일까지: 육아휴직 시작일을 기준으로 한 월 통상임금의 100분의 80에 해당하는 금액. 다만, 해당 금액이 160만원을 넘는 경우에는 160만원으로 하고, 해당 금액이 70만원보다 적은 경우에는 70만원으로 한다.
[부칙] 제1조(시행일) 이 영은 2025년 1월 1일부터 시행한다.

2) 육아휴직 기간 연장
기존 1년이었던 육아휴직 기간이 1년 6개월까지 연장되었습니다. 단, 부모가 각각 육아휴직을 3개월 이상 사용하거나 한부모 또는 중증 장애아동의 부모인 경우에만 가능합니다.

[분할 사용] 기존에는 3번에 걸쳐 육아휴직을 사용할 수 있었는데(분할 2회), 2025년부터 4번에 걸쳐 육아휴직을 사용할 수 있습니다.

☐ 남녀고용평등과 일·가정 양립 지원에 관한 법률
제19조(육아휴직) ① 사업주는 임신 중인 여성 근로자가 모성을 보호하거나 근로자가 만 8세 이하 또는 초등학교 2학년 이하의 자녀(입양한 자녀를 포함한다. 이하 같다)를 양육하기 위하여 휴직(이하 "육아휴직"이라 한다)을 신청하는 경우에 이를 허용하여야 한다. 다만, 대통령령으로 정하는 경우에는 그러하지 아니하다. <개정 2019. 8. 27., 2021. 5. 18.>
② 육아휴직의 기간은 1년 이내로 한다. 다만, 다음 각 호의 어느 하나에 해당하는 근로자의 경우 6개월 이내에서 추가로 육아휴직을 사용할 수 있다. <개정 2024. 10. 22.>
1. 같은 자녀를 대상으로 부모가 모두 육아휴직을 각각 3개월 이상 사용한 경우의 부 또는 모
2. 「한부모가족지원법」 제4조제1호의 부 또는 모
3. 고용노동부령으로 정하는 장애아동의 부 또는 모
[시행일: 2025. 2. 23.]

☐ 남녀고용평등과 일·가정 양립 지원에 관한 법률
제19조의4(육아휴직과 육아기 근로시간 단축의 사용형태)
① 근로자는 육아휴직을 3회에 한정하여 나누어 사용할 수 있다. 이 경우 임신 중인 여성 근로자가 모성보호를 위하여 육아휴직을 사용한 횟수는 육아휴직을 나누어 사용한 횟수에 포함하지 아니한다.
<개정 2020. 12. 8., 2021. 5. 18., 2024. 10. 22.>
② 근로자는 육아기 근로시간 단축을 나누어 사용할 수 있다. 이 경우 나누어 사용하는 1회의 기간은 1개월(근로계약기간의 만료로 1개월 이상 근로시간 단축을 사용할 수 없는 기간제근로자에 대해서는 남은 근로계약기간을 말한다) 이상이 되어야 한다. <개정 2024. 10. 22.>
[시행일: 2025. 2. 23.]

[2] 육아기 근로시간 단축기간 연장

육아기 근로시간 단축 제도의 사용 기한, 기간, 신청 최소 단위가 개선되었습니다. 육아기 근로시간 단축 사용 기한이 기존 자녀 연령 만 8세에서 만 12세까지 연장되었습니다. 또한 육아기 근로시간 단축 기간 또한 기존 최대 2년에서 늘어나 최대 3년까지 사용할 수 있게 되었습니다. 근로시간 단축 최소 신청 단위도 기존 3개월에서 1개월로 줄어들었습니다.

☐ 남녀고용평등과 일·가정 양립 지원에 관한 법률
제19조의2(육아기 근로시간 단축)
① 사업주는 근로자가 만 12세 이하 또는 **초등학교 6학년 이하**의 자녀를 양육하기 위하여 근로시간의 단축(이하 "육아기 근로시간 단축"이라 한다)을 신청하는 경우에 이를 허용하여야 한다. 다만, 대체인력 채용이 불가능한 경우, 정상적인 사업 운영에 중대한 지장을 초래하는 경우 등 대통령령으로 정하는 경우에는 그러하지 아니하다. <개정 2012. 2. 1., 2019. 8. 27., 2024. 10. 22.>
④ 육아기 근로시간 단축의 기간은 1년 이내로 한다. 다만, 근로자가 제19조제2항 본문에 따른 육아휴직 기간 중 사용하지 아니한 기간이 있으면 그 기간의 두 배를 가산한 기간 이내로 한다.
<개정 2019. 8. 27., 2024. 10. 22.>
[시행일: 2025. 2. 23.] 제19조의2

[3] 대체인력지원금 확대

중소기업 운영자가 육아휴직 근로자의 대체인력을 고용하거나 파견고용한 경우 받을 수 있는 지원금이 월 최대 80만원에서 월 최대 120만원으로 인상되었습니다. 또한 육아휴직자 업무를 다른 동료가 대신하는 경우 월 20만원의 업무 분담 지원금을 지급받을 수 있습니다.

■ 고용노동부 → 정보공개 → 예산 법령정보 → 훈령·예규·고시
[고시] 고용창출장려금 고용안정장려금

[4] 배우자 휴가 확대
배우자 출산 유급휴가의 경우 기존 10일에서 20일로 확대되었습니다.

□ 남녀고용평등과 일·가정 양립 지원에 관한 법률
제18조의2(배우자 출산휴가)
① 사업주는 근로자가 배우자의 출산을 이유로 휴가(이하 "배우자 출산휴가"라 한다)를 고지하는 경우에 20일의 휴가를 주어야 한다. 이 경우 사용한 휴가기간은 유급으로 한다.
<개정 2012. 2. 1., 2019. 8. 27., 2024. 10. 22.>
② 제1항 후단에도 불구하고 출산전후휴가급여등이 지급된 경우에는 그 금액의 한도에서 지급의 책임을 면한다.
③ 배우자 출산휴가는 근로자의 배우자가 출산한 날부터 120일이 지나면 사용할 수 없다. <개정 2019. 8. 27., 2024. 10. 22.>
④ 배우자 출산휴가는 3회에 한정하여 나누어 사용할 수 있다.
<신설 2019. 8. 27., 2024. 10. 22.>
⑤ 사업주는 배우자 출산휴가를 이유로 근로자를 해고하거나 그 밖의 불리한 처우를 하여서는 아니 된다. <신설 2019. 8. 27.>
[시행일: 2025. 2. 23.] 제18조의2

[5] 연차휴가 산정 시 육아기/임신기 단축 근로시간 근로시간 포함 [근로기준법 제60조]
기존 연차 산정이 근로시간에 비례했다면 이제 육아기 및 임신기 근로시간의 단축된 근로시간도 출근 간주 기간에 포함됩니다. 즉, 단축된 근로시간까지 포함하여 연차를 산정해야 합니다.

□ 근로기준법 제60조(연차 유급휴가)
⑥ 제1항 및 제2항을 적용하는 경우 다음 각 호의 어느 하나에 해당하는 기간은 출근한 것으로 본다. <개정 2017. 11. 28., 2024. 10. 22.>
3. 「남녀고용평등과 일·가정 양립 지원에 관한 법률」 제19조제1항에 따른 육아휴직으로 휴업한 기간
4. 「남녀고용평등과 일·가정 양립 지원에 관한 법률」 제19조의2제1항에 따른 육아기 근로시간 단축을 사용하여 단축된 근로시간
<시행시기> 2024.10.22.

□ 남녀고용평등과 일·가정 양립 지원에 관한 법률
제19조의2(육아기 근로시간 단축)
① 사업주는 근로자가 만 12세 이하 또는 초등학교 6학년 이하의 자녀를 양육하기 위하여 근로시간의 단축(이하 "육아기 근로시간 단축"이라 한다)을 신청하는 경우에 이를 허용하여야 한다. 다만, 대체인력 채용이 불가능한 경우, 정상적인 사업 운영에 중대한 지장을 초래하는 경우 등 대통령령으로 정하는 경우에는 그러하지 아니하다.
<개정 2012. 2. 1., 2019. 8. 27., 2024. 10. 22.>

출산, 육아 관련 정부지원 상세 내용

■ 고용24
출산휴가, 육아휴직
■ 고용노동부 → 정보공개 → 예산 법령정보 → 훈령·예규·고시
[고시] 고용창출장려금 고용안정장려금

SECTION 03
근로자퇴직급여보장법에 의한 법정 퇴직금 및 실직 근로자 지원제도

> 직원이 퇴사하는 경우 퇴직금을 지급(1년 이상 근로한 자) 하여야 하며, 퇴직금 지급시 퇴직금에 대한 퇴직소득세 및 지방소득세를 계상하여 징수 및 납부하여야 하고, 4대보험료를 정산하여야 합니다.

1 퇴직금 계산

법정 퇴직금

① 근로자퇴직급여보장법에 의하여 상시근로자수 5인 이상을 고용하고 있는 사업주는 근로자가 1년 이상 계속 근로하고 퇴사하는 경우 1년에 **30일분 이상의 평균임금**을 지급하여야 합니다.

단, 4인 이하 사업장의 경우 2010년 12월 1일부터 2012년 12월 31일까지는 법정퇴직금의 2분의 1을, 2013년 이후에는 법정퇴직금 전액을 지급하여야 합니다.

> **법정퇴직금 = 계속근로기간(재직일수/365) × 30일분의 평균임금**

② 계속근로기간이란 입사일부터 퇴사 전일까지의 일수를 말합니다. 근로자의 퇴직은 근로계약의 종료를 의미하는 것으로 퇴사일은 계속 근로기간에 포함하지 않습니다.

보 충   계속 근로연수에 포함하여야 하는 기간

1. 근로자가 재직 중 사적(私的)사유로 인한 휴직기간이 있는 경우 그 기간도 퇴직금 산정을 위한 계속 근로연수에 포함합니다.
2. 육아휴직기간도 계속 근로연수에 포함합니다.
3. 근로자가 재직 중 병가 기간이 있는 경우에도 근로관계가 종료된 경우가 아닌 한 계속 근로연수에 포함하여야 합니다.
4. 근로자가 업무와 관련하여 해외유학을 간 경우 그 기간도 계속 근로연수에 포함합니다.
5. 본사에서 계열사로의 전출, 계열사에서 본사로의 전출은 근로관계가 단절된 것이 아니므로 계속 근로연수에 포함합니다.

보 충   입사기준일과 퇴사기준일

① 계속근로기간의 기산일은 입사일로 하되, 퇴사일은 포함하지 않습니다.
② 근로자가 퇴직의 의사표시(사표 제출)를 행하여 사용자가 이를 수리한 경우에는 수리한 때를 퇴직일로 봅니다.
③ 근로자가 사직서를 제출하였으나 사용자가 이를 수락하지 아니한 경우 1임금 지급기(그 다음 달로 통상 1개월)가 경과한 날을 퇴직일로 봅니다.

▶ 임금을 삭감한 경우 퇴직금 산정

임금 삭감분은 근로자의 임금채권에 해당하지 않으므로, 퇴직금 산정을 위한 평균임금 산정 시 임금총액에 포함되지 않습니다. 다만, 삭감전 임금으로 평균임금을 산정하기로 사용자와 근로자간 별도의 약정이 있는 경우 삭감전 금액으로 퇴직금을 산정하여야 합니다.

■ 평균임금 계산

① 평균임금이라 함은 퇴직한 날 이전 3개월간에 퇴직근로자에 대하여 지급한 임금의 총액을 그 기간의 총일수로 나눈 금액을 말합니다.
② 평균임금은 퇴직금계산 기준이 되는 임금으로 평균임금은 근로자가 일한 대가로 지급받는 일체의 금품으로 근로자에게 계속적, 정기적으로 지급되는 것은 그 명칭이 어떠하든 모두 포함됩니다. 따라서 전 직원을 대상으로 회사의 내부방침으로 일정기준에 의하여 매 월 또는 매 년 정기적. 계속적으로 지급하는 식대, 차량유지비, 전직원에게 일률적으로 지급하는 가족수당등은 평균임금에 포함됩니다.

■ 평균임금에 포함하는 임금 및 제외하여야 하는 것

① 상여금은 퇴직한 연도의 직전연도 1년간 정기 상여금총액을 계산한 다음 3개월분에 해당하는 금액을 평균임금에 산입합니다. 다만, 비정기적인 상여금 및 특별상여금 등은 포함하지 않습니다.
② 퇴직일 이전의 연장야간휴일근로에 따른 수당 및 가산수당은 모두 평균임금 산정을 위한 임금총액에 포함하여야 합니다.
③ 차량의 소유여부에 관계없이 전직원에 대하여 일률적으로 지급하는 차량유지비는 평균임금에 포함하여야 하나 차량을 소유한 직원에게만 지급하는 실비정도의 차량유지비는 평균임금 산정시 포함하지 않습니다.
④ 평균임금 계산시 소숫점 이하는 올림합니다.

▶ 퇴직금 계산 사례

사 례 퇴직금 계산 [주40시간 근무제 회사]

- 근무기간 20×1. 10. 10 ~ 20×8. 3. 5 (근무연수 6년 146일)
- 최근 3개월 임금지급내역 (차량유지비는 차량을 소유한 직원에게만 지급)

구 분	20×7년 11월	20×7년 12월	20×8년 1월	20×8년 2월
기 본 급	1,500,000	1,500,000	1,700,000	1,700,000
직 책 수 당	300,000	300,000	300,000	300,000
연장근로수당	250,000	400,000	180,000	330,000
차 량 유 지 비	200,000	200,000	200,000	200,000

- 20×7. 3. 5 ~ 20×8. 3. 4 기간 상여금 지급액 : 6,000,000원
- 20×7. 3. 5 ~ 20×8. 3. 4 기간 연장근로수당 :   53,090원
- 평균임금 산정기간 : 20×7. 12. 5 ~ 20×8. 3. 4 (90일)
- 3개월 간 평균임금의 계산 기간 (퇴직한 날 이전 3개월 간)
  20×8. 03. 01 ~ 20×8. 03. 04 / 20×8. 02. 01 ~ 20×8. 02. 28
  20×8. 01. 01 ~ 20×8. 01. 31 / 20×7. 12. 05 ~ 20×7. 12. 31

임금산정 기 간	20×7.12. 5 20×7.12.31	20×8.1. 1 20×8.1.31	20×8.2. 1 20×8.2.28	20×8.3. 1 20×8.3. 4	합 계
① 일 수	27	31	28	4	90
② 기 본 급	1,306,450	1,700,000	1,700,000	219,350	4,925,800
③ 직책수당	261,290	300,000	300,000	38,710	900,000
④연장근로수당	250,000	400,000	300,000	50,000	1,000,000

[연차수당 및 상여금 계산]

⑤ 상 여 금	6,000,000원(퇴직전 1년간 상여금총액) × 3/12	1,500,000
⑥ 합 계	② + ③ + ④ + ⑤	8,325,800
⑦ 평균임금	⑥합계(8,325,800) ÷ ① 일수(90) = 93,881	92,509

- 평균임금계산시 소숫점 이하는 올림합니다.
- 퇴직금 계산금액(㉮ + ㉯) 17,761,728원
  ㉮평균임금(92,509) × 근속연수(6년) × 30일 = 16,651,620
  ㉯평균임금(92,509) × 1년 미만 일수(146/365) × 30일 = 1,110,108

▶ 퇴직자에 대한 연차수당 및 퇴직금 계산시 포함하여야 하는 연차수당

근로자가 퇴직하는 경우 미사용연차에 대하여 연차수당을 지급하여야 하며, 퇴직전 1년이내에 지급한 연차수당은 평균임금에 포함되어 퇴직금을 계산할 때 반영하여 주어야 합니다.

▶ 고용노동부 지침 ; 연차유급휴가청구권·수당·미사용수당과 관련된 지침(임금근로시간정책팀-3295, 2007.11.5)

(1) 퇴직하기 전 이미 발생한 연차유급휴가 미사용수당
퇴직 전전년도 출근율에 의하여 퇴직 전년도에 발생한 연차유급휴가 중 미사용하고 근로한 일수에 대한 연차유급휴가미사용 수당액의 3/12을 퇴직금 산정을 위한 평균임금 산정 기준 임금에 포함.

(2) 퇴직으로 인해 비로소 지급사유가 발생한 연차유급미사용수당
퇴직전년도 출근율에 의하여 퇴직년도에 발생한 연차유급휴가를 미사용하고 퇴직함으로써 비로소 지급사유가 발생한 연차유급휴가미사용수당은 평균임금의 정의상 산정사유 발생일 이전에 그 근로자에 대하여 지급된 임금이 아니므로 퇴직금 산정을 위한 평균임금 산정 기준임금에 포함되지 아니함.

[사례] 20×4년 4월 1일 입사자가 20×7년 11월 30일자 퇴직을 할 경우 퇴직금 계산시 반영해야할 연차미사용수당은?
(1) 퇴직 시 평균임금으로 반영해주어야 할 연차미사용수당과 금액
① 20×5.4.1. ~ 20×6.3.31까지 80퍼센트 이상 근무를 한 경우 발생 연차 휴가일수는 15일입니다.

② 발생한 15일의 연차휴가를 20×6.4.1. ~ 20×7.3.31까지 5일의 연차휴가를 사용한 경우 미사용한 연차휴가 10일에 대해서는 휴가청구권이 소멸되는 마지막 월의 통상임금을 기준으로 익월에 미사용수당으로 지급하여야 하며, 통상 급여지급일에 지급합니다. 따라서 20×7년 4월 급여지급일에 10일의 연차수당을 지급하여야 하며, 이때 지급한 10일의 연차수당은 근로자가 20×7.11.30일 퇴직시 퇴직금산정을 위한 평균임금에 해당되어 반영해주어야 합니다. 즉, 10일의 연차미사용수당금액/12개월×3개월분의 연차수당금액은 평균임금으로 퇴직금계산시 반영을 하여야 합니다.

(2) 퇴직 시 평균임금으로 반영이 안 되는 연차미사용수당과 금액
① 해당 근로자는 20×6.4.1~20×7.3.31.까지 80퍼센트 이상 근무한 경우 15일의 연차가 발생합니다.
② 15일의 연차는 20×7.4.1~20×8.3.31.까지 사용할 수 있으나 근로자가 20×7.11.30. 퇴직을 하게 되어 20×7.4.1~20×7.11.30.까지 사용한 연차를 공제한 후 잔여 미사용연차에 대해서는 퇴직일로부터 14일 이내에 지급해야 합니다.

예를 들어 20×7.4.1~20×7.11.30.까지 사용한 연차가 2일이면 13일의 미사용한 연차가 발생하게 되므로 13일에 해당하는 연차미사용수당을 퇴직일로부터 14일 이내에 지급하여야 합니다.
이때 지급하는 연차수당은 단지 지급의무가 발생할 뿐 해당 수당금액을 퇴직금 산정을 위한 평균임금에는 포함하지 않습니다.
한편, 연차미사용수당의 경우 평균임금 산정하여야 할 사유가 발생한 때로부터 이전 12개월 내에 지급한 금액(퇴직 전전년도 출근율에 의하여 퇴직 전년도에 발생한 연차유급휴가 중 미사용하고 근로한 일수에 대해 지급한 연차유급미사용수당액)의 3/12을 평균임금 산정기준 임금에 포함시켜야 합니다.

퇴직금 지급대상자

① 1년 이상 근로를 제공한 정규직 근로자 및 비정규직, 일용직, 임시직 및 외국인근로자 등 단, 4주간을 평균하여 1주간의 소정근로시간이 15시간 미만인 근로자에 대하여는 퇴직금을 지급할 의무가 없습니다.

② 1년 미만 근로한 근로자의 경우 퇴직금 지급의무는 없으나 회사의 퇴직금지급규정으로 지급할 수 있습니다.

③ 일용근로자의 경우에도 근로기간이 1년 이상인 경우 퇴직급여를 지급하여야 합니다.

보 충 외국인 근로자 퇴직금 지급 여부

외국인취업자도 근로기준법상 임금을 목적으로 근로를 제공하는 근로자로 판단하는 것이 대법원 판례의 입장이고 이는 외국인근로자나 불법체류외국인을 불문하므로 사용자는 퇴직금 지급의 의무가 발생할 수 있으나 외국인 산업연수생의 경우에는 계약기간 동안 퇴직금지급의무가 없다는 것이 중소기업협동중앙회의 견해입니다.

퇴직금 지급기한 및 지연이자

① 사용자는 근로자가 퇴직한 경우 그 지급사유가 발생한 날부터 14일 이내에 퇴직금을 지급하여야 합니다. 다만, 그 다음 날부터 지급하는 날까지의 지연일수에 대하여 근로기준법 제37조의 규정에 의하여 연리 100분의 20의 지연이자를 지급하여야 합니다.

② 확정기여형퇴직연금에 가입한 경우로서 직원에게 지급할 퇴직금이 전액 퇴직연금으로 불입된 경우 퇴직금을 지급할 의무가 없으나 퇴직연금불입기관에 퇴사사실을 통보하여야 합니다.

③ 확정급여형퇴직연금에 가입한 경우 퇴직금을 지급할 사유가 발생한 날부터 14일 이내에 사용자는 퇴직연금사업자로 하여금 적립금의 범위에서 지급의무가 있는 급여 전액을 지급하도록 하여야 합니다. 단, 퇴직연금사업자가 지급한 급여수준이 퇴직금으로 지급하여야 할 금액에 미치지 못할 때에는 급여를 지급할 사유가 발생한 날부터 14일 이내에 그 부족한 금액을 해당 근로자에게 지급하여야 하며, 급여의 지급은 가입자가 지정한 개인형퇴직연금제도의 계정으로 이전하는 방법으로 합니다.

보 충 10인 미만 사업장 퇴직금 개인퇴직계좌 설정

근로자퇴직급여보장법 제26조(10인 미만 사업에 대한 특례) ① 상시 근로자 10인 미만을 사용하는 사업의 경우 사용자가 근로자 대표의 동의를 얻어 근로자 전원으로 하여금 제25조의 규정에 의한 개인퇴직계좌를 설정하게 한 경우에는 퇴직급여제도를 설정한 것으로 본다.

---

2 근로자 4인 이하 사업장 퇴직금

상시근로자수가 4인 이하인 사업장의 경우 퇴직금 지급의무가 없었으나 2010년 12월 1일 이후부터 퇴직금을 지급하여야 하며, 그 내용은 다음과 같습니다.

상시근로자 4인 이하 사업장 기준

① 상시 근로자수는 일정한 사업기간내의 근로자 연인원수를 동 기간의 사업장 가동 일수로 나누어 산정합니다.
근로자수가 때때로 4인 이하가 되더라도 상태적으로 보아 5인 이상이 되면 상시 5인 이상으로 판단합니다.

② 상시근로자수가 5인 이상. 미만을 반복하는 사업장에 있어 퇴직금 규정 관련 해석은 다음의 기준에 의합니다.
1. 퇴직금의 지급청구권의 발생, 평균임금의 산정, 지급청구권의 소멸시효의 기산은 모두 근로자가 퇴직하는 날
   (즉 사례의 "G")을 기준으로 합니다.
2. 계속근로년수는 전체 재직기간중에서 상시근로자수가 5인 미만인 기간, 기타 병역법에 의한 군복무기간 등을 제외한 기간(사례의 ①, ③, ⑤을 합산한 기간)으로 합니다.

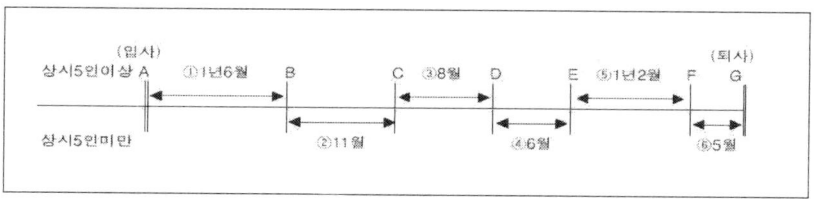

4 4인 이하 사업장 퇴직급여 적용 및 적용시기

① 2010년 12월 1일 이후부터 시행합니다. 단, 현재 고용 중인 계속근로자의 경우 2010년 12월 1일 이후부터 퇴직급여 산정을 위한 계속근로기간, 1년 이상 근로여부를 판단합니다.

2010년 12월 1일 부터 2012년 12월 31일 기간에 대하여는 퇴직금상당액의 100분의 50을 적용하되,
2013년 1월 1일 이후부터는 100분의 100을 적용합니다.

기 간	퇴직금으로 지급하여야 하는 금액	비고
2010.11.30 이전	퇴직금 지급의무 없음	
2010.12.01 ~ 2012.12.31	퇴직금상당액의 50%	
2013.01.01 이후	퇴직금상당액 전액	

▶ 근로자퇴직급여보장법에 의한 퇴직금상당액이란 1년 이상 계속 근로하고 퇴사하는 경우 1년에 30일분의 평균임금을 말합니다.

② 2010년 12월 1일부터 4인 이하 사업장에서 근로한 종사자가 2013년 12월 1일 퇴직할 경우 2010년 12월 1일부터 2012년 12월 31일 기간에 대하여는 퇴직금상당액의 100분의 50을, 2013년 1월 1일 이후 기간에 대하여는 100분의 100 적용합니다.

③ 실직근로자 지원제도

ⓐ 실업급여 개요

① 실업급여는 실직 전 18개월 중 180일 이상 고용보험에 가입한 근로자가 회사의 폐업.도산, 경영상 해고, 권고사직, 계약만료, 정년퇴직 등을 당하거나 기타 부득이한 사유로 이직한 경우에는 실업급여가 지급됩니다.

② 직장을 정당한 사유 없이 전직, 자영업 등을 위하여 스스로 그만둔 경우에는 실업급여를 받을 수 없습니다.

③ 실업급여는 이직한 다음날로부터 12개월이 지나면 지급되지 아니하므로 실직 시에는 지체 없이 거주지 관할 고용지원센터를 방문하여 수급자격인정 신청 및 구직등록을 하여야 합니다.

④ 실업급여는 수급자격자가 지정된 실업인정일에 고용지원센터에 출석하여 실업상태에서 적극적인 재취업노력 사실을 신고하여 실업인정을 받을 경우 지급됩니다.

실업급여 등 상세 내용

고용24 [홈페이지]
1. 회원가입
2. 인증서 등록 → (상단 최우측) 전체메뉴 → 마이페이지
   회원인증서관리 → 회원인증서 등록

구직급여 (실업급여)

[개정] 실업급여(구직급여) 수급기간(소정급여일수)

연령 \ 피보험기간	6개월이상 1년 미만	1~3년	3~5년	5~10년	10년 이상
50세미만	120일	150일	180일	210일	240일
50세이상 및 장애인	120일	180일	210일	240일	270일

■ 2025년 실업급여 지원금액

2025년 실업급여 하한액은 10,030원 X 0.8 x 8시간 = 64,192원으로, 하루 하한액은 64,192원, 월 기준 약 192만 원으로 책정됩니다. 반면, 상한액은 2024년과 동일한 1일 66,000원으로 유지됩니다.

■ 개별연장급여

아래 1 및 2의 요건을 충족하는 경우 소정급여일수를 초과하여 구직급여를 받을 수 있습니다. (최대 추가 수급기간 60일)

1. 실업신고일부터 구직급여의 지급이 끝날 때까지 직업안정기관의 장의 직업소개에 3회 이상 응하였으나 취업되지 않은 사람으로서 다음 각 목의 어느 하나에 해당하는 **부양가족이 있는 사람**

가. 18세 미만이나 65세 이상인 사람
나. 「장애인고용촉진 및 직업재활법」에 따른 장애인
다. 1개월 이상의 요양이 요구되는 환자
라. 소득이 없는 배우자

2. 급여기초 임금일액(8만원)과 본인과 배우자의 재산합계액이 각각 고용노동부장관이 정하여 고시한 기준 이하인 사람

[개별연장급여 상세 내용] (법제처 홈페이지) [검색어] 개별연장급여 행정규칙(훈령·예규·고시)

SECTION 04

퇴직금 및 퇴직연금제도
확정기여형 퇴직연금(DB)
확정급여형 퇴직연금(DC)

퇴직연금제도는 회사가 근로자의 퇴직급여를 퇴직연금사업자인 금융기관등에 위탁하여 운용한 뒤 근로자가 퇴직할 때, 연금이나 일시금으로 주는 제도로 2005년부터 사업장에 도입하도록 하였습니다. 단, 현재 퇴직연금제도는 2012년 7월 26일 이후 신설사업장을 제외하고는 임의가입제도로 기존의 퇴직금제도를(퇴직연금 불입 없이 퇴직시 계속근무연수에 30일분의 평균임금을 곱하여 계상한 금액을 퇴직금으로 지급하는 제도) 유지하여도 법적으로 문제될 점은 없습니다.

2012년 7월 26일 이후 새로 성립(합병·분할 제외)된 사업의 사용자는 근로자대표의 의견을 들어 사업의 성립 후 1년 이내에 확정급여형퇴직연금제도나 확정기여형퇴직연금제도를 설정하여야 합니다. 다만, 새로 성립한 사업장이 퇴직연금제도를 설정하지 않아도 법적 제재는 없습니다.

1 퇴직연금 도입 배경 및 개요

사업에 성공하여 재산이 많은 사람이나 공무원연금, 군인연금, 교직원연금 등의 안정적인 연금을 받을 수 있는 사람을 제외한 대다수의 서민은 근로를 할 수 없는 노후에 노후생활을 위한 충분한 자금이 없는 관계로 생계문제, 각종 질병으로 인한 병원비 부담, 주거비 부담 등의 돈 문제로 심각한 위기에 직면하게 될 것입니다. 따라서 국가는 국민들이 노후에 경제적 곤란을 겪지 않도록 제도적 장치를 마련하기 위하여 많은 노력을 기울여 왔습니다.

그 대표적인 예로 1988년 국민연금제도를 시행하여 근로자가 근로의 대가로 받는 임금에서 일정 금액을 국민연금으로 불입하도록 하고 일정 연령에 달하였을 때부터 연금형태로 받는 제도를 만든 것입니다. 지금에 와서 생각하여 보면 참으로 천만다행한 일이 아닐 수 없습니다. 국민연금제도라도 없다고 가정하면 대다수 근로자의 노후생활은 더더욱 막막할 것입니다.

다른 한편으로는 과거 근로기준법에서 규정한 퇴직금은 근로자가 직장을 그만두거나 정년퇴직을 할 때 지급하여야 하는 일종의 노후생활자금임에도 근로기준법에서 중간정산제도라는 것을 제정함으로 인하여 생활이 넉넉하지 못한 근로자가 생계비 등에 충당하기 위하여 근로기준법의 규정에 의하여 퇴직금 중간정산을 요구하게 되었고, 사업주는 퇴직금에 상당하는 금액을 미리 정산하여 주게 되면, 퇴직 시 퇴직금으로 지급하여야 하는 금액 부담이 줄어들게 되어 대부분 회사의 경우 중간정산을 실시하여 근로자에게 지급을 함으로서 근로자가 퇴직을 하더라도 퇴직금을 받을 수 있는 금액이 얼마되지 않아 노후자금을 마련하는데 상당한 문제가 발생한 것입니다. 물론 중간정산을 받아 주택을 마련하거나 중간정산 자금으로 투자를 잘 하여 자금을 증식한 경우 또는 회사가 부도가 나거나 폐업하여 중간정산을 받지 않았더라면 그나마 퇴직금까지 받을 수도 없었던 예외적인 경우를 제외하고는 퇴직금중간정산제도의 제정은 참으로 잘못된 법이 아닐 수 없습니다.

이제 베이비 붐 시대(전후에 태어난 사람을 뜻하며, 나라에 따라 연령대가 다르나 우리나라의 경우 55년에서 64년 사이에 태어난 약 900만명이 해당됨)에 출생한 많은 사람들이 직장을 은퇴하는 시점이 되다보니 정부는 많은 고민을 하게 된 것입니다. 이러한 이유로 근로자의 퇴직금상당액을 연금제도로 전환하기 위하여 제정한 법이 「근로자퇴직급여보장법」입니다.

이 법의 제정이 많이 늦은 감이 있으나 그래도 국민들의 노후생활 보장을 위하여 제도적 장치를 마련한 점은 다행한 일입니다. 국민연금만으로는 노후생활자금으로 충분하지 않으므로 근로자 여러분은 사용자로 하여금 사업장이 퇴직연금에 가입하도록 요구하여야 할 것입니다.

질문	퇴직연금제도 도입으로 인하여 근로자에게 실질적인 도움이 되는 점은 무엇인가요?
답변	중소사업장에서 빈번하게 직장을 옮기는 근로자에게는 사업주가 퇴직금상당액을 퇴직연금으로 불입함으로 이러한 근로자에게는 그 도입 효과가 크게 나타날 것으로 예상됩니다. 다만, 사업주의 퇴직금 지급 능력이 충분한 대기업, 공기업에서 장기 근속하는 근로자의 경우에는 비교적 효과가 크지 않을 수도 있습니다.

질문	퇴직연금제도가 기존의 퇴직금제도보다 근로자나 사업주에게 좋은 점은 무엇인지요?
답변	퇴직연금제도는 기존의 퇴직금제도와 비교해 많은 장점을 가지고 있습니다. 첫째, 퇴직연금사업자와의 자산관리 계약을 통해 적립금을 사외에 불입함으로서 퇴직금이 보장됩니다. 둘째, 근로자 입장에서 이직, 퇴직, 중간정산 등으로 지급받은 퇴직금을 생활비, 자녀 교육비, 부채 상환 등으로 소진하는 경우가 많았습니다만, 개인퇴직연금으로 적립하여 두는 경우 노후 생활 자금으로 활용할 수 있습니다. 셋째, 부담금의 적립단계, 운용단계, 퇴직급여의 지급단계 중 지급단계에서만 세금이 부담(연금소득으로 과세)되기 때문에 노후 생활 자금을 마련하는데 유리하며, 사용자가 퇴직연금으로 부담 또는 불입하는 금액이외에 근로자 본인이 노후에 보다 더 많은 연금을 지급받기 위하여 추가적으로 개인형퇴직연금(연간 한도액 1800만원)에 가입하여 불입할 수 있으며, 이 경우 다른 연금저축과 합산하여 연간 400만원까지 소득공제를 받을 수 있습니다. 결론적으로 퇴직연금제가 도입되면 근로자 측면에서는 퇴직금 확보 및 노후 소득보장이 되는 것이며, 사업주 측면에서는 근로자가 퇴직시 퇴직금을 일시에 지급하여야 하는 부담이 감소됩니다.

질문	퇴직연금제도가 도입되면 현행 퇴직금제도는 없어지나요?
답변	퇴직연금제도가 도입되더라도 퇴직금 제도가 없어지는 것은 아닙니다. 현행 퇴직금제도를 그대로 두고, 퇴직연금제도를 도입하여 둘 중 하나를 선택하도록 하고 사업장별로 실시 여부를 사업장별로 노사가 합의해서 결정할 수 있습니다. 노조가 있는 경우에는 노조의 동의, 노조가 없는 경우에는 근로자 과반수의 동의가 필요합니다. 따라서 퇴직금제도는 계속 존속하는 것이며, 노사가 합의하는 경우에만 퇴직금제도 대신에 퇴직연금제도를 시행할 수 있는 것입니다.

질문	퇴직보험제도와 퇴직연금제도의 차이점은 무엇인가요?
답변	근로자퇴직급여보장법 시행 이전에는 퇴직금의 사외적립(퇴직금에 상당하는 금액의 자금 확보를 위하여 예금 또는 보험으로 적립하는 것)은 퇴직보험 또는 퇴직신탁제도에 의하여 적립을 하였습니다만, 퇴직금의 연금화를 위하여 근로자퇴직급여보장법을 제정하였으며, 2005년 이후 퇴직연금에의 가입을 제도화하고 있습니다.

질문	퇴직연금 시행전 근무기간의 퇴직금은 어떻게 지급하여야 하나요?
답변	퇴직연금제도 시행 이전에 근무한 기간에 대해서는 노사가 사업장 실정에 맞추어 규약에 자율적으로 정할 수 있습니다. 첫째, 과거 근무기간도 퇴직연금 제도에서 근속연수로 인정하여 소급 적용하는 방안이 있습니다. 이 경우 퇴직급여제도가 퇴직연금제도로 일원화되고, 근로자의 퇴직급여에 대한 수급권이 확보된다는 장점이 있으나, 사용자에게는 퇴직연금 시행전 발생한퇴직금의 일시 불입에 따른 자금부담 문제가 있을 수 있습니다. 둘째, 퇴직연금제도 도입 이후의 근속연수만을 인정하며 근로자 퇴직시에 퇴직연금과 퇴직금을 이원화하여 지급하는 방안이 있습니다. 이 경우 퇴직급여를 퇴직연금제도시행시 일시에 불입하여야 하는 부담을 줄이는 효과가 있는 반면에, 퇴직연금제도와 퇴직금제도의 이원화된 퇴직급여제도를 유지해야 하는 부담 및 퇴직연금제도 시행전의 퇴직금 상당액이 100% 보장되지 않는다는 단점이 있습니다. 셋째, 과거 근무 기간에 대한 퇴직급여는 중간 정산 등의 방법으로 일시금으로 지급하고 새롭게 퇴직연금 제도를 실시하는 방법입니다.

▶ **근로자 수에 따른 퇴직연금 의무가입 연도**

- 2016년 근로자 300인 이상 사업장
- 2017년 근로자 300~100인 사업장
- 2018년 근로자 100~30인 사업장
- 2019년 근로자 30~10인 사업장
- 2022년 근로자 10인 미만 사업장

② 퇴직급여제도의 설정

사용자는 퇴직하는 근로자에게 급여를 지급하기 위하여 다음의 **퇴직급여제도** 중 하나 이상의 제도를 설정하여야 하며, 퇴직급여제도를 설정하는 경우에 하나의 사업에서 급여 및 부담금 산정방법의 적용 등에 관하여 차등을 두어서는 안됩니다.

- 확정급여형퇴직연금제도
- 확정기여형퇴직연금제도
- 개인형퇴직연금제도(근로자 10인 이하 사업장의 경우 선택 가입)
- 기존의 퇴직금제도(근로자 퇴직시 퇴직금 지급)

▶ 퇴직급여제도를 설정하지 않아도 되는 근로자

1. 계속근로기간이 1년 미만인 근로자
2. 1주간의 소정근로시간이 15시간 미만인 근로자

질문	직장을 옮기는 경우 퇴직연금을 계속 불입하는 방법이 있나요?
답변	현행 퇴직금 제도에서는 근로자가 퇴사할 경우 14일 이내에 퇴직일시금을 근로자에게 지급하도록 하고 있습니다. 따라서 이직이 잦은 근로자나 일정 기간 실직을 한 근로자의 입장에서는 퇴직금 재원이 노후 생활 자금으로 활용되지 못하고 중간에 생활자금 등으로 소진되고 있습니다. 개인퇴직연금제도(IRP)는 이러한 근로자의 직장 이동시에도 퇴직급여 재원이 계속 적립되어 노후 소득 보장 기능을 할 수 있도록 통산 기능을 하는 역할을 합니다.

◼ 퇴직급여제도 요약표

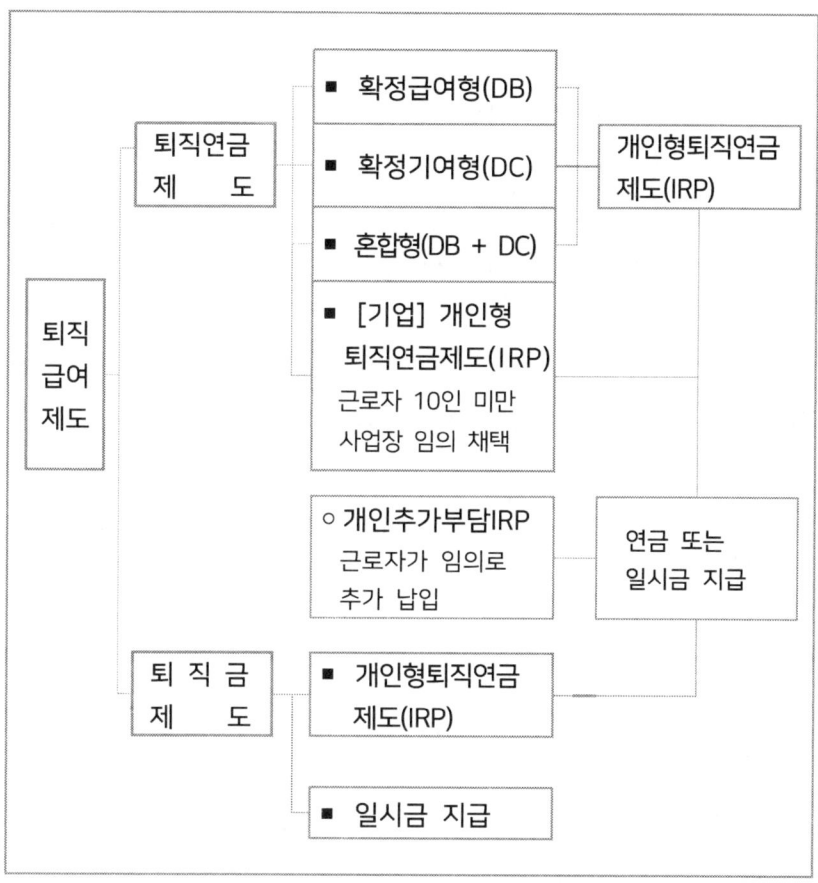

▶ 퇴직금제도 : 기존의 퇴직금 지급제도를 말하며, 근로자가 퇴사시 본인의 선택에 따라 퇴직금을 일시불로 지급하거나 개인형퇴직연금으로 이전할 수 있습니다. 개인형퇴직연금으로 이전한 경우 퇴직소득세는 징수 및 납부하지 않습니다.

▶ 퇴직금 이전 : 퇴직연금제도를 실시하고 있는 회사는 직원이 퇴사하는 경우 사용자는 퇴직금상당액을 개인형퇴직연금으로 이전하여야 하며, 퇴사한 근로자는 연금으로 지급받거나 일시금으로 수령할 수 있습니다.

③ 퇴직금제도 종류

◪ 기존의 퇴직금제도 설정(법 제8조 ①)

퇴직연금에 가입하지 아니한 사용자는 계속근로기간 1년에 대하여 30일분 이상의 평균임금을 퇴직금으로 퇴직 근로자에게 지급할 수 있는 제도를 설정하여야 합니다.

▶ 퇴직연금제도 미설정에 따른 처리

사용자가 확정급여형퇴직급여제도나 확정기여형퇴직급여제도 또는 개인형퇴직연금제도를 설정하지 아니한 경우에는 기존의 퇴직금제도를 설정한 것으로 봅니다.

◪ 확정기여형퇴직연금제도(DC)

확정기여형(Defined Contribution) 퇴직연금제도는 퇴직급여의 지급을 위하여 사용자가 부담하여야 할 부담금의 수준이 사전에 결정되어 있는 퇴직연금으로 사용자는 연간 임금총액의 12분의 1에 상당하는 금액 이상을 퇴직연금사업자에게 확정기여형퇴직연금으로 불입을 하여야 합니다.

확정기여형퇴직연금제도에서는 사용자가 부담한 퇴직연금적립금에 대하여 근로자가 그 운용에 대한 책임을 지며, 근로자는 퇴직연금사업자가 제시하는 운용방법 가운데서 선택하여 운용하면서 그 결과에 대해서 전적으로 근로자 본인이 책임을 져야 합니다. 따라서 근로자 본인은 퇴직연금으로 불입되는 적립액을 잘 운용하여 수익을 높여야 퇴직 후 연금이 증가하므로 퇴직연금사업자가 제시하는 금융상품에 대하여 충분한 이해가 필요하며, 재테크에 대하여 적극적인 관심을 가져야 합니다. 확정기여형퇴직연금제도에서는 퇴직금상당액 전액이 적립금으로 적립되므로 근로자 입장에서는 기업이 도산해도 수급권이 100% 보장됩니다.

확정기여형은 사용자가 매 년 임금의 12분의 1 이상을 정산하여 연금으로 불입함으로서 사실상 중간정산(기존의 중간정산은 근로자에게 정산금을 직접 지급하나 퇴직연금제도의 경우 적립된 금액을 근로자가 퇴사하기 전에는 인출할 수 없는 것만 다름)에 해당하므로 임금이 계속 상승하는 근로자 입장에서는 확정급여형보다 불리할 수도 있으나 중간정산 형태로 지급받은 퇴직금의 투자수익이 임금상승률보다 높을 경우에는 확정기여형퇴직연금제도가 유리할 수도 있습니다.

기업 입장에서 매 년의 임금을 기준으로 퇴직금상당액을 정산하여 근로자 명의의 퇴직연금에 불입함으로서 임금이 상승하는 경우 확정급여형퇴직연금보다는 근로자에 대한 퇴직금부담이 줄어드는 결과가 됩니다.

▶ 확정기여형퇴직연금의 가입기간

확정기여형퇴직연금의 가입기간은 퇴직연금제도의 설정 이후 해당 사업에서 근로를 제공하는 기간으로 하며, 해당 퇴직연금제도의 설정 전에 해당 사업에서 제공한 근로기간에 대하여도 가입기간으로 할 수 있습니다. 단, 퇴직금을 미리 정산한 기간은 제외합니다.

▶ 퇴직급여수준

연간 임금총액의 12분의 1에 상당하는 금액 이상을 퇴직금으로 적립을 하여야 합니다. "임금"이란 사용자가 근로의 대가로 근로자에게 임금, 봉급, 그 밖에 어떠한 명칭으로든지 지급하는 일체의 금품을 말합니다. 그러나 회사의 경영성과에 따라 지급여부 및 지급액이 결정되는 소위 경영성과금은 근로자에게 직접 지급하더라도 특별한 사정이 없는 한 임금총액에는 포함하지 않습니다.

단, 정기적으로 납부해야하는 부담금 이외에 별도로 경영성과금 등을 부담금으로 추가 납부할 수 있다는 사항을 퇴직연금규약에 명시한 경우에는 임금총액에 포함하여야 합니다.

▣ 확정급여형 퇴직연금제도(DB)

확정급여형(Defined Benefit)퇴직금연금제도는 근로자가 지급받을 급여 수준이 사전에 결정(기존의 퇴직금과 같이 계속근로연수 1년에 대하여 퇴직전 평균임금의 30일분 이상 지급)되어 있는 퇴직연금을 말하며, 사용자가 퇴직급여와 관련하여 부담한 적립금의 운용을 책임지는 형태입니다. 따라서 적립금의 운용실적이 좋지 않은 경우 손실이 발생할 수 있으며, 원금 손실의 경우에도 사용자가 지급하여야 하는 퇴직금은 퇴직전 평균임금을 기준으로 지급을 하여야 합니다.

즉, 확정급여형은 사용자가 적립금의 운용에 대하여 전적으로 책임을 지므로 운용수익의 좋고 나쁨에 관계없이 퇴사하는 근로자에게 퇴직전 평균임금을 기준으로 퇴직금을 지급하게 되므로 근로자는 퇴직 후 일정한 금액을 받을 수 있어서 안정적입니다.

■ 과거근로기간에 대한 확정급여형퇴직연금제도의 최소적립비율 고시
<기간: 2022년 1월 1일 이후의 기간>

과거근로기간 연수 가입 후 연차	1년 미만	1년 이상 3년 미만	3년 이상 6년 미만	6년 이상 10년 미만	10년 이상
1차 년도	100분의 60	100분의 30	100분의 20	100분의 15	100분의 12
2차 년도	100분의 70	100분의 60	100분의 40	100분의 30	100분의 24
3차 년도	100분의 80	100분의 70	100분의 60	100분의 45	100분의 36
4차 년도	100분의 90	100분의 80	100분의 70	100분의 60	100분의 48
5차 년도	100%	100분의 90	100분의 80	100분의 70	100분의 60
6차 년도	-	100%	100분의 90	100분의 80	100분의 70
7차 년도	-	-	100%	100분의 90	100분의 80
8차 년도	-	-	-	100%	100분의 90
9차 년도	-	-	-	-	100%

▶ 가입기간

확정급여형퇴직연금의 가입기간은 퇴직연금제도의 설정 이후 해당 사업에서 근로를 제공하는 기간으로 하며, 해당 퇴직연금제도의 설정 전에 해당 사업에서 제공한 근로기간에 대하여도 가입기간으로 할 수 있습니다. 단, 퇴직금을 미리 정산한 기간은 제외합니다.

▶ 퇴직급여수준

확정급여형퇴직연금제도를 시행하고 있는 사용자는 근로자가 1년 이상 계속 근로하고 퇴사하는 경우 1년에 30일분 이상의 평균임금을 지급하여야 합니다. 계속근로연수란 입사일부터 퇴사일까지의 일수를 말하며, 입사일을 포함합니다. 평균임금이란 퇴사한 날 이전 3개월 동안에 그 근로자에게 지급된 임금의 총액을 그 기간의 총일수로 나눈 금액으로 정기적, 계속적, 반복적으로 지급하는 수당등을 포함합니다.

■ 퇴직금제도과 퇴직연금제도 비교

구 분	퇴직금	확정급여형	확정기여형
비용부담주체	사용자	사용자	사용자
퇴 직 급 여 형태와 수준	일시금	연금 또는 일시금 (기존의 퇴직금과 같음)	연금 또는 일시금 (퇴직연금불입금의 운용실적에 따라 기존의 퇴직금보다 많거나 적을 수 있음)
퇴직금 수준	퇴직금 확정	퇴직금 확정	적립금 운용결과에 따라 변동됨
비용부담 수준	근속기간 1년 30일분 평균임금	1년 30일분 평균임금	매년 임금 총액의 1/12
운 용 주 체	해당 없음	사용자	근로자
수 수 료 부 담	없음	사용자	사용자
담 보 대 출	가능(전액 가능)	50% 한도 가능	50% 한도 가능
중 간 정 산	주택구입등 특정한 사유시 가능	할 수 없음	특정한 사유가 있는 경우 중도인출 가능
적 립 방 식 과 수 급 권 보 장	사내적립, 불안정	부분사외적립(100분의 60 이상)	전액사외 적립, 보장
개인형퇴직 연 금 이 전	선택	의무이전	의무이전
퇴 직 소 득 지 급 명 세 서	사용자가 제출	사용자	퇴직연금사업자
퇴 직 소 득 세 원 천 징 수	사용자 단, IRP이전시 과세이연	IRP이전으로 과세이연	IRP이전으로 과세이연

■ 확정급여형퇴직연금과 확정기여형퇴직연금 비교

구 분	확정기여형(DC)	확정급여형(DB)
개 념	• 노사가 사전에 부담할 기여금을 확정 • 근로자가 일정한 연령(55세)에 달한 때에 그 운용결과에 기초하여 퇴직연금사업자가 연금형태 지급	• 노사가 사전에 급여 수준내용을 약정 • 근로자가 일정한 연령(55세)에 달한 때에 예치된 퇴직연금을 기초로 퇴직연금사업자가 연금형태로 급여 지급
기 여 금	확정(연간 임금총액 1/12 이상)	1년당 30일분 평균임금 이상
급 부	운영실적에 따름	퇴직금 지급액 확정
적 립 금 운 용	적립금 운용에 대한 권한과 책임이 근로자에게 있음	적립금 운용에 대한 권한과 책임이 사용자에게 있음
운 영 주 체	근로자	사업주
적 립 금 수 익 자	근로자	사업주
수 수 료 부 담 자	사업주	사업주
위 험 부 담	물가, 이자율변동 근로자 부담	물가, 이자율변동 회사 부담
지 급 보 장	운용방법 원금보장상품 60%이상 포함 및 동 제도시행 초기에는 안정적 운영지도[주식 직접투자금지, 간접투자상품(수익증권)의 주식 등 위험자산 편입비율 40%로 제한]	책임준비금제도 건정성감독 지급보장장치 마련 등
기 업 부 담	축소 불가	수익률이 높을 경우 축소 가능
선 호 계 층	단기근속자 및 젊은 층	장기근속자
주 요 대 상 (예 상)	연봉제, 중·소기업	대기업, 기존 사외적립기업

개인형 퇴직연금제도(IRP)

과거 퇴직연금제도에서는 근로자가 퇴사하는 경우 일시불로 퇴직금을 지급하였으나, 2022년 4월 14일 이후에는 만55세 이상이거나 퇴직급여가 300만원 이하인 특정한 경우 이외에는 퇴직금을 지급하는 경우 퇴직금전액을 개인형퇴직연금계좌로 이전하여야 합니다.

▶ **근로자 본인 퇴직연금 추가 납입제도**

근로자 본인이 연간 1800만원 한도내에서 별도로 퇴직연금을 불입할 수 있으며, 이 경우 국민연금외의 다른 연금저축과 합하여 연간 900만원을 한도로 불입금액의 12% 또는 15%를 근로소득 연말정산시 세액공제 받을 수 있습니다.

[개정 세법] 연금계좌 세제혜택 확대 (소득법 §59의3, §64의4 신설,)

종 전				개 정		
□ 연금계좌 세액공제 대상 납입한도 ㅇ 연금저축 + 퇴직연금				□ 세액공제 대상 납입한도 확대 및 종합소득금액 기준 합리화 ㅇ 연금저축 + 퇴직연금		
총급여액 (종합소득금액)	세액공제 대상 납입한도 (연금저축 납입한도)		세액 공제	총급여액 (종합소득금액)	세액공제 대상 납입한도(연금저축 납입한도)	세액 공제율
	50세미만	50세이상				
5,500만원이하 (4,000만원)	700만원 (400만원)	900만원* (600만원*)	15%	5,500만원 이하 (4,500만원)	900만원 (600만원)	15%
1.2억원 이하 (1억원)				5,500만원 초과 (4,500만원)		12%
1.2억원 초과 (1억원)	700만원 (300만원)		12%			

<적용시기> (공제 대상 납입한도) '23.1.1. 이후 납입하는 분부터 적용

☐ 연금계좌 납입한도 　○ 추가납입 가능 　- ISA계좌* 만기 시 전환금액 　　* 개인종합자산관리계좌 　　＜추 가＞	☐ 연금계좌 추가납입 확대 　○ 추가납입 항목 신설 　- (좌 동) - 1주택 고령가구*가 가격이 더 낮은 주택으로 이사한 경우 그 차액(1억원 한도) 　* 부부 중 1인 60세 이상
☐ 연금계좌에서 연금수령 시 과세방법 　○ 1,200만원 이하 : 저율·분리과세 또는 종합과세 　○ 1,200만원 초과 : 종합과세	☐ 연금소득 1,200만원 초과 시에도 분리과세 선택 가능 　○ (좌 동) 　○ 종합과세 또는 15% 분리과세

(추가납입) '23.1.1. 이후 주택을 양도하는 분부터 적용
(연금수령 시 분리과세 선택) '23.1.1. 이후 연금수령하는 분부터 적용

두 종류 이상 퇴직연금제도 설정

사용자는 한 사업장에서 확정급여형 및 확정기여형퇴직금제도를 병행하여 설정할 수 있으며, 부담금 수준은 다음 각 호에 따릅니다.

1. 확정급여형퇴직연금제도의 급여: 급여(계속근로기간 1년에 대하여 30일분의 평균임금)에 확정급여형퇴직연금규약으로 정하는 설정비율을 곱한 금액
2. 확정기여형퇴직연금제도의 부담금: 연간 임금총액의 12분의 1 이상에 확정기여형퇴직연금규약으로 정하는 설정비율을 곱한 금액

④ 퇴직금 지급

▣ 기존의 퇴직금 제도를 운용하는 회사

2022년 4월 14일부터 퇴직연금에 가입하지 않은 근로자가 퇴직하는 경우 회사는 퇴직금 지급사유가 발생한 날로부터 14일 이내(주말 및 공휴일을 포함하여 14일 이내)에 개인형IRP 계좌로 퇴직금을 이전해야 합니다. 다만, 55세 이상 나이에 퇴직하거나, 퇴직금이 300만원 이하인 경우 개인형IRP에 이전하지 않아도 됩니다.

▶ 퇴직금 개인형퇴직연금(IRP) 이전 의무

2022. 4. 14. 근로자퇴직급여보장법 시행령이 개정되어 퇴직연금에 가입하지 않은 근로자가 퇴직 시 근로자가 지정한 개인형 퇴직연금계좌로 퇴직금을 지급하여야 합니다. 사용자는 근로자에게 퇴직금 수령을 위한 개인형 퇴직연금계좌를 개설하도록 안내하고, 기한 내에 퇴직금을 세전 금액으로 IRP계좌로 입금해야 합니다.

[Q1] 언제부터 IRP계정으로 이전해야 하나요? 소규모 개인 사업장에도 적용되는지요? 계도기간은 언제까지인지요?
법 시행일인 2022. 4. 14. 이후 퇴직한 근로자부터 IRP계정으로 이전하는 방식으로 퇴직금을 지급해야 합니다. 5인 미만 소규모 사업장에도 적용되며 계도기간 없이 바로 시행됩니다.

[Q2] 퇴직금을 IRP계정으로 이전 시 퇴직소득세를 원천징수하나요?
퇴직금 전액을 IRP계정으로 이전하는 경우, 퇴직소득세를 원천징수하지

않고 퇴직금 전액을 지급합니다. 퇴직소득세는 IRP운용기관에서 가입자에게 연금 또는 일시금을 지급하는 시점까지 이연됩니다.

[Q3] 재직자도 IRP계정은 개설할 수 있나요?
IRP계좌는 근로자의 퇴직금을 계좌에 적립해 연금 등 노후 생활자금으로 활용할 수 있도록 하는 제도로, 퇴직하지 않더라도 근로자는 언제든지 퇴직연금을 취급하는 은행, 증권사, 보험사 등에서 개설할 수 있습니다.

[Q4] 중간정산한 퇴직금도 반드시 IRP계정으로 지급해야 하나요?
퇴직금 중간정산은 주택구입 등 법에서 열거한 사유에 한하여 긴급한 생활자금이 필요한 근로자에게 퇴직금을 미리 정산하여 지급하는 것으로 퇴직금 중간정산제도의 취지상 IRP계정으로 지급하지 않아도 무방합니다.

[Q5] 퇴사하는 모든 근로자의 퇴직금을 IRP계정으로 지급해야 하나요?
다음에 해당하는 경우 IRP계정으로 지급하지 않아도 됩니다.
1. 만 55세 이후 퇴직하는 경우
2. 퇴직급여액이 300만원 이하인 경우
3. 근로자가 사망한 경우
4. 외국인 근로자가 국외 출국한 경우
5. 타 법령에서 퇴직소득을 공제할 수 있도록 한 경우(타 법령에서 퇴직소득을 공제할 수 있도록 한 경우란 취업 후 학자금 상환 특별법 제26조에 따라 학자금을 공제하는 경우를 말합니다.)

[Q6] 퇴직자가 신용불량 등의 사유를 들어 퇴직금을 본인에게 직접 지급을 요구하면서 IRP계좌를 개설하지 않았습니다. 이 경우 퇴사자에게 퇴직금을 직접 지급해도 되는지요?
사용자는 퇴직금의 IRP계정으로 지급의무를 성실히 이행하여야 하며,

퇴직금을 근로자의 월급 통장 등 일반 계좌로 납입하는 것은 허용되지 않습니다. 예외 사유에 해당하지 않는 한, 가입자의 신용불량 등을 이유로 하여 IRP계정으로 지급하는 것을 거부할 수 없습니다. 다만, 아직까지 IRP계정으로 이전하지 않고, 직접 근로자에게 퇴직금을 지급하는 것에 대한 벌칙규정은 없습니다.

Q 확정급여형퇴직연금제도를 운용하는 회사

확정급여형퇴직연금제도에서 직원이 퇴사하는 경우 퇴직금상당액을 가입자가 지정한 개인형퇴직연금으로 이전하여야 합니다. 개인형퇴직연금으로 이전하는 경우 퇴직소득세는 연금지급시 연금소득세로 과세이연되어 퇴직소득세를 징수 및 납부하지 않습니다.

한편, 퇴사한 근로자는 사용자가 개인형퇴직연금으로 이전한 퇴직금을 해지하여 일시금으로 수령할 수 있습니다단, 일시금으로 수령하는 경우 과세이연된 퇴직소득세는 퇴직연금사업자가 징수·납부합니다.

Q 확정기여형퇴직연금제도를 운용하는 회사

확정기여형퇴직연금제도에서 가입자는 퇴직할 때에 받을 급여를 갈음하여 그 운용 중인 자산을 가입자가 설정한 개인형퇴직연금제도의 계정으로 이전해 줄 것을 해당 퇴직연금사업자에게 요청할 수 있으며, 가입자의 요청이 있는 경우 퇴직연금사업자는 그 운용 중인 자산을 가입자의 개인형퇴직연금제도 계정으로 이전하여야 합니다.

SECTION 05

퇴직연금의 세무회계 퇴직소득세 과세이연

확정기여형퇴직연금에 불입하는 경우 불입하는 시점에 비용으로 처리할 수 있으며, 직원 퇴사시 퇴직소득에 관한 신고업무는 퇴직연금운용사업자가 처리하게 됩니다.
확정급여형퇴직연금에 불입하는 경우 직원 퇴사시 퇴직금상당액을 계산하여 개인형퇴직연금계좌로 이전하여야 합니다.

1 퇴직연금 비용처리 및 원천징수 개요

퇴직연금부담금의 비용처리

퇴직연금에 가입하는 경우 기존의 퇴직금제도를 유지하는 경우보다 세금을 절약할 수 있는 효과가 있으며, 그 내용은 다음과 같습니다.

퇴직금의 경우 예를 들어 살펴보면, 기업은 종사직원이 퇴사할 경우 통상 1년 근속에 1개월 정도의 급여에 해당하는 금액을 퇴직금으로 지급하여야 하는데 직원이 모두 퇴직을 하지 않고 계속 근무하다가 회사의 구조조정 등으로 일정 시점에 많은 직원이 퇴사할 경우 그 해의 퇴직금 비용이 과다하게 계상되며, 이러한 경우 1년 단위로 손익을 계산하는 재무보고에서 매우 불합리한 손익계산이 될 것입니다.

따라서 당해 연도의 퇴직금 발생 상당액을 실제 지급하지는 않았으나 당해 연도의 비용으로 계상하여야 적절한 손익계산이 될 것입니다. 따라서 기업회계기준에서는 이러한 방법으로 당해 연도에 발생한 퇴직금상당액을 퇴직금으로 계상하여 반영하도록 하고 있습니다.

한편, 세법은 근로자의 퇴직금 보호라는 정책 목적으로 퇴직금상당액을 사외에 적립하는 경우에 한하여 퇴직급여로 비용처리할 수 있도록 규정하고 있으므로 기존의 퇴직금제도를 채택하는 기업으로서 퇴직연금에 가입하지 않은 경우 매 년 발생한 퇴직금 상당액에 대하여 비용처리를 할 수 없으며, 퇴직금을 실제 지급하는 연도에 손금산입(법인) 또는 필요경비(개인사업자)에 산입할 수 있습니다.

반면, 퇴직연금제도를 도입하고 퇴직연금을 불입하는 경우에는 세법의 규정에 의하여 불입액 전액을 비용처리할 수 있으므로 기존의 퇴직금제도를 채택하고 있는 기업에 비하여 법인세 또는 종합소득세(개인사업자)를 적게 낼 수 있는 것입니다.

퇴직금 추가 지급시 퇴직소득세 원천징수

① 확정기여형 퇴직연금(DC)을 설정한 경우로서 사용자가 직접 별도로 추가 지급하는 퇴직금이 있는 경우 **그 지급분**에 대하여는 회사가 퇴직소득세를 원천징수하고 '퇴직소득지급명세서'를 퇴직연금사업자에게 통보하고, 다음연도 3월 10일까지 관할세무서에 해당 '퇴직소득지급명세서'를 제출하여야 합니다.

한편, 퇴사자가 퇴직연금을 해지하는 경우 퇴직연금사업자는 퇴직연금으로 지급하는 퇴직금과 사용자가 지급한 퇴직금을 합산하여 퇴직소득세를 원천징수합니다.

② 근로자가 퇴사하는 때에 퇴직연금일시금을 지급한 이후 추가로 퇴직금을 직접 지급하는 경우에는 퇴직연금사업자로부터 퇴직소득원천징수영수증을 통보받아 퇴직연금일시금과 추가 지급되는 퇴직금을 합산하여 퇴직소득세를 재계산하여야 합니다.

이 경우 원천징수이행상황신고서의 지급액란에는 추가 지급 퇴직금을 기재하고, 세액란에는 퇴직소득세 재계산액을 기재하는 것이며, 퇴직소득원천징수영수증 작성시 퇴직연금사업자가 지급한 분은 종(전)근무지란에 기재하고 회사의 지급분은 주(현)근무지란에 기재합니다.

③ 확정급여형퇴직연금(DB)제도에서 퇴직연금일시금을 지급하는 경우에는 퇴직연금제도를 설정한 사용자가 소득세를 원천징수하는 것입니다. 따라서 회사가 추가 지불하는 퇴직금이 있는 경우 회사가 원천징수의무를 지는 것이며, 이 경우 퇴직소득을 합산하여 퇴직소득세를 신고 및 납부하여야 합니다.

퇴직금 중간정산

근로자가 「근로자퇴직급여 보장법」 제8조 제2항에 따라 주택구입 등의 사유(근로자퇴직급여 보장법 시행령 제3조의 각 호의 어느 하나에 해당하는 사유)로 퇴직급여를 중간정산을 요구하는 경우에만 현실적인 퇴직에 해당하여 퇴직급여에 대하여 손금산입할 수 있는 것입니다.

따라서 퇴직급여를 중간정산에 해당하지 않는 사유로 중간정산하여 지급하는 경우 개인사업자의 경우 필요경비에 산입할 수 없으며, 법인은 업무무관 가지급금으로 보아 손금불산입하고, 현실적인 퇴직시점까지 인정이자를 계상하여 법인의 익금에 산입하고 근로자에 대한 상여로 처분을 하여야 합니다.

▶ **퇴직금중간정산을 할 수 있는 사유**
1. 무주택자인 근로자가 본인 명의로 주택을 구입하는 경우
2. 무주택자인 근로자가 주거를 목적으로 전세금 또는 보증금을 부담하는 경우. 이 경우 근로자가 하나의 사업에 근로하는 동안 1회로 한정한다.
3. 근로자가 6개월 이상 요양을 필요로 하는 다음 각 목의 어느 하나에 해당하는 사람의 질병이나 부상에 대한 의료비를 해당 근로자가 본인 연간 임금총액의 1천분의 125를 초과하여 부담하는 경우
   가. 근로자 본인
   나. 근로자의 배우자
   다. 근로자 또는 그 배우자의 부양가족
4. 퇴직금 중간정산을 신청하는 날부터 거꾸로 계산하여 5년 이내에 근로자가 파산선고를 받은 경우

5. 퇴직금 중간정산을 신청하는 날부터 거꾸로 계산하여 5년 이내에 근로자가 「채무자 회생 및 파산에 관한 법률」에 따라 개인회생절차개시 결정을 받은 경우
6. 사용자가 기존의 정년을 연장하거나 보장하는 조건으로 단체협약 및 취업규칙 등을 통하여 일정나이, 근속시점 또는 임금액을 기준으로 임금을 줄이는 제도를 시행하는 경우
7. 사용자가 근로자와의 합의에 따라 소정근로시간을 1일 1시간 또는 1주 5시간 이상 변경하여 그 변경된 소정근로시간에 따라 근로자가 3개월 이상 계속 근로하기로 한 경우
8. 법률 제15513호 근로기준법 일부개정법률의 시행에 따른 근로시간의 단축으로 근로자의 퇴직금이 감소되는 경우
9. 재난으로 피해를 입은 경우로서 고용노동부장관이 정하여 고시하는 사유에 해당하는 경우

▶ 퇴직금중간정산 사유에 해당하지 아니함에도 퇴직금을 지급한 경우

1) 법인의 경우 퇴직금을 손금산입할 수 없으며, 퇴직금을 중간정산하여 지급한 날부터 현실적인 퇴사일까지 근로자에게 회사자금을 무상으로 빌려준 것으로 보아 퇴사일까지 매년 인정이자상당액(연리 4.6%)을 세무조정으로 익금산입하고, 해당 근로자에 대한 상여로 처분을 하여야 합니다.

2) 개인사업자의 경우 퇴직금 중간정산 사유에 해당하지 아니함에도 퇴직금을 중간정산하여 지급한 경우 필요경비에 산입할 수 없으며, 이 경우 퇴직금을 중간정산하여 지급한 날부터 현실적인 퇴사일까지 근로자에게 회사자금을 무상으로 빌려준 것으로 보아야 합니다. 다만, 개인사업자의 경우 법인과 같이 인정이자를 계상하지는 않습니다.

▶ **퇴직소득에 대한 세액정산 등 (소득세법 제148조)**

① 퇴직자가 퇴직소득을 지급받을 때 이미 지급받은 다음 각 호의 퇴직소득에 대한 원천징수영수증을 원천징수의무자에게 제출하는 경우 원천징수의무자는 퇴직자에게 이미 지급된 퇴직소득과 자기가 지급할 퇴직소득을 합계한 금액에 대하여 정산한 소득세를 원천징수하여야 한다.
1. 해당 과세기간에 이미 지급받은 퇴직소득
2. 근로계약에서 이미 지급받은 퇴직소득

② 제1항에 따라 퇴직소득세를 정산하는 경우의 근속연수는 이미 지급된 퇴직소득에 대한 근속연수와 지급할 퇴직소득의 근속연수를 합산한 월수에서 중복되는 기간의 월수를 뺀 월수에 따라 계산한다.

③ 근로계약이란 근로제공을 위하여 사용자와 체결하는 계약으로서 사용자가 같은 하나의 계약을 말한다.

▶ **퇴직판정의 특례(소득세법 시행령 제43조)**

다음 각 호의 어느 하나에 해당하는 사유가 발생한 경우 퇴직금을 지급하여야 하나 퇴직급여를 실제로 받지 않은 경우는 퇴직으로 보지 않을 수 있다.
1. 종업원이 임원이 된 경우
2. 합병·분할 등 조직변경, 사업양도, 직·간접으로 출자관계에 있는 법인으로의 전출 또는 동일한 사업자가 경영하는 다른 사업장으로의 전출이 이루어진 경우
3. 법인의 상근임원이 비상근임원이 된 경우
4. 비정규직 근로자가 정규직 근로자로 전환된 경우

② 확정기여형 퇴직연금제도(DC)

◐ 퇴직연금 및 수수료 납부 회계처리

확정기여형 퇴직연금제도를 설정한 경우 당해 회계기간에 대하여 회사가 납부하는 부담금을 전액 퇴직급여(비용)로 처리하고, 퇴직연금운용자산, 퇴직급여충당부채는 인식하지 않습니다.

즉, 확정기여형 퇴직연금은 퇴직금에 상당하는 금액의 100%를 퇴직연금사업자에게 불입하는 시점에 전액 비용으로 처리하는 것입니다.

또한 퇴직연금의 운용과 관련하여 사용자가 퇴직연금사업자에게 지급하는 수수료(운용관리수수료와 자산관리수수료로 구분하여 납부함)도 전액 비용으로 인정이 됩니다.

[예제] 직원의 퇴직금상당액 1천만원을 보통예금에서 퇴직연금계좌로 이체하다.

퇴직급여	10,000,000	/ 보통예금	10,000,000

[예제] 퇴직연금 누적적립금에 대한 운용관리수수료 200,000원(0.4% 가정) 및 자산관리수수료 150,000원(0.3% 가정)를 보통예금에서 이체하여 결제하다.

지급수수료	350,000	/ 보통예금	350,000

▶ 운용관리수수료 : 퇴직연금사업자에게 지급하는 수수료
▶ 자산관리수수료 : 퇴직연금자산을 관리하는 금융기관에 지급하는 수수료

퇴직금제도에서 퇴직연금제도로 변경시 회계처리

퇴직금제도에서 확정기여형 퇴직연금제도로 변경하는 경우 회계처리 방법은 다음과 같습니다.

[예제1] 퇴직연금제도로 변경하면서 변경전 발생한 퇴직금상당액을 퇴직연금으로 불입하는 경우로서 퇴직급여충당부채가 없는 경우

| 퇴직금 | ***** | / | 현금및현금성자산 | ***** |

[예제2] 퇴직연금제도로 변경하면서 변경전 발생한 퇴직금상당액을 퇴직연금으로 불입하는 경우로서 퇴직급여충당부채가 있는 경우

| 퇴직급여충당부채 | ***** | / | 현금및현금성자산 | ***** |

[예제3] 확정기여형퇴직연금제도가 장래근무기간에 대하여 설정되어 과거근무기간에 대하여는 기존 퇴직금제도가 유지되는 경우로서 임금수준의 변동으로 퇴직급여추계액이 증가한 경우

| 퇴직급여 | ***** | / | 퇴직급여충당부채 | ***** |

▶ 세무상 한도액을 초과하는 금액은 손금불산입 하여야 합니다.

사 례 퇴직금제도에서 확정기여형퇴직연금제도로 변경

① A회사는 2012년 12월 31일까지 퇴직금제도를 유지해왔으나 2013년 1월 1일부터 확정기여형퇴직연금제도를 도입하기로 결정하였다. 2013년 1월 1일 이후에는 연간 임금총액의 1/12에 해당하는 금액을 확정기여형퇴직연금제도의 부담금으로 납부하기로 하고, 기존 퇴직급여충당부채와 2013년에 발생한 퇴직급여(비용) 전액을 부담금으로 납부한 경우의 회계처리

| 퇴직급여충당부채 | ***** | / | 현금및현금성자산 | ***** |
| 퇴직급여 | ***** | | | |

② 퇴직금제도와 관련된 퇴직급여충당부채 상당액은 확정기여형퇴직연금으로 불입하지 않기로 결정하였으나 퇴직연금불입전 퇴직금에 대한 추계액의 증가에 따른 회계처리

| 퇴직급여 | ***** / 퇴직급여충당부채 | ***** |

보 충 퇴직급여충당부채 및 퇴직급여충당금

퇴직급여충당금이란 용어는 기업회계기준서에서는 '퇴직급여충당부채'로 변경하였으나 세법에서는 현재 퇴직급여충당금으로 명칭하고 있으나 그 개념은 같은 의미입니다.

충당금이란 지급의무 등이 확정되지는 않았지만 당기의 수익에 대응하는 비용으로서 장래에 지출할 것이 확실하고 당기의 수익에서 차감하는 것이 합리적인 것에 대하여 적절한 기간 손익 계산을 위하여 합리적인 금액을 추정하여 비용으로 계상하는 금액을 말합니다.

예를 들어 퇴직금의 경우 기업은 종사 직원이 퇴사할 경우 통상 1년 근속에 1개월 정도의 급여에 해당하는 금액을 퇴직금으로 지급하여야 하는데 종사 직원이 모두 퇴직을 하지 않고 계속 근무하다가 회사의 구조조정 등으로 일정 시점에 많은 직원이 퇴사할 경우 그 해의 퇴직금 비용이 과다하게 계상되며, 이러한 경우 퇴사연도에 퇴직금이 과다 계상되어 불합리한 손익계산이 될 것입니다.

따라서 매 회계연도의 손익을 계산함에 있어 직원이 퇴사는 하지 않더라도 당해 회계연도에 발생한 퇴직금상당액을 산출하여 비용으로 계산하는 것이 보다 정확한 기간 손익이 될 것입니다.

즉, 당해 연도에 발생하는 퇴직금상당액을 퇴직금으로 비용 계산한 경우 실제 퇴직금을 지급하지는 않았으나 비용으로 계산한 바 그 금액은 장차 지급하여야 할 채무로서 일종의 미지급채무인 퇴직급여충당금(비용이 발생하였으나 아직 지급하지 않은 금액으로 일종의 미지급금입니다.)이란 부채계정을 설정하였다가 실제 퇴직금을 지급하는 때에 퇴직급여충당금이란 미지급금을 변제한 것으로 처리하는 것입니다.

▣ 퇴직시 퇴직연금의 개인형퇴직연금 이전

퇴직연금에 불입하여 두었던 금액으로 퇴직금을 지급하는 경우 그 지급은 가입자가 지정한 개인형퇴직연금제도의 계정으로 이전하는 방법으로 하여야 합니다. 다만, 다음에 정하는 사유가 있는 경우에는 이전하지 않아도 됩니다.

▶ **개인형퇴직연금제도 이전 예외 사유**
1. 가입자가 55세 이후에 퇴직하여 급여를 받는 경우
2. 급여를 담보로 대출받은 금액 등을 상환하기 위한 경우. 이 경우 가입자가 지정한 개인형퇴직연금제도의 계정으로 이전하지 아니하는 금액은 담보대출 채무상환 금액을 초과할 수 없다.
3. 퇴직급여액이 3백만원 이하인 경우

가입자가 개인형퇴직연금제도의 계정을 지정하지 아니하는 경우에는 해당 퇴직연금사업자가 운영하는 계정으로 이전하여야 하며, 이 경우 가입자가 해당 퇴직연금사업자에게 개인형퇴직연금제도를 설정한 것으로 봅니다.

▣ 퇴직연금외 퇴직금 추가 지급액이 있는 경우

▷ 퇴직금 추가 지급액을 퇴직연금계좌로 이전하는 경우

퇴직금 추가 지급액을 퇴직연금계좌로 이전하는 경우 퇴직소득세는 과세이연되나 '퇴직소득지급명세서'를 작성하여 퇴직연금사업자에게 통보하여야 하며, 사용자는 다음연도 3월 10일까지 관할세무서에 해당 '퇴직소득지급명세서'를 제출하여야 합니다.

▶ 확정기여형퇴직연금외 퇴직금 추가 지급

확정기여형퇴직연금제도를 채택하고 있는 사업자의 경우 퇴직소득세 원천징수와 관련한 모든 업무를 퇴직연금사업자가 부담하므로 사용자는 근로자 퇴사기 별도로 처리할 업무는 없으나 추가 지급액이 있는 경우에는 다음과 같이 처리하여야 합니다.

▶ 퇴직금 추가 지급액을 퇴직연금계좌로 이전하는 경우

퇴직금 추가 지급액을 퇴직연금계좌로 이전하는 경우 과세이연되며, 이 경우 사용자는 퇴직소득지급명세서를 퇴직연금사업자에게 통보하여야 하며, 다음연도 3월 10일까지 관할 세무서에 퇴직소득지급명세서를 제출하여야 합니다.

▶ 퇴직금 추가 지급액을 회사가 직접 지급하는 경우

근로자 퇴사시 사용자가 추가로 퇴직금을 지급하는 경우, **회사 지급분**에 대하여 회사가 별도로 퇴직소득세 및 지방소득세를 원천징수하고 '퇴직소득지급명세서'를 퇴직연금사업자에게 통보하여야 하며, 사용자는 다음연도 3월 10일까지 관할 세무서에 '퇴직소득지급명세서'를 제출하여야 합니다.

▶ 퇴직금 지급 이후 퇴직금을 회사가 직접 지급하는 경우

퇴직금 지급 이후 추가 지급하는 퇴직금이 있는 경우에는 퇴직연금일시금과 추가 지급하는 금액을 합산하여 퇴직소득세를 정산하여 원천세 신고.납부 및 퇴직소득지급명세서를 제출하여야 합니다. 따라서 이 경우 회사가 퇴직연금사업자로부터 퇴직소득원천징수내역을 통보받아 이를 회사에서 지급한 퇴직금과 합산하여 원천징수세액을 계산해야 할 것이며, 퇴직소득원천징수영수증 작성시 퇴직연금사업자 지급분은 종(전)근무지란에 기재하고 회사 지급분은 주(현)근무지란에 기재합니다.

▶ 퇴직금 추가 지급액에 대한 원천징수방법

이미 퇴직연금사업자가 지급한 퇴직소득과 회사에서 지급하는 퇴직소득을 합한 퇴직급여액에서 퇴직소득공제를 차감한 후 퇴직소득 과세표준을 계산하고 원천징수세율을 적용하여 산출세액, 결정세액을 구한 후 이미 지급한 퇴직소득에 대하여 원천징수된 세액을 공제하여 계산합니다.

▶ 퇴직금 추가 지급에 대한 회계처리

[예제] 근로자 고둘리의 퇴직(만55세 이후 퇴직)에 따라 퇴직금 2천만원을 계상하다. 2천만원은 퇴직연금사업자가 고둘리에게 직접 지급하였으며, 퇴직금 추가 지급분 5백만원은 회사에서 지급하다. 단, 퇴직연금으로 불입한 금액은 이미 손금산입(퇴직연금충당부채를 설정하여 손금산입함)하였으며, 퇴직연금 불입액이외의 추가 퇴직금 상당액 또한 퇴직급여충당부채를 설정하여 이미 손금산입하였다.
회사의 추가 지급분에 대하여 퇴직소득세 및 지방소득세 550,000원을 원천징수하고 잔액을 지급하다.

퇴직연금충당부채	20,000,000	/ 퇴직연금운용자산	20,000,000
퇴직급여충당부채	5,000,000	현금및현금성자산	4,450,000
		예수금	550,000

③ 확정급여형퇴직연금제도(DB)

▣ 퇴직연금 손금산입

▶ 당해 연도 퇴직금 발생액의 비용계상

당해 연도의 수익에 대응하는 비용을 보다 정확하게 계상하기 위하여 당해 연도에 실제 퇴직금을 지급하지는 않았으나 당해 연도에 발생한 것으로 추정되는 퇴직금상당액을 비용으로 처리하기 위하여 재무상태표일 현재 퇴직급여추계액에서 기 설정한 퇴직급여충당부채를 차감한 금액을 퇴직급여충당부채로 계상할 수 있습니다.

다만, 세법에서는 퇴직연금에 불입한 금액은 전액 비용으로 인정을 하여 주나 퇴직금상당액을 사외에 불입하지 아니하고, 퇴직급여충당부채를 계상하여 비용처리한 금액은 일정 한도액 범위내의 금액만을 비용으로 인정을 하여 주고 있으므로 기업회계에 의하여 계상한 퇴직급여충당부채 중 세무상 한도액을 초과하는 금액은 세무조정에서 손금불산입하여야 하는 등 실무적으로 다소 까다로운 조정절차가 필요하기도 합니다. 따라서 외부감사대상법인이 아닌 기업의 경우 세무상 한도내의 금액만을 충당부채로 설정을 하기도 합니다.

▶ 확정급여형퇴직연금의 손금(필요경비)산입

① 사용자가 확정급여형퇴직연금제도에 가입한 경우로서 퇴직금상당액 전액을 퇴직연금으로 불입하는 경우에는 퇴직급여충당부채의 비용처리에 대한 절차없이 퇴직급여 및 퇴직연금충당부채로 계상할 수

있습니다만, 근로자퇴직급여보장법에서는 가입자별 예상 퇴직급여를 합하는 방법에 따라 산정한 금액(기준책임준비금)에 100분의 60 이상을 곱하여 산출한 금액(최소적립금) 이상을 적립금으로 적립할 수 있도록 규정하고 있습니다.

이 경우 퇴직연금으로 적립하는 금액외의 금액에 대하여는 퇴직급여충당부채를 설정하여 비용처리를 하는 것이 수익비용대응의 원칙에 부합할 것입니다. 다만, 세무상 한도액을 초과하는 금액은 세무조정에서 손금불산입하는 절차가 필요합니다.

② 확정급여형 퇴직연금의 부담금은 제1호 및 제2호의 금액 중 큰 금액에서 제3호의 금액을 뺀 금액을 한도로 손금에 산입하며, 둘 이상의 부담금이 있는 경우에는 먼저 계약이 체결된 퇴직연금등의 부담금부터 손금에 산입합니다.

1. 해당 사업연도종료일 현재 재직하는 임원 또는 사용인(확정기여형 퇴직연금이 설정된 사람 제외)의 전원이 퇴직할 경우에 퇴직급여로 지급되어야 할 금액의 추계액에서 해당 사업연도종료일 현재의 퇴직급여충당금을 공제한 금액에 상당하는 연금에 대한 부담금

2. 매 사업연도 말일 현재를 기준으로 산정한 가입자의 예상 퇴직시점까지의 가입기간에 대한 급여에 드는 비용 예상액의 현재가치에서 장래 근무기간분에 대하여 발생하는 부담금 수입 예상액의 현재가치를 뺀 금액으로서 고용노동부령으로 정하는 방법에 따라 산정한 금액에서 해당 사업연도 종료일 현재의 퇴직급여충당금을 공제한 금액에 상당하는 연금에 대한 부담금

3. 직전 사업연도종료일까지 지급한 부담금

```
┌─────────────────┐   ┌─────────────────┐   ┌─────────────────┐
│ 사업연도 종료일 │   │ 사업연도 종료일 현재 │   │ 퇴직연금 손금산입 │
│ 현재            │ - │ 퇴직급여충당금 잔액 │ = │ 누적한도액(A)    │
│ 퇴직급여 추계액 │   │                 │   │                 │
└─────────────────┘   └─────────────────┘   └─────────────────┘

┌─────────────────┐   ┌─────────────────┐   ┌─────────────────┐
│ 사업연도 종료일 │   │ 신고조정 또는 결산조정 │   │ 손금산입대상   │
│ 현재            │ - │ 에 의해 이미 손금산입한 │ = │ 퇴직연금(C)    │
│ 퇴직연금 잔액   │   │ 금액(B)         │   │                 │
└─────────────────┘   └─────────────────┘   └─────────────────┘

┌─────────────────────────────────────────┐
│ 손금산입한도액 = (A - B)와 (C)중 적은 금액 │
└─────────────────────────────────────────┘
```

퇴직금제도에서 퇴직연금제도로 변경시 회계처리

기존의 퇴직금제도에서 과거근무기간을 포함하여 확정급여형퇴직연금제도로 변경하는 경우, 기존의 퇴직급여충당부채에 상당하는 금액을 퇴직연금으로 불입하는 경우 사내에 충당부채로 유보한 금액을 사외에 적립하는 것이므로 별도의 추가적인 부채로 인식하지 아니하고 납부하는 시점에 퇴직연금운용자산으로 처리하시면 됩니다.

| 퇴직연금운용자산 | ***** / 현금및현금성자산 | ***** |

퇴직연금에 가입한 기업은 퇴직연금사업자에게 퇴직연금의 운용과 관련하여 운영관리수수료(적립금의 0.2% ~ 0.5%)와 자산관리수수료(0.3% 내외)가 퇴직연금적립금에서 차감되며, 이 경우 퇴직연금운용자산에서 차감하고, 비용처리합니다.

| 지급수수료 | ***** / 퇴직연금운용자산 | ***** |

◎ 확정급여형퇴직연금 손금(필요경비)산입 방법

퇴직연금운용자산으로 불입한 금액은 결산조정 또는 신고조정에 의하여 손금산입할 수 있으나 손금산입하지 않는 경우 퇴직금 지급시 퇴직금으로 손금산입하여야 합니다.

[1] 결산조정에 의한 손금산입

[예제1] 20×5년 확정급여형퇴직연금제도를 도입하고 퇴직급여추계액에 해당하는 100,000,000원을 보통예금에서 인출하여 퇴직연금으로 불입하다.

퇴직연금운용자산 100,000,000 / 보통예금 100,000,000

[예제2] 20×5년 회계기말에 확정급여형퇴직연금으로 불입한 금액에 대하여 퇴직급여로 비용계상하다.

퇴직급여 100,000,000 / 퇴직연금충당부채 100,000,000

[예제3] 20×6년 종업원 퇴직금 1천만원을 퇴직연금사업자가 종업원의 개인형퇴직연금으로 이전하다. 단, 퇴직연금으로 불입한 금액은 이미 손금산입(퇴직연금충당부채를 설정하여 손금산입함)하였다.

퇴직연금충당부채 10,000,000 / 퇴직연금운용자산 10,000,000

[2] 신고조정에 의한 손금산입

[예제1] 확정급여형퇴직연금제도를 도입하고 퇴직급여추계액에 해당하는 1억원을 보통예금에서 인출하여 퇴직연금으로 불입하다.

퇴직연금운용자산 100,000,000 / 보통예금 100,000,000

[예제2] 20×5년 회계기말에 확정급여형퇴직연금으로 불입한 금액에 대하여 세무조정으로 손금산입하다.
20×5년 세무조정
손금산입
퇴직금   100,000,000 (△유보)

[예제3] 20×6년 종업원 퇴직금 1천만원을 퇴직연금사업자가 종업원의 개인형퇴직연금으로 이전하다. 단, 퇴직연금으로 불입한 금액은 이미 손금산입(세무조정으로 손금산입함)하였다.

| 퇴직금 | 10,000,000 / 퇴직연금운용자산 | 10,000,000 |

20×6년 세무조정
손금불산입
퇴직금   10,000,000 (유보)

[3] 퇴직연금불입액에 대하여 손금산입하지 않은 경우

[예제1] 20×5년 확정급여형퇴직연금제도를 도입하고 퇴직급여추계액에 해당하는 100,000,000원을 보통예금에서 인출하여 퇴직연금으로 불입하다.

| 퇴직연금운용자산 100,000,000 / 보통예금 | 100,000,000 |

■ 20×5년 회계기말에 별도의 비용계상을 하지 아니함

[예제2] 20×6년 종업원 퇴직금 1천만원을 퇴직연금사업자가 종업원의 개인형퇴직연금으로 이전하다. (이 경우 별도의 세무조정 없음)

| 퇴직금 | 10,000,000 / 퇴직연금운용자산 | 10,000,000 |

퇴직연금적립금의 운용수익에 대한 회계처리

확정급여형퇴직연금의 운용과 관련하여 수익 또는 손실이 발생할 수 있으며, 그 결과는 회계기말에 재정검증을 통하여 이를 확인할 수 있습니다. 수익이 발생한 경우 영업외수익으로 손실이 발생한 경우 영업외비용으로 처리를 하여야 합니다.

운용수익은 예금이자, 채권, 주식, 펀드상품 투자 등에 의하여 발생하며, 주식투자로 인하여 수익이 발생하는 경우에는 세금을 원천징수하지 않습니다.

[예제1] 회계기말에 퇴직연금적립금의 운용수익을 확인한 바 1천만원의 이익이 발생하였다.

| 퇴직연금운용자산 | 10,000,000 | / | 퇴직연금운용수익 | 10,000,000 |

[예제2] 회계기말에 퇴직연금적립금의 운용수익을 확인한 바 1천만원의 손실이 발생하였다.

| 퇴직연금운용손실 | 10,000,000 | / | 퇴직연금운용자산 | 10,000,000 |

4 임원 퇴직금 [법인]

법인의 임원(법인의 회장, 사장, 부사장, 이사장, 대표이사, 전무이사 및 상무이사 등 이사회의 구성원 전원과 청산인 및 감사)으로서 근로기준법상의 근로자에 해당하지 않는 경우 근로자퇴직급여보장법에 의한 퇴직금 지급의무는 없습니다.

다만, 현실적인 퇴직을 하는 경우 퇴직금을 지급할 수 있으나 법인이 임원에게 지급한 퇴직급여 중 다음 각 호의 어느 하나에 해당하는 금액을 초과하는 금액은 손금에 산입할 수 없습니다.

1. 정관에 퇴직급여(퇴직위로금 등을 포함합니다)로 지급할 금액이 정하여진 경우에는 정관에 정하여진 금액. 단, 정관에서 위임된 퇴직급여지급규정이 따로 있는 경우에는 해당 규정에 의한 금액에 의합니다.
2. 제1호 외의 경우에는 그 임원이 퇴직하는 날부터 소급하여 1년 동안 해당 임원에게 지급한 총급여액의 10분의 1에 상당하는 금액에 근속연수(1년 미만의 기간은 월수로 계산하되, 1개월 미만의 기간은 이를 산입하지 아니합니다.)를 곱한 금액

한편, 2012년 1월 1일 이후에는 정관에 임원의 퇴직금 지급규정이 정하여져있더라도 아래 금액의 합계액을 초과하는 경우에는 그 초과하는 금액은 근로소득으로 봅니다.

1. 입사일부터 2011년 12월 31일 기간에 대하여 정관의 규정(배수 제한 없음)에 의한 퇴직소득(2011년 12월 31일에 퇴직하였다고 가정할 때 지급받을 퇴직소득)

2. 퇴직한 날부터 소급하여 3년 동안 지급받은 총급여의 연평균환산액 × 1/10 × 2012년 1월 1일 이후의 근속연수(월수로 계산, 1개월 미만 올림) × 3배(2020년 이후분 2배)

근속연수의 3배수(2020년 이후분 2배) 규정은 정관에 규정한 퇴직금이 3배(2020년 이후분 2배)를 초과하는 경우 근로소득으로 과세한다는 의미이며, 손금불산입한다는 의미는 아닙니다. 따라서 정관에서 2배를 초과하여 퇴직금 지급에 관한 규정을 둘 수 있으며, 이 경우 2배를 초과하는 금액은 근로소득으로 과세하는 것입니다.

[개정 세법] 임원 퇴직소득 한도 축소(소득세법 제22조 ③)
2020년 1월 1일 이후 적립분에 해당하는 임원의 퇴직소득에 대해서 지급배수를 급여의 연평균환산액을 기초로 산정한 기준금액의 3배에서 2배로 하향 조정하여 임원 퇴직소득 한도를 축소함

임원의 퇴직금 중간정산

근로기준법에 의한 근로자가 아닌 임원의 경우 근로자퇴직급여보장법의 적용을 받는 것은 아니므로 아래 요건(법인세법 시행규칙 제22조)을 충족하는 경우 퇴직금 중간정산을 할 수 있습니다. 따라서 아래에 정하는 사유 외에 퇴직금을 중간정산하는 경우에는 손금불산입하고 상여처분하거나 가지급금으로 처리를 하여야 합니다.

▶ 법인 임원에게 퇴직금중간정산을 할 수 있는 경우
1. 중간정산일 현재 1년 이상 주택을 소유하지 아니한 세대의 세대주인 임원이 주택을 구입하려는 경우
2. 임원(임원의 배우자 및 생계를 같이 하는 부양가족 포함)이 3개월 이상의 질병 치료 또는 요양을 필요로 하는 경우

5 퇴직소득세 신고 및 납부

가 퇴직연금제도를 시행하고 있지 않는 회사

① 2022년 4월 14일부터 퇴직연금에 가입하지 않은 근로자가 퇴직하는 경우 회사는 퇴직금 지급사유가 발생한 날로부터 14일 이내에 개인형IRP 계좌로 퇴직금을 이전해야 합니다. 다만, 55세 이상 나이에 퇴직하거나, 퇴직금이 300만원 이하인 경우 개인형IRP에 이전하지 않아도 됩니다.

② 퇴직금을 개인형IRP에 이전하지 아니하고, 퇴사자에게 퇴직금을 직접 지급하는 경우 퇴직소득세를 계산하여 퇴직소득세 및 지방소득세를 신고 및 납부하여야 합니다.

③ 퇴직금을 개인형IRP로 이전하거나 직접 지급하는 경우 원천징수이행상황신고서를 작성하여 퇴직금 지급일의 다음달 10일까지 관할세무서에 제출하여야 합니다.

④ 퇴직연금제도를 시행하고 있지 않는 사업자이나 근로자가 퇴직으로 인하여 지급받는 퇴직급여액(명예퇴직수당과 단체퇴직보험금 포함)을 퇴직한 날부터 60일 이내에 개인형퇴직연금계정(IRP)으로 이전하는 경우 퇴직소득세 중 개인형퇴직연금으로의 이전비율에 상당하는 금액(퇴직소득세 × 이전한 퇴직소득금액/퇴직소득금액)은 과세이연됩니다. 이 경우 사업자는 '퇴직소득지급명세서'를 작성하여 개인형퇴직연금계좌를 취급하는 퇴직연금사업자에게 즉시 통보하여야 하며, 또한 다음연도 3월 10일까지 관할세무서에 '퇴직소득지급명세서'를 제출하여야 합니다.

◆ 퇴직금 지급에 대한 '원천징수이행상황신고서' 작성방법

퇴직소득세를 개인퇴직연금계좌에 입금하여 퇴직소득세를 과세이연한 경우 원천징수이행상황신고서상 퇴직소득란의 인원과 총지급액란에 해당 퇴직소득 지급금액을 기재하고 징수세액의 소득세 등란에는 '0'원으로 기재하는 것이며, 퇴직소득 원천징수의무자가 회사인 회사지급분 및 확정급여형퇴직연금을 지급하는 경우에는 'A22'란에 기재합니다.

[원천징수이행상황신고서 일부]

소득자 소득구분		코드	원 천 징 수 명 세				
			소 득 지 급 (과세미달 일부 비과세 포함)		징수세액		
			④인원	⑤총지급액	⑥소득세등	⑦농어촌특별세	⑧가산세
퇴직소득	연금계좌	A21					
	그 외	A22	1	10,000,000	0		
	가감계	A20					

확정기여형 퇴직연금의 퇴직소득세 징수

확정기여형퇴직연금제도에서 가입자는 퇴직할 때에 받을 급여를 갈음하여 그 운용 중인 자산을 가입자가 설정한 개인형퇴직연금제도의 계정으로 이전해 줄 것을 해당 퇴직연금사업자에게 요청할 수 있으며, 가입자의 요청이 있는 경우 퇴직연금사업자는 그 운용 중인 자산을 가입자의 개인형퇴직연금제도 계정으로 이전하여야 합니다.

한편, 거주자가 퇴직으로 인하여 지급받는 퇴직급여액(명예퇴직수당과 단체퇴직보험금)에 해당하는 금액[2013년 이후 비율 제한 없음]을 퇴직한 날로부터 **60일 이내**에 개인형퇴직연금제도의 계정으로 이체 또는 입금하거나 과세이연계좌를 다른 금융회사의 과세이연계좌로

이체를 통하여 이전하는 경우 당해 퇴직급여액 중 퇴직연금계좌로 이전한 금액은 퇴직소득으로 보지 않으며, 이 경우 퇴직소득세는 연금지급시 연금소득세로 과세이연되어 퇴직소득세를 징수 및 납부하지 않습니다. (소득세법 제146조) 단, 개인형퇴직연금불입 이후 근로자는 개인형퇴직연금을 해지할 수는 있으며, 이 경우 퇴직연금사업자가 퇴직소득세를 계산하여 징수 및 납부합니다.

▶ 확정기여형퇴직연금의 원천징수의무자

확정기여형퇴직연금의 경우 원천징수의무자는 퇴직연금운용사업자이므로 회사는 별도로 원천징수이행상황신고서를 제출할 필요가 없습니다. 다만, 퇴직연금제도 시행전 퇴직금을 지급하거나 추가로 퇴직금을 직접 지급하는 경우에는 사용자가 지급하는 금액을 기준으로 퇴직소득세를 원천징수 및 납부하고, 원천징수내역을 퇴직연금사업자에게 통보하여야 하며, 다음해 3월 10일까지 지급명세서를 관할 세무서에 제출하여야 합니다.

▶ 퇴직급여를 연금으로 받는 경우 원천징수세율

연금수령액은 연금소득에 해당하며, 연금수령시 퇴직연금사업자가 연금소득세(이연퇴직소득세 × 연금수령액 ÷ 이연퇴직소득 × 70%, 60%)를 징수합니다.

[개정 세법] 이연퇴직소득 장기 연금수령시 원천징수세율 인하(소득법 §129)
  ㅇ 연금수령시점 10년 이하 : 퇴직소득세의 70%
  ㅇ 연금수령시점 10년 초과 : 퇴직소득세의 60%
  <적용시기> 2020.1.1. 이후 연금수령하는 분부터 적용

연금소득은 원칙적으로 종합소득세 신고대상입니다. 다만, 연금액이 연간 1200만원 이하인 경우 당해 연금소득은 분리과세(종합소득에 합산하지 아니함)할 수 있으나 당해 소득이 있는 거주자가 종합소득 과세표준의 계산에 있어서 이를 합산하고자 하는 경우에는 합산할 수 있습니다.

확정급여형 퇴직연금의 퇴직소득세 징수

확정급여형의 경우 사용자가 근로자 퇴직금 지급에 대한 퇴직소득세 원천징수 및 납부, 지급명세서등의 원천징수업무를 처리하였으나 법 개정으로 퇴직연금을 전액 개인형퇴직연금계좌로 이전하여야 하며,

퇴직금상당액을 개인형퇴직연금에 이전하는 경우 정책목적으로 퇴직소득세 납부를 일단 보류(과세이연이라 합니다.)하고, 나중에 연금을 지급받는 시점에 연금소득세를 원천징수하게 됩니다.

예를 들어 개인형퇴직연금을 해지하는 경우 해지시에 퇴직연금사업자가 퇴직소득세를 계산하여 신고 및 납부하며, 연금으로 지급받는 경우 연금소득에 대하여 연금소득세[이연퇴직소득세 × 연금수령액 ÷ 이연퇴직소득 × 70%(60%)]를 징수하여 납부하도록 하고 있습니다.

단, 퇴직소득세를 원천징수하지 않는 경우에도 사용자는 '퇴직소득지급명세서'를 작성하여 과세이연계좌를 취급하는 퇴직연금사업자에게 즉시 통보하고, 또한 다음연도 3월 10일까지 관할세무서에 '퇴직소득지급명세서'를 제출하여야 합니다.

퇴직소득세 계산

퇴직소득

퇴직소득은 거주자·비거주자 또는 법인의 종업원이 현실적으로 퇴직함으로 인하여 받는 퇴직소득으로 당해 연도에 발생한 다음 소득의 합계액을 말한다.

① 사용자 부담금을 기초로 하여 현실적인 퇴직을 원인으로 지급받는 소득
② 퇴직소득의 일부 또는 전부를 지연하여 지급하면서 지연지급에 대한 이자를 함께 지급하는 경우 해당 이자
③ 「건설근로자의 고용개선 등에 관한 법률」 제14조에 따라 지급받는 퇴직공제금
④ 기타 퇴직소득에 포함되는 것
1. 불특정다수의 퇴직자에게 적용되는 퇴직급여지급규정·취업규칙 또는 노사합의에 의하여 지급 받는 퇴직수당·퇴직위로금 기타 이와 유사한 성질의 급여
2. 퇴직급여지급규정·취업규칙의 개정 등으로 퇴직금지급제도가 변경됨에 따라 퇴직금정산액을 지급하면서 퇴직금지급제도 변경에 따른 손실보상을 위하여 지급되는 금액
3. 명예퇴직수당, 해고예고수당

▶ **퇴직소득 해당 여부**
① 정리해고시 급여에 가산하여 추가로 지급하는 퇴직위로금은 퇴직소득이다.
② 명칭 여하에 관계없이 퇴직을 원인으로 받는 소득인 퇴직공로금, 퇴직위로금 기타 이와 유사한 성질의 급여는 퇴직소득에 해당한다.

③ 임원의 퇴직금으로서 2012년 이후 분 중 정관의 규정이 있더라도 3년간 평균급여의 10분의 1에 상당하는 금액의 3배(2020.1.1. 이후 2배)를 초과하는 금액은 근로소득으로 본다.
④ 법인이 임원 또는 사용인에게 지급하는 퇴직급여는 임원 또는 사용인이 현실적으로 퇴직하는 경우에 지급하는 것에 한하여 이를 손금에 산입한다.
⑤ 현실적인 퇴직이 아님에도 퇴직금을 지급한 경우 지급일부터 현실적인 퇴직시까지 해당 임직원에 대한 무상 대여금으로 보아 법인의 경우 가지급금인정이자를 계상하여 익금에 산입하고 해당 임직원에 대한 상여로 처분을 하여야 한다.

◆ 해고예고수당은 퇴직금에 해당함 [소득세법기본통칙 22- 2]
사용자가 30일전에 예고를 하지 아니하고 근로자를 해고하는 경우 근로자에게 지급하는 근로기준법 제32조의 규정에 의한 해고예고수당은 퇴직소득으로 본다.

개정 규정에 의한 퇴직소득세 계산 방법

① 퇴직소득 - 근속공제
② (연분) ① × 12 ÷ 근속연수
③ (② - 환산급여공제) × 기본세율(6~45%)
④ (연승) ③ × 근속연수 ÷ 12

퇴직소득세 계산 (모의계산) 퇴직소득 지급명세서
 □ 홈택스 하단 → 자료실
   2025년 귀속 퇴직소득 세액계산 프로그램

[1] 근속연수별 소득공제 (소득법 § 48①)

현 행		개 정	
□ 퇴직소득 근속연수공제액		□ 근속연수공제액 확대	
근속연수	공 제 액	근속연수	공 제 액
5년 이하	30만원 × 근속연수	5년 이하	100만원 × 근속연수
6~10년	150만원 + 50만원 × (근속연수-5년)	6~10년	500만원 + 200만원×(근속연수-5년)
11~20년	400만원 + 80만원 × (근속연수-10년)	11~20년	1,500만 원+ 250만원 × (근속연수-10년)
20년 초과	1,200만원 + 120만원 × (근속연수-20년)	20년 초과	4,000만원 + 300만원 × (근속연수-20년)

<적용시기> '23.1.1. 이후 퇴직하는 분부터 적용

▶ **근속연수별 소득공제시 근속연수 계산**

취업한 날의 익일부터 기산하여 퇴직한 날까지의 기간을 연수에 의하여 계산하고 근속기간이 1년 미만인 때에는 1년으로 한다.

[2] 환산급여공제

환산급여	공제액
8백만원 이하	환산급여의 100%
8백만원 초과 7천만원 이하	8백만원+(8백만원 초과분의 60%)
7천만원 초과 1억원 이하	4천520만원+(7천만원 초과분의 55%)
1억원 초과 3억원 이하	6천170만원+(1억원 초과분의 45%)
3억원 초과	1억5천170만원+(3억원 초과분의 35%)

[3] 소득세 기본세율 [소득법 § 55 ①)]

2022년 귀속분			2023년 귀속분		
과세표준 구간	세율	누진공제액	과세표준 구간	세율	누진공제액
1,200만원 이하	6%		1,400만원 이하	6%	
1,200만원 초과 4,600만원 이하	15%	108만원	1,400만원 5,000만원 이하	15%	126만원
4,600만원 초과 8,800만원 이하	24%	522만원	5,000만원 8,800만원 이하	24%	576만원
8,800만원 초과 1억5천만원 이하	35%	1,490만원	8,800만원 초과 1억5천만원이하	35%	1,544만원
1억5천만원 초과 3억원 이하	38%	1,940만원	1억5천만원 초과 3억원 이하	38%	1,994만원
3억원 초과 5억원 이하	40%	2,540만원	3억원 초과 5억원 이하	40%	2,594만원
5억원 초과 10억원 이하	42%	3,540만원	5억원 초과 10억원 이하	42%	3,594만원
10억원 초과	45%	6,540만원	10억원 초과	45%	6,594만원

<적용시기> '23.1.1. 이후 발생하는 소득 분부터 적용

6 퇴사자 4대보험 정산 등

퇴사자 4대보험 자격상실신고

퇴사자가 있는 경우 사용자는 퇴사일로부터 14일 이내에 자격상실신고서를 작성하여 국민연금관리공단, 건강보험공단, 근로복지공단 중 1곳에만 신고서를 제출하면 됩니다.

[1] 퇴사자 국민연금

직원이 중도에 퇴사한 경우 상실한 달(**상실한 달 전 날**을 기준)까지 보험료를 납부하여야 합니다. 한편, 국민연금은 전년도 급여를 기준으로 당해 연도에 고지된 금액을 납부함으로서 확정되므로 별도의 정산은 하지 않습니다.

[2] 퇴사자 건강보험료 정산

중도 퇴사한 경우 상실한 달(상실한 달 전 날을 기준)까지 보험료를 납부하여야 합니다. 당해 연도에 납부한 건강보험료는 전년도 급여를 기준으로 납부한 금액이므로 당해 연도에 실제 지급한 급여를 기준으로 정산하여 과소 징수한 금액이 있는 경우 추가로 징수하여야 하며, 과다 납부한 금액은 환급을 하여야 합니다.

[3] 퇴사자 고용보험료 정산

퇴사일까지 지급한 임금총액에 대하여 종업원 부담금을 정산하여 과다 징수한 금액은 돌려주고 과소 징수한 금액이 있는 경우에는 추가 징수하여야 합니다.

퇴사자 근로소득세 및 4대보험료 정산 회계처리

근로자가 퇴사하는 경우 근로소득세 연말정산, 4대보험료를 정산하여 과소 납부한 금액은 추가 납부하고, 과다 납부한 금액은 해당 근로자에게 환급을 하여야 하며, 이에 대한 회계처리는 다음과 같습니다.

① 《퇴사자 연말정산 환급세액 발생》 4. 10. 직원이 퇴사하여 1. 1. 부터 퇴사 일까지의 급여를 중도 정산한 결과 환급세액이 110,000원 (근로소득세 100,000원, 지방소득세 10,000원)이 발생하였다.

미수금(세무서)	100,000	/ 미지급금	110,000
미수금(구청)	10,000		

- 미수금 : 중도퇴사자 근로소득세 정산환급금은 근로소득세 과다납부금액으로 세무서로부터 돌려받을 금액으로 계속 근로자의 납부할 세액과 상계처리합니다.
- 미지급금 : 퇴사자의 근로소득세 과다납부금액으로 세무서에서 돌려받아 퇴사자에게 지급하여야 하는 금액입니다. 단, 계속 근로자의 납부할 금액에서 상계처리할 수 있으므로 계속 근로자로부터 징수한 금액으로 지급하거나 징수 전 회사가 미리 지급합니다.
▶ 환급세액을 계속 근로직원의 근로소득세 원천징수 전 지급하는 경우에는 가지급금으로 처리한 다음 계속 근로직원 근로소득세 납부시 가지급금을 공제한 잔액을 납부합니다.

② 《건강보험료 과다납부 금액 발생》 퇴사자에 대한 건강보험료 정산결과 건강보험료 과다납부 금액 80,000원을 건강보험공단에 대한 미수금으로 계상하고 직원부담금 40,000원을 퇴사한 직원에 대한 미지급금으로 계상하다.

미수금(공단)	80,000	/ 미지급금	40,000
		복리후생비	40,000

▶ 미수금 : 건강보험료 과다납부 금액

- 미지급금 : 건강보험료 환급금 중 종업원부담금은 종업원에게 돌려주어야 하는 채무로 미지급금으로 처리합니다.
- 복리후생비 : 과오납 금액 중 회사부담금은 당해 연도 복리후생비에서 차감합니다.

③《고용보험료 과다납부 금액 발생》퇴사자에 대한 고용보험료 정산결과 과다납부한 금액 30,000원을 근로복지공단에 대한 미수금으로 계상하고 직원부담금 12,580원을 퇴사한 직원에 대한 미지급금으로 계상하다.

미수금(공단)	30,000 /	미지급금	12,580
		복리후생비	17,420

- 미지급금 : 고용보험료 과다납부금액 중 종업원부담금은 종업원에게 돌려주어야 하는 부채로 퇴사한 직원에 대한 미지급금으로 처리합니다.
- 복리후생비 : 퇴직자 고용보험료 회사부담금은 회계처리시 복리후생비로 처리하였으므로 과다납부한 금액 중 회사부담금은 당해 연도 복리후생비에서 차감합니다.

④《퇴직금 및 근로소득세 환급금 지급》4. 30. 퇴직금 1천만원에서 퇴직소득세 210,000 및 지방소득세 21,000원을 차감한 9,769,000원 및 근로소득세 환급금 100,000원, 지방소득세 환급금 10,000원, 건강보험료 과다납부 금액 40,000원, 고용보험료 과다납부 금액 12,580원을 더한 9,931,580원을 보통예금에서 인출하여 지급하다. 단, 퇴직급여는 전액 퇴직급여충당금과 상계처리하다.

퇴직급여충당금	10,000,000 /	예수금(퇴직소득세)	210,000
미지급금	162,580	예수금(지방소득세)	21,000
		보통예금	9,931,580

- 퇴직급여충당금 : 퇴직급여충당금이 부족한 경우 퇴직금으로 처리하여 비용처리합니다.

CHAPTER 2

4대보험료 고지 및 징수

4대보험료 정산

4대보험료 납부혜택

일용근로자 세무실무

SECTION 01

4대보험료 고지 및 징수
4대보험료 납부 및 정산

> 근로자를 1인 이상 고용하고 있는 사업주는 사업주 본인 및 근로자에 대하여 국민연금 및 건강보험을 사업장가입자로 가입하여야 하며, 근로자는 고용보험 및 산재보험에 가입을 하여야 합니다.

1 4대보험 가입대상 사업장 및 가입신고

◎ 국민연금 및 건강보험 가입대상 사업장

■ 직원 유무에 따른 4대보험 가입

구 분	직원이 없는 경우	직원이 1인 이상 있는 경우	
	사업주	사업주	종업원
국민연금·건강보험	×	○	○
고용보험	×	×	○
산재보험	×	×	○

🔳 고용보험 및 산재보험 가입대상 사업장

1인 이상 종업원을 고용하는 사업자는 종업원에 대하여 고용보험 및 산재보험에 가입을 하여 주어야 합니다. 단, 다음 적용제외 사업장은 가입의무가 없습니다.

■ 고용보험 적용제외 사업자 [고용보험법 시행령 제2조]
① 농업·임업·어업 및 수렵업 중 법인이 아닌 자가 상시 4명 이하의 근로자를 사용하는 사업
② 가사서비스업
③ 「건설산업기본법」에 따른 건설업자, 「주택법」에 따른 주택건설사업자, 「전기공사업법」에 따른 공사업자, 「정보통신공사업법」에 따른 정보통신공사업자, 「소방시설공사업법」에 따른 소방시설업자 또는 「문화재수리등에 관한 법률」에 따른 문화재수리업자가 아닌 자가 시공하는 공사로 다음 각 호에 해당하는 공사
가. 「고용보험 및 산업재해보상보험의 보험료 징수 등에 관한 법률 시행령」 제2조제1항제2호에 따른 총공사 금액이 2천만원 미만인 공사
나. 연면적이 100제곱미터 이하인 건축물의 건축 또는 연면적이 200제곱미터 이하인 건축물의 대수선에 관한 공사

■ 산재보험 적용제외 사업자 [산업재해보상보험법 시행령 제2조]
1. 「선원법」, 「어선원 및 어선 재해보상보험법」 또는 「사립학교교직원 연금법」에 따라 재해보상이 되는 사업
2. 가구내 고용활동
3. 농업, 임업(벌목업은 제외한다), 어업 및 수렵업 중 법인이 아닌 자의 사업으로서 상시근로자 수가 5명 미만인 사업

② 4대보험 가입신고 및 절차

4대보험 관리공단에 직접 신고

적용대상 사업장이 된 날로부터 14일 이내(국민연금은 15일)이내 사업장 적용신고서(통합신고서로 1장에 작성)를 국민연금공단, 국민건강보험공단, 근로복지공단 중 1곳에만 사업장적용신고서를 제출하시면 됩니다.

서 식	국민연금공단, 국민건강보험공단, 근로복지공단 홈페이지

4대보험 전자신고

사업장 관할 4대보험 관리공단에 사업장으로 가입(사업장 적용신고서 팩스 전송)을 한 이후에 4대보험 포탈사이트에서 회원가입하여 4대보험과 관련한 모든 업무를 전자적으로 처리할 수 있습니다.

① 사업장 관할 세무서에 사업자등록
② 사업장적용신고서를 사업장 관할 건강보험공단등에 팩스 제출
③ 4대보험 포탈사이트(www.4insure.or.kr) 접속
④ 회원가입
⑤ 가입 신청내용 입력

③ 4대보험 가입대상 근로자 및 가입신고

🅰 4대보험 가입대상 근로자

▶ 국민연금

[1] 국민연금 가입대상 근로자 [국민연금법 제6조, 제13조]
① 18세 이상 60세 미만인 근로자로서 1개월 이상의 근로를 제공하는 근로자
③ 다음 각 호의 어느 하나에 해당하는 자는 65세가 될 때까지 국민연금공단에 가입을 신청하면 임의계속가입자가 될 수 있다.
1. 국민연금 가입자 또는 가입자였던 자로서 60세가 된 자
2. 전체 국민연금 가입기간의 5분의 3 이상을 광업, 어선에서의 어업 직종의 근로자로 국민연금에 가입하거나 가입하였던 사람

[2] 국민연금 가입대상이 아닌 자 [국민연금법 시행령 제2조]
1. 일용근로자나 1개월 미만의 기한을 정하여 근로를 제공하는 사람. 다만, 1개월 이상 계속하여 근로를 제공하는 사람으로서 다음 각 목의 어느 하나에 해당하는 사람은 근로자에 포함된다.
　가. 건설공사의 사업장 등에서 근로를 제공하는 경우: 1개월 동안의 근로일수가 8일 이상이거나 1개월 동안의 소득)이 보건복지부장관이 정하여 고시하는 금액(220만원) 이상인 사람
　나. 가목 외의 사업장에서 근로를 제공하는 경우: 1개월 동안의 근로일수가 8일 이상 또는 1개월 동안의 근로시간이 60시간 이상이거나 1개월 동안의 소득이 보건복지부장관이 정하여 고시하는 금액(220만원) 이상인 사람

2. 법인의 이사 중 소득이 없는 사람
3. 1개월 동안의 소정근로시간이 60시간 미만인 단시간근로자. 다만, 해당 단시간근로자 중 다음 각 목의 어느 하나에 해당하는 사람은 근로자에 포함된다.
   가. 3개월 이상 계속하여 근로를 제공하는 사람으로서 「고등교육법」 제14조제2항에 따른 강사
   나. 3개월 이상 계속하여 근로를 제공하는 사람으로서 사용자의 동의를 받아 근로자로 적용되기를 희망하는 사람
   다. 1개월 이상 계속하여 근로를 제공하는 사람으로서 1개월 동안의 소득이 보건복지부장관이 정하여 고시하는 금액(200만원) 이상인 사람

☐ 국민연금법 제3조(정의 등) -요약-
① 이 법에서 사용하는 용어의 뜻은 다음과 같다.
〈개정 2011. 6. 7., 2015. 1. 28., 2016. 5. 29., 2023. 3. 28.〉
1. "근로자"란 직업의 종류가 무엇이든 사업장에서 노무를 제공하고 그 대가로 임금을 받아 생활하는 자(법인의 이사와 그 밖의 임원을 포함한다)를 말한다. 다만, 대통령령으로 정하는 자는 제외한다.

☐ 국민연금법 시행령 제2조(근로자에서 제외되는 사람) -요약-
「국민연금법」 제3조제1항제1호 단서에 따라 근로자에서 제외되는 사람은 다음 각 호와 같다. 〈개정 2020. 7. 1., 2021. 6. 29.〉

1. 일용근로자나 1개월 미만의 기한을 정하여 근로를 제공하는 사람. 다만, 1개월 이상 계속하여 근로를 제공하는 사람으로서 다음 각 목의 어느 하나에 해당하는 사람은 근로자에 포함된다.

가. 「건설산업기본법」 제2조제4호 각 목 외의 부분 본문에 따른 건설공사의 사업장 등 보건복지부장관이 정하여 고시하는 사업장에서 근로를 제공하는 경우
- 1개월 동안의 근로일수가 8일 이상이거나 1개월 동안의 소득(제3조제1항제2호에 따른 소득만 해당한다.)이 보건복지부장관이 정하여 고시하는 금액 이상인 사람

> 제3조제1항제2호
> 2. 근로자의 경우: 「소득세법」 제20조제1항에 따른 근로소득에서 같은 법 제12조제3호에 따른 비과세 근로소득(원양어업 선박이나 국외등을 항행하는 선박에서 근로를 제공하고 받는 월 300만원 이내의 금액은 제외한다)을 뺀 소득

나. 가목 외의 사업장에서 근로를 제공하는 경우: 1개월 동안의 근로일수가 8일 이상 또는 1개월 동안의 근로시간이 60시간 이상이거나 1개월 동안의 소득이 보건복지부장관이 정하여 고시하는 금액 이상인 사람

2. 소재지가 일정하지 아니한 사업장에 종사하는 근로자

3. 법인의 이사 중 소득이 없는 사람

4. 1개월 동안의 소정근로시간이 60시간 미만인 단시간근로자. 다만, 해당 단시간근로자 중 다음 각 목의 어느 하나에 해당하는 사람은 근로자에 포함된다.
가. 3개월 이상 계속하여 근로를 제공하는 사람으로서 「고등교육법」 제14조제2항에 따른 강사

나. 3개월 이상 계속하여 근로를 제공하는 사람으로서 사용자의 동의를 받아 근로자로 적용되기를 희망하는 사람
다. 둘 이상 사업장에 근로를 제공하면서 각 사업장의 1개월 소정근로시간의 합이 60시간 이상인 사람으로서 1개월 소정근로시간이 60시간 미만인 사업장에서 근로자로 적용되기를 희망하는 사람
라. 1개월 이상 계속하여 근로를 제공하는 사람으로서 1개월 동안의 소득이 보건복지부장관이 정하여 고시하는 금액 이상인 사람

☐ 보건복지부고시 제2021-296호
[국민연금 사업장 가입대상이 되는 일용근로자 및 단시간근로자의 소득기준에 관한 고시]
제2조(소득 기준) 「국민연금법 시행령」 제2조제1호 및 제4호라목에서 "보건복지부장관이 정하여 고시하는 금액"은 220만원으로 한다.
〈부 칙〉 이 고시는 2022년 1월 1일부터 시행한다.

▶ 건강보험

[1] 건강보험 가입대상 근로자
모든 사업장의 근로자 및 사용자원은 직장가입자가 된다. 다만, 고용기간이 1개월 미만인 일용근로자는 제외한다.

[2] 건강보험 가입대상이 아닌 자
1. 비상근 근로자 또는 1개월 동안의 소정(所定)근로시간이 60시간 미만인 단시간근로자
2. 비상근 교직원 또는 1개월 동안의 소정근로시간이 60시간 미만인 시간제공무원 및 교직원
3. 소재지가 일정하지 아니한 사업장의 근로자 및 사용자

4. 근로자가 없거나 제1호에 해당하는 근로자만을 고용하고 있는 사업장의 사업주

☐ 건강보험법 제6조(가입자의 종류)
② 모든 사업장의 근로자 및 사용자와 공무원 및 교직원은 직장가입자가 된다. 다만, 다음 각 호의 어느 하나에 해당하는 사람은 제외한다. 〈개정 2016. 5. 29.〉
1. 고용 기간이 1개월 미만인 일용근로자
4. 그 밖에 사업장의 특성, 고용 형태 및 사업의 종류 등을 고려하여 대통령령으로 정하는 사업장의 근로자 및 사용자와 공무원 및 교직원

☐ 건강보험법 시행령 제9조(직장가입자에서 제외되는 사람)
법 제6조제2항제4호에서 "대통령령으로 정하는 사업장의 근로자 및 사용자와 공무원 및 교직원"이란 다음 각 호의 어느 하나에 해당하는 사람을 말한다.
1. 비상근 근로자 또는 1개월 동안의 소정(所定)근로시간이 60시간 미만인 단시간근로자
4. 근로자가 없거나 제1호에 해당하는 근로자만을 고용하고 있는 사업장의 사업주

▶ 고용보험

[1] 고용보험 가입대상 근로자
① 1개월간 소정근로시간이 60시간 이상인 자
② 생업을 목적으로 근로를 제공하는 자 중 3개월 이상 계속하여 근로를 제공하는 자
③ 일용근로자

[2] 고용보험 가입대상이 아닌 자 [고용보험법 시행령 제3조]
① 사업주 본인
② 65세 이상인 자 단, 고용안정·직업능력개발 사업에 관하여는 고용보험에 가입하여야 합니다. (실업급여만 가입대상 아님)
③ 소정근로시간이 60시간 미만인 자

☐ 고용보험법 시행령 제3조(적용 제외 근로자)
① 법 제10조제1항제2호에서 "해당 사업에서 소정(所定)근로시간이 대통령령으로 정하는 시간 미만인 근로자"란 해당 사업에서 1개월간 소정근로시간이 60시간 미만이거나 1주간의 소정근로시간이 15시간 미만인 근로자를 말한다. 〈개정 2023. 6. 27.〉
② 제1항에도 불구하고 다음 각 호의 어느 하나에 해당하는 근로자는 법 적용 대상으로 한다. 〈신설 2023. 6. 27.〉
1. 해당 사업에서 3개월 이상 계속하여 근로를 제공하는 근로자
2. 일용근로자

▶ 산업재해보상보험

① 모든 근로자는 산재보험에 가입하는 것을 원칙으로 합니다.
② 사업주 본인은 원칙적으로 산재보험가입대상이 아닙니다. 다만, 50인 미만의 근로자를 고용하는 사업주는 산재보험에 임의 가입할 수 있습니다.

■ 4대보험 고객센터 전화번호

구 분	주관기관	고객센터	실무 관련 책자
국민연금	국민연금공단	1355	국민연금 사업장 실무안내
건강보험	건강보험공단	1577-1000	건강보험 사업장 업무편람
고용보험	근로복지공단	1588-0075	산재·고용보험 실무편람
산재보험	근로복지공단	1588-0075	산재·고용보험 실무편람

4대보험 가입 및 제외 근로자 요약

연령 조건

구 분	가입제외 근로자	비 고
국민연금	18세 미만인자, 60세 이상인자	
건강보험	해당 없음	
고용보험	65세 이후 새로 채용한 근로자	
산재보험	해당 없음	

근무 기간 및 근무 시간 조건

구 분	가입 대상 근로자
국민연금	1. 1개월 이상 일용직 + 월 8일 이상 근로자 2. 1개월 동안의 소득이 220만원 이상인 근로자 3. 1개월 동안의 근로시간이 60시간 이상 (건설 일용근로자) 1 또는 2 (기타 일용 근로자) 1 또는 2 또는 3
건강보험	1개월 이상 일용직 + 월 8일 이상 근로자
고용보험	근로조건에 관계없이 가입
산재보험	근로조건에 관계없이 가입

휴직자(무급) 4대보험 납부

휴직자 4대보험 면제

구 분	납부 여부
국민연금	면제
건강보험	납부 유예 복직 후 납부 단, 육아휴직의 경우 60% 감면
고용보험	면제
산재보험	면제

외국인 4대보험 가입

국민연금(상호주의)

「국민연금법」에 따른 국민연금은 상호주의 원칙에 따라 대한민국의 국민연금에 상응하는 연금에 대해 그 외국인근로자의 본국법이 대한민국 국민에게 적용되는 경우에만 적용됩니다.

◆ 국민연금 적용 대상국
중국, 키르기즈스탄, 태국, 몽골, 우즈베키스탄, 필리핀, 스리랑카, 인도네시아

◆ 국민연금 적용 대상국이 아닌 국가
베트남, 파키스탄, 캄보디아, 방글라데시, 네팔, 미얀마

국민건강보험(당연 적용)

「출입국관리법」에 따라 외국인 등록을 한 비전문취업(E-9) 또는 방문취업(H-2) 체류자격을 가진 외국인근로자는 「국민건강보험법」의 적용을 받는 직장가입자입니다.

고용보험(당연 적용)

비전문취업(E-9) 또는 방문취업(H-2) 체류자격을 가진 외국인근로자는 신청에 의해 「고용보험법」에 따른 피보험자격을 취득하게 되므로, 사용자는 자신이 고용하고 있는 외국인근로자가 고용보험에 가입하려는 경우 외국인 고용보험 가입 신청을 해야 합니다.

▶ 산업재해보상보험(당연 적용)

산업재해보상보험은 내·외국인근로자를 구분하지 않고 근로자를 사용하는 모든 사업 또는 사업장에 적용되지만, 다음의 어느 하나에 해당하는 사업에는 적용되지 않습니다.

1. 가구내 고용활동
2. 농업·임업(벌목업은 제외)·어업·수렵업 중 법인이 아닌 자의 사업으로서 상시근로자수가 5명 미만인 사업

▶ 4대보험 가입신고

최초로 사업장 적용신고를 할 시 4대보험 가입대상 근로자가 있는 경우 국민연금공단 또는 건강보험관리공단에 전화하여 신고서 양식을 팩스로 받아 직접 신고를 하여야 합니다.

다만, 최초 신고일 이후 근로자를 채용하거나 근로자가 퇴직하는 등 가입대상 근로자의 변동이 있는 경우 4대보험 포탈사이트를 이용하여 신규입사자는 추가로 자격취득신고를 하여야 하고, 퇴사자는 자격상실신고를 하여야 합니다.

■ 2025년도 사업종류별 산재보험료율   단위: 천분율(‰)

사 업 종 류	요율	사 업 종 류	요율
1. 광업		4. 건 설 업	35
석탄광업 및 채석업	185	5. 운수·창고·통신업	
석회석·금속·비금속·기타광업	57	철도·항공·창고·운수관련 서비스업	8
2. 제조업		육상 및 수상운수업	18
식료품 제조업	16	통신업	9
섬유 및 섬유제품 제조업	11	6. 임　　업	58
목재 및 종이제품 제조업	20	7. 어　　업	27
출판·인쇄·제본업	9	8. 농　　업	20
화학 및 고무제품 제조업	13	9. 기타의 사업	
의약품·화장품·연탄·석유제품 제조업	7	시설관리 및 사업지원 서비스업	8
기계기구·금속·비금속광물제품 제조업	13	기타의 각종사업	8
금속제련업	10	전문·보건·교육·여가관련 서비스업	6
전기기계기구·정밀기구·전자제품 제조업	6	도소매·음식·숙박업	8
선박건조 및 수리업	24	부동산 및 임대업	7
수제품 및 기타제품 제조업	12	국가 및 지방자치단체의 사업	9
3. 전기·가스·증기·수도사업	7	0. 금융 및 보험업	5
		* 해외파견자: 14/1,000	

2. 2025년도 통상적인 경로와 방법으로 출퇴근하는 중 발생한 재해에 관한 산재보험료율: 전 업종 0.6/1,000 동일

* 사업종류의 세목과 내용예시 및 총칙을 규정한 사업종류 예시표는 고용노동부 누리집(www.moel.go.kr) 정보공개-법령정보-훈령·예규·고시란과 근로복지공단 누리집(www.comwel.or.kr) 사업안내-가입납부-보험료 신고 및 납부-보험료율에 게재

④ 4대보험료 고지 및 정산 [근로자]

건강보험공단이 국민연금공단 및 근로복지공단으로부터 부과자료(고지확정자료)를 받아 통합하여 매 월 고지합니다.

▶ 4대보험료 요율 [종업원 및 사업주 부담금 비율] 2025년 기준

구 분		회사분	종업원분	합계	비 고
국민연금		4.50%	4.50%	9.00%	2024년
건강보험요율(합계)		4.004%	4.004%	8.008%	
국민건강보험료		3.545%	3.545%	7.090%	
노인성장기요양보험		0.459%	0.459%	0.918%	
고 용 보험료	실업급여	0.90%	0.90%	1.8%	
	고용안정 직업능력 개발사업	0.25%	-	0.25%	150명 미만 사업장
		0.45%	-	0.45%	150명 이상(특정업종)
		0.65%	-	0.65%	150명 ~ 1,000명
		0.85%	-	0.85%	1000명 이상
산재보험료		회사부담	없음		업종별로 다름
임금채권부담금		0.06%	없음		

- 2025년 국민연금보험료율(회사분 + 종업원분)

연령	20대	30대	40대	50대
보험료율	9.25%	9.33%	9.50%	10.0%

- 2025년부터 2040년까지 나이별로 차등 인상됩니다.
- 최종적으로 2040년 국민연금요율은 13%가 됩니다.

4대보험 고지 및 정산

국민연금 고지 및 정산

① 국민연금은 전년도에 지급한 소득세법상 과세대상소득을 12로 나누어 매월 고지하며, 사업장은 고지한 국민연금을 납부함으로서 별도의 정산없이 납부의무가 종결됩니다.
② 국세청에서 소득자료를 국민연금관리공단으로 통보하므로 별도의 소득총액신고서를 제출하지 않습니다.

건강보험료 고지 및 정산

① 건강보험료는 전년도 과세대상 급여총액(건강보험료 부과기준이 되는 보수총액)에 보험요율을 곱한 금액을 12로 나누어 매 월 고지하며, 사업자는 고지된 금액을 해당 월의 다음달 10일까지 납부를 하여야 합니다.
② 당해 연도에 납부한 보험료는 전년도 보수총액을 기준으로 납부한 것이므로 건강보험료의 확정 정산을 위해 **다음해 3월 10일**까지 『직장가입자보수총액통보서』작성(보수총액, 근무월수 등 기재)하여 제출하여야 합니다.
○ 당해 연도 실제 지급한 보수총액을 기준으로 계산한 확정보험료(당해 연도 보수총액 × 보험료율)에서 1년 동안 기 납부한 건강보험료의 합계가 확정보험료보다 적은 경우 추가 납부하여야 하며, 납부한 건강보험료가 많은 경우 다음 연도에 납부할 금액에서 상계하거나 환급을 받습니다.

▶ 차가감 납부 또는 환급발생 보험료 (1 - 2)
1. 해당 연도에 실제 지급한 보수를 기준으로 계산한 보험료
2. 전년도 보수를 기준으로 매 월 납부한 보험료의 합계액

③ 정산 결과 추가 납부 또는 환급 발생한 보험료는 **4월분 고지시** 반영하여 고지합니다. 다만, 추가 납부할 보험료가 월보험료의 100분의 30을 초과하는 경우 신청에 의하여 분납할 수 있습니다.

■ 건강보험 연말정산 절차 (근로자)

구 분	기 한	연말정산 업무절차
공 단	1월 말일	○ 연말정산 안내 및 전년도『직장가입자보수총액통보서』발송
사업장	3월 10일	○『직장가입자보수총액통보서』작성 (전년도보수총액,근무월수 기재) 제출
공 단	3월 말일	○ 전년도보수총액 및 근무월수에 의해 결정된 『정산보험료 산출내역서』 및『분할납부 안내문』발송
사업장	4월 15일	○ 정산보험료 산출내역 결과에 따른 『분할납부신청서』(분할납부 대상 사업장일 경우) 제출
공 단		○ 정산보험료 고지 : 매년 4월분 보험료

▶ **고용보험료 및 산재보험료 고지 및 정산**

[1] 일반 업종(건설업종 외)

① 고용보험료, 산재보험료는 전년도 임금(신규사업자의 경우 사업개시연도의 예상임금)을 기준으로 공단에서 매 월 고지하고, 당해 연도가 경과한 후 당해 연도에 실제 지급한 임금총액을 기준으로 다시 확정 정산합니다.
② 보험료 확정을 위하여 **사업주는 전년도에 근로자에게 지급한 보수총액 등을 매년 3월 15까지 공단에 신고하여야 합니다.**
③ 공단은 전년도 보험료를 확정하여 확정보험료를 계산한 다음 전년도에 매 월 납부한 보험료 합계금액이 적은 경우 추가 고지하며, 전

년도에 납부한 개산보험료가 확정보험료 보다 많은 경우 당해 연도에 납부할 보험료에서 공제한 금액을 고지합니다.

[2] 건설업 고용보험료 및 산재보험료 고지와 정산

(1) 개산보험료의 신고 및 납부

① 건설업의 경우 추정임금(통상 전년도 임금)에 보험료율을 곱한 금액을 해당 연도 3월 31일(보험연도 중에 보험관계가 성립한 경우 그 성립일 부터 70일 이내에)까지 신고 및 납부하여야 하며, 대략의 임금을 기준으로 보험료를 납부한다하여 개산(槪算)보험료하며, 개산보험료를 일시에 납부하는 경우에는 **보험료의 3%**를 경감받을 수 있습니다.

② 계속사업장 또는 6월말 이전에 성립된 사업장은 사업주의 신청(반드시 개산보험료 신고 시 신청)에 의해 분할납부가 가능하며, 분할납부기한은 다음과 같습니다.

■ 분할납부시 납부기한(연간 적용사업장)

기 별	납부기한	기 별	납부기한
제 1 기	3.31	제 3 기	8.15
제 2 기	5.15	제 4 기	11.15

(2) 확정보험료

확정보험료라 함은 매 보험연도의 초일부터 연도 말일 또는 보험관계가 소멸한 날의 전날까지 지급한 보수총액에 보험료율을 곱하여 산정한 금액을 말합니다. 추정 임금에 의하여 선납한 개산보험료가 확정보험료보다 적은 경우 그 차액은 추가 납부하여야 하며, 개산보험료가 확정보험료보다 많은 경우 초과금액은 반환받거나 충당 신청할 수 있습니다.

🔍 4대보험료 고지 기준금액 (과세대상소득)

4대보험료는 건강보험공단이 국민연금관리공단, 근로복지공단(고용보험 및 산재보험)으로부터 보험료 부과자료를 통보받아 건강보험료를 포함하여 매월 통합하여 고지하며, 사업주는 해당 월의 다음달 10일까지 납부한 후 다음해에 실제 지급한 임금을 기준으로 정산하여 납부하게 됩니다. (국민연금은 별도의 정산을 하지 않음)

■ 4대보험료 부과기준이 되는 임금 범위

급여 항목 (소득세 과세대상총액)	부과기준 금액 포함 여부
○ 봉급, 급료, 보수, 세비 ○ 임금, 정기적·일률적 상여금 등	포 함
○ 일시적으로 지급하는 성과 상여금	포 함
○ 국외 근로소득	비과세 제외 단, 건강보험료에는 포함
○ 생산직근로자로서 전년도 임금이 3천만원 이하이고, 월액 210만원 이하자의 연장·야간·휴일근로수당 등	연240만원 한도 비과세 제외
○ (개정) 월 20만원 이하의 식대 (종전) 월 10만원 이하의 식대	제 외
○ 월 20만원 이하 자가운전보조금	제 외
○ 근로자 또는 그 배우자의 출산이나 6세 이하 자녀 보육과 관련하여 지급받는 월10만원 이하의 금액	제 외

▶ 법인대표자 인정상여

법인대표자 인정상여로 처분된 소득은 보수총액에 포함하지 않음

5 4대보험 관련 기타 실무 유의사항

ⓐ 연도 중 급여가 인상된 경우

「직장가입자보수월액변경신청서」를 제출하여 실제 임금을 기준으로 보험료를 징수하여 납부하거나 변경신청을 하지 않는 경우 실제 지급한 임금을 기준으로 근로자가 부담하여야 할 보험료를 징수하여 두었다가 건강보험료 연말정산 후 다음해 4월 추가 고지금액을 납부하여야 합니다.

ⓑ 직원이 1명인 경우 4대보험 가입, 보험료 절약

직원이 1명인 경우에도 4대보험 가입을 하여야 합니다. 이 경우 최초 가입시 직원에게 지급할 급여를 책정하여 신고하여야 하며, 대표자 본인의 국민연금 및 건강보험료는 직원과 같은 금액으로 고지되므로 직원에 대한 비과세소득(식대, 차량유지비 등)을 최대한 계상하여 신고를 하시면 4대보험료를 절약할 수 있습니다.

ⓒ 휴직자(무급) 4대보험 납부

구 분	납부 여부
국민연금	면제
건강보험	납부 유예 복직 후 납부 단, 육아휴직의 경우 60% 감면
고용보험	면제
산재보험	면제

SECTION 02

직장가입자 건강보험료
지역가입자 건강보험료

1 직장가입자 건강보험료

Q 건강보험료율 등

건강보험료는 직장가입자와 지역가입자로 구분이 됩니다. 직장가입자는 전년도 소득세법에서 정하는 과세대상 급여총액을 12로 나눈 금액에 **8.008%(2025년)**를 곱한 금액을 매 월 건강보험료로 부과하며, 사용자와 근로자가 반반씩(회사 4.004%, 근로자 4.004%) 부담하여 납부하는 것입니다.

따라서 당해 연도에 납부한 건강보험료는 전년도 급여총액을 기준으로 납부한 것으로서 당해 연도 급여가 인상된 경우 그 차액(당해 연도 급여총액 - 전년도 급여총액)에 8.008%를 곱한 금액을 추가로 고지하며, 추가 금액은 4월분 건강보험료에 합산이 되어 고지가 되므로 급여가 전년도에 비하여 인상된 경우 4월분 보험료가 많아져서 근로자에게 많은 부담이 되는 것입니다.

근로소득 외 소득이 있을 시 건강보험료 납부

근로자인 건강보험 직장가입자가 근로소득을 제외한 다른 소득(이자소득, 배당소득, 사업소득, 연금소득)의 연간 합계액이 **2,000만원을 초과**하는 경우 건강보험료를 추가로 납부하게 됩니다.

이 경우 근로소득 이외의 **소득월액에 8.008%(연금소득 및 근로소득의 경우 4.004%)를 곱하여 계산한 금액**을 매 월 추가 납부하게 됩니다.

근로자가 회사에 근무하면서 근로자 본인 명의로 별도의 사업자등록이 있고, 해당 사업장에 종업원이 있는 경우

현재 근무하는 회사에서 건강보험료를 납부하여야 하며, 본인 명의 사업장에 종업원이 있는 경우 사업자등록이 있는 사업장에서도 본인 및 종업원은 해당 사업장의 직장가입자로 건강보험료를 각각 납부하여야 합니다.

근로자가 회사에 근무하면서 근로자 본인 명의로 별도의 사업자등록이 있고, 해당 사업장에 종업원이 없는 경우

현재 근무하는 회사에서 건강보험료를 납부하여야 하나 종업원이 없는 사업장이 있는 경우에는 종업원이 없는 사업장에 대한 건강보험료를 신고 및 납부하지 않습니다. 따라서 근로자 본인은 직장 건강보험료만을 납부하시면 됩니다. 다만, 보수(근로소득)를 제외한 다른 소득(이자소득, 배당소득, 사업소득, 연금소득)의 연간 합계액이 2천만원을 초과하는 경우 소득을 기준으로 계산한 건강보험료를 추가로 납부하여야 합니다.

② 자녀등의 피부양자로 될 수 없는 경우

🅠 개요

[1] 건강보험 피부양자란

건강보험은 직장을 다니는 근로자의 경우 부담하는 직장가입자와 직장가입자에 해당하지 않는 경우 소득 및 재산의 정도에 따라 납부하는 지역가입자로 구분됩니다.

한편, 직장가입자 또는 지역가입자로서 건강보험료를 납부하는 경우 건강보험 가입자의 소득에 의하여 생계를 의존하는 사람으로서 소득 및 재산이 일정 기준 이하에 해당하는 사람은 건강보험료 가입자의 피부양자가 되어 별도의 보험료를 납부하지 않아도 됩니다. 즉, 피부양자란 건강보험 가입자의 소득에 의하여 생계를 의존하는 가족 구성원으로서 건강보험료를 별도로 납부하지 않아도 되는 사람을 말합니다.

[2] 건강보험 피부양자가 될 수 있는 경우

건강보험료 직장가입자 또는 지역가입자 건강보험료를 납부하는 본인의 배우자, 직계 비속(자녀), 동거하거나 동거하지 않더라도 동거하고 있는 형제자매가 없는 직계존비속(부모등)등으로서 일정 금액 이상의 재산 또는 소득이 없는 경우 본인의 피부양자로서 별도의 건강보험료 납부없이 건강보험 혜택을 누릴 수 있습니다.

따라서 은퇴자, 은퇴예정자의 경우 자녀의 건강보험료 피부양자 요건(재산 또는 소득이 일정한 금액에 미달하는 경우)에 해당하는지 여부를 미리 꼼꼼히 살펴보고, 납부하지 않아도 될 건강보험료를 납부하는 일이 없도록 하여야 할 것입니다.

자녀 등의 피부양자가 될 수 없는 경우

[1] 근로소득이 있는 경우

본인, 배우자, 부모, 자녀가 각각 직장에 근무하는 경우에는 본인 및 배우자, 부모, 자녀는 직장가입자로 각각 건강보험료를 납부하여야 합니다.

다만, 근로소득이 있더라도 1개월 동안의 근로시간이 60시간 미만인 단시간근로자는 건강보험료 가입대상이 아니므로 피부양자가 될 수 있습니다.

달리 말하면, 재산이 많거나 금융소득(이자소득, 배당소득)이 많아 자녀의 피부양자가 될 수 없어 지역 건강보험료 가입자에 해당하여 매월 납부하는 건강보험료가 부담이 되는 경우 월 60기간 이상을 근무하는 사업장 근로자가 될 수 있다면, 직장 근로자로서 직장 건강보험료만 납부를 하게 되어 지역 건강보험료 부담에서 벗어날 수 있습니다.

▶ 건강보험 가입대상이 아닌 자
1. 비상근 근로자 또는 1개월 동안의 소정근로시간이 60시간 미만인 단시간근로자
2. 근로자가 없거나 제1호에 해당하는 근로자만을 고용하고 있는 사업장의 사업주

□ 건강보험법 제6조(가입자의 종류)
② 모든 사업장의 근로자 및 사용자와 공무원 및 교직원은 직장가입자가 된다. 다만, 다음 각 호의 어느 하나에 해당하는 사람은 제외한다.

1. 고용 기간이 1개월 미만인 일용근로자
4. 그 밖에 사업장의 특성, 고용 형태 및 사업의 종류 등을 고려하여 대통령령으로 정하는 사업장의 근로자 및 사용자와 공무원 및 교직원

□ 건강보험법 시행령 제9조(직장가입자에서 제외되는 사람)
법 제6조제2항제4호에서 "대통령령으로 정하는 사업장의 근로자 및 사용자와 공무원 및 교직원"이란 다음 각 호의 어느 하나에 해당하는 사람을 말한다.
1. 비상근 근로자 또는 1개월 동안의 소정(所定)근로시간이 60시간 미만인 단시간근로자
4. 근로자가 없거나 제1호에 해당하는 근로자만을 고용하고 있는 사업장의 사업주

[2] 근로자의 배우자, 부모, 자녀가 사업자등록이 있는 경우

세대구성원이라 하더라도 배우자, 부모, 자녀가 사업소득이 있는 경우에는 배우자, 부모, 자녀는 근로자 본인의 피부양자가 될 수 없으며, 직장가입자(해당 사업장에 근로자가 있는 경우) 또는 지역가입자로 건강보험료를 별도로 납부하여야 합니다. 단, 소득이 없던 배우자, 부모, 자녀가 새로 사업자등록을 하였으나 종업원이 없는 경우 그 소득이 국세청의 통보에 의하여 건강보험공단에서 확인되기 전까지는 근로자 본인의 피부양자이므로 별도의 지역가입자에 해당하지 않습니다.

[3] 부양가족이 사업자등록 여부에 관계없이 주택임대소득이 있는 경우

부양가족이 사업자등록 여부에 관계없이 주택임대소득이 있는 경우 피부양자에서 제외됩니다.

[4] 사업자등록이 되어 있지 않더라도 사업소득(보험모집인 등), 기타소득 등의 연간 합계액이 500만원을 초과하는 자

사업자등록이 되어 있지 않더라도 사업소득(보험모집인 등), 기타소득금액(기타소득 - 필요경비) 등의 연간 합계액이 500만원을 초과하는 자는 피부양자가 될 수 없습니다.

[5] 부양가족이 소유한 재산의 재산세 과세표준이 9억원을 초과하는 자(부부의 경우 각각 판단)

부양가족이 소유한 재산의 재산세 과세표준이 9억원을 초과하는 자는 피부양자가 될 수 없습니다. 단, 부부의 경우 각각의 재산을 기준으로 9억원 초과 여부를 판정하게 됩니다.

따라서 본인의 재산세 과세표준이 9억원을 초과하는 경우 본인은 피부양자가 될 수 없으나 배우자 재산이 9억원 이하인 경우 배우자는 피부양자가 될 수 없는 다른 소득 요건등이 없는 경우 피부양자가 될 수 있으나 배우자의 재산도 9억원을 초과하는 경우 부부 각자가 별도로 건강보험료를 부담하여야 합니다.

[6] 부양가족이 소유한 재산이 재산세 과세표준이 5.4억원 초과 9억원 이하이나 연간소득이 1천만원을 초과하는 자

부양가족이 소유한 재산이 재산세 과세표준이 5.4억원 초과 9억원 이하이나 **연간소득(아래 내용 참조)** 합계액이 1천만원을 초과하는 경우 피부양자가 될 수 없습니다.

[7] 소득의 합계액이 연간 2,000만원을 초과하는 경우

부양가족의 소득(공적연금소득, 이자소득 및 배당소득의 합계액이 1천만원을 초과하는 경우 전체금액, 사업소득 등)이 2천만원을 초과하는 경우 피부양자가 될 수 없으며, 부부의 경우 부부 중 한 명이라도

소득요건을 초과하면, 피부양자 자격이 박탈되며, 소득이 없는 배우자도 피부양자 자격이 박탈됩니다.

▶ 공적연금
국민연금, 공무원연금, 사립학교교직원연금, 군인연금, 별정우체국연금

[보험료 경감고시] 지역가입자로 전환되는 피부양자 보험료 일부 경감
경제 상황을 고려해 피부양자 인정기준 강화에 따라 지역가입자로 전환되는 피부양자의 보험료를 2026년 8월까지 일부 경감

1. 경감대상자 : **부부합산소득이 2000만원 초과 3400만원 미만인 경우**
2. 경감률 : 1년차 80%→ 2년차 60% → 3년차 40% → 4년차 20%
  ○ 2024년 60% 감면 기준 : '23년 탈락자, '24년 탈락자
  ○ 2025년 40% 감면 기준 : '23년 탈락자, '24년 탈락자, '25년 탈락자

건강보험 피부양자 대상 판단시 포함하는 소득

소득월액 산정에 포함되는 소득은 다음 각 호의 구분에 따른 금액을 합산한 금액으로 합니다. 다만, 이자소득과 배당소득의 연간합계액이 1천만원 이하인 경우 해당 이자소득과 배당소득은 합산하지 않습니다만, 1천만원을 초과하는 경우 이자소득과 배당소득 전액이 소득에 합산됩니다. (건강보험법 시행규칙 제44조)

1. 이자소득
통상의 금융이자(은행이자 등)는 이자소득에 포함하나 비과세되는 이자는 건강보험료 부과기준산정이 되는 이자소득에 포함하지 않습니다.

따라서 이자소득과 배당소득의 연간합계액이 1천만원을 초과할 것으로 예상되는 경우 비과세 금융상품에 가입하여 건강보험료 부담을 줄일 수 있도록 하시면 될 것입니다.

▶ 이자소득에서 제외되는 이자소득
○ 장기 저축성 보험 : 10년 이상 + 1억원 이하 저축성보험
[소득세법 제16조 ① 9] [소득세법 시행령 제25조]

○ 비과세되는 조합원예탁금(농협 등 3천만원 이하 예탁금 이자)
[조세특례제한법 제89조의3]

○ 65세 이상자등에 대한 비과세 종합저축(저축 원금 5천만원 이하)
[조세특례제한법 제88조의2]
○ ISA(개인종합자산관리계좌) 이자소득
[조세특례제한법 제91조의18]

■ 개인종합자산관리계좌(ISA)에 대한 과세특례
개인종합자산관리계좌(ISA)는 정부가 국민의 건전한 재산 증식을 도와 주기 위한 금융제도로서 가입기간은 3년 이상이고, 중도에 해당 계좌를 해지 않는 경우 채권투자 또는 예금에서 발생하는 이자소득에 대한 이자소득세 및 주식을 매입하는 경우 주주로서 받게되는 배당소득에 대한 배당소득세 합계액 중 연간 200만원(서민형 400만원)한도내의 금액은 이자소득세, 또는 배당소득세를 과세하지 않으며,

한도금액을 초과하는 금액은 저율 과세(일반과세 14% → 저율과세 9%) 되고, 종합소득에 합산하지 아니하므로(분리과세라 함) ISA 계좌를 개설한 후 ISA 계좌를 통하여 투자하면, 세금을 절세할 수 있습니다.

(가입대상) 15세 이상 거주자(금융소득종합과세자* 제외)
 * 이자·배당소득 합계액 2천만원 초과자
(운용자산) 예·적금, 펀드, 국내상장주식, 채권 등
(납입한도) 1억원(연 2천만원)

■ 일반형 ISA 계좌 및 서민형 ISA 계좌 구분
ISA 계좌 가입 당시 전년도 소득이 없거나 아래 금액 이하인 경우 서민형 ISA 계좌에 가입할 수 있으며, 아래 금액을 초과하는 경우 일반형 ISA 계좌 가입대상이 됩니다.
1. 직전 과세기간의 근로소득만 있는 경우 총급여액이 5천만원 이하인 거주자
2. 직전 과세기간의 종합소득과세표준에 합산되는 종합소득금액이 3천8백만원 이하인 거주자

세금 200만원(서민형 400만원)을 비과세받아 절세할 수 있는 경우
1. 채권 투자 등으로 이자소득이 발생하는 경우 - 이자소득이 있는 경우 이자소득세등 15.4%가 과세됨 2. 국내 주식에 투자하여 배당금 수익이 발생하는 경우 - 배당소득이 있는 경우 배당소득세등 15.4%가 과세됨 - 국내 주식 양도차익에 대한 세금은 없으므로 비과세와는 무관함 3. 국내에 상장된 해외 ETF에 투자하여 이익(매매차익, 배당금수익 등)이 발생하는 경우 - 국내에 상장된 해외 ETF 매매차익 및 배당금수익에 대하여는 배당소득세등 15.4% 가 과세됨

2. 배당소득
주식등에 투자하여 투자의 대가로 법인으로부터 지급받는 배당금등의 수익을 말합니다.

3. 연금소득

공적연금(국민연금, 공무원연금, 사립학교직원연금, 군인연금 등) 소득 전액으로 합니다.

단, 건강보험료 산정대상 소득 중 연금소득은 현재 공적연금만을 대상으로 하고 있으며, 사적연금은 국민건강보험공단 정관 규정에 의하여 소득에 포함하지 않습니다.

4. 사업소득

사업소득은 사업소득에서 사업소득과 관련한 필요경비를 차감한 금액으로 합니다.

5. 기타소득

기타소득에서 필요경비를 제외한 금액으로 합니다. 예를 들어 일시적으로 제공하는 자문료 등의 경우 소득세법에서는 해당 자문료에서 자문료의 60%를 필요경비로 공제받을 수 있도록 규정하고 있으므로 자문료의 60%를 필요경비로 공제한 금액이 기타소득이 되는 것입니다.

6. 근로소득

사업장 근로자의 경우 해당 사업장에서 건강보험 직장가입자로 가입되므로 통상 피부양자에 해당하지 않습니다.

◯ 부양가족 중 소득이 있는 경우 건강보험료 납부

[1] 배우자(맞벌이부부), 부모, 자녀가 근로소득이 있는 경우
본인, 배우자, 부모, 자녀가 각각 직장에 근무하는 경우에는 본인 및 배우자, 부모, 자녀는 직장가입자로 각각 건강보험료를 납부하여야 합니다.

[2] 근로자의 배우자, 부모, 자녀가 사업자등록이 있는 경우
세대구성원이라 하더라도 배우자, 부모, 자녀가 사업소득이 있는 경우에는 배우자, 부모, 자녀는 근로자 본인의 피부양자가 될 수 없으며, 직장가입자(해당 사업장에 근로자가 있는 경우) 또는 지역가입자로 건강보험료를 별도로 납부하여야 합니다.

단, 소득이 없던 배우자, 부모, 자녀가 새로 사업자등록을 하였으나 종업원이 없는 경우 그 소득이 국세청의 통보에 의하여 건강보험공단에서 확인되기 전까지는 근로자 본인의 피부양자이므로 별도의 지역가입자에 해당하지 않습니다.

■ 부양가족이 사업자등록이 있거나 소득이 있더라도 본인의 피부양자(부양가족)에 해당하는 경우

1. 사업자등록을 하였으나 **최초 종합소득세 신고를 하기전까지의 기간**
2. 사업자등록이 되어 있지 않은 자로서 사업소득(보험모집인 등), 기타소득 등의 연간 합계액이 500만원 이하인 자
* 소득금액 : 총수입금액에서 필요경비를 차감한 금액(수익 - 비용)

■ 본인의 부양가족 중 건강보험료 피부양자가 될 수 없는 경우
국민건강보험법 시행규칙 [별표 1의2]

1. 부양가족이 사업자등록이 있는 경우로서 사업소득이 발생한 사업연도 이후

2. 부양가족이 사업자등록 여부에 관계없이 주택임대소득이 있는 경우

3. 사업자등록이 되어 있지 않더라도 사업소득(보험모집인 등), 기타소득 등의 연간 합계액이 500만원을 초과하는 자

4. 부양가족이 소유한 재산의 재산세 과세표준이 9억원을 초과하는 자

5. 부양가족이 소유한 재산이 재산세 과세표준이 5.4억원 초과 9억원 이하이나 연간소득이 1천만원을 초과하는 자

■ 재산세 과세표준
- 토지 : 시가표준액(공시지가) × 70%
- 건축물 : 시가표준액 × 70%
- 건축물 시가표준액 조회 → (구글 검색) 지방세 건축물 시가표준액
- 주택 : 시가표준액 × 60%

6. 다음 각목의 소득 합계액이 연간 2,000만원을 초과하는 경우
가. 이자소득
나. 배당소득
다. 사업소득금액 : 총수입금액 − 필요경비
라. 근로소득 : 근로소득 중 비과세소득을 제외한 소득
마. 연금소득 : 공적연금소득(국민연금, 공무원연금, 사립학교직원연금, 군인연금 등) 전액

- 연금소득은 현재 공적연금만으로 하며, 사적연금(금융기관 연금)은 국민건강보험공단 정관 규정에 의하여 소득에 포함하지 않는다.

바. 기타소득금액 : 기타소득 – 필요경비

> **Q & A** 국민연금, 공무원연금등이 연간 2천만원을 넘는 경우 자녀의 피부양자가 될 수 있나요?
>
> 국민연금 등 공적연금이 연간 2천만원을 초과하는 경우 자녀의 피부양자가 될 수 없습니다. 다만, 공적연금만 있는 분에 대하여 지역건강료를 부과하는 경우 연금소득의 50%를 소득으로 하여 건강보험료를 부과하므로 연금소득의 4%정도를 건강보험료로 부담하시면 됩니다.

■ 공적연금

국민연금, 공무원연금, 사립학교교직원연금, 군인연금, 별정우체국연금

피부양자 대상 여부 판정 소득 2천만원 기준

1) 또는 2)에 해당하는 경우 피부양자가 될 수 없으며, 이 경우 지역가입자로 보험료를 별도로 납부하여야 한다.
1) 국민연금, 공무원연금 등 공적연금이 2천만원을 초과하는 경우
2) 공적연금이 2천만원에 미달하나 이자 및 배당소득의 현간 합계택이 1천만원을 초과하는 경우 이자 및 배당소득 금액 전액과 공적연금의 합계액이 2천만원를 초과하는 경우

■ 피부양자에서 제외되는 소득금액 인하

피부양자의 연간 소득(사업소득이 없는 경우 → 연금, 이자.배당소득 등)이 3천4백만원 이하인 경우 피부양자 자격을 유지할 수 있었으나 2022년 9월 이후 피부양자의 **연 소득이 2000만원을 넘는 피부양자**는 지역가입자로 전환되어 별도로 보험료를 부담하여야 합니다.

▶ **건강보험 피부양자 자격 강화(연소득 3400만원 → 2000만원) 및 피부양자 자격 탈락에 따른 보험료 한시 경감**

1) 종전에는 피부양자의 연소득이 3400만원 이하인 경우 자녀 등의 피부양자가 될 수 있었으나
2) 2022년 9월 이후 그 기준이 강화되어 연소득이 2천만언을 초과하는 경우 자녀 등의 피부양자에서 탈락하여 별도의 지역가입자로서 건강보험료를 부담하게 되었다.
3) 이로 인하여 급작스런 건강보험료 부담을 줄여주기 위하여 **부부합산소득이 2000만원 초과 3400만원 미만인 경우 2026년 8월까지 경감**을 하여 주고 있다.

1. 경감대상자 : **부부합산소득이 2000만원 초과 3400만원 미만인 경우**
2. 경감률 : 1년차 80%→ 2년차 60% → 3년차 40% → 4년차 20%
○ 2024년 60% 감면 기준 : '23년 탈락자, '24년 탈락자
○ 2025년 40% 감면 기준 : '23년 탈락자, '24년 탈락자, '25년 탈락자

③ 실업자, 퇴직자에 대한 건강보험료 납부 특례

[1] 임의계속가입 제도란?

임의계속가입 제도는 실업자에 대한 건강보험료의 경제적 부담을 완화하기 위해 운영하고 있는 제도입니다.

지역보험료보다 임의계속가입자 보험료가 적은 경우 임의계속보험료로 건강보험료를 납부할 수 있으며, 퇴직 전 18개월간 직장가입자의 자격을 유지한 기간이 통산 1년 이상인 사람만 신청이 가능합니다.

재취업한 경우에도 최종 사용관계가 끝난 날을 기준으로 18개월 동안 통산 1년 이상 직장가입자 자격을 유지한 사람만 임의계속 재가입이 가능합니다.

[2] 임의계속가입자 신청 및 적용기간은?

임의계속가입자는 퇴직 후 최초로 지역가입자 보험료를 고지 받은 납부기한에서 2개월이 지나기 전 국민건강보험공단(1577-1000)에 신청해야 하며, 보험료는 퇴직 전 산정된 최근 12개월간의 보수월액을 평균한 금액이며, 퇴직일 다음 날부터 36개월간 적용 가능합니다.

- 개인사업장 대표자 제외(법인대표자, 재외국민, 외국인 대상자는 신청 가능)

[3] 신청 방법

임의계속가입자를 원할 경우 가입자 본인이 임의계속(가입/탈퇴) 신청서를 공단에 제출해야 합니다. 본인이 지사에 방문해 신청하거나 팩스, 우편, 유선 등으로 신청할 수 있습니다. 가입자 본인 신청이 원칙이나 본인에게 국외출국, 군입대, 시설수용, 병원입원 등 부득이한 사유가 있는 경우 그 가족이 신청할 수 있습니다. 다만, 추후 가입자가 사실을 거부할 경우 취소될 수 있습니다.

▶ 유의사항

재산, 소득 등에 따라 지역보험료가 달라질 수 있으며 가족 중 사업소득 등이 있거나 주소지가 다른 피부양자가 있는 경우 지역보험료와 임의계속보험료가 각각 고지될 수 있으므로 반드시 확인 후 신청해야 합니다.

4 자영업자의 지역 건강보험료 부과기준

> 건강보험료는 자녀의 학비지원, 의료비환급 등 국가 복지지원정책의 기준금액이 되는 기본자료 이므로 건강보험료 부과기준 금액을 알아 두면 매우 유용합니다.

개요

건강보험료 직장가입자가 아닌 경우(근로자가 없는 개인 사업자인 세대주 또는 직업이 없는 세대주 등)에는 지역가입자로 건강보험료를 납부하여야 합니다.

지역가입자의 경우 **소득, 재산 보유현황, 자동차의 종류** 등을 기준으로 건강보험료를 계산하여 건강보험공단에서 매 월 보험료를 고지합니다. 따라서 재산을 취득하거나 자동차를 구입할 시 건강보험료 추가 부담액을 미리 계산하여 본 다음 재산 취득 또는 자동차 구입을 하는 것이 도움이 될 것입니다.

▶ 피부양자 대상 여부 판정시 소득기준

피부양자의 소득[공적연금소득, 이자소득, 배당소득, 기타소득금액)]이 연간 2천만원을 초과하는 경우 피부양자에서 제외되며, 이 경우 소득의 합계액으로 하되, 비과세소득 및 이자소득, 배당소득의 합계액이 1천만원 이하인 금액은 포함하지 않습니다.

- 공적연금소득 : 국민연금, 공무원연금, 군인연금, 사립학교 연금등

🔲 지역건강보험료 부과 체계

지역가입자 월별 보험료액은 소득과 재산에 따라 산정한 금액을 합산한 금액([1] + [2])으로 하며, 보험료액은 세대 단위로 산정합니다.

[1] 소득월액(연간 소득 ÷ 12)

(1) 지역 건강보험료 부과에 포함하는 소득
• 연금소득 : 공적연금 전액의 **100분의 50**
• 사업소득 : 총수입금액에서 필요경비를 차감한 소득
• 이자소득 및 배당소득 : 연간 1천만원을 초과하는 경우 전액
- 연간 1천만원 이하인 경우 소득에 포함하지 않습니다.
• 기타소득 : 기타소득에서 필요경비를 차감한 금액
• 근로소득 : 근로소득(비과세소득 제외)의 **100분의 50**
- 직장건강보험료에 가입이 되지 않은 경우의 근로소득

> **Q&A** 기초연금의 경우에도 지역 건강보험료가 부과되는 소득에 포함하나요?
>
> 65세 이상 국민 중 소득 하위 70%에게 지급되는 기초연금은 건강보험료 부과기준이 되는 소득에 포함하지 않습니다.

▶ 이자소득에서 제외되는 이자소득(비과세소득)
• 장기 저축성 보험 : 10년 이상 + 1억원 이하 저축성보험
[소득세법 제16조 ① 9] [소득세법 시행령 제25조]

• 비과세되는 조합원예탁금(농협 등 3천만원 이하 예탁금 이자)
[조세특례제한법 제89조의3]

- 65세 이상자등에 대한 비과세 종합저축(저축 원금 5천만원 이하)

[조세특례제한법 제88조의2]

- ISA(개인종합자산관리계좌) 이자소득

[조세특례제한법 제91조의18]

근로자, 자영업자, 농어민의 재산형성을 도와 주시 위해 도입한 금융상품으로 개인종합자산관리계좌에서 발생하는 이익에 대하여는 일정한도내 (비과세 한도 200만원, 서민, 농어민400만원),에서 세금을 부과하지 아니하고 만기 인출시 세제혜택을 부여하고 있다.

(2) 지역가입자 보험요율 [2024년, 2025년]

구 분	회사분	종업원분	합계	비 고
건강보험요율(합계)	4.004%	4.004%	8.008%	
국민건강보험료	3.545%	3.545%	7.090%	
노인성장기요양보험	0.459%	0.459%	0.918%	

■ 국민연금이 월 100만원인 경우 소득에 부과되는 건강보험료
- 공적연금(국민연금, 공무원연금, 군인연금, 교직원연금 등)의 경우 연금소득의 50%를 건강보험료 부과기준이 되는 소득으로 한다.
- 소득 보험료 40,000원 (1,000,000원 × 50% × 8%)
- 기초연금은 건강보험료 기준이 되는 소득에 포함하지 않는다.

[2] 재산

재산에 부과되는 지역건강보험료는 지역가입자가 속한 세대의 지역 건강보험료 부과대상 재산의 재산세과세표준금액에서 아래 금액을 차감한 금액이 속한 재산금액 그룹의 해당 점수에 208.4원을 곱하여 계산합니다.

(1) 지역건강보험료 부과대상 재산 합계액
1. 토지, 건축물, 주택, 선박의 재산세 과세표준금액
2. 무주택자의 전세보증금의 30%

■ 재산세 과세표준
1. 토지 : 시가표준액(공시지가) × 70%
2. 건축물 : 시가표준액 × 70%
- 건축물 시가표준액 조회 → (구글 검색) 지방세 건축물 시가표준액
3. 주택 : 시가표준액 × 60%

■ 1세대1주택인 경우 재산세 과세표준
가. 시가표준액 3억원 이하인 주택: 시가표준액의 100분의 43
나. 시가표준액 3억원 초과 6억원 이하 주택: 시가표준액의 100분의 44
다. 시가표준액 6억원을 초과하는 주택: 시가표준액의 100분의 45

■ 보증금 및 월세금액의 평가방법 [국민건강보험법 시행규칙] [별표 8]
1. 영 별표 4 제1호나목2)에 따른 임차주택에 대한 보증금 및 월세금액의 평가방법은 다음과 같다.

> [보증금 + (월세금액에 40을 곱한 금액)] × 평가 비율

2. 제1호에서 평가 비율은 100분의 30으로 한다.
3. 제1호에서 {보증금 + (월세금액에 40을 곱한 금액)}(이하 "기준액"이라 한다)이 임대차계약의 변경 또는 갱신으로 인상된 경우(임대차목적물이 변경되어 기준액이 인상된 경우는 제외한다)로서 인상된 금액이 인상 전 기준액의 100분의 10을 초과한 경우에는 그 변경되거나 갱신된 계약기간 동안의 기준액은 인상 후 기준액에서 그 초과 금액을 뺀 금액으로 한다.

(2) 지역건강보험료 부과대상 재산 합계액에서 공제되는 금액

1. 1억원
2. 1세대 1주택자의 주택담보대출잔액 × 공정시장가액비율
- 한도액 5천만원
3. 무주택자의 전세보증금 담보대출금액 × 30%

(3) 지역건강보험료 가구의 재산에 부과되는 건강보험료

재산등급별 부과점수에 점수당 금액(208.4원)을 곱하여 얻은 금액으로 합니다.

▶ 재산등급별 점수

등급	재산금액(만원)	점수	등급	재산금액(만원)	점수
1	450 이하	22	31	38,800 ~ 43,200	757
2	450 ~ 900	44	32	43,200 ~ 48,100	785
3	900 ~ 1,350	66	33	48,100 ~ 53,600	812
4	1,350 ~ 1,800	97	34	53,600 ~ 59,700	841
5	1,800 ~ 2,250	122	35	59,700 ~ 66,500	881
6	2,250 ~ 2,700	146	36	66,500 ~ 74,000	921
7	2,700 ~ 3,150	171	37	74,000 ~ 82,400	961
8	3,150 ~ 3,600	195	38	82,400 ~ 91,800	1,001
9	3,600 ~ 4,050	219	39	91,800 ~ 103,000	1,041
10	4,050 ~ 4,500	244	40	103,000 ~ 114,000	1,091
11	4,500 ~ 5,020	268	41	114,000 ~ 127,000	1,141
12	5,020 ~ 5,590	294	42	127,000 ~ 142,000	1,191
13	5,590 ~ 6,220	320	43	142,000 ~ 158,000	1,241
14	6,220 ~ 6,930	344	44	158,000 ~ 176,000	1,291
15	6,930 ~ 7,710	365	45	176,000 ~ 196,000	1,341
16	7,710 ~ 8,590	386	46	196,000 ~ 218,000	1,391
17	8,590 ~ 9,570	412	47	218,000 ~ 242,000	1,451
18	9,570 ~ 10,700	439	48	242,000 ~ 270,000	1,511
19	10,700 ~ 11,900	465	49	270,000 ~ 300,000	1,571

20	11,900 ~ 13,300	490	50	300,000 ~ 330,000	1,641
21	13,300 ~ 14,800	516	51	330,000 ~ 363,000	1,711
22	14,800 ~ 16,400	535	52	363,000 ~ 399,300	1,781
23	16,400 ~ 18,300	559	53	399,300 ~ 439,230	1,851
24	18,300 ~ 20,400	586	54	439,230 ~ 483,153	1,921
25	20,400 ~ 22,700	611	55	483,153 ~ 531,468	1,991
26	22,700 ~ 25,300	637	56	531,468 ~ 584,615	2,061
27	25,300 ~ 28,100	659	57	584,615 ~ 643,077	2,131
28	28,100 ~ 31,300	681	58	643,077 ~ 707,385	2,201
29	31,300 ~ 34,900	706	59	707,385 ~ 778,124	2,271
30	34,900 ~ 38,800	731	60	778,124 초과	2,341

SECTION 03

개인기업 사업주의 4대보험가입 및 보험료

근로자를 1인 이상 고용하고 있는 사업주는 국민연금 및 건강보험료를 사업장 가입자로 납부하여야 합니다. 단, 근로자가 없는 경우 국민연금 및 건강보험을 지역가입자로 보험료를 납부하여야 합니다.
사업주 본인은 고용보험 및 산재보험에 가입할 의무가 없으나 신청에 의하여 임의 가입할 수 있습니다.

1 개인기업 사업주의 4대보험료

국민연금

사업자의 경우 사업 소득금액을 기준으로 국민연금을 고지하며, 별도의 정산은 필요하지 않습니다.

건강보험료

종업원이 있고, 사업장으로 가입이 되어 있는 경우

① 대표자는 사업장 가입자로 건강보험료를 납부하여야 하며, 건강보험공단은 전년도 사업소득을 12로 나눈 금액에 보험료율을 곱한 금액을 매월 고지합니다.

② 개인 사업자가 건강보험공단의 고지에 의하여 납부한 건강보험료는 전년도 사업소득을 기준으로 납부한 금액이므로 당해 연도의 사업소득으로 확정하여 정산을 하게 됩니다. 따라서 개인 사업자 본인은 매년 5월 15일까지 공단에서 사업장으로 송부하는 '직장가입자 보수총액통보서'에 보수총액을 기재하여 **5월 31일**(성실신고확인대상 사업자는 6월 30일) 끼지 제출하여야 하며, 건강보험공단은 6월분(성실신고확인사업자는 7월분) 고지시 정산금액을 같이 고지합니다.

▶ **대표자의 보수총액**
개인 사업자는 급여를 받는 것이 아니라 사업을 운영하여 1년간의 총수입금액(매출 등)에서 필요경비(매출을 위하여 사용소비된 경비)를 차감한 금액이 소득이 되는 깃이므로 개인 사업자 본인은 당해 연도 중 사업장에서 발생한 사업소득(총수입금액 - 필요경비)을 보수총액으로 합니다. 단, 사업소득이 없거나 사업소득으로 산정한 보수월액이 당해 사업장 근로자의 최고월액보다 낮은 경우에는 당해 사업장 근로자의 최고월액에 해당하는 보수월액을 개인 사업자의 보수월액으로 합니다.

③ 사업장이 두 군데 이상인 경우 각 사업장별로 건강보험료를 납부하여야 합니다.

④ 사업소득 이외에 근로소득이 있는 경우 사업소득 및 근로소득을 제공하는 사업장에서 각각 건강보험료를 납부하여야 합니다.

▣ 종업원이 없는 경우

① 사업장에 종업원이 없거나 종업원이 있어도 사업장 가입자로 신고를 하지 않는 경우 지역 건강보험료가 부과됩니다.

② **사업장에 종업원이 없는 경우 지역 건강보험료를 납부하여야 합니다만, 사업자가 다른 사업장의 근로자로서 직장가입자가 되는 경우 해당 사업장의 직장가입자가 되며, 이 경우 지역건강보험료는 납부하지 않아도 됩니다.**

③ 재산이 많아 지역건강보험료가 부담이 되는 경우로서 배우자가 사업장 업무에 종사한다면, 사업장 적용 신고를 하여 본인 및 배우자가 직장가입자로서 본인은 사업소득을 기준으로 배우자는 급여를 기준으로 건강보험료를 각각 납부할 수 있습니다.

사업장 적용을 받는 경우 국민연금도 직장가입자로 가입하여 각각 납부를 하여야 합니다만, 배우자의 급여가 260만원 이하인 경우 배우자의 국민연금불입액 중 80%를 국가로부터 보조를 받을 수 있습니다. (두루누리 제도 참조)

▶ 사업장 대표자가 지역가입자인 경우 건강보험료 정산
1. 2024년도 소득 발생
2. 2025년도 5월 종합소득세 신고 (소득자 → 국세청)
3. 2025년도 10월 소득 자료 전송 (국세청 → 건강보험공단)
4. 2025년도 11월 건강보험료 정산 및 고지 (건강보험공단 → 소득자)

고용보험 및 산재보험

종업원이 1인 이상인 사업장의 사업주는 건강보험 및 국민연금은 가입하여야 하나 고용보험 및 산재보험은 가입대상이 아닙니다다만, 사업주가 신청하는 경우 임의 가입할 수는 있습니다.

배우자, 직계존비속의 직원채용과 4대보험 가입

▶ 급여 책정

배우자 또는 직계존비속을 근로자로 채용하는 경우로서 배우자 또는 직계존비속외의 다른 근로자가 없는 경우 근로기준법의 적용을 받지 아니하므로 최저임금 미만으로 급여를 책정하더라도 특별히 문제가 될 점은 없으므로 국민연금, 건강보험료 부담을 줄이고자 하는 경우 최저임금 미만으로 급여를 책정하여도 무방합니다.

▶ 국민연금 및 건강보험

가족을 직원으로 채용하는 경우 가족 개인의 소득이 발생하므로 국민연금 및 건강보험 직장가입자로 가입을 하여야 하며, '사업장적용신고서' 및 '사업장가입자 자격취득 신고서'를 국민연금공단 또는 건강보험공단에 제출을 하여야 하며, 가족의 경우에도 두루누리 혜택(국민연금 일부 국가지원제도)을 받을 수 있으므로 '사업장적용신고서'에 연금(고용)보험료 지원 신청란에 체크 표시를 하시면 됩니다.

한편, 가족만으로 구성된 회사의 경우에는 고용보험 및 산재보험은 가입할 수 없습니다.

② 자영업자의 지역 건강보험료 부과기준

> 건강보험료는 대출시 소득금액 증빙, 자녀의 학비지원, 의료비환급 등 국가 복지지원정책의 기준금액이 되는 기본자료이므로 건강보험료 부과기준 금액을 알아 두시면 매우 유용합니다.

건강보험료 직장가입자가 아닌 경우(근로자가 없는 개인 사업자인 세대주 또는 직업이 없는 세대주 등)에는 지역가입자로 건강보험료를 납부하여야 합니다.

지역가입자의 경우 **소득, 재산 보유현황, 자동차의 종류** 등을 기준으로 건강보험료를 계산하여 건강보험공단에서 매 월 보험료를 고지합니다. 따라서 재산을 취득하거나 자동차를 구입할 시 건강보험료 추가 부담액을 미리 계산하여 본 다음 재산 취득 또는 자동차 구입을 하는 것이 도움이 될 것입니다.

▶ 피부양자 대상 여부 판정시 소득기준

피부양자의 소득[공적연금소득, 이자소득, 배당소득, 기타소득금액)]이 연간 **2천만원**을 초과하는 경우 피부양자에서 제외되며, 이 경우 소득의 합계액으로 하되, 비과세소득 및 이자소득, 배당소득의 합계액이 1천만원 이하인 금액은 포함하지 않습니다.

[상세 내용] 지역가입자 건강보험료 부과기준

③ 자영업자 본인 고용보험 가입

사업주 본인은 고용보험의무가입대상자는 아닙니다만, 사업부진 등의 사유로 폐업하는 경우 근로자와 같이 일정기간 동안의 실업급여를 지원하여 주기 위하여 근로자를 사용하지 아니하거나, 50인 미만 근로자를 사용하는 자영업주(개인사업장은 사업주, 법인은 대표이사)로서 아래 요건을 모두 갖춘 사업자 본인은 고용보험에 임의가입을 할 수 있으며, 자세한 내용은 근로복지공단에 문의를 하시면 됩니다.

1. 사업자등록증을 갖춘 자
2. 실업급여 수급 종료일로부터 2년 이내인 자
3. 임금근로자로 피보험자격이 취득되어 있지 않은 자

▶ 실업급여 관련 고용보험 가입을 할 수 없는 사업자
① 다음 각 호의 어느 하나에 해당하는 사업
1. 농업·임업·어업 또는 수렵업 중 법인이 아닌 자가 상시 4명 이하의 근로자를 사용하는 사업
② 부동산임대업

▶ 자영업자 고용보험요율 = 기준보수액 × 보험요율
보험요율 : 2.25% (실업급여 2% + 고용안정·직업능력개발사업 0.25%)

상세 내용

[구글] (검색어) 자영업자 고용보험 [고용24]
[구글] (검색어) 2025년 소상공인 고용보험료 지원사업 [기업마당]

④ 자영업자 산재보험 가입

[1] 종업원 50명 미만 자영업자 본인 산재보험 가입

사업주 본인은 산재보험의무가입 대상자는 아닙니다만, 보험가입자로서 **50명 미만의 근로자를 사용하는 사업주**의 경우 근로복지공단의 승인을 얻어 자기 또는 유족을 보험급여를 받을 수 있는 자로 하여 보험에 가입할 수 있습니다.

[2] 자영업자 산재보험 가입 신청 및 승인

중·소기업 사업주가 보험에 가입하고자 하는 『중·소기업 사업주 산재보험 가입신청서』를 작성하여 공단에 제출하여야 하며, 신청 및 가입절차는 근로복지공단(☎1588-0075)에 문의하시면 자세한 안내를 받을 수 있습니다.

① 중·소기업 사업주에 대한 보험료 및 보험급여의 산정기준이 되는 보수액 및 평균임금은 고용노동부장관이 고시하는 금액으로 하고 보험료율은 당해 사업이 적용받는 보험료율로 합니다.

■ 월 보험료 = 월단위 보수액 × 당해 사업장 산재보험료율

② 보험에 가입된 중·소기업 사업주는 보험연도마다 고용노동부장관이 고시하는 월 단위 보수액의 등급 중 하나를 선택하여 해당 보험연도의 전년도 12월 말일까지 다음 보험연도 월보수를 공단에 신고하여야 합니다.

SECTION 03

4대보험료 납부에 따른 혜택 등

4대보험료를 납부하는 경우 근로자 본인 및 사업주에 대하여 여러 가지 혜택이 있으며, 그 내용을 살펴보면 다음과 같습니다.

1 국민연금 불입에 따른 혜택

국민연금 수급

국민연금은 기간에 관계없이 120회 이상 불입을 하여야 연금형태를 지급을 받을 수 있으며, 120회 미만 불입한 경우 연금수령 시점에 원금에 대한 이자를 포함하여 일시불로 지급을 받게 됩니다.

♣ 보건복지부 → 정책 → 연금 → 국민연금정책 → 국민연금급여

▶ 노령연금

[1] 노령연금 수급 개시 연령

노령연금이란 통상의 국민연금으로 가입자가 일정 연령 이상이 되는 월부터 지급하는 연금을 말합니다. 노령연금의 수급 개시 연령은 만 60세이나, 그 지급연령이 높아져 2013년부터는 5년마다 1세씩 연장하여 2033년부터는 65세부터 지급받을 수 있으며, 출생연도별 수급개시연령은 다음과 같습니다.

■ 연령별 국민연금 수급연도

출생연도	노령연금수급연령	조기연금수급연령
1953 ~ 1956년생	61세	56세
1957 ~ 1960년생	62세	57세
1961 ~ 1964년생	63세	58세
1965 ~ 1968년생	64세	59세
1969년생 이후	65세	60세

[2] 노령연금 수령액

연금액은 본인의 가입기간 및 가입 중 평균소득액, 전체 가입자의 평균소득액을 기초로 계산됩니다. 수령액 산식은 다소 복잡하기 때문에 자세한 사항은 국민연금 홈페이지(내 연금 알아보기)에서 예상연금액을 조회하시어 향후 받게 될 금액을 확인(공인인증서 필요)하시기 바라며, 나중에 받게 될 예상연금액과 그동안 납부한 내역을 국민연금 홈페이지에서 확인할 수 있습니다.

예상연금액은 '국민연금 홈페이지 → 내연금노후설계 → 국민연금 예상연금 조회'에서 현재까지 납부한 보험료를 기준으로 만 60세 또는 연금수급가능 시까지 계속 납부하는 것을 가정한 예상연금액을 알아볼 수 있습니다.

Q&A 부양가족이 많은 경우 국민연금을 더 받을 수 있나요?

부양가족이 있을 경우 국민연금을 더 받을 수 있습니다. 부양가족연금은 연금을 받는 분의(유족연금의 경우에는 사망한 가입자 또는 가입자였던 분의)배우자, 자녀(18세 미만 또는 장애2급 이상), 부모(60세 이상 또는 장애2급 이상, 배우자의 부모 포함)로서 연금을 받으시는 분에 의해 생계를 유지하는 경우에 지급되며, 가입기간 등에 관계없이 정액으로 지급됩니다. 유족연금의 경우에는 지급사유 발생 당시 가입자 또는 가입자이었던 분에 의하여 생계를 유지하고 있던 분이 부양가족연금 대상입니다.

▶ 조기노령연금

① 국민연금 가입기간이 10년 이상되는 분은 소득이 일정 금액에 미달하거나 **소득이 있는 업무**에 종사하지 않는 경우 연령별 수급시기 전이라도 연금지급을 청구할 수 있으며, 이를 '조기노령연금'이라 합니다.

② '소득이 있는 업무'라 함은 최근 3년간의 국민연금 전체가입자의 평균소득월액의 평균액'(2022도 기준 월평균 2,681,724원)이며, 이 금액은 매년 변동됩니다.

③ 월 평균소득금액이란 사업소득금액(총수입금액 - 필요경비) 및 근로소득금액(근로소득 - 근로소득공제)을 합산한 금액을 당해연도 근무 종사월수로 나눈 금액을 말합니다. 조기노령연금은 연금을 지급받기 시작하는 연령에 따라 지급률(노령연금대비 지급비율)이 달라지며, 그 내용은 다음과 같습니다.

■ 연령별 조기노령연금 수령 비율

출생연도 조기연금	1953년~ 1956년생	1957년~ 1960년생	1961년~ 1964년생	1565년~ 1968년생	1969년생 이후
만56세	70%				
만57세	76%	70%			
만58세	82%	76%	70%		
만59세	88%	82%	76%	70%	
만60세	94%	88%	82%	76%	70%
만61세		94%	88%	82%	76%
만62세			94%	88%	82%
만63세				94%	88%
만64세					94%

▶ 재직자 노령연금

재직자 노령연금이란 가입기간이 10년 이상이고 국민연금 수급연령에 도달하였으나 소득이 있는 업무에 종사하고 있는 경우 60세 이상 65세 미만의 기간 동안 일정금액을 감액하여 지급하는 연금입니다. 단, 연금을 받을 당시 소득이 있는 업무에 종사하여 재직자노령연금을 받았다 하더라도 65세 이전에 소득이 있는 업무에 종사하지 않게 되면, 가입기간에 따라 완전노령연금이나 감액노령연금으로 변경하여 지급을 받게 됩니다.

▶ 장애연금

장애연금은 가입자의 가입중에 발생한 질병 또는 부상이 완치(진행중인 때는 초진일로부터 1년 6개월 경과시)되었으나 신체적 또는 정신적 장애가 남았을 때 이에 따른 소득 감소부분을 보전함으로써 자신과 가족의 안정된 생활을 보장하기 위한 급여로서 장애정도(1급~4급)에 따라 일정한 급여를 지급합니다.

▶ 유족연금

① 유족연금은 국민연금에 가입하고 있는 사람 또는 연금을 받던 사람이 사망하면 그에 의하여 생계를 유지하던 유족에게 가입기간에 따라 기본연금액의 일정률(40~60%)을 지급하여 남아있는 가족들이 안정된 삶을 살아갈 수 있도록 하기 위한 연금입니다.

가입기간	연금액
10년 미만	기본연금액 40% + 부양가족연금액
10년 이상 20년 미만	기본연금액 50% + 부양가족연금액
20년 이상	기본연금액 60% + 부양가족연금액

② 유족연금은 가입자 또는 가입자였던 분이 사망하거나, 노령연금 수급권자 또는 장애등급 2급 이상의 장애연금 수급권자가 사망하여 수급요건을 충족하는 경우에 그 유족의 생활을 보장하기 위하여 지급하는 연금입니다.

③ 유족연금은 사망 당시 수급자에 의하여 생계를 유지하고 있던 분 중 배우자, 자녀(만 19세미만이거나 장애등급 2급 이상), 부모(만 60세 이상이거나 장애등급 2급 이상), 손자녀(만 19세미만 또는 장애등급 2급 이상) 순으로 최우선 순위자에게 지급되며, 이를 충족하게 되면 우선순위에 의해 유족연금을 지급받을 수 있습니다.

▶ 부부가 모두 국민연금에 가입한 경우 유족연금

부부가 국민연금을 수령하던 중 배우자가 사망하는 경우 유족연금(40% ~ 60%)의 100분의 30에 상당하는 금액만 추가로 지급받게 되므로 배우자가 국민연금에 임의 가입하고자 하는 경우 이 점을 유의하여야 합니다.

② 고용보험료 납부에 따른 혜택

사업주 및 근로자가 납부하는 고용보험료를 재원으로 정부는 사업주와 근로자를 위하여 지원사업을 실시하며, 자세한 내용은 고용노동부에서 운영하는 '**고용보험**' 홈페이지를 참고하시기 바랍니다.

❏ 근로자 지원제도

- 재직근로자 훈련지원
- 근로자 수강 지원금 지원
- 실업자 훈련지원
- 실업자 재취업 훈련지원
- 실업급여
- 육아휴직급여
- 산전후휴가급여

❏ 사업주 지원제도

- 고용유지 지원금
- 무급휴업·휴직 고용유지 지원금
- 정년연장 지원금
- 출산육아기 고용안정 지원금

♣ 상세 내용 : 고용보험(홈페이지) → 기업혜택안내

③ 의료비 본인부담금 환급제도

개요

본인부담상한제는 환자 본인이 부담하는 의료비가 개인별 상한금액을 초과하는 경우, 초과 금액을 환급하여 주는 제도입니다.

건강보험공단은 병원비 부담액 중 비급여(보험이 되지 않는 의료비)를 제외한 **연간(1월 1일 ~ 12월 31일) 의료비**가 건강보험료 부담 수준에 따라 87만원부터 808만원을 초과하는 경우 그 초과되는 금액을 전액 돌려주며, 이 제도가 의료비 환급제도입니다.

예를 들어 의료보험이 적용되는 연간 의료비를 5백만원 지출한 경우로서 소득수준(건강보험료 납부금액 기준)이 중위 4분위에 해당하는 경우 167만원을 초과하는 333만원을 환급을 받을 수 있으므로 가족의 경제적인 부담이 현저히 줄어들게 됩니다.

단, 의료보험이 되지 않는 특진비, 2인실 또는 1인실 등의 비용과 비급여 적용대상 진단비용 등은 환급대상이 아닌 점을 유의하여 특수검사의 경우 검사 전 검사비용 및 의료보험 여부를 확인하여 검사 여부를 결정하여야 할 것입니다.

> **참고** 의료비 환급적용 제외 및 환수대상
> MRI일부금액, 선택진료비, 상급병실료 차액, 비급여항목은 제외되며, 보험료체납 후 진료, 기타 부당한 방법, 고의·중대한 과실에 의한 진료, 교통사고, 업무상 부상으로 인한 진료, 제3자 가해행위로 인한 진료 등으로 확인 되었을 시 환급액의 전부 또는 일부가 환수될 수 있다.

■ 종합병원 인실별 본인부담률

구분	1인실	2인실	3인실	4인실	5인실 이상
상급종합	비급여	50%	40%	30%	20%
종합병원		40%	30%	20%	20%

▶ **요양급여비용 중 본인이 부담하는 상한액**

매년 산정.적용되는 소득수준별 본인부담상한액은 국민건강보험공단 홈페이지에서 확인할 수 있다.

의료비 본인부담상한액 및 환급

■ 2024년 본인부담상한액 [국민건강보험법 시행령 별표 3]

저소득			연평균 보험료 분위 →				고소득
1분위	2~3분위	4~5분위	6~7분위	8분위	9분위	10분위
87만원	108만원	167만원	313만원	428만원	514만원	808만원

■ 요양병원 120일 초과 입원

138만원	174만원	235만원	388만원	557만원	669만원	1,050만원

보험료 분위 기준일

건강보험 피부양자의 경우 해당연도 현재 부양의무자의 소득분위에 따라 환급기준금액이 결정됩니다.

예를 들어 노모의 2024년도 의료비 지출액(비급여금액은 제외)이 500만원이고, 12.1. 현재 본인이 부양자인 경우 노모의 의료비 및 본인, 본인 가족 의료비가 200만원인 경우로서 본인의 직장 가입자 건강보험료 본인부담금이 12만원인 경우 7분위에 해당하므로 환급대상금액은 272민원(700만원 - 428만원)입니다.

□ 소득분위별 본인부담상한액 및 월별 기준보험료 [2024년]

구 분 (분위)	소득분위별 본인부담상한액		본인부담상한액 월별 기준보험료 (장기요양보험료 제외)	
	본인부담상한액		직장가입자 (본인부감금)	지역가입자
	120일 이하 입원	120일 초과 입원		
1	87만원	138만원	56,330원 이하	12,840원 이하
2~3	108만원	174만원	56,330원 초과 80,510원 이하	12,840원 초과 19,780원 이하
4~5	167만원	235만원	80,510원 초과 106,750원 이하	19,780원 초과 38,930원 이하
6~7	313만원	388만원	106,750원 초과 154,120원 이하	38,930원 초과 103,580원 이하
8	428만원	557만원	154,120원 초과 194,500원 이하	103,580원 초과 142,650원 이하
9	514만원	669만원	194,500원 초과 265,900원 이하	142,650원 초과 223,930원 이하
1위	808만원	1,050만원	265,900원 초과	223,930원 초과

기간 : 1년 (2024년1월1일~12월31일)

■ 2025년 본인부담상한액 [국민건강보험법 시행령 별표 3]

저소득		연평균 보험료 분위 →				고소득
1분위	2~3분위	4~5분위	6~7분위	8분위	9분위	10분위
89만원	110만원	170만원	320만원	437만원	525만원	826만원

■ 요양병원 120일 초과 입원

141만원	178만원	240만원	396만원	569만원	684만원	1,074만원

▶ 보험료는 매 년 재조정됨

■ 법제처 → (검색어) 본인부담상한액 → 행정규칙
■ 법제처 → 국민건강보험법 시행령 → [별표 3] 본인부담상한액

▶ 의료비 본인부담금 환급절차
(1) 사전 적용
같은 병원에서 계속 입원진료 중 건강보험 본인부담금(선택진료비 등 비급여 부분 제외)이 연간 808만원을 초과할 경우, 병원은 808만원까지만 청구하고 그 초과액은 공단에 청구하는 것을 말합니다.

(2) 사후 적용
가입자가 여러 병원(약국 포함)에서 진료하고 부담한 건강보험 본인부담금 (선택진료비 등 비급여 부분은 제외)을 집계하여 상한액을 초과한 본인부담금을 환급하여 주는 제도로서 공단은 사후환급대상이 되는 분께 **다음해 8월 중** 지급신청 안내문을 보내줍니다.

▶ 일정금액 초과하는 의료비 환급금 조회
국민 건강보험 홈페이지 → 환급금 조회/신청

Q&A 농어촌에서 생활하시는 부모님의 주소지를 부양의무자인 근로자의 주소지로 이전하는 것은 좋은가?

농어촌에서 생활하시는 부모님의 건강보험료는 대부분 지역가입자 하위 50%에 해당하여 건강보험료가 얼마 되지 않아 의료비 지출액이 최하위 보험료 납부자의 경우 연간 의료비가 87만원을 초과하면, 부담한 의료비 중 87만원을 초과하는 금액은 환급을 받을 수 있습니다.

또한 비급여부분도 재난적 의료비 지원대상에도 해당될 수 있기 때문에 정부의 의료비 지원혜택을 받기 위해서는 부모님을 부양의무자의 주소로 이전을 하지 않는 것이 좋을 것입니다.

참고로 농·어촌에서 생활하시는 부모님 주소지를 근로자의 주소지로 이전하지 않아도 연말정산시 부양가족으로 공제를 받을 수 있습니다.

SECTION 04

일용근로자 근로기준법 4대보험 및 원천징수실무

일용근로자 근로소득세 원천징수방법 및 4대보험 신고에 대한 내용에 대하여 살펴보도록 하겠습니다.

1 일용직근로자 법정수당, 퇴직금 등

Q 일용직근로자란?

일용근로자란 근로를 제공한 날 또는 시간에 따라 급여를 계산하거나 근로를 제공한 날 또는 시간의 근로성과에 따라 급여를 계산하여 지급받는 자로 다음에 해당되지 아니하는 자를 말합니다.

○ 건설공사 종사자, 하역(항만)작업 종사자가 아닌 자 : 근로자로서 근로계약에 따라 일정한 고용주에게 3월 이상 계속하여 고용되는 자
○ 하역(항만)작업 종사자 : 통상 근로를 제공한 날에 급여를 지급받지 아니하고 정기적으로 근로대가를 받는 자

○ 건설공사 종사자 : 동일한 고용주에게 계속하여 1년 이상 고용된 자

> **보 충** 건설공사에 종사하는 자의 일용근로자 해당 요건
>
> ◎ 건설공사에 종사하는 자로서 다음에 해당하지 아니하는 자
> ① 동일한 고용주에게 계속하여 1년 이상 고용된 자
> ② 다음의 업무에 종사하기 위하여 통상 동일한 고용주에게 계속 고용되는 자
> 1. 작업준비를 하고 노무에 종사하는 자를 직접 지휘·감독하는 업무
> 2. 작업현장에서 필요한 기술적인 업무, 사무, 취사, 경비 등의 업무
> 3. 건설기계의 운전 또는 정비업무

4 일용직근로자의 법정수당 및 퇴직금

▶ 일용직근로자의 주휴일 및 주휴수당

근로기준법상 1주간의 소정근로일수를 개근한 근로자에게는 1일의 유급휴가를 주어야 하는데 1일단위로 근로계약을 체결하는 일용근로자의 경우 1주간의 소정근로일수를 산정할 수 없으므로 유급 주휴일을 부여하지 않습니다.

다만, 일용근로자가 계속적으로 근로를 제공하는 경우에는 실제 근로일수를 기준으로 1주일에 소정근로일수를 개근한 경우 주휴일을 부여하여야 합니다.

이 경우 주휴수당을 포함하여 임금을 지급하기로 사전에 약정한 경우에는 무급으로 주휴일을 부여하는 것이나 약정이 없는 경우 유급으로 주휴일을 부여하여야 합니다.

▶ 일용직근로자의 연장·야간·휴일근로 가산수당

① 일용근로자의 경우도 연장근로 및 야간근로에 대하여 가산수당을 지급하여야 합니다.
② 휴일근로의 경우 주휴수당을 포함하여 임금을 지급하기로 사전에 약정하지 아니한 계속근로자는 휴일근로에 대하여 가산수당을 지급하여야 합니다.
③ 일용근로자를 포함하여 상시 근로자 수가 5인 미만인 경우에는 가산수당 지급의무가 없습니다.

보충 일용근로자의 주휴수당 및 통상임금

일급계약인 경우, 주휴수당은 1주간의 소정근로에 대해 개근하는 경우 지급되는 조건부 임금으로 통상임금에 포함되지 않습니다만, 월급 계약인 경우에는 급여액에 주휴수당이 포함되어 있는데, 이러한 경우 주휴수당은 '소정근로시간외에 유급으로 처리되는 시간'을 말하므로 통상임금에 포함합니다.

▶ 일용직근로자 퇴직금

① 일용근로자의 경우에도 근로기간이 1년 이상인 경우 퇴직금을 지급하여야 합니다.
② 퇴직금 산정의 기준이 되는 일용직근로자의 평균임금은 통상근로자와 동일하게 퇴사일로부터 역산하여 3개월 동안의 임금을 기준으로 계산합니다. 다만, 근로일수가 통상의 근로와 달리 현저히 적을 때에는 통상근로계수(0.73)를 적용하여 평균임금을 산정할 수 있습니다. (1일 임금 × 통상근로계수)

② 일용직근로자 4대보험 가입 및 신고

일용직 근로자의 경우 다음의 가입제외자가 아닌 경우 4대보험에 가입을 하여야 합니다.

㈎ 일용직근로자 4대보험 가입대상 및 제외자

[1] 국민연금 가입대상자 및 제외되는 자
(1) 가입대상자
사업장에서 종사하는 18세 이상 60세 미만의 근로자로서, 사업장에 고용된 날부터 1개월간 8일 이상이고, 근로시간이 월60시간 이상인 근로자는 사업장에 고용된 날부터 사업장가입자로 적용하여야 합니다. 한편, 일용직 근로자로서 채용 당시에는 가입 요건에 해당하지 아니하여 제외되었으나 그 후 요건에 해당되는 때에는 취득신고를 하여야 하며, 이 경우 자격취득일은 최초고용일로 합니다.
(2015.5.6. 국민연금 일용근로자 사업장 가입기준 지침 개정)
1. 명시적인 근로(고용)계약서가 있는 경우, 실제 근로를 제공한 기간·일수 불문하고 계약내용이 1개월 이상(기간의 정함이 없는 경우 포함)이고, 1개월 간 8일 이상인 경우 사업장가입자로 적용
2. 명시적인 근로(고용)계약서가 없는 경우(계약내용이 1개월 미만 포함), 사업장에 고용된 날 또는 기산일부터 1개월간 8일 이상 근로한 경우, 사업장에 고용된 날 또는 기산일부터 사업장가입자로 적용

(2) 가입제외자
1월 미만의 기한부로 사용되는 근로자로서 1개월의 근로시간이 월 60시간 미만이거나 근로일수가 8일 미만인 자

[2] 건강보험 가입대상자 및 제외되는 자

1월 미만의 기한부로 사용되는 근로자 및 1개월 동안의 소정(所定) 근로시간이 60시간 미만인 단시간근로자는 건강보험가입대상에 해당하지 않습니다. 다만, 1월 이상 계속 사용되는 경우에는 자격 취득 신고 대상입니다.

[3] 고용보험 가입대상자 및 제외되는 자

1개월간 소정근로시간이 60시간 미만인 자(1주간의 소정근로시간이 15시간 미만인 자 포함)는 고용보험가입대상이 아닙니다. 다만, 생업을 목적으로 근로를 제공하는 자 중 3개월 이상 계속하여 근로를 제공하는 자와 일용근로자(1개월 미만 동안 고용되는 자)는 1개월간 소정근로시간이 60시간 미만이더라도 가입대상에 해당합니다.

[4] 산재보험 가입대상근로자에서 제외되는 자

근무일수와 시간에 관계없이 모든 근로자에 대하여 가입을 하여야 합니다.

▶ 일용직 근로자 고용보험 및 산재보험 가입 요약표

구 분	가입대상자
국민연금	18세 이상 60세 미만인 근로자로서 일반 근로자는 1개월간 근로시간이 60시간 이상인 단시간근로자 * 건설업의 경우 1개월간 20일 이상 근로자
건강보험	1개월 이상 근로하는 일용 근로자 * 건설업의 경우 1개월간 20일 이상 근로자
고용보험	1개월간 근로시간이 60시간 이상인 단시간근로자 단, 실업급여의 경우 65세 이상 신규 채용자는 제외
산재보험	모든 일용근로자

■ 건설업 일용직 근로자 4대보험 가입

건설업체 건설일용직의 사회보험(연금/건강)은 [사후정산제도]를 적용하고 있으며, 4대사회보험 사업장 적용은 [건설현장별 사업장 적용]을 원칙으로 하며, 사업장 적용단위를 본사 및 일반근로자와 구분하여, 건설현장의 건설 일용직만을 대상으로 사업장 적용신고를 하여야 합니다.

사업장 최초 적용 신고는 각 기관(연금/건강) 지사로 서면(팩스전송) 등의 방법으로 공통신고하고, 가입자(일용직 근로자) 취득신고는 반드시 EDI로 신고하여야 합니다. 또한, 가입자 취득신고는 건설일용근로자가 1월간 8일 이상 근무하게 된 때 다음달 5일까지 사업주가 신고하여야 합니다.

[1] 국민연금 및 건강보험 가입

1) 국민연금 : 2018. 8. 1. 이후 건설업종 일용근로자 국민연금 가입대상 기준일수 (종전) 20일 → (개정) 8일
2018. 8. 1일 이후 최초 입찰공고 되는 건설공사부터 적용
2018. 7. 31일 이전 입찰공고 되어, 기 진행중인 건설공사는 2년간 유예 후 2020. 8. 1일 부터 시행
2) 건강보험료 가입 기준일수 8일

[상세 내용] (검색어) 건강보험 건설일용 근로자 업무처리 메뉴얼

[2] 고용/산재보험 공사현장 고용보험 및 산재보험 가입

① 일괄유기사업장 : '일괄적용 사업개시신고서' 를 근로복지공단에 제출, 일용근로자 신고는 '근로내용확인신고서'로 **고용센터**에 신고를 하시면 됩니다.

② 일괄유기사업장 외 사업장 : '건설공사 및 벌목업 성립신고서'와 '보험료신고서'를 작성하여 공사도급계약서, 공사비내역서 등을 첨부하여 근로복지공단에 제출, 일용근로자는 '근로내용확인신고서'로 **고용센터**에 신고를 하시면 됩니다.

일용직 근로자의 '근로내용확인신고서' 제출

일용직근로자의 경우 고용보험 및 산재보험 신고시 근로내용확인서를 작성하여 채용일의 다음달 15일까지 고용노동부에 제출하여야 하며, 제출하지 않는 경우 고용노동부로부터 300만원 이하의 과태료가 부과될 수 있습니다.

▶ 근로내용확인신고서 제출시 일용근로자 지급명세서 제출 의무 면제

일용근로자의 임금 지급내역에 대한 지급명세서를 지급일이 속하는 달의 다음달 말일까지 제출하여야 합니다. 미제출시 '지급명세서보고 불성실가산세'(지급금액의 0.25%)가 부과됩니다. (제출기한일로부터 1개월 이내 제출시 가산세 0.125%)

단, '근로내용확인신고서'에 국세청 신고항목 일용근로 소득신고가 추가되어 고용노동부에 신고한 내용은 국세청에 일용근로소득 지급명세서를 별도 제출하지 않아도 되나 지급명세서를 제출하여도 무방합니다.

③ 일용직근로자 세무실무

◐ 일용직근로자 근로소득세 원천징수

다음의 산식에 의하여 계상한 근로소득세를 원천징수하여 지급일의 다음달 10일까지 관할 세무서에 신고 및 납부하여야 합니다.

① 과세대상급여 = 일급여액 - 비과세급여
② 근로소득과세표준 = 과세대상급여 - 근로소득공제(150,000원)
③ 근로소득산출세액 = 근로소득과세표준 × 원천징수세율(6%)
④ 원천징수세액 = 산출세액 - 근로소득세액공제(산출세액의 55%)

■ 일용근로자와 일반근로자의 세무신고

구 분	일용근로자	일반근로자
대 상 자	근로일수나 시간에 따라 일당 계산	월급으로 지급
원천징수	일당에서 근로소득공제 후 세율적용	간이세액표 적용
연말정산	하지 않음	연말정산(종합과세)
지급명세서	매월 지급일의 다음달 말일	다음해 3월 10일

사 례 일용직근로자 근로소득세 계산

[예제] 일당 200,000원인 일용근로자가 10일을 근로한 경우 원천징수할 금액
① 과세표준(500,000원) = [일당 (200,000원) - 근로소득공제(15만원)]× 10일
② 산출세액(30,000원) = 과세대상급여 (500,000원) × 세율(0.06)
③ 납부할 세액(13,500) = 산출세액(30,000) - 세액공제 (16,500)

[개정 세법] 2019년 이후 일용근로소득 원천징수세액 [소득세법 제47조 ②]
(일용근로소득 - 150,000원) × 2.7%

보 충 일용직근로자 근로소득세 소액부징수

① 지급시점에서 소득자별로 원천징수할 세액의 합계액을 기준으로 근로소득세가 1,000원 미만인 경우 근로소득세를 징수하지 아니합니다.
② 지방세는 소득분(원천납부하는 세액 제외)의 세액이 2,000원미만인 때에는 소득분을 징수하지 아니합니다.

보 충 일용직근로자의 연장, 야간근로수당 과세 여부

생산직 일용근로자의 경우 월정액급여에 관계없이 연장근로, 야간근로로 인하여 통상임금에 가산하여 받는 급여(한도 없음)는 비과세됩니다.
단, 건설업을 영위하는 업체의 건설현장에서 근로를 제공하는 일용근로자는 "공장 또는 광산에서 근로를 제공하는 자"에 해당하지 아니하므로 연장. 야간 또는 휴일 근로로 인하여 받는 급여는 과세대상 근로소득에 해당합니다.

보 충 일용근로자로서 3개월 이상 근무시 원천징수방법 예시

1. 20×7년 1월 일용근로자로 고용 : 1월 ~ 3월 일용근로자로 원천징수
2. 20×7년 4월부터 : 상용근로자로 간이세액표에 의거 원천징수
3. 20×8년 2월 연말정산 : 20×7년 1월 ~ 12월 급여 합산하여 연말정산
   * 일용근로기간 동안의 원천징수세액은 기납부액에 포함하여 차감함

보 충 일용근로자의 연말정산 및 종합소득세 신고

일용직근로자는 임금 지급시 임금을 지급하는 자가 근로소득세를 징수하여 납부함으로서 납세의무가 종결되므로 별도의 연말정산을 하지 아니하며, 다른 소득이 있어 종합소득세 신고를 하는 경우에도 종합소득에 합산하지 아니합니다.

보 충 연말정산시 일용근로자에 대한 배우자공제

근로자의 배우자가 일용직근로자로서 다른 소득이 없는 경우 배우자공제를 받을 수 있습니다.

🔲 일용직근로자 세무신고 및 증빙

▶ 원천징수이행상황신고서 기재방법

근로소득 일용근로자란(A03)에 인원수, 총지급액 등 해당 내역을 기재한 후 원천세 신고를 합니다. 단, 일용근로자를 3개월 이상(건설업은 1년 이상) 계속하여 고용시는 일반급여소득자와 마찬가지로 매월 급여를 지급하는 때에 근로소득간이세액표에 의하여 계산한 세액을 근로소득세로 원천징수하여야 합니다.

▶ 일용직근로자에 대한 임금 지급과 증빙서류

일용근로자 임금지급대장에 급여를 지급받는 자의 서명 및 날인은 받아두고 일용근로자의 신원을 확인할 수 있는 주민등록등본이나 주민등록증 앞·뒤 사본을 첨부하여 두어야 하며, 지급사실을 확인할 수 있는 서류 (무통장입금표 등 금융기관을 통한 지급증빙서류)를 보관하여야 합니다.

서 식 경영정보사 홈페이지(www.ruddud.co.kr)

상호		일용노무비 지급명세서		기 간	년 월 일부터 년 월 일까지		일당		공사장명	
									공 정 명	
직종 직책	성명	주민 등록 번호	주소지 거소지	출 역 상 황 1 2 3 4 5 6 7 8 9 10 11 12 13 14 15 16 17 18 19 20 21 22 23 24 25 26 27 28 29 30 31			출역 일수	단가	총액	세액합계 근 로 지 방 소득세 소득세	차 감 지급액	영 수 인

▶ 일용근로자 지급명세서 제출

일용근로자의 임금 지급내역에 대한 지급명세서를 지급일이 속하는 달의 다음달 말일까지 제출하여야 합니다.

지급명세서를 제출하지 않은 경우 '지급명세서보고불성실가산세'(지급금액의 0.25%)가 부과됩니다. (단, 제출기한일로부터 1개월 이내 제출시 가산세 0.125%)

◆ 일용근로자 지급명세서 발급기한 및 제출기한단축
[발급기한] 분기 다음달 말일 → 2023.1.1. 이후 지급일의 다음달 말일
[제출기한] 분기 다음달 말일 → 2021.7.1. 이후 지급일의 다음달 말일

◆ 일용근로자가 유급휴일에 대하여 지급받는 유급휴일수당
일용근로자가 유급휴일에 대하여 지급받는 유급휴일수당은 당해 법령에서 정한 기간의 근로일수에 배분하여 원천징수하여야 한다.

[개정 세법] 2021년 7.1. 이후 일용근로소득 지급명세서 가산세 인하
해당 지급명세서를 그 기한까지 제출하지 아니한 경우 : 제출하지 아니한 분의 지급금액의 1% → 0.25%(제출기한이 지난 후 1개월 이내에 제출하는 경우 → 지급금액의 0.125%)

▶ 근로내용확인신고서 제출시 일용근로자 지급명세서 제출의무 면제

고용노동부의 '근로내용확인신고서'에 국세청 신고항목 일용근로소득 신고가 추가됨에 따라 고용노동부에 이미 신고한 내용은 국세청에 일용근로소득지급명세서를 별도 제출하지 않아도 됩니다.

CHAPTER 3

고용창출 지원제도
두루누리 일자리안정자금
근로장려금 지원제도

SECTION 01 고용창출 관련 정부지원 제도

고용노동부에서 지원하는 고용과 관련한 각종 정부지원제도에 대하여 고용노동부 홈페이지에서 특정 메뉴에서 통일하여 제공하지 아니하고 부서별로 여기 저기 올려 놓다보니 자료를 찾기가 쉽지 않습니다. 따라서 본서에서는 해당 자료를 쉽게 찾을 수 있도록 제시하고 있으므로 참고하시기 바랍니다.

1 청년일자리 도약 장려금 사업

개요

사업주 및 근로자를 지원하여 청년 신규 일자리 창출을 통한 청년고용 활성화를 목적으로 지원합니다.

2025.1.1.~2025.12.31. 청년을 채용한 기업은 "고용24"사이트에서 2025.1.23.부터 참여신청이 가능합니다.

지원내용

■ **(유형Ⅰ)**

5인 이상 우선지원대상기업에서 취업애로청년을 정규직으로 채용하고 6개월 이상 고용유지시 최장 1년간 최대 720만원 지원합니다.

■ **(유형Ⅱ)**

빈일자리 업종의 우선지원대상기업에서 청년을 정규직으로 채용 후 6개월 이상 고용유지시 최장 1년간 최대 720만원 지원하고, 해당 빈일자리 기업에서 18개월 이상 재직한 청년에게 480만원을 지원합니다.

지원자격

❶ **(유형Ⅰ)**

"5인 이상 우선지원대상기업"이 "만 15세~34세"의 "취업애로청년"을 정규직으로 채용하여 6개월 이상 고용을 유지하는 경우 기업지원을 받을 수 있습니다.

■ **5인이상 우선지원대상기업**

도약장려금 사업 참여 신청 직전 월부터 이전 1년간 평균 고용보험 피보험자 수("기준피보험자수" 라 함)가 5인 이상을 고용하고 있는 우선지원대상기업 사업주에게 지원합니다.

■ **5인 미만 기업**

지식서비스산업·문화콘텐츠산업·신재생에너지산업 관련 업종, 청년 창업기업, 미래유망기업, 지역주력산업 등에 해당하는 기업

■ 지원대상에서 제외되는 기업
- 소비·향락업 등 업종
- 임금 등을 체불하여 명단이 공개중인 사업주
- 중대 산업재해 발생 등으로 명단이 공표중인 기업 등

■ 고용보험법 시행령 [별표 1] <개정 2017. 12. 26.>

우선지원 대상기업의 상시 사용하는 근로자 기준(제12조제1항 관련)

산업분류	분류기호	상시 사용하는 근로자 수
1. 제조업[다만, 산업용 기계 및 장비 수리업(34)은 그 밖의 업종으로 본다]	C	500명 이하
2. 광업	B	300명 이하
3. 건설업	F	
4. 운수 및 창고업	H	
5. 정보통신업	J	
6. 사업시설 관리, 사업 지원 및 임대 서비스업[다만, 부동산 이외 임대업(76)은 그 밖의 업종으로 본다]	N	
7. 전문, 과학 및 기술 서비스업	M	
8. 보건업 및 사회복지 서비스업	Q	
9. 도매 및 소매업	G	200명 이하
10. 숙박 및 음식점업	I	
11. 금융 및 보험업	K	
12. 예술, 스포츠 및 여가관련 서비스업	R	
13. 그 밖의 업종		100명 이하

비고: 업종의 구분 및 분류기호는 「통계법」 제22조에 따라 통계청장이 고시한 한국표준산업분류에 따른다.

■ 만 15세 이상, 34세 이하인 자

채용일 현재 만 15세 이상, 34세 이하인 '청년'을 대상으로 하며, 군필자의 경우 '의무복무기간'에 비례하여 연령을 연동하여 적용합니다.(최고 만 39세로 한정)

■ 취업애로청년
다음의 취업애로유형 중 어느 하나에 해당되어야 취업애로청년으로 인정됩니다.
○ "연속하여 4개월" 이상 실업상태에 있는 청년
- 채용일 기준 가장 최근 고용보험 피보험자격 상실일로부터 연속하여 6개월이 경과한 청년
○ 고졸 이하 학력인 청년
- 채용일 기준 고졸 이하 학력 또는 고등학교 졸업예정자*인 청년
○ 고용촉진장려금 지급대상이 되는 청년
○ 국민취업지원제도에 참여하거나, 미래내일일경험지원·일학습병행 사업을 수료한 후 최초로 취업한 청년
○ 청년도전지원사업 수료 청년
○ 자립준비청년, 보호연장청년, 청소년복지시설 입퇴소 청년 등 안정적인 자립을 위한 정부 지원의 필요성이 인정되는 청년
○ 자영업 폐업 이후, 최초로 취업한 청년
○ 최종학교 졸업일 이후 채용일까지 고용보험 총 가입기간이 12개월 미만인 청년

❷ (유형Ⅱ_기업지원금)
"빈일자리 업종"의 "5인 이상 우선지원대상기업"이 만 15세~34세의 청년을 정규직으로 채용하여 6개월 이상 고용을 유지하는 경우 기업지원을 받을 수 있습니다.
■ 빈일자리 업종
○ 고용보험 상 사업장의 한국표준산업분류(제11차) 대분류가 'C.제조업' 기업
○ 빈일자리 업종 관계부처가 사전 수요를 제출한 기업 중 기업요건을 충족한 기업

■ 5인이상 우선지원대상기업

도약장려금 사업 참여 신청 직전 월부터 이전 1년간 평균 고용보험 피보험자 수("기준피보험자수" 라 함)가 5인 이상을 고용하고 있는 우선지원대상기업 사업주에게 지원합니다.

○ 유형Ⅱ는 5인 미만 기업의 특례조항 없어 5인 이상의 우선지원대상 기업만 지원합니다.

❸ (유형Ⅱ_청년장기근속인센티브)

유형Ⅱ의 기업지원금을 1회차 이상 지원받은 기업에서 18개월 이상 근속한 청년을 지원합니다.

참여방법 및 문의처

■ 참여방법

청년일자리도약장려금 사업은 누리집(www.work24.go.kr)을 통해 온라인으로만 신청이 가능합니다.

■ 지원절차

사전 참여신청(운영기관) 후 청년 채용, 6개월 후 지원금 지급

2025년 청년 일자리 도약 장려금 상세내용

[구글, 네이버] (검색어) 2025 청년 일자리 창출 지원 사업

[고용노동부 홈페이지] → 뉴스·소식 → 공지사항
(검색) '청년'

[기타] 2025년 청년일자리도약장려금 사업운영 지침

② 고용촉진과 관련한 지원금 등

▣ 고용촉진장려금

[1] 개요
취업이 어려운 취약계층 구직자의 고용이 촉진될 수 있도록 해당 구직자를 기간의 정함이 없는 근로자로 신규 고용하는 사업주에게 인건비 일부를 지원하는 제도로서 아래 1)과 2)요건을 충족하여야 합니다.

1) 지원대상 구직자
취업이 어려운 취약계층 구직자를 고용한 경우 지원이 가능합니다. 이에 따라, 지원 대상 구직자는 아래의 요건을 갖추어야 합니다.

- 구직등록

요건에 부합하는 구직등록 기관은 아래와 같습니다.
① 지방고용노동행정기관(고용노동부 고용센터)
② 국가, 지방자체단체
③ 한국산업인력공단
④ 「장애인고용촉진 및 직업재활법」에 따른 한국장애인고용공단 등
⑤ 고령자 인재은행, 중견전문 인력고용지원센터 등

- 인정되는 구직등록

고용노동부에서 운영하는 워크넷(work-net)에 구직등록이 된 경우에는 직업안정기관에 구직등록이 된 것으로 인정합니다.

국가, 지방자치단체에서 워크넷을 통해 구직신청을 하거나 또는 상기 기관 등에서 워크넷을 이용하지 않고 자체 구직신청을 받은 뒤 직업소

개업무를 수행하여 구직신청 이력 등이 확인 가능한 경우 적합한 것으로 인정됩니다.

또한, 고용일 이전 구직등록 이력*이 존재하여야 합니다.
* (취업지원 프로그램 이수자) 고용일 이전 2년이내 구직등록 이력이 있는 경우 지원
** (취업지원 프로그램 이수면제자) 고용일 이전 1년 이내에 구직등록 이력이 있는 경우 지원

2) 취업지원프로그램 이수자
고용노동부 장관이 고시한 아래의 취업지원프로그램을 이수하고, 이수한 날부터 12개월 이내인 실업자를 의미합니다.

취업지원 프로그램을 일정 단계 이상 이수하거나 일정 기간동안 참여하면 그날부터 취업지원프로그램 이수자격이 인정됩니다.

- 인정되는 취업지원 프로그램
① 고용노동부가 운영하는 '국민취업지원제도'
② 고용노동부 및 여성가족부가 지정한 여성새로일하기센터가 운영하는 '직업교육훈련 프로그램'
③ 여성가족부장관이 운영하는 '학교 밖 청소년 직업역량 강화 프로그램' 및 '내일이룸학교'
④ 한국법무보호복지공단이 운영하는 과정 중 '허그일자리 지원 프로그램' 및 '직업교육원 직업훈련프로그램'
⑤ 한국장애인고용공단이 운영하는 '직업능력개발훈련(정규훈련, 맞춤훈련)'
⑥ 한국장애인고용공단이 훈련비용 등을 지원하거나 위탁계약을 체결한 공공훈련기관 또는 민간훈련기관이 운영하는 '직업능력개발훈련 프로그램'
⑦ 한국장애인고용공단이 운영하는 '장애인 취업성공패키지'

⑧ 국방전직교육원이 운영하는 '기본교육'과 제대군인 지원센터가 운영하는 '취업워크숍' 및 '직업교육훈련'
⑨ 중장년내일센터가 운영하는 '취업지원프로그램(재도약프로그램)'
⑩ 「근로자직업능력개발법 시행령」 제6조제1항에 따른 '일반고 특화훈련 과정'
⑪ 지방관서별로 「고용장려금 지원 사업 선정 심사위원회」에서 선정한 고용위기기업 취업희망 구직자 또는 고용노동부에서 승인한 지방관서별 집중 취업지원서비스 필요 구직자로서 고용센터의 '지역맞춤형 프로그램'을 수료한 사람
⑫ 고용노동부 지정 청년센터에서 운영하는 '청년도전 지원사업'

[2] 지원조건

1) 근로자 채용

고용일 이전 구직등록 한 자 중 취업지원프로그램을 이수한 자 또는 취업지원프로그램 이수 면제자에 해당하는 구직자를 신규 고용하여야 하며, 이후 6개월 이상 고용을 유지하여야 합니다.

■ 지원이 안되는 근로자
① 근로복지공단에 신고된 월평균 보수가 일정액 미만인 근로자('25년의 경우 121만원)
② 사업주의 배우자 또는 직계존·비속인 경우,
③ 정년까지 기간이 2년 미만인 경우,
④ 대한민국 국적을 가지지 않은 외국인인 경우(F-2,F-5,F-6비자 제외)
⑤ 실업자가 아닌 상태에서 고용된 경우
⑥ 고용보험에 가입되지 아니한 경우 지원되지 않습니다.

■ 고용촉진장려금 지원을 받을 수 없는 경우
① 사업주가 고용촉진장려금 지원대상 근로자의 최종 이직 당시의 사업주와 동일하거나 관련된 경우
② 국가, 지방자치단체, 교육청, 국회 등 공공기관
③ 주점, 갬블링 및 베팅, 무도 운영 등 중소기업 인력지원 특별법 시행령 제2조[바로가기]에서 정한 유흥, 사행성 업종
④ 임금 등을 체불하거나 중대산업재해 발생 등으로 명단이 공개 중인 경우
⑤ 장애인 고용 의무를 이행하지 않은 사업주가 그 장애인 고용 의무가 이행되기 전까지 장애인(중증장애인 제외)을 고용한 경우
⑥ 지급 대상 근로자를 고용한 날부터 12개월이 지나 첫번째 주기의 고용촉진장려금을 신청한 경우 지원되지 않습니다.

[3] 지원내용

1) 지원금액
지원요건에 해당되는 구직자를 신규 고용하여 6개월 이상 고용을 유지한 사업주에 대해 근로자 1인당 연간 720만원(대규모 기업은 360만원)을 지원합니다.

2) 기업규모별 지원금액
㉠ 우선지원 대상기업·중견기업: 연간 최대 지원금액 720만원(6개월 지급액 360만원)
㉡ 대규모기업: 연간 최대 지원금액 360만원(6개월 지급액 180만원)

■ 우선지원대상기업
청년일자리 도약 장려금 사업의 우선지원대상기업 참조

- 대규모기업

대규모 기업은 우선지원 대상기업이 아닌 모든 기업을 의미합니다.

- 중견기업

'25. 1. 1. 이후 「중견기업 성장촉진 및 경쟁력 강화에 관한 특별법」제25조에 따른 확인서를 발급받은 기업을 말합니다.

3) 지급 주기 및 기간

지원요건에 해당되는 구직자를 새로이 고용한 날이 속하는 다음 달부터 1년간 6개월 마다 사업주가 지급 신청을 하는 경우 지급합니다.

4) 지원 인원 한도

기업별 지원가능한 인원은 신청 사업장의 직전 보험연도 말일 기준 피보험자 수를 기준으로 아래와 같이 산정합니다.

① 전체 피보험자 수가 10명 이상인 경우
전체 피보험자 수의 100분의 30(소수점 이하는 버림)에 해당하는 인원
다만, 100분의 30에 해당하는 인원이 30명 이상인 경우에는 30명

② 전체 피보험자 수가 10명 미만인 경우: 3명

[관련 법령] 고용보험법 시행령 제26조(고용촉진장려금)

2025년 고용촉진장려금 상세내용
기업마당 → 정책정보 → [지원사업 공고] (검색)고용촉진장려금 고용24 → 기업 → 고용촉진장려금

고령자 계속고용장려금

[1] 지원 요건
정년에 도달한 재직 노동자를 정년 이후에도 계속해서 고용하는 제도를 취업규칙, 단체협약 등에 명시적으로 도입하면 비용 지원

[2] 비용지원이 되는 계속고용제도(정년 운용기업)
- 정년 연장 : 현 정년보다 정년을 연장(1년 이상)하는 것
- 정년 폐지 : 정년을 폐지하는 것
- 계속 고용(재고용) : 현행 정년은 유지 하지만, 재고용 등을 통하여 1년 이상 계속해서 고용하는 것

[3] 지원 수준
정년 이후 계속고용 된 근로자 1인당 분기 90만원씩, 최대 3년간 지원(분기 매월 말 피보험자수 평균의 30% 및 최대 30명 한도)

[4] 대상 기업
우선지원대상기업 및 중견기업

[5] 신청
고용24 → 기업서비스 → 고용창출장려금 → 고령자 계속고용장려금

고령자 계속고용장려금 상세내용

[고용노동부] → 뉴스소식 → 공지사항 (검색)고령자
[고용노동부] → 정책소개 → 정책자료실 (검색)고령자
- 2025년 2월 중 등록 예정

고령자 고용안정지원금

고령자 고용안정지원금 자료
[고용노동부] → 뉴스소식 → 공지사항 (검색)고령자
■ 고령자 고용안정지원금 지급 규정
[고용노동부] → 정책소개 → 정책자료실 (검색)고령자
■ 2025년 2월 중 등록 예정

[1] 개요

근무기간 1년을 초과한 60세 이상 근로자의 고용이 증가한 경우 지원하는 지원금입니다.

[2] 지원내용

증가 근로자 1명당 분기 30만원을 최대 2년간 지급합니다.

■ 지원한도

신청 분기 매월 말 피보험자수 평균의 30%와 30명 중 더 작은 수(피보험자수가 10명 이하인 사업장은 최대 3명까지 지원)입니다.

[3] 지원자격

1) 고용보험성립일로부터 1년 이상 사업을 운영한 우선지원대상기업 또는 중견기업

■ 중견기업

사업주가 중견기업 확인서 제출(한국중견기업연합회 발급)

■ 고용보험법 시행령 [별표 1] <개정 2017. 12. 26.>
우선지원 대상기업의 상시 사용하는 근로자 기준(제12조제1항 관련)

산업분류	분류 기호	상시 사용하는 근로자 수
1. 제조업[다만, 산업용 기계 및 장비 수리업(34)은 그 밖의 업종으로 본다]	C	500명 이하
2. 광업	B	300명 이하
3. 건설업	F	
4. 운수 및 창고업	H	
5. 정보통신업	J	
6. 사업시설 관리, 사업 지원 및 임대 서비스업[다만, 부동산 이외 임대업(76)은 그 밖의 업종으로 본다]	N	
7. 전문, 과학 및 기술 서비스업	M	
8. 보건업 및 사회복지 서비스업	Q	
9. 도매 및 소매업	G	200명 이하
10. 숙박 및 음식점업	I	
11. 금융 및 보험업	K	
12. 예술, 스포츠 및 여가관련 서비스업	R	
13. 그 밖의 업종		100명 이하

비고: 업종의 구분 및 분류기호는 「통계법」 제22조에 따라 통계청장이 고시한 한국표준산업분류에 따른다.

2) 신청 분기 고령자 수 월평균(3개월)이 과거 고령자 수 월평균보다 증가
ⅰ) (신청 분기 고령자 수 월평균)
신청 분기 고령자수 / 3개월
* 매월 말일 기준 만 60세 이상이면서 고용보험 피보험자격 취득기간 1년 초과한 근로자

○ 지원제외
사업주의 배우자, 직계 존·비속, 외국인(거주, 영주, 결혼이민자는 지원), 최저임금 미만자

ⅱ) (과거 고령자 수 월평균)
고령자 수 / 개월 수*(12개월~36개월, 매월 말 기준 고령자가 있는 개월 수만 산정)
- 고령자 고용안정지원금 지급규정 별표
* 사업기간 4년 이상: 신청 분기 직전 36개월
* 사업기간 2년~4년 미만: 사업 최초 시작일에서 1년을 제외한 나머지 개월 수
* 사업기간 1년~2년 미만: 신청 분기 직전 12개월

ⅲ) (증가 고령자수) ① 신청 분기 고령자수 - ② 과거 고령자수

[4] 지원절차
1) 신청서 작성·제출(사업주)
① 신청기간(분기 단위로 신청)
(1회차) 고용노동부(고용센터) 홈페이지 공고를 통해 신청 기간 명시(통상 분기 마지막 월 15일 전후 공고)
(2회차) 신청 분기 다음날부터 1년 이내
- '23.3분기 '23.10.1.~'24.9.30. 신청

② 신청방법
(인터넷) 고용24(work24.go.kr) → 기업 로그인 → 기업지원금 → 신규채용 → 고령자고용 지원금
(우편·방문) 관할 고용센터

③ 제출서류
- 고령자 고용지원금 신청서
- 신청 분기 근로자 명부(피보험기간 1년 초과한 60세 이상 근로자) 및 임금대장

현장실습 훈련(시니어인턴십) 지원사업

> **현장실습 훈련(시니어인턴십) 지원사업**
> - 주관부서 → 보건복지부
> - 한국노인인력개발원 → 노인일자리및사회활동지원사업
>   현장실습 훈련(시니어인턴십) 지원사업 ☎ 02-6941-1929
> - 2025년 현장실습 훈련(시니어인턴십) 지원사업 운영안내
>   한국노인인력개발원 → 자료
> - [문의처] 한국노인인력개발원 → 소개 → 조직 및 직원소개

[1] 개요

60세 이상자의 고용촉진을 위해 기업에 인건비를 지원하여 계속고용을 유도하는 사업입니다.

> **60세 이상자를 고용하기 전에 참여기업으로 신청하여야 함**
> 60세 이상자를 채용하기 전 채용하는 기업에서 참여 신청을 먼저 한 후 채용하여야 지원을 받을 수 있습니다.

[2] 참여기업 및 참여자 요건

1) 참여기업

60세 이상인 자를 고용할 의사가 있는 4대보험 가입사업장 중 근로자 보호 규정을 준수하는 기업

2) 참여자 요건
60세 이상으로 참여신청서를 제출하여야 합니다.

■ 사무원

회계사 · 세무사 · 감정전문사등 전문직 자격증을 소지하지 아니한 자가 세무회계사무소 등에 취업을 하는 경우에는 지원을 받을 수 있습니다.

단, 60세 이상자를 채용하기 전 채용하는 기업에서 참여 신청을 먼저 한 후 채용하여야 지원을 받을 수 있습니다.

■ 경비원, 청소원, 환경미화원
① 수행기관 위탁 없이 심의를 통해 개발원 직접 운영
② 외부 위탁업체를 통한 용역이나 파견이 아닌 직고용
③ 제한된 사업량('24년 3,000개) 이내 추진
④ 기업지원금 50% 감액 지원까지 4개 조건 모두 충족 시 참여 허용

■ 제외 직종 → (상세 내용) 시니어인턴십 사업 운영안내

회계사 · 세무사 · 감정전문가, 관세행정 · 교육전문가, 시민단체 활동가, 약사 및 한약사, 레크리에이션강사 및 기타 관련 전문가, 보안 종사자, 경비원, 요양보호사 및 간병인, 청소원, 환경미화원 및 재활용품 수거원, 가사도우미, 제품·광고 영업원, 기타 기술 영업·중개 종사원, 온라인 판매원, 노점 및 이동 판매원, 방문 판매원, 우편집배원, 조경원경비 · 청소 관리자

전문자격증 등을 보유한 자는 지원대상에 해당하지 아니하나 전문직 자격증을 소지하지 아니한 자가 해당 업종에 취업을 하는 경우 지원을 받을 수 있으나 정확한 내용은 한국노인인력개발원에 반드시 확인을 하여야 합니다.

[3] 지원금

구분	참여기업 지원금		
	총액	지원금 형태	지원내용
일반형	1인당 최대 270만원 지원	인턴 지원금	•입사일로부터 3개월간 1인당 월 급여의 50% 지원 * 월 최대 40만원 한도 내, 최대 3개월
		채용 지원금	•인턴종료 후 6개월 이상 계속고용계약 체결 시 •3개월간 1인당 월 급여의 50% 지원 * 월 최대 50만원 한도 내, 최대 3개월
세대 통합형	1인당 300만원 지원	채용 지원금	•숙련기술 보유 퇴직자를 청년 멘토로 최소 6개월 이상 고용한 기업에 1인당 300만원 지원(일시금) * 참여자의 누적 급여총액이 보조금 이상 지급된 시점 이후 지원
장기 취업 유지형	1인당 최대 280만원 지원	장기 취업 유지 지원금	•인턴십 사업으로 일정기간 이상 고용한 경우, 18개월 80만원, 24개월 80만원, 30개월 60만원, 36개월 60만원 지원(4회) *지원기준일(18·24·30·36개월 경과시점) 이후 3개월 이내 신청기업에 한해 지원

[4] 예산 규모
○ (사업인원) 2025년 70,000명
○ (사업예산) 2025년 155,400백만원

[5] 참여기업 신청
참여신청서, 사업자등록증사본, 4대보험사업장 가입내역확인서를 구비하여 수행기관에 신청

- 문의처

서울지역본부(02-6925-2197~8)

시니어인턴십 대표전화(1577-1923)

사업 참여 신청, 협약 체결, 실행계획 등록 등 온라인을 통한 참여기업 접수·모집 가능

[6] 지원금 신청
참여기업은 참여자의 근무 기간이 3개월 경과한 날 이후 3개월 단위로 임금명세서 등 증빙서류를 첨부하여 지원금을 수행기관에 신청함

③ 두루누리 사회보험

지원내용 및 지원대상

[1] 지원대상
근로자 수가 10명 미만인 사업에 고용된 근로자 중 월평균보수가 270만원 미만인 신규가입 근로자와 그 사업주

◆ 근로자 수가 '10명 미만인 사업'이란?
지원신청일이 속한 보험연도의 전년도에 근로자인 피보험자 수가 월평균 10명 미만이고, 지원신청일이 속한 달의 말일 기준으로 10명 미만인 사업

[2] 지원수준 및 지원기간
신규가입 근로자 및 사업주가 부담하는 고용보험과 국민연금 보험료의 80%를 36개월까지 지원
- 고용보험 : 근로자 월 최대 16,560원, 사업주 월 최대 21,160원 지원
- 국민연금 : 근로자와 그 사업주는 각각 월 최대 82,800원까지 지원

[3] 지원제외자 (하나 이상에 해당하는 자)
1. 지원신청일이 속한 보험연도의 전년도 재산의 과세표준액 합계가 6억원 이상인 자
2. 지원신청일이 속한 보험연도의 전년도(소득자료 입수 시기에 따라 보험연도 전전년도) 종합소득이 4,300만원 이상인 자

■ 상세내용 → 두루누리 사회보험 홈페이지

지원절차

지원신청일이 속한 달의 고용보험료부터 해당 보험연도 말까지 지원하되, 보험연도 말 현재 고용보험료 지원을 받고 있고 그 보험연도 중 보험료 지원기간의 월평균 근로자인 피보험자 수가 10명 미만인 경우에는 다음 보험연도에 별도로 신청하지 않더라도 계속 지원을 받으실 수 있습니다.

◆ 신규가입자의 사업주 지원액 예시
<월평균보수 230만원 기준> 근로자 수 10명 미만인 사업
(고용보험) 230만원 × 1.15%(고용보험료 사업주부담금 요율) × 80%
= 21,160원
(국민연금) 230만원 × 4.5%(국민연금 사업주 부담금 요율) × 80%
= 82,800원

◆ 신규가입자의 근로자 지원액 예시
<월평균보수 230만원 기준> 근로자 수 10명 미만인 사업
(고용보험) 230만원 × 0.9%(고용보험 근로자 부담금 요율) × 80%
= 16,560원
(국민연금) 230만원 × 4.5%(국민연금 근로자부담금 요율) × 80%
= 82,800원

▶ 국민연금, 고용보험료율 [2025년 기준]

구 분		회사분	종업원분	합계
국민연금		4.50%	4.50%	9.00%
고용보험료	실업급여	0.90%	0.90%	1.8%
	고용안정, 직업능력	0.25%	-	0.25%

■ 2025년 국민연금보험료율(회사분 + 종업원분)

연령	20대	30대	40대	50대
보험료율	9.25%	9.33%	9.50%	10.0%

SECTION 02

고용 창출 세금 감면

1 고용증대 세액공제

고용증대세제 신설

2018년 1월 1일 이후 개시하는 과세연도분부터 종전 고용창출투자세액공제 및 청년고용증대세제를 통합하여 조세특례제한법 제29조의7에 고용을 증대시킨 기업에 대한 세액공제를 신설하였습니다.

고용증대세액공제

내국인(소비성서비스업 등 일부 업종 제외)이 2024년 12월 31일이 속하는 과세연도까지의 기간 중 해당 과세연도의 상시근로자(내국인) 수가 직전 과세연도의 상시근로자의 수보다 증가한 경우에는 다음에 따른 금액을 더한 금액을 해당 과세연도의 법인세 또는 소득세에서 공제를 받을 수 있습니다. [조세특례제한법 제29조의7]

■ 세액공제액 [2024년 귀속분]

구 분	중소기업		중견기업	대기업
	수도권 내	수도권 밖		
상시근로자	770만원	700만원	450만원	-
청년, 장애인등	1100만원	1200만원	800만원	400만원

• 2021~2024년 고용증가분에 한시 적용

[개정 세법] 고령자에 대한 고용증대세제 세액공제액 인상
(종전) 청년 정규직 근로자, 장애인 근로자
(개정) 청년 정규직 근로자, 장애인 근로자, 60세 이상인 근로자
<적용시기> '21.1.1. 이후 개시하는 과세연도부터 적용

▶ **청년 정규직 근로자와 장애인 근로자 등**
1. 15세 이상 29세 이하인 사람 다만, 해당 근로자가 병역을 이행한 경우에는 그 기간(6년 한도)을 현재 연령에서 빼고 계산한 연령이 29세 이하인 사람을 포함합니다.
2. 「장애인복지법」의 적용을 받는 장애인과 「국가유공자 등 예우 및 지원에 관한 법률」에 따른 상이자

◆ 청년 정규직에서 제외하는 자
기간제근로자 및 단시간근로자, 파견근로자, 청소년

▶ **소비성서비스업 (공제대상에서 제외되는 업종)**
1. 호텔업 및 여관업(「관광진흥법」에 따른 관광숙박업은 제외)
2. 주점업(일반유흥주점업, 무도유흥주점업 및 단란주점 단, 외국인전용유흥음식점업 및 관광유흥음식점업은 제외)

▶ **상시근로자에서 제외하는 근로자**
1. 근로계약기간이 1년 미만인 근로자

2. 단시간근로자. 다만, 1개월간의 소정근로시간이 60시간 이상인 근로자는 상시근로자로 봅니다.
3. 임원, 해당 기업의 최대주주 또는 최대출자자(개인사업자의 경우 대표자)와 그 배우자
4. 제3호에 해당하는 자의 직계존비속(그 배우자 포함) 및 「국세기본법 시행령」제1조의2제1항에 따른 친족관계인 사람

▶ 상시근로자 수, 청년등 상시근로자 수의 계산(100분의 1 미만 절사)

1. 상시근로자 수

$$\frac{\text{해당 과세연도의 매월 말 현재 상시근로자 수의 합}}{\text{해당 과세연도의 개월 수}}$$

2. 청년등 상시근로자 수

$$\frac{\text{해당 과세연도의 매월 말 현재 청년등 상시근로자 수의 합}}{\text{해당 과세연도의 개월 수}}$$

▶ 단시간근로자의 근로자수 계산

단시간근로자로서 1개월간의 소정근로시간이 60시간 이상인 근로자는 0.5명으로 하여 계산하되, 다음의 요건을 모두 충족하는 경우에는 0.75명으로 하여 계산합니다.

1. 해당 과세연도의 상시근로자 수가 직전 과세연도의 상시근로자 수보다 감소하지 아니하였을 것
2. 기간의 정함이 없는 근로계약을 체결하였을 것
3. 상시근로자와 시간당 임금, 그 밖에 근로조건과 복리후생 등에 관한 사항에서 차별적 처우가 없을 것
4. 시간당 임금이 「최저임금법」 제5조에 따른 최저임금액의 100분의 130(중소기업의 경우에는 100분의 120) 이상일 것

▶ **해당 과세연도에 창업을 한 내국인의 상시근로자수 계산**

해당 과세연도에 창업을 한 내국인의 경우 직전 과세연도의 상시근로자 수는 없는 것으로 합니다.

◆ 창업으로 보지 아니하는 경우
1. 현물출자 또는 사업의 양수를 통하여 종전의 사업을 승계하거나 종전의 사업에 사용되던 자산을 인수 또는 매입하여 같은 종류의 사업을 하는 경우
2. 거주자가 하던 사업을 법인으로 전환한 경우
3. 폐업 후 사업을 다시 개시하여 폐업 전의 사업과 같은 종류의 사업을 하는 경우

상시근로자가 감소하지 않은 경우 추가 공제

해당 과세연도의 상시근로자의 수가 최초로 공제받은 과세연도의 상시근로자의 수보다 증가한 경우에는 해당 과세연도와 해당 과세연도의 종료일부터 **2년[중소기업 및 중견기업의 경우에는 3년]**이 되는 날이 속하는 과세연도까지의 소득세(사업소득에 대한 소득세만 해당) 또는 법인세에서 공제를 받을 수 있습니다.

2년내 근로자수가 감소한 경우 추가 납부

고용증대세액공제를 받은 내국인이 공제를 받은 과세연도의 종료일부터 2년이 되는 날이 속하는 과세연도의 종료일까지의 기간 중 각 과세연도의 청년 등 상시근로자 수 또는 전체 상시근로자 수가 공제를 받은 과세연도보다 감소한 경우에는 공제받은 세액에 상당하는 금액을 소득세 또는 법인세로 납부하여야 합니다.

단, 공제받은 과세연도의 종료일 현재 29세 이하인 사람은 이후 과세연도에도 29세 이하인 것으로 봅니다.

1. 공제받은 과세연도(2개 과세연도 이상 연속으로 공제받은 경우에는 공제받은 마지막 과세연도로 함) 대비 해당 과세연도의 상시근로자 및 청년등 상시근로자 감소 인원에 공제받은 금액을 곱한 금액
2. 공제받은 과세연도 대비 직전 과세연도의 상시근로자 및 청년등 상시근로자 감소 인원에 공제받은 금액을 곱한 금액

[개정 세법] 상시근로자 수 감소 기준연도 변경
공제받은 직전 과세연도 → 공제받은 과세연도
<적용시기> 2020년 이후 신고하는 분부터

▶ 고용증대세액 공제 추가 납부 계산 사례
국세상담센터 → 법인세 → 조세특례제한법(고용증대세액공제 등)

농어촌특별세, 최저한세 적용 및 중복공제

▶ **최저한세 적용**

'청년고용 증대기업에 대한 세액공제'는 조세특례제한법 제132조의 규정에 의한 최저한세 적용대상이 되며, 최저한세로 인하여 공제를 받지 못한 금액은 이월하여 공제를 받을 수 있습니다.

■ 최저한세율
<법인기업> [중소기업] 과세표준의 7%
　　　　　　[일반기업] 과세표준 100억원 이하 10%
<개인기업> 산출세액의 35%(산출세액 3천만원 초과분은 45%)

▶ **농어촌특별세 적용**

'청년고용 증대기업에 대한 세액공제'는 농어촌특별세 적용대상이므로 감면받은 세액의 20%를 농어촌특별세로 납부하여야 합니다.

▶ **중복공제**

창업중소기업 등에 대한 세액감면 또는 중소기업에 대한 특별세액감면이 있는 경우에도 고용증대세액공제를 받을 수 있습니다.

[중복공제] 중소기업에 대한 특별세액감면이 있는 경우
중소기업에 대한 특별세액감면 + 청년고용 증대기업에 대한 세액

[개정 세법] 고용증대세제 공제액 명확화 및 사후관리 기준 보완
(조특법 §29의7①·②)
ㅇ 각 공제금액(청년/청년 외)은 전체 상시근로자 수 증가분을 한도로 함을 명시
ㅇ 상시근로자 수 감소 기준연도 변경
공제받은 직전 과세연도 → 공제받은 과세연도
<적용시기> (사후관리) 2020.1.1. 이후 신고하는 분부터 적용

고용증대 세액공제 및 세액감면 등 상세 내용

경영정보사 홈페이지 (www.ruddud.co.kr)
[아이디] aa11
[비밀번호] aa1111

[개정 세법] 통합고용세액공제 신설(조특법 §29의8 신설)

현 행	개 정
□ 고용지원 관련 세액공제 제도 ❶ 고용증대 세액공제(§29의7) 고용증가인원 × 1인당 세액공제액 | 구 분	공제액 (단위:만원) ||| |---|---|---|---| | | 중소 (3년 지원) || 중견 (3년 지원) | 대기업 (2년 지원) | | | 수도권 | 지방 | | | | 상시근로자 | 700 | 770 | 450 | - | | 청년 정규직, 장애인, 60세 이상 | 1,100 | 1,200 | 800 | 400 | * 청년 연령범위(시행령): 15~29세 ❷ 사회보험료 세액공제(§30의4) : 고용증가인원 × 사용자분 사회보험료 × 공제율 | 구 분 | 중소 (공제율) | |---|---| | 상시근로자 (2년 지원) | 50%** | | 청년*, 경력단절여성 (2년 지원) | 100% | * 청년 연령범위(시행령): 15~29세 ** 전기통신업, 인쇄물 출판업 등의 서비스업종 영위기업은 75%	○ (적용대상) 모든 기업* 　* (제외) 소비성 서비스업 ○ (기본공제) 고용증가인원 × 1인당 세액공제액 | 구 분 | 공제액 (단위:만원) |||| |---|---|---|---|---| | | 중소 (3년 지원) || 중견 (3년 지원) | 대기업 (2년 지원) | | | 수도권 | 지방 | | | | 상시근로자 | 850 | 950 | 450 | - | | 청년 정규직, 장애인, 60세 이상, 경력단절여성 | 1,450 | 1,550 | 800 | 400 | - 우대공제 대상인 청년 연령범위* 확대 경력단절여성을 우대공제 대상에 추가 　* 청년 연령범위(시행령): 15~34세 　** 일부 서비스업종 우대는 폐지 - 공제 후 2년 이내 상시근로자 수가 감소하는 경우 공제금액 상당액을 추징

<적용시기> '23.1.1. 이후 개시하는 과세연도 분부터 적용
* '23년 및 '24년 과세연도 분에 대해서는 기업이 '통합고용세액공제'와 기존 '고용증대 및 사회보험료 세액공제' 중 선택하여 적용 가능(중복 적용 불가)

현 행	개 정
❸ 경력단절여성 세액공제(§29의3①) : 경력단절여성 채용자 인건비 × 공제율 	구 분	공제율	
---	---	---
	중소	중견
경력단절여성 (2년 지원)	30%	15%	 ❹ 정규직 전환 세액공제(§30의2) : 정규직 전환 인원 × 공제액 * 전체 상시근로자 수 미감소 시 	구 분	공제액 (단위:만원)	
---	---	---
	중소	중견
정규직 전환자 (1년 지원)	1,000	700	 ❺ 육아휴직복귀자 세액공제(§29의3②) : 육아휴직 복귀자 인건비 × 공제율 * 전체 상시근로자 수 미감소 시 	구 분	공제율	
---	---	---
	중소	중견
육아휴직 복귀자 (1년 지원)	30%	15%		○ (추가공제) : 정규직 전환·육아휴직 복귀자 인원 × 공제액 * 전체 상시근로자 수 미감소 시 | 구 분	공제액 (단위:만원)	
---	---	---
	중소	중견
정규직 전환자 (1년 지원)	1,300	900
육아휴직 복귀자 (1년 지원)			 - 전환일·복귀일로부터 2년 이내 해당 근로자와의 근로관계 종료 시 공제금액 상당액 추징

<적용시기> '23.1.1. 이후 개시하는 과세연도 분부터 적용
* '23년 및 '24년 과세연도 분에 대해서는 기업이 '통합고용세액공제'와 기존 '고용증대 및 사회보험료 세액공제' 중 선택하여 적용 가능(중복 적용 불가)

② 고용증가 인원에 대한 사회보험료 세액공제

개요

중소기업이 2024년 12월 31일이 속하는 과세연도까지의 기간 중 해당 과세연도의 상시근로자 수가 직전 과세연도의 상시근로자 수보다 증가한 경우 상시근로자 고용증가 인원 사회보험료 상당액에 공제율을 곱한 금액을 해당 과세연도의 소득세 또는 법인세에서 공제를 받을 수 있습니다. [조세특례제한법 제30조의4]

▶ **사회보험료 상당액**

사회보험료 상당액이란 해당 과세연도 종료일 현재 적용되는 다음 각 호의 수를 더한 수로 합니다.
1. 건강보험료 사업주부담금 비율
2. 장기요양보험료 사업주부담금 비율
3. 국민연금보험료 사업주부담금 비율
4. 고용보험료 사업주부담금 및 산재보험료 (업종별로 다름)

공제율

[1] 청년 상시근로자 고용증가 인원 사회보험료 상당액

청년 상시근로자 고용증가인원 × 청년 상시근로자 고용증가인원에 대한 **사용자**의 사회보험료 부담금액 × 100분의 100

$$\frac{\text{해당 과세연도에 청년 상시근로자에게 지급하는 과세대상 총급여액}}{\text{해당 과세연도의 청년 상시근로자 수}} \times \text{사회보험료 요율}$$

▶ **상시근로자**

상시근로자는 「근로기준법」에 따라 근로계약을 체결한 내국인 근로자로 하며, 다음 각 호의 어느 하나에 해당하는 사람은 제외합니다.
1. 근로계약기간이 1년 미만인 근로자. 다만, 근로계약의 연속된 갱신으로 그 근로계약 총 기간이 1년 이상인 근로자는 상시근로자로 봄
2. 임원
3. 해당 기업의 최대주주와 그 배우자 및 직계존비속(배우자)과 친족
4. 단시간근로자. 다만, 1개월간의 소정근로시간이 60시간 이상인 근로자는 상시근로자로 보나 인원수는 0.5로 합니다.(일정 요건을 갖춘 상용형 시간제 근로자의 경우 **0.75명**)

▶ **일정 요건 [조특령 제23조]**
1. 해당 과세연도의 상시근로자 수가 직전 과세연도 보다 감소하지 아니하였을 것
2. 기간의 정함이 없는 근로계약을 체결하였을 것
3. 상시근로자와 시간당 임금, 복리후생 등에 관한 사항에서 차별적 처우가 없을 것
4. 시간당 임금이 최저임금액의 100분의 120 이상일 것

[2] 청년 외 상시근로자 고용증가 인원 사회보험료 상당액

청년 외 상시근로자 고용증가인원 × 청년 외 상시근로자 고용증가 인원에 대한 사용자의 사회보험료 부담금액 × 100분의 50(신성장서비스업 75%, 경력단절여성 100%)

▶ 청년 외 상시근로자 고용증가 인원에 대한 세액공제액

$$\text{청년 외 상시 근로자 고용증가인원} \times \frac{\text{해당 과세연도에 청년 외상시근로자에게 지급하는 과세대상 총급여액}}{\text{해당 과세연도의 청년 외 상시근로자 수}} \times \text{사회보험료율} \times \frac{50}{100}$$

[관련 법령] 조세특례제한법 제30조의4 및 동법 시행령 제27의4

농어촌특별세, 최저한세, 중복공제

▶ 중복공제

'중소기업 사회보험료 세액공제'는 '고용증대세액공제' '중소기업에 대한 특별세액감면'이 있는 경우에도 공제를 받을 수 있으며, 투자 관련 세액공제와 중복공제가 가능합니다.

[중복공제] 중소기업에 대한 특별세액감면이 있는 경우
▶ 중소기업에 대한 특별세액감면(○) + 사회보험료 세액공제(○)
▶ 창업중소기업에 대한 세액감면(○) + 사회보험료 세액공제(×)

▶ 최저한세 적용

'중소기업 사회보험료 세액공제'는 조세특례제한법 제132조의 규정에 의한 최저한세 적용대상이 되며, 최저한세로 인하여 공제를 받지 못한 금액은 이월하여 공제를 받을 수 있습니다.

▶ 농어촌특별세 적용

세액을 공제감면받은 경우 공제감면세액의 20%를 농어촌특별세로 납부하여야 하나 '중소기업 사회보험료 세액공제'는 농어촌특별세가 비과세 됩니다. [농어촌특별세법 제4조(비과세)]

[세법 개정] 중소기업 사회보험료 세액공제 실효성 제고 및 적용기한 연장(조특법 §30의4)
[현행] (사후관리) 공제기간 동안 상시근로자 감소 시 잔여기간 공제 배제
[개정] 상시근로자 수 감소 시 공제세액 납부* 추가
* 고용증대세액공제 등 여타 고용지원세제와 동일하게 규정
(적용기한) '21.12.31. → '24.12.31.
<적용시기> '22.1.1. 이후 개시하는 과세연도에 상시근로자 수가 증가하는 경우부터 적용

③ 근로소득을 증대시킨 기업의 세액공제 등

Q 근로소득을 증대시킨 기업에 대한 세액공제

내국인이 다음 각 호의 요건을 모두 충족하는 경우에는 **2025년 12월 31일**이 속하는 과세연도까지 직전 3년 평균 초과 임금증가분의 100분의 5(중소기업 100분의 20, 중견기업 100분의 10)에 상당하는 금액을 해당 과세연도의 소득세(사업소득에 대한 소득세만 해당함) 또는 법인세에서 공제합니다. [조세특례제한법 제29조의4]

1. 상시 근로자의 해당 과세연도의 평균임금 증가율이 직전 3개 과세연도의 평균임금 증가율의 평균(직전 3년 평균임금 증가율의 평균)보다 클 것
2. 해당 과세연도의 상시근로자 수가 직전 과세연도의 상시 근로자 수보다 크거나 같을 것

▶ 상시근로자 수

다음 계산식에 따라 계산하며, 이 경우 100분의 1 미만의 부분은 없는 것으로 합니다.

해당 과세연도의 매월 말 현재 상시근로자 수의 합
해당 과세연도의 개월 수

◆ 상시 근로자에서 제외하는 자

1. 임원
2. 근로소득의 금액이 7천만원 이상인 근로자
3. 해당 기업의 최대주주 또는 최대출자자(개인사업자의 경우 대표자) 및 그와 친족관계인 근로자

4. 근로소득세를 원천징수한 사실이 확인되지 아니하는 근로자
5. 근로계약기간이 1년 미만인 근로자
6. 단시간근로자

◆ 세액공제를 받으려는 연도의 5년 이내 기간 중에 퇴사한 직원이 있는 경우 [조세특례제한법 시행령 제26조의4 ⑩]
세액공제를 받으려는 과세연도의 종료일 전 5년 이내의 기간 중에 퇴사하거나 새로 상시근로자수에서 제외하게 된 근로자가 있는 경우에는 상시근로자 수 및 평균임금을 계산할 때 해당 근로자를 제외하고 계산한다.

◆ 세액공제를 받으려는 연도의 5년 이내 기간 중에 입사한 직원이 있는 경우
세액공제를 받으려는 과세연도의 종료일 전 5년 이내의 기간 중에 입사한 근로자가 있는 경우에는 해당 근로자가 입사한 과세연도의 평균임금 증가율을 계산할 때 해당 근로자를 제외하고 계산한다.

평균임금증가분 초과분 임금증가분 세액공제

근로소득증대 세액공제에도 불구하고 중소기업이 다음 각 호의 요건을 모두 충족하는 경우에는 2025년 12월 31일이 속하는 과세연도까지 전체 중소기업의 평균임금증가분을 초과하는 임금증가분의 100분의 20에 상당하는 금액을 제1항에 따른 금액 대신 해당 과세연도의 소득세(사업소득에 대한 소득세만 해당) 또는 법인세에서 공제할 수 있습니다. [조세특례제한법 제29조의4 ⑤]
1. 상시 근로자의 해당 과세연도의 평균임금 증가율이 전체 중소기업 임금증가율(3.0%, 2023년 이후 3.2%)보다 클 것

2. 해당 과세연도의 상시근로자 수가 직전 과세연도의 상시 근로자 수보다 크거나 같을 것
3. 직전 과세연도의 평균임금 증가율이 음수가 아닐 것

▶ **전체 중소기업의 평균임금증가분을 초과하는 임금증가분**

전체 중소기업의 평균임금증가분을 초과하는 임금증가분 = [해당 과세연도 상시근로자의 평균임금 − 직전 과세연도 상시근로자의 평균임금 × (1 + 0.033)] × 직전 과세연도 상시근로자 수

[개정 세법] 근로소득증대세제 재설계(조특법 §29의4)

종 전	개 정
□ 근로소득증대세제	□ 적용기한 연장 및 대기업 적용배제
○ (적용요건) 당해연도 임금 증가율 〉 직전 3년 평균임금 증가율* * 중소기업은 전체 중소기업 평균임금증가율 보다 높은 경우도 가능	○ (좌 동)

○ (세액공제) 3년 평균임금 증가율 초과 임금증가분 × 공제율*
  * 중소 20%, 중견 10%
    대기업 5%
	○ 대기업을 적용대상에서 제외

○ (적용기한) '22.12.31.	○ '25.12.31.

<적용시기> '23.1.1. 이후 개시하는 과세연도 분부터 적용

농어촌특별세, 최저한세, 중복공제

[1] 농어촌특별세 신고 및 납부
근로소득증대세액공제를 받은 경우 농어촌특별세법에 의하여 세액공제액의 20%를 신고 및 납부하여야 합니다.

[2] 중복지원 또는 중복지원 배제
아래의 세액공제는 각각의 사유별로 세액공제를 받을 수 있으며, 창업중소기업 등에 대한 세액감면 또는 중소기업에 대한 특별세액감면등과 중복하여 공제받을 수 있습니다.

[조세특례제한법] 제29조의3(경력단절 여성 재고용 기업에 대한 세액공제)
제29조의5(청년고용을 증대시킨 기업에 대한 세액공제)
제29조의7(고용을 증대시킨 기업에 대한 세액공제)
제30조의2(정규직 근로자로의 전환에 따른 세액공제)

[3] 세액공제의 이월공제
근로소득증대세액공제가 해당 과세연도에 납부할 세액이 없거나 최저한세 적용을 받아 해당연도에 공제받지 못한 금액이 있다면 이는 해당 과세연도의 다음 과세연도의 개시일로부터 5년 이내(2021년 이후 10년)에 끝나는 각 과세연도에 이월하여 공제받을 수 있습니다.

④ 청년 등 취업자에 대한 소득세 감면

❓ 청년 등 취업자에 대한 소득세 감면

[1] 개요

근로계약 체결일 현재 연령이 15세 이상 34세 이하인 청년(2018년 1월 1일 이후 29세 → 34세), 60세 이상인 사람·장애인(2014년 1월 1일 이후) 경력단절여성(2017년 1월 1일 이후)이 특정한 업종의 중소기업체(비영리기업 포함)에 **2025년 12월 31일까지 취업하는 경우** 그 중소기업체로부터 받는 근로소득으로서 **취업일부터 3년(2018년 이후 청년의 경우 5년)이 되는 날**이 속하는 달까지 발생한 소득에 대해서 일정비율에 상당하는 금액을 감면받을 수 있습니다. 이 경우 소득세 감면기간은 소득세를 감면받은 사람이 다른 중소기업체에 취업하거나 해당 중소기업체에 재취업하는 경우에 관계없이 소득세를 감면받은 최초 취업일부터 계산합니다. [조세특례제한법 제30조]

[2] 취업 연도별 감면율 [감면한도액 : 150만원]

2012.1.1. ~ 2013.12.31. 기간 취업시 : 100분의 100
2014.1.1. ~ 2015.12.31. 기간 취업시 : 100분의 50
2016.1.1. ~ 2017.12.31. 기간 : 100분의 70(감면한도액 150만원)
2018.1.1. 이후 : 100분의 70(청년의 경우 100분의 90)

[3] 2018년 개정 → 감면기간 및 감면율

청년 중소기업 취업자 소득세 감면기간은 취업일부터 5년이 되는 날이 속하는 달까지입니다. 예를 들어 2017년 6월 10일 입사한 경우 감면기간은 2017년 6월부터 2022년 6월 30일까지이며, **2017년 6월 10일부터 2017년 12월까지는 70%의 감면율이 적용되고,**

2018년 1월부터 2022년 6월 30일까지 적용되는 감면율은 90%입니다. (취업일부터 감면기간을 계산하는 것으로 신청일이 아님)

[4] 2018년 이후 취업하고, 종전 근무지에서 감면을 받은 사실이 없는 경우

취업일(근로계약체결일) 현재 연령이 15세이상 34세 이하인 경우 취업월부터 5년간 근로소득세의 90%를 감면받을 수 있습니다.

[5] 감면대상 연령

1. 감면대상 근로자 연령은 만34세 이하입니다. 예를 들어 2018년 9월 17일 입사자의 경우 1983년 9월 18일 이후 출생한 경우 만34세 이하로 감면을 받을 수 있습니다.
2. 취업시 연령요건을 충족하면 취업일부터 5년이 되는 날까지 감면 적용을 받을 수 있는 것으로 감면 기간 중 연령을 초과하는 경우에도 감면을 받을 수 있습니다.

[6] 종전 법령에 의하여 취업 당시 29세 이하로 감면기간(3년)이 종료되었으나 개정 법령으로 감면기간이 남아 있는 경우

종전 법령에 의하여 감면기간이 종료된 경우 그 종료월부터 2017년 12월까지는 감면을 받을 수 없으나 2018년 이후 개정 법령에 의한 감면기간 연장으로 2018년 이후 감면기간이 남아 있는 경우 종료월까지 근로소득의 90%를 감면받을 수 있습니다.

[7] 2017. 12. 31. 이전 입사시 만30세 ~ 만34세 이하인 경우

취업 당시 만34세 이하인 경우로서 5년이 경과되지 않는 경우 2017년 이전 소득에 대하여는 감면을 받을 수 없으나 2018년 이후 잔여기간에 대하여는 90% 감면을 받을 수 있습니다.

🔲 감면대상 청년 근로자 등

[1] 청년
근로계약 체결일 현재 연령이 15세 이상 34세 이하인 사람(외국인 포함). 다만, 다음의 어느 하나에 해당하는 병역을 이행한 경우에는 그 기간(6년을 한도)을 근로계약 체결일 현재 연령에서 **빼고** 계산한 연령이 34세 이하인 사람을 포함합니다.
① 현역병(상근예비역 및 경비교도.전투경찰순경.의무소방원을 포함)
② 공익근무요원
③ 현역에 복무하는 장교, 준사관 및 부사관

[2] 60세 이상의 사람
근로계약 체결일 현재 연령이 60세 이상인 사람

[3] 장애인
「장애인복지법」의 적용을 받는 장애인 및 상이자

[4] 다음의 요건을 모두 충족하는 경력단절여성
1. 해당 기업에서 1년 이상 근무하였을 것
2. 임신·출산·육아의 사유로 해당 기업에서 퇴직하였을 것
3. 해당 기업에서 퇴직한 날부터 3년 이상 10년 미만의 기간이 지났을 것

◆ 감면대상에서 제외되는 근로자
1. 법인의 임원
2. 법인의 최대주주 또는 최대출자자와 그 배우자
3. 제2호에 해당하는 자의 직계존속·비속 및 친족관계인 사람
4. 일용근로자

🔹 감면대상 업종

- 제조업, 건설업, 도매 및 소매업
- 운수업, 숙박 및 음식점업(주점 및 비알콜 음료점업은 제외한다)
- 부동산업 및 임대업, 기타 전문·과학 및 기술 서비스업
- 건축기술·엔지니어링 및 기타 과학기술서비스업,
- 출판·영상·방송통신 및 정보서비스업(비디오물 감상실 운영업 제외)
- 농업, 임업 및 어업, 광업, 전기·가스·증기 및 수도사업
- 하수·폐기물처리·원료재생 및 환경복원업, 연구개발업, 광고업
- 시장조사 및 여론조사업, 사업시설관리 및 사업지원 서비스업
- 기술 및 직업훈련 학원, 사회복지 서비스업
- 수리업을 주된 사업으로 영위하는 기업

▶ 제외 업종 예시
- 법무관련, 회계·세무관련 서비스업 등
- 보건업(병원, 의원 등), 금융 및 보험업
- 예술, 스포츠 및 여가관련 서비스업
- 교육서비스업(기술 및 직업훈련 학원 제외), 기타 개인 서비스업
- 국가, 지방자치단체, 공공기관 및 지방공기업

🔹 감면신청 및 감면세액

▷ 감면 신청

[1] 근로자
근로자는 '중소기업 취업자 소득세 감면신청서'에 병역복무기간을 증

명하는 서류 등을 첨부하여 취업일이 속하는 달의 다음 달 말일까지 원천징수의무자에게 제출하여야 합니다. 다만, 감면 신청기한 경과 후 감면신청서를 제출하더라도 감면을 적용받을 수 있습니다.

[2] 원천징수의무자

근로자로부터 감면 신청을 받은 경우 그 신청을 한 근로자의 명단을 신청을 받은 날이 속하는 달의 다음 달 10일까지 원천징수 관할 세무서장에게 제출하여야 합니다. 이 경우 원천징수의무자는 감면신청서를 제출받은 달의 다음 달부터 매월분의 근로소득에 대한 소득세 중 감면급여비율 상당액을 원천징수하지 않습니다.

[3] 감면세액

중소기업체로부터 받는 근로소득(감면소득)과 그 외의 종합소득이 있는 경우 해당 과세기간의 감면세액은 다음 계산식에 따라 계산한 금액으로 하되, 연간 감면한도액은 150만원으로 합니다.

$$\text{종합소득 산출세액} \times \frac{\text{근로소득금액}}{\text{종합소득금액}} \times \frac{\text{감면대상 중소기업체로부터 받는 총급여액}}{\text{해당 근로자의 총급여액}} \times \text{감면율}$$

[개정 세법] 2023년 이후 중소기업 취업자에 대한 소득세 감면한도를 과세기간별 150만원에서 200만원으로 상향함(제30조)

청년 중소기업 취업자 소득세 감면 상세 내용

■ 국세청 홈페이지 → 알림소식 → 공지사항
「청년 중소기업 취업자 소득세 감면」 세법 개정 안내

SECTION 03

소득이 적은 근로자 지원제도 근로장려금

사업소득 또는 근로소득이 있으나 소득이 적어 생활이 어려운 가구를 지원하기 위하여 정부는 소득지원제도인 근로장려금을 지급하고 있으며, 국세청에 신청하면 심사후 지급하여 줍니다.

1 근로장려금 지원기준 및 금액

소득금액 기준

● **연간 총소득의 합계액이 다음의 기준금액 미만일 것**

거주자 및 배우자를 포함한 세대원(18세 미만 자녀 및 거주자 또는 그 배우자와 동일한 주소에 거주하는 직계존속과 직계비속))의 **연간 총소득의 합계액**이 총소득기준금액 미달하는 경우 근로장려금을 지급하며, 연간 총소득의 합계액에는 **사업소득**, 근로소득, 기타소득, 이자소득, 배당소득, 연금소득 등을 모두 포함한 금액으로 합니다.

■ 총소득기준금액

가구의 구성		총소득기준금액	최대지원금액
단독가구		2,200만원	150만원
가족가구	홑벌이	3,200만원	260만원
	맞벌이	3,800만원	300만원

[세법 개정] 근로장려금(EITC) 맞벌이 가구의 소득상한금액 인상
(조특법 §100의3 ① 2, §100의 5 ①, 3)

현 행	개 정
□ 근로장려금 지급기준(기준금액 미만 지급)	□ 맞벌이가구 총소득기준금액 인상

가구 유형	총소득 기준	가구 유형	총소득 기준
단독가구	2,200만원	단독가구	2,200만원
홑벌이가구	3,200만원	홑벌이가구	3,200만원
맞벌이가구	3,800만원	맞벌이가구	4,400만원

현 행	개 정
□ 총급여액에 따른 맞벌이가구 근로장려금 산정식	□ 맞벌이가구 소득요건 상향에 따른 장려금 산정식 수정

총급여액 등	근로장려금	총급여액 등	근로장려금
800만원 미만	총급여액 등 × 800분의 330	800만원 미만	총급여액 등 × 800분의 330
800만원 이상 1천700만원 미만	330만원	800만원 이상 1천700만원 미만	330만원
1천700만원 이상 3천800만원 미만	330만원 - (총급여액 등 - 1천700만원) × 2천100분의 330	1천700만원 이상 4천400만원 미만	330만원 - (총급여액 등 - 1천700만원) × 2천700분의 330

<적용시기> '25.1.1. 이후 신청하는 분부터 적용

▶ **단독가구**

배우자, 부양자녀(18세 미만), 70세 이상 직계존속이 없는 가구

▶ **홀벌이가구**

1. 배우자가 있는 경우로서 배우자 소득이 연간 300만원 미만인 경우
2. 18세 이하 부양자녀가 있는 경우
3. 배우자가 없어도 70세 이상의 부모를 부양하는 경우(단, 주민등록표상 동거가족으로서 생계를 같이하고, 부모의 연소득 100만원 이하여야 함)

▶ **맞벌이가구**

맞벌이가구인 경우 배우자의 근로소득 총급여(비과세소득 제외) 및 사업소득의 연간 합계액이 **3백만원 이상**이어야 합니다.

○ 거주자(배우자 포함)의 연간 총소득의 합계액이 거주자를 포함한 1세대(가구)의 구성원 전원(가구원)의 구성에 따라 정한 총소득기준금액 미만일 것.

□ 조세특례제한법 제100조의3(근로장려금의 신청자격) -요약-
③ 거주자의 배우자에 해당하는지 여부와 직계존속 또는 직계비속의 배우자에 해당하는지 여부의 판정은 해당 소득세 **과세기간 종료일 현재**의 가족관계등록부에 따른다. 다만, 해당 소득세 과세기간 종료일 전에 사망한 배우자에 대해서는 사망일 전일의 가족관계등록부에 따른다.
⑤ 이 절과 제10절의4에서 "단독가구", "홀벌이 가구" 및 "맞벌이 가구"의 뜻은 다음 각 호와 같다. <개정 2021. 12. 28.>

1. 단독가구: 배우자, 부양자녀 및 제2호나목에 따른 직계존속이 없는 가구

2. 홑벌이 가구: 다음 각 목의 어느 하나에 해당하는 가구

   가. 배우자의 제3호에 따른 총급여액 등이 **3백만원 미만인 가구**

   나. 배우자 없이 부양자녀 있는 가구 또는 배우자 없이 다음의 요건을 모두 갖춘 직계존속이 있는 가구

     1) 직계존속 각각의 연간 소득금액의 합계액이 100만원 이하일 것

     2) 해당 소득세 과세기간 종료일 현재 주민등록표상의 동거가족으로서 해당 거주자의 주소나 거소에서 현실적으로 생계를 같이 할 것. 다만, 해당 소득세 과세기간 종료일 전에 사망한 직계존속에 대해서는 사망일 전일을 기준으로 한다.

     3) 70세 이상일 것. 다만, 대통령령으로 정하는 장애인의 경우에는 연령의 제한을 받지 아니한다.

3. 맞벌이 가구: 거주자 및 그 배우자의 소득세 과세기간 중에 다음 각 목의 금액을 모두 합한 금액(비과세소득과 대통령령으로 정하는 사업소득, 근로소득 또는 종교인소득은 제외하며, 이하 이 절과 제10절의4에서 "총급여액 등"이라 한다)이 각각 **3백만원 이상인 가구**

   가. 「소득세법」 제19조제1항 각 호에 따른 사업소득 중 대통령령으로 정하는 소득의 금액

   나. 「소득세법」 제20조제1항 각 호에 따른 근로소득의 금액

   다. 「소득세법」 제21조제1항제26호에 따른 종교인소득의 금액

● 소득종류별 소득금액 계산 방법

- 근로소득 = 총급여(비과세금액 제외)
- 사업소득 = **총수입금액 × 업종별 조정률**
- 이자·배당·연금소득 = 총수입금액
- 기타소득 = 총수입금액 - 필요경비

▶ **사업소득의 업종별 조정률 [조특법 시행령 제100조의3]**

1. 도매업 : 100분의 20
2. 농업·임업 및 어업, 광업, 자동차 및 부품 판매업, **소매업**, 부동산 매매업, 그 밖에 다른 목에 해당되지 아니하는 사업 : 100분의 30
3. 제조업, 음식점업, 건설업(비주거용 건물 건설업은 제외하고, 주거용 건물 개발 및 공급업을 포함한다): 100분의 45
4. 상품중개업, 숙박업, 하수·폐기물처리·원료재생 및 환경복원업, 운수업, 출판·영상·방송통신 및 정보서비스업, 금융 및 보험업 100분의 60
5. 부동산 관련 서비스업, 전문·과학 및 기술서비스업, 사업시설관리 및 사업지원서비스업, 교육서비스업, 보건업 및 사회복지서비스업, 예술·스포츠 및 여가 관련 서비스업, 수리 및 기타 개인 서비스업 100분의 75
6. 부동산임대업, 임대업(부동산 제외), 인적용역, 가구 내 고용활동 100분의 90

부양가족 기준

▶ **배우자 또는 자녀가 있는 경우**

배우자가 있거나 18세 이하 자녀가 있는 경우 홀벌이 가구 또는 맞벌이 가구의 근로장려금을 신청할 수 있으며, 이 경우 세대구성원 전부의 소득 및 재산이 기준금액 미만이어야 합니다.

▶ **배우자 또는 부양자녀 여부**

배우자 및 부양자녀 여부는 **해당 연도의 과세기간 종료일(12월 31일) 현재**를 기준으로 하며, 부양자녀가 해당 연도의 과세기간 중에 18세 미만에 해당하는 날이 있는 경우 18세 미만으로 봅니다.

■ 부양자녀 요건 → 다음 각 호의 요건을 모두 갖춘 사람
1. 거주자의 자녀이거나 동거입양자일 것. 다만, 부모가 없거나 부모가 자녀를 부양할 수 없는 경우 거주자의 손자·손녀를 포함합니다.
2. 18세 미만일 것. (장애인의 경우 연령 제한을 받지 않습니다.)
3. 연간 소득금액의 합계액이 100만원 이하일 것
4. 주민등록표상의 동거가족으로서 해당 거주자의 주소나 거소에서 현실적으로 생계를 같이 하는 사람일 것. 다만, 직계비속의 경우에는 그러하지 않음

재산 기준

거주자 및 배우자를 포함한 세대원(18세 미만 자녀 및 거주자 또는 그 배우자와 동일한 주소에 거주하는 직계존속과 직계비속)이 소유하고 있는 토지·건물·자동차·예금 등 재산 합계액(부채는 공제하지 않음)이 **직전연도 6월 1일 기준**으로 **2.4억원 미만**이어야 합니다. 단, 재산 합계액이 1.7억원 이상인 경우 근로장려금은 근로장려금 산정금액의 100분의 50에 해당하는 금액으로 합니다.

| 보 충 | 재산의 합계액에 포함하는 재산 |

1. 토지 및 건축물
2. 승용자동차. 다만, 영업용 승용자동차는 제외합니다.
3. 전세금(임차보증금 포함) : 시가표준액을 준용하여 평가한 금액의 100분의 60 이내에서 국세청장이 정하여 고시하는 금액(55%)
4. 이자소득을 발생시키는 예금·적금·부금·예탁금·저축성보험 등
    다만, 금융재산의 개인별 합계금액이 5백만원 미만인 경우 제외
5. 유가증권 및 회원제 골프장을 이용할 수 있는 회원권
6. 부동산을 취득할 수 있는 권리

■ 재산가액에서 부채는 차감하지 않음

근로장려금 지원금액

[1] 단독가구

총급여액 등	근로장려금	비고
400만원 미만	총급여액 등 × 165/400	
400만원 이상 900만원 미만	165만원	
900만원 이상 2,200만원 미만	165만원 - (총급여액 등 - 900만원) × 165/1300	

[2] 홑벌이 가족가구

총급여액 등	근로장려금	비고
700만원 미만	총급여액 등 × 285/700	
700만원 이상 1,400만원 미만	285만원	
1,400만원 이상 3,200만원 미만	285만원 - (총급여액 등 - 1,400만원) × 285/1800	

[3] 맞벌이 가족가구

총급여액 등	근로장려금	비고
800만원 미만	총급여액 등 × 300/800	
800만원 이상 1,700만원 미만	330만원	
1,700만원 이상 3,800만원 미만	330만원 - (총급여액 등 - 1,700만원) × 330/2,100	

[세법 개정] 근로장려금(EITC) 맞벌이 가구의 소득상한금액 인상
(조특법 §100의3 ① 2, §100의 5 ①, 3)

현 행		개 정	
□ 총급여액에 따른 맞벌이가구 근로장려금 산정식		□ 맞벌이가구 소득요건 상향에 따른 장려금 산정식 수정	
총급여액 등	근로장려금	총급여액 등	근로장려금
800만원 미만	총급여액 등 × 800분의 330	800만원 미만	총급여액 등 × 800분의 330
800만원 이상 1천700만원 미만	330만원	800만원 이상 1천700만원 미만	330만원
1천700만원 이상 3천800만원 미만	330만원 - (총급여액 등 - 1천700만원) × 2천100분의 330	1천700만원 이상 4천400만원 미만	330만원 - (총급여액 등 - 1천700만원) × 2천700분의 330

<적용시기> '25.1.1. 이후 신청하는 분부터 적용

근로장려금 신청 및 환급

① 근로장려금을 지원받으려는 근로자 및 사업자는 종합소득과세표준 확정신고 기간(5. 1. ~ 5. 31.)에 '근로장려금신청서'에 근로장려금 신청자격을 확인하기 위하여 필요한 증거자료를 첨부하여 관할 세무서장에게 근로장려금을 신청하여야 하며, 근로장려금의 신청을 한 경우에만 근로장려금을 지원받을 수 있습니다.

② 제1항에도 불구하고 반기(半期)동안 근로소득만 있는 거주자는 상반기 소득분에 대하여 9월 1일부터 9월 10일까지, 하반기 소득분에

대하여 다음 연도 3월 1일부터 3월 17일까지 근로장려금신청서에 근로장려금 신청자격을 확인하기 위하여 필요한 자료를 첨부하여 납세지 관할 세무서장에게 근로장려금을 신청할 수 있습니다.

■ 신청기간

구 분	대 상 자	산정 대상	신청 시기
반기신청	근로소득자	'24년 상반기 소득	'24.9.1.~19.
		'24년 하반기 소득	'25.3.1.~17.
정기신청	근로·사업·종교인 소득자	'24년 연간 소득	'25.5.1.~31.

■ 근로소득만 있는 자는 반기신청과 정기신청을 선택하여 신청할 수 있고, 사업 또는 종교인 소득이 있는 자는 정기신청을 하여야 합니다.
■ 기한 후 신청 기간은 '25.6.1.~11.30.입니다.

■ 신청방법
○ ARS 전화신청(1544-9944)
○ 홈택스(모바일, PC) 신청
- 국세청 홈택스(www.hometax.go.kr)에 접속하여 신청

근로장려금 제도 상세 내용
국세청 홈페이지 → 국세정책/제도 → 근로·자녀장려금

② 자녀장려금 지원기준 및 지원금액

[1] 개요

자녀장려금이란 사업소득 또는 근로소득이 있는 자로서 일정 소득기준 및 재산기준에 미달하는 경우 자녀양육비를 지원하기 위한 제도로서 해당 과세연도 12월 31일 현재 **18세 미만인 자녀**가 있고, 거주자와 그 배우자의 연간 총소득 합계액이 **7천만원 미만**이면서 가구원 **재산 합계액이 2.4억원 미만**인 경우 자녀 1인당 최대 100만원을 지원받을 수 있으며, 근로장려금과는 별도로 지급받을 수 있습니다.

▶ 가구원 구성의 정의
■ 홑벌이 가구
① 배우자의 "총급여액 등"이 3백만원 미만인 가구
② 배우자가 없어도 부양자녀(18세 미만) 또는 70세 이상 직계존속(각각의 연간 소득금액이 100만원 이하이고 주민등록표상 동거가족으로 생계를 같이 할 것)이 있는 가구

■ 맞벌이 가구
거주자 및 배우자 각각의 "총급여액 등"이 3백만원 이상인 가구

[2] 총소득 요건

가구원 구성에 따라 거주자(배우자 포함)의 연간 총소득 기준금액이 다음표의 금액 미만이어야 합니다.

가구원 구성		단독 가구	홑벌이 가구	맞벌이 가구
총 소 득 기준금액	근로장려금	2,200만원	3,200만원	3,800만원
	자녀장려금	-	7,000만원	

[3] 재산 요건

가구원 모두의 재산(토지.건물.자동차.예금.전세보증금 등)을 합산하여 2.4억원 미만이어야 하며, 부채는 차감하지 않습니다.

가구원의 재산합계액이 1억 7천만원 이상 2.4억원 미만인 경우 자녀장려금이 50% 감액됩니다.

[4] 지원 금액

자녀장려금은 총급여액 등을 기준으로 다음 각 호의 구분에 따라 계산한 금액으로 합니다.

■ 홀벌이 가족가구

총급여액 등	자녀장려금
2,100만원 미만	자녀 1인당 100만원
2,100만원 이상 7,000만원 미만	100만원 - (총급여액등 - 2,100만원) × 4,900분의 50

■ 맞벌이 가족가구

총급여액 등	자녀장려금
2,500만원 미만	자녀 1인당 100만원
2,500만원 이상 7,000만원 미만	100만원 - (총급여액등 - 2,500만원) × 4,500분의 50

- 장려금 상담센터 1566-3636